Marie von Ebner-Eschenbach
Leseausgabe Band 4

Leseausgabe in vier Bänden
Herausgegeben von Evelyne Polt-Heinzl,
Daniela Strigl und Ulrike Tanzer

Marie von Ebner-Eschenbach

Erzählungen und Aphorismen

Band 4

Herausgegeben und mit einem Vorwort
von Evelyne Polt-Heinzl, Daniela Strigl
und Ulrike Tanzer

Residenz Verlag

Bibliografische Information der Deutschen Nationalbibliothek
Die Deutsche Nationalbibliothek verzeichnet diese Publikation in der Deutschen Nationalbibliografie; detaillierte bibliografische Daten sind im Internet über http://dnb.dnb.de abrufbar.

www.residenzverlag.at

Mühlstraße 7, 5023 Salzburg
info@residenzverlag.at

Cover, Typografische Gestaltung, Satz: Ekke Wolf, typic.at
Lektorat: Jessica Beer
Gesamtherstellung: Prime Rate AG, Budapest

Stadt Wien

ISBN 978-3-7017-1724-8

Inhalt

Brutale Wahrheiten und »hygienisches Fabulieren«

Daniela Strigl, Ulrike Tanzer

I

1875 brachte Marie von Ebner-Eschenbach ihren ersten Erzählband im Verlag Cotta heraus. Den renommierten Publikationsort verdankte sie der Vermittlung ihrer Schwester Julie Fürstin von Waldburg-Wurzach, die den Verleger Baron Reischach persönlich kannte. Nach vielen erfolglosen Jahren als Dramatikerin sah Ebner-Eschenbach mit einer gehörigen Portion Skepsis in ihre schriftstellerische Zukunft. Ihr 1872 im Verlag Rosner veröffentlichtes Märchen *Die Prinzessin von Banalien* hatte sich trotz guter Besprechungen schlecht verkauft. In ihrem Tagebuch kommentierte Ebner-Eschenbach die Mitteilung des Verlegers, er habe in einer Woche, in der acht »glänzende Recensionen« in führenden Blättern erschienen seien, zwei Exemplare verkauft: »Wenn das Jemand in 10 Jahren liest, so lacht er entweder über die Wiener od – über mich.«[1]

Und auch der erste Erzählband, der die Werke *Ein Spätgeborner, Chlodwig, Die erste Beichte, Die Großmutter* und *Ein*

Edelmann enthielt, sollte ihr nicht zum großen Durchbruch verhelfen. Der Verleger Julius Rodenberg wurde jedoch auf sie aufmerksam und lud sie ein, einen Beitrag für seine Zeitschrift *Deutsche Rundschau* zu schreiben. Das Manuskript des Romans *Božena* wurde von Rodenberg zwar abgelehnt, *Lotti, die Uhrmacherin* aber 1879 schließlich aufgenommen und 1880 in zwei Fortsetzungen publiziert. Damit wendete sich das Blatt, galt doch die 1874 gegründete Zeitschrift als das wichtigste Publikationsorgan des sogenannten bürgerlichen Realismus mit Autoren wie Theodor Storm, Gottfried Keller, C. F. Meyer, Paul Heyse und Theodor Fontane.[2] Nicht nur ein großes Publikum wurde auf die Autorin aufmerksam, sondern auch andere Zeitungen und Zeitschriften. Ab nun erschienen die meisten ihrer Werke zuerst als Vorabdruck in der *Deutschen Rundschau* und wurden dann vom Verlag Paetel als Buch herausgebracht. Das steigende Interesse anderer Zeitschriften ist für Ebner-Eschenbach einerseits eine Genugtuung, andererseits erhöht sich damit auch der Publikationszwang. Nicht zuletzt, weil sie bereitwillig Zusagen erteilt. Im Februar 1887 heißt es etwa in ihrem Tagebuch: »H. Kürschner, Balduin Groller, Schubert mahnen mich, ihnen Wort zu halten. Mein Unglück ist, daß ich aus Höflichkeit mehr verspreche als ich halten kann. Ich bin ein Schuldenmacher, der ein sehr empfindliches Gewissen hat, die alten Schulden immer bereut und immer neue macht.«[3]

II

Obwohl mit dem Erscheinen der Erzählungen eine Zäsur in Marie von Ebner-Eschenbachs schriftstellerischem Schaffen anzusetzen ist, verlief die Entwicklung vom Drama zur Erzählung allmählich und fand nie einen definitiven Abschluss.[4] Auch in späteren Jahren verfasste sie Dramen sowie Dialognovellen, in denen die Gattungsgrenzen beinahe fließend werden. Ferrel Rose hat zu Recht darauf hingewiesen, dass die Hinwendung zur Erzählung wohl weniger tiefgreifend gewesen sei als die Entscheidung, die Tragödiendichtung aufzugeben.[5] Freimütig hält Ebner-Eschenbach in biographischen Notizen des Jahres 1878 fest: »Die vielfachen Schwierigkeiten und Hindernisse, die einer Frau auf diesem Gebiet des poetischen Schaffens entgegengesetzt wurden, brachten mich endlich dahin das Drama aufzugeben und nur noch Erzählungen zu schreiben, die kleinen Erfolge, die ich mir mit denselben errang, sind Früchte der Resignation.«[6] Diese Zeilen lassen tief blicken und zeigen Marie von Ebner-Eschenbach, gezeichnet von Frustrationen und Misserfolgen, ganz in der Tradition der *genera dicendi* der antiken Rhetorik, die Dramen höher bewertete als Prosa und Lyrik. Diese Einstellung teilte sie bekanntermaßen mit vielen Schriftstellern ihrer Generation. Paul Heyse, der 1910 den Literaturnobelpreis bekommen sollte, hält etwa in einem der ersten Briefe an die Kollegin fest: »Noch ein eigenes Zusammentreffen: auch ich habe von früher mich nur um dramatische Pläne bekümmert und muß es nur eben leiden, daß man mich einen Novellisten nennt.«[7]

Ebner-Eschenbach musste es nicht »nur eben leiden«, eine Novellistin genannt zu werden; sie musste es sich auch gefallen lassen, dass ihre Texte mit geschlechtsspezifischen Etikettierungen versehen wurden.[8] Bereits in der Besprechung ihres Erzählungsbandes im Sommer 1875 in der *Deutschen Rundschau* charakterisiert der Rezensent Friedrich Kreyßig die Texte als ›weibliche‹, denn die Wirkung ihrer Bilder werde, »unbeschadet ihrer durchgreifenden Energie, [...] doch überall durch einen warmen, lieben, ächt weiblichen Grundzug gemildert«.[9] Moritz Necker wiederum würdigt sie in einem ausführlichen Porträt anlässlich ihres 60. Geburtstages als »eine der größten ihres Geschlechts«[10], indem er sie einerseits aus dem Feld der ›Frauenliteratur‹ hervorhebt, sie andererseits aber als deren wahre und einzige Vertreterin präsentiert. Und Erich Schmidt verbindet in seiner Besprechung der *Gesammelten Schriften* diese Markierung noch mit den dazugehörigen Genres: in »Memoiren, Episteln, ja Briefkarten, also recht frauenhaften Weisen«, übe sie »die frauenhafte Kunst des Andeutens und Zwischendenzeilenlesens [...]«.[11] Die männliche Literaturkritik trug also nicht nur zur Kanonisierung der Werke Ebner-Eschenbachs bei, sie legte darüber hinaus auch die Deutung fest, die jahrzehntelang die Rezeption der Autorin bestimmen sollte und die sich mit der Trias »Pflichtgefühl, Mitleid und Liebe« zusammenfassen lässt.[12]

III

Marie von Ebner-Eschenbach hat keine geschlossenen programmatischen Abhandlungen verfasst, auch nicht zu ästhetischen Fragestellungen. Diese spielen allerdings in den Erzählungen, Aphorismen, Korrespondenzen, Tagebuch- und Notizbuchaufzeichnungen immer wieder – unsystematisch und mit unterschiedlicher Gewichtung – eine Rolle. Gleich zu Beginn des Textes *Novellenstoffe* aus der Sammlung *Alte Schule* (1907) entspinnt sich ein Dialog: »›Geben Sie mir einen guten Stoff zu einer Novelle‹, sagte mein nun auch schon dahingeschiedener Freund. ›Bücken Sie sich und heben Sie ihn auf, er wächst überall aus dem Boden.‹ Er lachte. ›Und hat Erdgeruch. Ich danke.‹«[13] Dieses Gespräch der Ich-Erzählerin, die kaum verhüllt auf die Autorin verweist, und dem ungenannt bleibenden Freund (in dem man Ferdinand von Saar vermuten könnte), enthält *in nuce* Positionen der Realismus- und Novellentheorie. An Friedrich Spielhagens Bevorzugung der gefundenen vor den erfundenen Stoffen lässt sich hier ebenso denken, wie an die Auslegung des Gattungsbegriffs Novelle als Neuigkeit. Die Gesprächssituation, die den Text von Anfang an bestimmt, nimmt ein weiteres

Merkmal der Gattung auf. Aspekte der Gattungsdiskussion finden sich auch in Ebner-Eschenbachs Briefwechsel mit Paul Heyse, der etwa bei ihrer Erzählung *Rittmeister Brand* (1895) pedantisch auf die Einhaltung novellistischer Kriterien pocht. Schwierigkeiten der Gattungszuordnung sind durchaus typisch für die Rezeption von Ebner-Eschenbachs erzählerischem Œuvre. Nur wenige der Texte sind durch Titel oder Untertitel explizit als Novellen gekennzeichnet, meist geht der Zusatz auf den Herausgeber zurück oder wird durch den Erscheinungsort bestimmt. Bisweilen wechselt die Gattungsbezeichnung wie bei der Erzählung *Die Unverstandene auf dem Dorfe*, die als »Novelle«, »Erzählung«, aber auch als »kleiner Roman« klassifiziert wird. Bemerkenswert ist hier freilich, dass Marie von Ebner-Eschenbach kreativ mit der Novellentradition umgeht, Gattungsgrenzen auslotet und mit Erzählformen experimentiert.

Diese Vielfalt an ästhetischen Verfahrensweisen stellt ein Auswahlkriterium für den vorliegenden Erzählband dar. Neben klassisch gebauten Novellen wie *Die Freiherren von Gemperlein* (1879), *Krambambuli* (1883) oder *Er laßt die Hand küssen* (1886) finden sich auch Texte wie ein »Novellchen in Korrespondenzkarten« mit dem irreführenden Titel *Poesie des Unbewußten* (1881), wie die märchenhafte Parabel *Eine dumme Geschichte* (1887), die Satire *Die Visite* (1892), das »Genrebild« *Das tägliche Leben* (1908) oder die 1888 erschienene »Dialogisierte Novelle« *Ohne Liebe*, die den Extremfall einer Erzählung im dramatischen Modus darstellt. Zudem wird versucht, Ebner-Eschenbachs Bandbreite an Themen aufzuzeigen: Kritik am eigenen Stand und an den Lebensbedingungen der sozial Benachteiligten, Kritik an der Ungleichbehandlung der Geschlechter, die – eheliche – Treueproblematik, Gewalt und Vergewaltigung, ideologische Verhärtung, die Tücken des Mitleids und der Fluch der guten Tat, der Aktienboom, die Verlogenheit im Literatur- und Theaterbetrieb.

In der Sekundärliteratur hat man das in Ebner-Eschenbachs Erzählung *Rittmeister Brand* definierte »hygienische Fabulieren« des Titelhelden gern als poetologische Devise auf seine Autorin übertragen: »Kein brutales Vorbringen all dessen, was einem eingefallen ist, nein, ein Erfinden während des Erzählens, und dabei ein fortwährendes Beobachten des Eindrucks, den dieses hygienische Fabulieren hervorbringt.«[14] Dabei wird zum einen übersehen, dass Rittmeister Brands Erzählen sich an einen todkranken Buben richtet, also ganz konkret ›hygienisch‹, jedenfalls möglichst schonend wirken soll. Und zum anderen, dass Ebner-Eschenbachs Erzählprosa in Wahrheit durchaus eine Tendenz zum Brutalen, also in diesem Sinne Ungesunden hat. Die Milieus, die Ebner-Eschenbach schildert, reichen von der ländlichen und städtischen Unterschicht über das Bauerntum und alle Abstufungen des Bürgertums bis zum Adel. *Dorf- und Schloßgeschichten* (1883) hieß, das Spannungsfeld programmatisch umfassend, der erste ihrer Erzählbände, der auf breite Resonanz stieß.

IV

Ihre Stoffe bezog Ebner-Eschenbach aus dem adeligen Familien- und Freundeskreis, aus der Umgebung des väterlichen Schlosses im mährischen Zdislawitz/Zdislavice, aber auch aus dem Kontakt mit den Leuten im Dorf. Die Geschichte des *Krambambuli* etwa geht auf ein Erlebnis von Marie Ebners Bruder Adolph Dubsky zurück: Der hatte einem Zigeuner einen Hund abgekauft, den sein Herr zu Tode zu prügeln drohte. Nach anfänglichem Sträuben wich Treff, wie der Graf ihn genannt hatte, seinem neuen Besitzer nicht mehr von der Seite; als jedoch nach Jahresfrist die Fahrenden wieder im Dorf waren, lief er seinem alten Herrn zu.[15]

Am härtesten lässt Ebner-Eschenbach die Sphären von Schloss und Dorf in der Novelle *Er laßt die Hand küssen*

(1886) aufeinanderprallen, in der die Gräfin sich umso »moralischer« gegen den Gärtnerburschen gebärdet, je gründlicher sie ihr eigenes Begehren verleugnet. Die Brutalität des Geschehens wird durch die ironisch-sarkastische Haltung des Erzählers der Rahmenhandlung noch verstärkt. *Er laßt die Hand küssen* spielt vor der Aufhebung der Leibeigenschaft durch Joseph II. im Jahr 1781. Die gedankenlose Grausamkeit des Adels, die die Autorin in dieser vielleicht radikalsten Geschichte des Spätrealismus anprangert, hat tödliche Folgen. In einem unlängst bekannt gewordenen Brief an eine Freundin berichtet sie, die der Novelle zugrunde liegende reale Begebenheit habe sich in absolutistischer Zeit in Ungarn zugetragen, »nur viel krasser, als ich sie berichte«[16].

In komisch gemilderter Form nimmt Marie von Ebner-Eschenbach aristokratische Verbohrtheit in der Novelle *Die Freiherren von Gemperlein* (1879) aufs Korn. Die Geschichte der feindlichen Brüder, die als politische Antagonisten Reformgeist und Reaktion verkörpern und jeweils auf die Spitze treiben, wirft vom souveränen Standpunkt der Erzählinstanz auch ein Schlaglicht auf männlichen Starrsinn und das Fatale der auf dem Reißbrett geplanten standesgemäßen Ehen. Mit der ›Verdoppelung‹ von Figuren schreibt Ebner-Eschenbach sich in eine reiche Tradition serieller Darstellung ein, die sich etwa auch in Gottfried Kellers Novelle *Die drei gerechten Kammacher* (1856) und in dessen Roman *Martin Salander* (1886) wiederfindet. »Die Verdoppelung ist aber«, so Dominik Müller, »nicht nur ein Mittel zur komischen Überzeichnung, sondern birgt auch einen psychosozialen Befund.«[17] Paul Heyse, der den Zeitgenossen als der Großmeister der Novellenkunst galt, nahm 1884 das humoristische Meisterstück in seinen *Neuen deutschen Novellenschatz* auf, ein literarischer Ritterschlag, dem drei Jahre später die Aufnahme von *Krambambuli* folgte – obwohl das Prinzip der Sammlung vorsah, dass jeder Autor nur mit einem Beitrag vertreten sein sollte.

Auch in dieser Novelle pflegt Ebner-Eschenbach ein maskiertes Erzählen, das Neutralität bloß vortäuscht. Der Erzähler scheint zunächst ganz mit seinem Protagonisten Revierjäger Hopp einverstanden – dieser ist es jedoch nicht mit der Obrigkeit, die er zu vertreten hat. *Krambambuli* ist nicht nur eine ergreifende Hundegeschichte, sondern erzählt davon, wie in einer sozialen Struktur, »innerhalb derer jeder jeden prügelt«[18] (Werner M. Bauer), die drakonische Bestrafung von Waldfrevel und Wilderei einen Mord provoziert. Die Kategorien von Recht und Unrecht werden auch auf das Verhältnis zwischen Mensch und Tier angewandt: Krambambulis ›Verbrechen‹ besteht gerade in jener Tugend der Treue, die der Jäger ihm abverlangt, auf die der Wilderer als der erste Rudelführer aber ältere Rechte hat.[19] Der Hund übt sie im wahrsten Sinne ohne Ansehen der Person – ob Gesetzeshüter oder Verbrecher, ist ihm gleich. Auf das Naturrecht der Treue, das mit den Gesetzen des Gemeinwesens kollidiert, versteht sich die Kreatur besser als der durch die Schule der Kultur gegangene Mensch.

Den Tierinstinkt konfrontiert Ebner-Eschenbach auch in der Erzählung *Die Spitzin* (1901) mit der Brutalität menschlichen Verhaltens, wobei sie wiederum »völlig unsentimental diese Fremdheit des Tieres als Eigenwert gelten läßt«.[20] Die Selbstverleugnung und mütterliche Aufopferung der Hündin bringen ihren Peiniger Provi, das mutterlose Findelkind, zur Einsicht in seine Verantwortung gegen das Lebendige, aber auch gegen sich selbst. Wie *Das Gemeindekind* Pavel ist auch er in seinem Innersten noch rührbar und berührbar: Ebner-Eschenbach wehrte sich gegen die naturalistische Lehre von der Determiniertheit des Einzelnen durch Erbgut und Milieu. Andererseits spielte sie, etwa in *Das Schädliche*, auch darwinistische Modelle durch; und ihre ungeschönte Darstellung plebejischer Lebensverhältnisse geriet durchaus in die Nähe typisch naturalistischer Elendsmalerei und auch Morbidität. *Die Totenwacht* (1892) wird an der Bahre der verstorbenen Altbäuerin gehalten, die, wie Ferdinand von Saar meinte, »erschütternde Skizze«[21] *Die Großmutter* hat eine städtische Leichenhalle zum Schauplatz: Nicht die bitterarme Großmutter, die ihren toten Enkel findet und seinen Mantel an sich nimmt, wird hier als sentimental gezeichnet, sondern der junge Arzt, der zu wissen meint, wie echte Trauer auszusehen hat.

Von der Schwierigkeit richtigen Trauerns handelt auch *Das tägliche Leben*: Die Familie der freiwillig aus dem Leben geschiedenen Professorengattin ist dazu nicht in der Lage, sie müsste ihre Mitschuld einbekennen, die der Ich-Erzählerin als Freundin und politischer Weggefährtin der Verstorbenen deutlich vor Augen steht. Wie die hochbetagte Dichterin hier mit der Respektlosigkeit und Egozentrik der Töchter und Schwiegersöhne, vor allem aber des Ehemannes abrechnet, das ist einerseits ein deutliches emanzipatorisches Statement und andererseits eine Diagnose von beklemmend moderner Illusionslosigkeit: Nach dem Einsturz der bürgerlichen Fassade ist nichts mehr heil und kann es nie wieder werden.

Die Gräfin Stella in *Uneröffnet zu verbrennen* (1898) stirbt als stille Dulderin und eröffnet damit die Bühne für ein, wie uns heute scheint, Schnitzler'sches Tableau: Ihr Tod verkehrt postum das Kräfteverhältnis dieser Ehe, der notorisch untreue Gatte beginnt erst jetzt an der Treue seiner Frau und der Loyalität seines besten Freundes zu zweifeln. Das Motiv des Ehebruchs, das zentral für den europäischen Roman des 19. Jahrhunderts ist, wird hier gänzlich neu durchgespielt: Der Ehebruch der Frau spielt sich ausschließlich im Kopf des Mannes ab. Mit psychologischem Raffinement lässt Ebner-Eschenbach das Saatkorn des Zweifels aufgehen und unter dem Phantasie anregenden Einfluss eines – natürlich – französischen Romans reifen. Der tragische Ausgang des Duells verdankt sich letztlich nicht bloß einer zufälligen Verwechslung, sondern einem hypertrophen, wahnhaft verzerrten männlichen Selbstbild. Graf Albrecht – Lothars

Pendant – in der Brief- oder eigentlich: Kartennovelle *Poesie des Unbewußten* verfügt von Beginn an nicht (mehr) über ein ungebrochenes Selbstbewusstsein. Die Nietzscheanische »Herrenmoral« (S. 383) des reuelosen Ehebrechers nimmt Graf Albrecht für sich nicht in Anspruch, zugleich verharrt seine junge Frau aber auch nicht in der anfänglichen »Poesie des Unbewußten«, die eine Poesie des Nichtwissens ist. Ihre Geste der Verzeihung erfolgt nicht bedingungslos, sie erscheint vielmehr als Vorleistung für einen noch zu beweisenden Anspruch. Zum einen unterschätzt der Mann die Kombinationsfähigkeit seiner Frau gröblich, zum anderen wird das komische Potential des »Novellchens« dadurch weiter ausgereizt, dass der jungmädchenhaften Bewunderung für den scheinbar überlegenen Gatten dessen stupende Unbildung gegenübersteht und der Leser dieses und andere Defizite des Grafen bereits lange vor dessen Angetrauter durchschaut. Die Mutter der jungen Frau weiß um das Vorleben des Schwiegersohns. Die Konstellation erinnert an Theodor Fontanes später erschienenen Roman *Effi Briest*. Auf den ersten Blick macht Albrechts Schwiegermutter sich zur Komplizin einer patriarchalen Doppelmoral, auf den zweiten nimmt sie die männliche Hybris gnadenlos aufs Korn.

Wiederum mit großem Ernst, ja nachgerade unerbittlich, handelt Ebner-Eschenbach die Fragen von geschlechtsspezifischer (Ehe-)Moral und seelischer Grausamkeit in den auf dem Dorf angesiedelten Erzählungen *Mašlans Frau* (1897) und *Die Totenwacht* (1892) ab. Ihre Heldinnen sind, ähnlich der Titelfigur des Romans *Božena*, starke, Respekt gebietende Frauen, die in dem Bemühen, sich selbst treu zu bleiben, bis zur Selbstpreisgabe gehen. Wie Mašlans Frau ihren flatterhaften Gatten, den Leibjäger des Grafen, mit der Einhaltung ihres Schwurs bestraft, so bestraft er sie mit der Einhaltung seines Schwurs, der nicht ganz so überlegt getan war, doch die Eheleute, die einander nach wie vor lieben, bestrafen vor allem sich selbst. Die Theoretiker der Liebe, der alte Arzt und der neue Pfarrer, scheitern an den Praktikern der Trennung, an ihrem vorgeblich religiös motivierten Starrsinn, der auch im Angesicht des Todes nicht wankt.

Bei aller Sympathie für die nach Strich und Faden betrogene Ehefrau nimmt sich die Autorin kein Urteil über die wahrhaftig erst vom Tod geschiedenen Getrennten heraus, während sie die arme Anna in *Die Totenwacht* über den reichen Georg zuletzt triumphieren lässt. Dass sie denjenigen, der sie von klein auf gedemütigt und später vergewaltigt und dann auch noch sein Kind verleugnet hat, nun abweist, entspringt dem Gebot der Selbstachtung: »Ich nehm dich nicht; lieber in die Höll als in dein schönes Haus!« (S. 369) Ebner-Eschenbach bedient sich bei dieser Erzählung eines dramaturgischen Kunstgriffs, in dem sie die Einheit des Ortes und der Zeit der Handlung bewahrt. Die zeitgenössische Literaturkritik sah in *Die Totenwacht* »eine der bedeutendsten Dichtungen der modernen Frauenbewegungsliteratur«[22] und in Anna »eine Emanzipierte in diesem hehrsten Sinne des Wortes«[23]. Marie von Ebner-Eschenbach, die mit vielen Frauenrechtlerinnen in Kontakt stand, es aber ablehnte, in die erste Reihe etwa des Schriftstellerinnen-Vereins zu treten, bezog als Erzählerin also Position, wenn auch selten so direkt wie in *Eine dumme Geschichte*, die in der *Illustrierten Frauen-Zeitung* erschien. Die sarkastische Parabel von der Erfindung des Stiefelknechts und ihren für die Macht des Patriarchats verhängnisvollen Folgen weist voraus auf feministische Texte des 20. Jahrhunderts und klingt etwa in Marlen Haushofers Parabel *Die Geschichte vom Menschenmann* (1951) nach.

V

In einigen Erzählungen bringt Ebner-Eschenbach, durchaus selbstironisch, die eigene Person ins Spiel: In *Der Muff*

(1886) nimmt sie mit der freigebigen Generalin (Moriz von Ebner-Eschenbach wurde im Generalsrang pensioniert) den eigenen Hang zu breitgestreuter ›Charity‹ aufs Korn, die ihre philosophische Grundlage in Arthur Schopenhauers Mitleidsethik hat, hier aber für die Beschenkte nichts Gutes bringt und bei dieser deshalb eher undankbare Gefühle auslöst. Ebenfalls humoristisch getönt sind *Die Kapitalistinnen* (1885), denn die beiden kauzigen Damen, die da nolens volens in die Männerwelt des Aktiengeschäfts eindringen, scheinen zunächst für ihren Unternehmungsgeist nicht belohnt zu werden. Dass ihr eigener Bruder Adolph sich als Adeliger entsprechend dem Geist der Gründerzeit mit Bankgeschäften abgab, sah Ebner-Eschenbach vor dem großen Börsenkrach noch als Verstoß gegen das Comme-il-faut[24], später legte sie sich jedoch selber Aktien zu und notierte penibel Kurse und Erträge.[25] Auch ihre Versuchsanordnung zu Liebe und Ehe in der »Dialogisierten Novelle« *Ohne Liebe* bringt eigene Lebenserfahrungen mit ins Spiel. Ebner-Eschenbach beschreibt in Emma eine Frau, die sich als Liebende und Kluge gleichermaßen profilieren kann. In ihr zeigt sich sehr deutlich das emanzipatorische Credo der Schriftstellerin, das die Frau in der Ehe als gleichwertige und gleichrangige Partnerin sieht.

Deutlicher sichtbar ist die autobiographische Spur in *Das tägliche Leben*. Die Ich-Erzählerin ist aktives Mitglied einer nicht näher bezeichneten politisch-kulturellen Vereinigung und Schriftstellerin. Der beamtete Schwiegersohn macht ihr Komplimente über einige Bücher, deren Titel »sehr hübsch, nur leider nicht von mir sind« (S. 412). Auch in *Die Visite* spottet Ebner-Eschenbach über die Geschlechter-Vorurteile der Kritiker und die Höflichkeitsfloskeln, Schmeicheleien und Eitelkeiten des literarischen Betriebs, wobei es der komischen Wirkung des gegenseitigen Rosenstreuens keinen Abbruch tut, wenn man hinter Cäsarine Denker nicht Ebner-Eschenbach selbst vermutet und hinter Charlotte Henriette

Göthekleist keine ›echte‹ Berühmtheit, wie etwa die mit Ebner-Eschenbach befreundete Bestsellerautorin Louise von François (*Die letzte Reckenburgerin*, 1871). Dass der Ruhm einer Künstlerin ab einem gewissen Grad an öffentlicher Aufmerksamkeit sich von ihrem Werk ablöst und verselbständigt, war der klugen Analytikerin und inzwischen selbst Berühmten nicht entgangen.

Ebenfalls um die Eigendynamik der Rezeption, um unsachliche Kritik und die Gefahren plötzlicher Prominenz geht es in einer der frühesten Erzählungen Ebner-Eschenbachs, der Künstlernovelle *Ein Spätgeborner*, in der die Autorin Franz Grillparzers Novelle *Der arme Spielmann* (1848) ihre Reverenz erweist und kaum maskiert eigene Verwundungen verarbeitet. Der späte Ruhm des heimlich dichtenden Beamten Andreas Muth auf der Bühne des Hoftheaters verdankt sich einer Verwechslung, die ihm in weiterer Folge den ebenso willkürlichen Verriss eines ›politisch‹ agierenden Kritikers einträgt; dass Muth dessen Angebot zur Zusammenarbeit nicht annimmt, besiegelt seine Vernichtung – als »Spätgeborner« trifft er weder den Geschmack des gegenwärtigen, auf seichte Kost abonnierten Publikums noch vermag er mit den Usancen einer moralisch verkommenen Presse umzugehen. Gut zwanzig Jahre vor der Entstehung von Arthur Schnitzlers jüngst unter großem Hallo erstveröffentlichtem Jugendwerk *Später Ruhm* publiziert, lässt Ebner-Eschenbachs Novelle sich damit bis in einzelne Motive vergleichen: Schnitzlers Version ist die harmlosere, sein Held endet nicht tragisch, sondern kehrt zurück zur alten Philister-Behaglichkeit.

Von ihrer eigenen Initiation in das Reich der Buchstaben durch den strengen Vater erzählt Ebner-Eschenbach in einer Episode ihrer autobiographischen Schrift *Meine Kinderjahre* (1905). Was sich psychoanalytisch deuten ließe – als gewaltsame Übertragung des phallischen Begehrens nach der Sprache – hat auch einen anderen Aspekt von Modernität: Nicht die »Gerichtetheit des Schriftsteller-Lebenslaufes« à la Goethe wird hier beschworen, sondern vielmehr gezeigt, wie die »Ordnungen des Schreibens, der Schrift und des Geschriebenen in Turbulenzen versetzt werden« (Konstanze Fliedl).[26] Marie von Ebner-Eschenbach hatte sich bei der Abfassung ihrer Lebenserinnerungen auf die ersten vierzehn Jahre beschränkt – nach Roy Pascal die »reinste Form der Autobiographie«[27] –, ein Kunstgriff, der sich auch bei Theodor Fontane findet. Ebner-Eschenbach liefert keine Informationen, die nicht schon in der 1900 von Anton Bettelheim verfassten Biographie vorkommen. Sie verzichtet auf eine strenge Kapiteleinteilung, reiht stattdessen nach Art eines Albums einzelne Bilder aneinander. Negative Erfahrungen durchziehen leitmotivisch die Erinnerungen, der anekdotenhafte Charakter der Skizzen bewahrt aber das Bild einer scheinbar ungetrübten Idylle. Peter C. Pfeiffer hat die Kreativität und künstlerische Produktivität Ebner-Eschenbachs in *Meine Kinderjahre* als »eng verbunden mit Leidenspathos und einer bewussten Absage an die große Geschichte« gelesen.[28] Damit wird auch die Triebkraft für ihr Schreiben und ihr Selbstverständnis als Schriftstellerin sichtbar.

Ein Teil der wissenschaftlichen Rezeption der letzten Jahre blendet vor der Folie des ausgeprägten Klischees von weiblicher Autorschaft gerade Ebner-Eschenbachs Gabe der scharfsichtigen Analyse konsequent aus. Eine »Neigung zur verharmlosenden Beleuchtung« dekretiert Helmut Koopmann: »Unterhaltungslektüre, nicht mehr«.[29] Dieser Befund negiert die wissenschaftliche Neubewertung der Autorin seit den 1970er und 80er Jahren. Bereits 1966 hatte Gertrud Fussenegger in einem Vortrag in München konstatiert: »Doch dieses Werk enthält die erstaunlichsten Identifikationen mit dem Dunklen und Abgründigen.« Es sei »nicht nur von leidenschaftlichen Gefühlstönen, es ist auch mit beißenden Ironien durchsetzt«.[30] Einen neuen Impuls brachte eine

Analyse der bisher unbeachtet gebliebenen Tagebücher der Autorin durch den tschechischen Germanisten Jiři Veselý. Ingrid Aichinger-Cella und Karlheinz Rossbacher verwiesen in ihren Arbeiten ebenfalls auf Ebner-Eschenbachs skeptische, keineswegs harmonisierende Haltung. Die unleugbar sozialromantischen Züge ihrer Prosa lassen sich auch als utopisches Potential wahrnehmen. Es geht um die Vision von einem »gutes Leben ermöglichenden bürgerlich-aristokratischen Realismus aus dem Geist der schlichten Moralität« (Franz Schüppen)[31], repräsentiert von Menschen jedweden Standes. Ebner-Eschenbach »hat Vorstellungen von Schönheit, Mut und Vornehmheit, die, wie vieles am Nachmärz, altertümlich und neu sind. Ihre Beobachtungen sind nüchtern, den Verwicklungen des modernen Lebens auf der Spur«.[32]

Verhältnismäßig spät fand die Literatur der Ringstraßenära die ihr zukommende Beachtung. Karlheinz Rossbacher hat mit seinem Standardwerk *Literatur und Liberalismus. Zur Kultur der Ringstraßenzeit in Wien* (1992)[33] die Literatur zwischen Biedermeier/Vormärz und Jahrhundertwende ausführlich dargestellt. In der literarhistorischen Wahrnehmung setzen die beiden Knotenpunkte Ringstraßenzeit und Wiener Moderne eine klare Trennlinie zwischen die Generationen, die in dieser Radikalität vielleicht zu hinterfragen ist. Eine zu rigide Trennung übersieht auch, wie dies Evelyne Polt-Heinzl jüngst gezeigt hat, dass das intellektuelle Milieu im Wien der damaligen Zeit sehr klein war. Die Kontakte und Berührungspunkte zwischen den Angehörigen der älteren Generation wie Marie von Ebner-Eschenbach oder Ferdinand von Saar und Vertretern der ›Jungen‹ um Bahr, Schnitzler, Hofmannsthal oder Felix Salten waren vielfältig. »›Man‹ verkehrte nicht nur brieflich, publizierte in denselben Zeitungen, Zeitschriften und Verlagen, man ›begegnete‹ einander auch bei der Bearbeitung ähnlicher Fragestellungen und Konstellationen entlang der zeittypischen Debatten über die Krise des Individuums im Umgang mit den gesellschaftlichen Modernisierungsprozessen, das Aufbrechen des traditionellen Geschlechterverhältnisses und die herrschende Doppelmoral.«[34]

VI

Als Marie von Ebner-Eschenbach anlässlich ihres 70. Geburtstags im Jahr 1900 als erste Frau das Ehrendoktorat der Universität Wien erhält, betont der Promotor Jakob Minor, die »Klugheit der Künstlerin« erhebe sich zur »Höhe ethischer Weisheit in den Aphorismen, in denen sie ihre ganze Weltanschauung niedergelegt hat und die nicht blendende Paradoxieen, sondern der Ausdruck einer reichen, durchgebildeten Persönlichkeit sind«.[35] Dass er neben dem Roman *Das Gemeindekind* allein die Aphorismen speziell würdigt, trägt dem Ruhm der Autorin als der neben Nietzsche »bedeutendste deutsche Aphoristiker des neunzehnten Jahrhunderts«[36] Rechnung. Die noch hundert Jahre später von Interpreten bewusst gewählte männliche Bezeichnung sicherte ihr den Vorrang nicht nur vor allen aphoristisch schreibenden Frauen, sondern auch vor den männlichen Kollegen.

In ihrem letzten Buch *Aus einem zeitlosen Tagebuch* (1916) schreibt Ebner-Eschenbach: »Ich war längst nicht mehr jung, hatte gelernt, gelesen, gelitten, nachgedacht, bevor ich Umschau hielt in meinen Manuskripten, eine Auswahl von dreihundert Aphorismen traf und sie veröffentlichte.« Mit der ihr eigenen Ironie unterschlägt sie ihren Lesern nicht das Urteil ihres zwanzigjährigen Dienstmädchens: »Ach, Frau Baronin, [...] wenn ich mich hinsetzen wollte – in einer Stunde hätte ich ein solches Buch beisammen.«[37] Die ersten dreihundert Exemplare, die 1880 ohne thematische Ordnung, aber exakt nummeriert unter dem Titel *Aphorismen* erschienen, fanden ein durchwegs positives Echo, auch in den Buchhandlungen.

Die Sammlung wurde zunächst um hundert, dann um weitere hundert Stück ergänzt und bildete 1893 den Grundstock von Band I der *Gesammelten Werke*. Den Nachlass und die in Zeitschriften verstreuten Publikationen eingeschlossen, umfasst das Korpus etwa 900 Aphorismen.[38]

Der Erfolg des ersten Bandes, den lange niemand verlegen hatte wollen, überraschte alle, auch die Autorin, nicht zuletzt, weil die Gattung als männliche Domäne galt. Gerade der Gegensatz zwischen der schlichten äußeren Form und der zeittypisch als »deutsch« apostrophierten »Tiefe« der Gedanken wurde als mögliche Erklärung genannt.[39] Tatsächlich beeindrucken Ebner-Eschenbachs Aphorismen durch ihre klare, quasi kristalline Struktur und die augenscheinliche Übereinstimmung zwischen Gestalt und gedanklichem Gehalt. Mögen sie ihr gesamtes Potential auch nicht auf den ersten Blick preisgeben, so sind sie doch allgemein verständlich und werden deshalb auch leicht unterschätzt. »Sie war wirklich überzeugt, daß dazu nichts gehöre, als ein bißchen Sitzfleisch«[40], kommentiert die Dichterin den Kommentar ihrer Hausangestellten.

Das gattungsspezifische Gebot der Knappheit und Pointierung hat Ebner-Eschenbach strenger befolgt als viele Kollegen, wie etwa ein Vergleich mit dem aphoristischen Werk Karl Gutzkows zeigt. Sie punktet da mit ihrem besonderen Sinn für »Dialektik und Desillusionierung«, sie verfügt über die »radikaleren Gedanken« und die originellere, härtere Sprache (Friedemann Spicker).[41] Statistisch betrachtet[42], sind 97 % ihrer Kurztexte »reine« Aphorismen, also extrem zugespitzte und gewitzte Formulierungen, und nicht witzlose, Allgemeingültigkeit beanspruchende Sentenzen. Von den »reinen« Aphorismen bestehen wiederum 94 % aus nur einem Satz. Einige konsequent entschlackte elliptische Sätze haben auch die Form eines Fragments.

Ohne auf vordergründige Effekte abzuzielen, beherrscht Marie von Ebner-Eschenbach die rhetorischen Gestaltungsmittel der Aphoristik souverän: den Parallelismus (zwei in Gliedsätzen zusammengespannte ähnliche Gedanken) und dessen Sonderform der »literarischen Gleichung«; den Chiasmus (der Satzglieder um eine gedachte Mittelachse spiegelt), das Wortspiel, vor allem das etymologisch motivierte Spiel mit Homonymen, oder das Paradoxon. Viele Aphorismen wirken durch ihre, mitunter auch allegorische, Bildlichkeit. Ebner-Eschenbachs ausgeprägte Neigung zur Ironie wurde bemerkt, aber meist im Sinne des Klischees von der mütterlichen Güte heruntergespielt: Stets sei ihre Ironie »milder als diejenige Lichtenbergs, Heines, Nietzsches oder Kraus'«, behauptet Dee L. Ashliman;[43] Friedemann Spicker hält ihre »Fähigkeit zur aphoristischen Bosheit« immerhin für »kaum weniger entwickelt als die von Kraus, wenn sie ihr auch weit seltener nachgibt«.[44] Die vorliegende Auswahl soll auch belegen, dass Marie von Ebner-Eschenbach die bis heute als unweiblich verrufenen Waffen des Spottes und des Witzes so sparsam nicht einsetzte.

Harald Fricke meinte, »unter den Großen der literarischen Aphoristik« habe Ebner-Eschenbach »wohl die ausgereiftesten und, wenn man so will, die ›normalsten‹ Aphorismen geschrieben; in ihr hat die Gattung ihre ideale Mitte«.[45] Die Formulierung betont zu Recht den Aspekt des Mustergültigen und Normbildenden. Mit Ebner-Eschenbachs *Aphorismen* hat sich 1880 das Genre in der deutschsprachigen Literatur endgültig etabliert, sie bedeuten »begriffsgeschichtlich gesehen Abschluß wie Neubeginn«, und zwar als Schlusspunkt einer Entwicklung von der Philosophie »in die Literatur hinein« (Friedemann Spicker).[46]

Marie von Ebner-Eschenbach verstand sich nicht als systematische Denkerin, hatte sich aber schon als junge Frau autodidaktisch mit philosophischen Studien beschäftigt, insbesondere mit dem Werk Arthur Schopenhauers, später mit dem Friedrich Nietzsches. So sehr sie sich auch gegen deren pessimistische oder gar nihilistische Positionen zur

Wehr setzte, so unleugbar war ihre eigene Weltsicht davon berührt. Von großem Einfluss, auch in stilistischer Hinsicht, war dabei das aphoristische Œuvre der Philosophen.

Auffällig in Ebner-Eschenbachs Aphorismen ist der lustvoll-spielerische Umgang mit der Sprache, aber auch der Ansatz zu einer Gesellschaftskritik als Sprachkritik. Dass sie sich ernsthaft mit Sprachphilosophie beschäftigte, zeigt ihre Korrespondenz mit dem Philosophen Fritz Mauthner, dessen Sprachkritik Voraussetzung für Wittgensteins epochemachendes Werk war. Ebner-Eschenbachs literarische Praxis blieb freilich von der Sprachskepsis der Jahrhundertwende unerschüttert.

Abgesehen von Rahel Varnhagen (1771–1833), deren engagiert aufklärerische Aphorismen sie schätzte, und von George Sand (1804–1876), deren Gesamtwerk sie beeindruckte, verdankte Ebner-Eschenbach ihren Weg zur Aphoristik vor allem den französischen Moralisten, denen es um die unsystematische Ergründung der menschlichen Natur, um Charakterkunde und die Lehre von den Affekten zu tun war – eine Spur, die sie in einem Aphorismus selber legt, in dem sie implizit auch den eigenen Zugang beschreibt: »Dilettanten haben nicht einmal in einer sekundären Kunst etwas Bleibendes geleistet, sich aber verdient gemacht um die höchste aller Wissenschaften, die Philosophie. Den Beweis dafür liefern: Montaigne, La Rochefoucauld, Vauvenargues.«[47]

Als Moralistin nach deren Fasson, die die gesamte Condition humaine umfasst, darf auch Marie von Ebner-Eschenbach gelten, mehr als die Hälfte ihrer zu Lebzeiten veröffentlichten Aphorismen setzt sich mit moralischen Werten und mit menschlichem Verhalten sowie mit lebensphilosophischen Problemen auseinander.[48] Die darin positiv formulierte christliche Ethik der Güte, des Mitgefühls und der Demut wird, humoristisch wirkungsvoll, häufig mit der Realität des sozialen Verkehrs konfrontiert, vor allem mit den Erscheinungsformen der Lüge, Heuchelei und Überheblichkeit. Besonders interessiert Ebner-Eschenbach sich für die Kunst der Lebensführung, für das Verhältnis zwischen den Geschlechtern, die gerechte Verteilung irdischer Güter, für die Kunst und den literarischen Betrieb. Dabei richtet sich ihr stupender psychologischer Scharfblick immer wieder auch kritisch auf die eigene Position. Insbesondere als Kompendium der Lebenskunst haben die Aphorismen wohl bis heute – nicht zuletzt im Internet – ihr Publikum gefunden. Gewisse Themen bleiben dafür weitgehend ausgespart: Ökonomische und politische Fragen werden nicht konkret aufgegriffen, sondern erscheinen nur in allgemeinem Gewande, Militarismus und Pazifismus kommen nicht vor, anders als Kirche und Religion spielt Gott keine Rolle.

In ihren Aphorismen spiegelt sich die Weltanschauung der Autorin naturgemäß expliziter als in ihrer Erzählprosa. In denkbar großer Distanz zu Nietzsches Bekenntnis zum Zynismus und zu dessen Bild des »Übermenschen«, nimmt sie in ihrer aphoristischen Morallehre, dezidiert nicht *Jenseits von Gut und Böse,* sehr wohl »Umwertungen en detail« (Friedemann Spicker) vor.[49] Auch die kleine, nach den Bereichen Kunst, Gesellschaft und Lebenskunst nur grob gegliederte Auswahl dieses Bandes verrät die »zu spät geborene Aufklärerin«, die »zu früh geborene Modernistin« (Stefan H. Kaszynski)[50]: Hier spricht einerseits eine Fortschrittliche, deren emanzipatorischer Impetus in erster Linie der Frage weiblicher Gleichberechtigung gilt und deren moralische Appelle zur Verbesserung der Welt mit besonderem Nachdruck an den Adel adressiert sind. Andererseits reagiert sie auf den im industriellen Zeitalter virulent werdenden Klassenkampf hilflos mit paternalistischen Lösungsvorschlägen. Und in künstlerischer Hinsicht positioniert Ebner-Eschenbach sich gegenüber den zeitgenössischen Naturalisten und jungen »Dekadenten« unmissverständlich als Konservative. Nicht nur mit ihrer Lebensklugheit, sondern gerade auch in ihrer unaufgelösten Ambivalenz haben Ebner-Eschenbachs bereits zu Lebzeiten klassisch gewordenen Aphorismen bis heute ihre Aussagekraft bewahrt.

Anmerkungen

1 Marie von Ebner-Eschenbach: Tagebücher II. 1871–1878. Kritisch hrsg. u. komm. v. Karl Konrad Polheim unter Mitwirkung v. Markus Jagsch, Claus Pias u. Georg Reichard. Tübingen: Niemeyer 1991, 10.4.1872, S. 101.

2 Helmut Brandt: Marie von Ebner-Eschenbach und die »Deutsche Rundschau«. In: Die Österreichische Literatur. Ihr Profil von der Jahrhundertwende bis zur Gegenwart (1880–1980). Hrsg. v. Herbert Zeman. Teil 2. Graz 1989, S. 1001–1015, hier: S. 1001.

3 Marie von Ebner-Eschenbach: Tagebücher III, 1879–1889. Werkausgabe Kritische Texte und Deutungen. Hrsg. u. komm. v. Karl Konrad Polheim, Norbert Gabriel; Mitarb.: Markus Jagsch, Claus Pias. Tübingen: Niemeyer 1993, 5.2.1887, S. 641f.

4 Vgl. Ulrike Tanzer: Dialogisches Erzählen. Zu den Novellen Marie von Ebner-Eschenbachs. In: Boccaccio und die Folgen. Fontane, Storm, Keller, Ebner-Eschenbach und die Novellenkunst des 19. Jahrhunderts. Frühjahrstagung der Theodor-Fontane-Gesellschaft e.V. Mai 2014 in Neuruppin. Hrsg. v. Hugo Aust und Hubertus Fischer. Würzburg 2006 (= Fontaneana 4), S. 155–168. Vgl. auch die Einleitung zu Susanne Kord (Hg.): Letzte Chancen. Vier Einakter von Marie von E-E- London: The Modern Humanities Research Association 2005 (= MHRA Critical Texts 3).

5 Ferrel V. Rose: The Guises of Modesty. Marie von Ebner-Eschenbach's Female Artists. Columbia 1994, S. 65.

6 Notizbuch, I.N. 54.488, Nachlass Marie von Ebner-Eschenbach, Wienbibliothek im Rathaus.

7 Paul Heyse an Marie von Ebner-Eschenbach. Brief v. 24.12.1883. Zit. nach: Marie von Ebner-Eschenbach und Paul Heyse. Briefwechsel. In: Mechthild Alkemade: Die Lebens- und Weltanschauung der Freifrau Marie von Ebner-Eschenbach. Graz und Würzburg 1935, S. 257–398, hier: S. 264.

8 Vgl. Karlheinz Rossbacher: Literatur und Liberalismus. Zur Kultur der Ringstraßenzeit in Wien. Wien 1992, S. 324–326 und S. 366–372; Ulrike Tanzer: Frauenbilder im Werk Marie von Ebner-Eschenbachs. Stuttgart 1997 (= SAG 344), S. 24–29; Manuela Günter: »Dank und Dank: – ich wiederhole mich immer, nicht wahr?« Zum Briefwechsel zwischen Marie von Ebner-Eschenbach und Julius Rodenberg. In: Briefkultur im 19. Jahrhundert. Hrsg. v. Rainer Baasner. Tübingen 1999, S. 55–71.

9 Friedrich Kreyßig: Erzählungen von Marie Freiin von Ebner-Eschenbach. Stuttgart, J. G. Cotta'sche Buchhandlung, 1875. In: Deutsche Rundschau 4 (1875), S. 302.

10 Moritz Necker: Marie von Ebner-Eschenbach. Ein literarisches Charakterbild. In: Deutsche Rundschau 64 (1890), S. 338–357, hier: S. 338.

11 Erich Schmidt: Marie von Ebner-Eschenbach. In: Deutsche Rundschau 77 (1893), S. 155–157, hier: S. 157.

12 Jakob Minor: Neues und Altes über Marie Ebner. In: Das literarische Echo 3 (August 1901), S. 1529.

13 Marie von Ebner-Eschenbach: Novellenstoffe. Ein Gespräch. In: MvEE: Das Gemeindekind. Novellen. Aphorismen. München: Winkler 1956, S. 691–711, hier: S. 691. MvEE: Alte Schule. Drei Novellen. Bertram Vogelweid. Ohne Liebe. Leipzig: H. Fikentscher Verlag / H. Schmidt & C. Günther [1928] (= Hafis-Ausgabe, Bd. 10), S. 83–105, hier S. 83.

14 Marie von Ebner-Eschenbach: Die unbesiegbare Macht. Rittmeister Brand. Leipzig: H. Fikentscher Verlag / H. Schmidt & C. Günther [1928] (= Hafis-Ausgabe, Bd. 7), S. 297f. Diese Deutung findet sich etwa bei Fritz Martini: Deutsche Literatur im bürgerlichen Realismus. 1848–1898. Stuttgart: Metzler 1962, S. 495.

15 Vgl. Franz Dubsky: Erinnerungen an Marie von Ebner-Eschenbach [Nachwort]. In: Marie von Ebner-Eschenbach: Krambambuli und andere Erzählungen. Stuttgart: Reclam 1966, S. 58–61.

16 Brief von Marie von Ebner-Eschenbach an Louise Neumann-Schönfeld vom 15.11.1885, Privatbesitz. URL: http://www.bda.at/text/136/908/6629/1/galerie/Der-Inbegriff-aller-Weisheit-ist-die-Menschenliebe-M-v-Ebner-Eschenbach_Unterschutzstellung-eines-Briefes-von-Marie-von-Ebner-Eschenb

17 Dominik Müller: Gleiche Brüder als Parteigegner – Individualität, Vererbung und Politik. Zu Marie von Ebner-Eschenbachs »Die Freiherrn von Gemperlein« und Gottfried Kellers »Martin Salander«. In: Dioskuren, Konkurrenten und Zitierende. Paarkonstellationen in Sprache, Kultur und Literatur. Festschrift für Helmut Göbel und Ludger Grenzmann. Göttingen: V & R unipress 2014, S. 115–132, hier: S. 123.

18 Werner M. Bauer: Anthropomorphismus und Säkularisation. Zu den Tiergeschichten Ferdinand von Saars und Marie von Ebner-Eschenbachs. In: Marie von Ebner-Eschenbach. Ein Bonner Symposion zu ihrem 75. Todesjahr. Hrsg. v. Karl Konrad Polheim. Bern et al.: Peter Lang 1994, S. 177–208, hier: S. 195.

19 Vgl. Daniela Strigl: »Mich kann man nicht verurteilen« – Naturrecht und k.k. Justiz bei Marie von Ebner-Eschenbach und Ferdinand von Saar. In: Roland Innerhofer, Daniela Strigl (Hg.): Sonderweg in Schwarzgelb? Auf der Suche nach einem österreichischen Naturalismus. Innsbruck: Studienverlag 2015 (in Druck).

20 Bauer, Anthropomorphismus und Säkularisation, S. 197.

21 Zit. nach: Heinz Kindermann (Hg.): Briefwechsel zwischen Ferdinand von Saar und Marie von Ebner-Eschenbach. Wien: Wiener Bibliophilen-Gesellschaft 1957, S. 9.

22 Moritz Necker, zit. nach Erika Fischer: Marie von Ebner-Eschenbach und ihr Verhältnis zur Frauenfrage. In: Die Frau 46 (1938/39), S. 343–349, hier: S. 343.

23 Natalie von Milde: Marie von Ebner-Eschenbach und ihre Bedeutung für die Frauenbewegung. In: Centralblatt des Bundes deutscher Frauenvereine II (1900), S. 89–92, hier: S. 91.

24 Vgl. Ebner-Eschenbach, Tagebücher I. 1862–1869. Werkausgabe Kritische Texte und Deutungen. Hrsg. v. Karl Konrad Polheim, Mitarb.: Rainer Baasner. Tübingen: Niemeyer 1989, 16.3.1869, S. 251.

25 Etwa im Juni 1878, vgl. Ebner-Eschenbach, Tagebücher II. 1871–1878. S. 606f.

26 Vgl. Konstanze Fliedl: Close Reading. Zu Marie von Ebner-Eschenbachs »Meine Kinderjahre«. In: Roland Innerhofer, Daniela Strigl (Hg.): Sonderweg in Schwarzgelb? Auf der Suche nach einem österreichischen Naturalismus. Innsbruck: Studienverlag 2015 (in Druck).

27 Roy Pascal: Die Autobiographie. Gehalt und Gestalt. Stuttgart 1965, S. 106.

28 Peter C. Pfeiffer: Marie von Ebner-Eschenbach. Tragödie, Erzählung, Heimatfilm. Tübingen: Francke 2008, S. 58.

29 Helmut Koopmann: Schloß-Banalitäten. Lebenslehren aus einer halbwegs heilen Welt: Marie von Ebner-Eschenbach. In: Deutschsprachige Schriftstellerinnen des Fin de Siècle. Hrsg. v. Karin Tebben. Darmstadt: Wissenschaftliche Buchgesellschaft 1999, S. 162–180, S. 174.

30 Gertrud Fussenegger: Marie von Ebner-Eschenbach oder Der gute Mensch von Zdißlawitz. Ein Vortrag. München: Delp'sche Verlagsbuchhandlung 1967 (= Schriftenreihe der Künstlergilde 9), S. 13.

31 Franz Schüppen: Bürgerlicher Realismus in Ebner-Eschenbachs »Božena« (1876). In: Joseph P. Strelka: Des Mitleids tiefe Liebesfähigkeit. Zum Werk der Marie von Ebner-Eschenbach. Bern: Peter Lang 1997. (= New Yorker Beiträge zur österreichischen Literaturgeschichte 7), S. 13–55, hier: S. 51.

32 Ebd., S. 55.

33 Vgl. Karlheinz Rossbacher: Literatur und Liberalismus. Zur Kultur der Ringstraßenzeit in Wien. Wien: Jugend & Volk 1992.

34 Evelyne Polt-Heinzl: Ringstraßenzeit und Wiener Moderne. Porträt einer literarischen Epoche des Übergangs. Wien: Sonderzahl 2015, S. 8.

35 Zit. in: Anton Bettelheim: Marie von Ebner-Eschenbach. Biographische Blätter. Berlin: Paetel 1900, S. 247.

36 Gerwin Marahrens: Über den Werte-Kosmos der Aphorismen von Marie von Ebner-Eschenbach. In: Joseph P. Strelka (Hg.): Des Mitleids tiefe Liebesfähigkeit. Zum Werk der Marie von Ebner-Eschenbach. Bern et. al.: Peter Lang 1997 (= New Yorker Beiträge zur österreichischen Literaturgeschichte 7), S. 183–217, hier: S. 183.

37 Marie von Ebner-Eschenbach: Altweibersommer. Aus einem zeitlosen Tagebuch. Die Prinzessin von Banalien. Meine Kinderjahre. Meine Erinnerungen an Grillparzer. Am Ende. Leipzig: H. Fikentscher Verlag / H. Schmidt & C. Günther [1928] (= Hafis-Ausgabe, Bd. 12), S. 108.

38 Vgl. Friedemann Spicker: Kurze Geschichte des deutschen Aphorismus. Tübingen: Francke 2007, S. 106.

39 Vgl. Friedemann Spicker: Der Aphorismus. Begriff und Gattung von der Mitte des 18. Jahrhunderts bis 1912. Berlin, New York: de Gruyter 1997 (= Quellen und Forschungen zur Literatur- und Kulturgeschichte 11), S. 171.

40 Marie von Ebner-Eschenbach, Hafis-Ausgabe, Bd. 12, S. 108.

41 Vgl. Spicker, Kurze Geschichte des deutschen Aphorismus, S. 108f.

42 Vgl. Marahrens, Über den Werte-Kosmos der Aphorismen von Marie von Ebner-Eschenbach, S. 188.

43 Dee L. Ashliman: Marie von Ebner-Eschenbach und der deutsche Aphorismus. In: Österreich in Geschichte und Literatur, Jg. 18 (1974), H. 3, S. 158.

44 Spicker, Kurze Geschichte des deutschen Aphorismus, S. 110.

45 Harald Fricke: Der Aphorismus: Stuttgart: Metzler 1984, S. 119.

46 Vgl. Spicker, Der Aphorismus, S. 172f.

47 Marie von Ebner-Eschenbach, Hafis-Ausgabe, Bd. 12, S. 202.

48 Vgl. Marahrens, Über den Werte-Kosmos der Aphorismen von Marie von Ebner-Eschenbach, S. 191.

49 Spicker, Kurze Geschichte des deutschen Aphorismus, S. 111.

50 Stefan H. Kaszynski: Kleine Geschichte des österreichischen Aphorismus. Tübingen, Basel: Francke 1999, S. 51.

Der Buchstabensprühregen[1]

Den ersten Unterricht im Lesen und Schreiben erteilte uns Herr Volteneck, der Verwalter von Zdißlawitz. Er hatte eine rundliche Gestalt und einen an den Schläfen eingedrückten, länglichen Kopf und nahm sich von weitem aus wie ein Zylinder mit einer kleinen Gurke darauf. Seine Leibfarben waren Braun und Gelb, braun die klugen, sanften Augen, das schlichte Perückchen, die Umgebung der unaufhörlich nach Schnupftabak verlangenden Nase und die Fingerspitzen, die ihr den aromatischen Staub zuführten. Gelb waren die kleinen Hände und das kleine Gesicht.

Die Seelenfarbe dieses Mannes aber kann nur das zarteste Apfelblütenrosa gewesen sein.

Schon unter meinem Großvater hatte er die Stelle der amtierenden Gerichtsperson auf dem Gute redlich und ehrenhaft versehen und genoß allgemeine Hochachtung. Dabei war er das Stichblatt schlechter Witze, die besonders unter den Schloßleuten unkrautmäßig wucherten. Er hatte eine eigene Manier, von Zeit zu Zeit seinen Rock an der Brust mit beiden Händen zu fassen und gegen den Nacken hin-

1 Auszug aus »Meine Kinderjahre«, Titel von den Herausgeberinnen

zuschieben. Die Gewohnheit, behauptete man, ist ihm vom Kuttentragen geblieben, denn die Kutte hat er getragen, er ist ein entlaufener Kapuziner.

Und nun hätte er seinen ganzen Lebensgang wahrheitsgetreu darstellen, hätte urkundlich nachweisen können, daß er nie einen Tag im Kloster zugebracht, geistliche Kleidung nie getragen hatte, – alles umsonst! Sie wären nicht zu erschüttern gewesen in ihrer Überzeugung; er ist und bleibt ein davongelaufener Kapuziner.

Zum Unglück hatte der reizlose, ältliche Mann den Mut gehabt, eine hübsche, junge Frau heimzuführen, die nicht gerade pedantisch gewesen sein soll im Festhalten an der ehelichen Treue. Darüber wurde oft gespöttelt, in verhüllter Weise sogar in seiner Gegenwart. Wir wußten natürlich nicht, um was es sich handelte; aber wir sahen, daß er ausgelacht wurde, und unsere Empörung darüber war groß, denn wir liebten diesen guten, alten Menschen und langmütigen Lehrer. Wir liebten ihn schon um seiner herrlichen Schrift willen. Da war keine, von der einfachen Kurrent bis zur Kyriliza, die er nicht hingemalt hätte in unsere Zensurenbüchlein, leicht und schwungvoll, daß die Feder hinschwebte in kleinen und großen Linien, Kreisen und Ovalen, wie durstige Schwalben spielend über dem Wasser schweben.

Im Zensurenbüchlein meiner Schwester wimmelte es von »ausgezeichnet«; ich brachte es selten zu einem »sehr gut«, und auch dieses war meist ganz mager hingehaucht, gleichsam der Schatten eines »sehr gut«. Dabei ging es vollkommen gerecht zu. Meine Schwester konnte schon geläufig lesen, während ich noch die Kunst des Buchstabierens nicht völlig innehatte.

Papa pflegte sich selten und auch dann nur oberflächlich nach dem Fortgang unserer Studien zu erkundigen. Ein kurzes: »Brav sein!« war alles, was er mir sagte, wenn er auf seine Frage »Sind sie fleißig?« die Antwort erhalten hatte: »Fritzi sehr, und Marie wird es auch werden.«

Einmal aber, wie es bei ihm meist geschah, machte etwas, das er oft übersehen und überhört hatte, ganz plötzlich Eindruck auf ihn.

»Werden? Oho, erst werden?« wiederholte er das letzte Wort, das Mama gesprochen hatte, wandte den Kopf und sah mich an.

Es war bei Tische. Obenan saß unsere liebe Mama, unsere Großmutter zu ihrer Rechten, unser Vater zu ihrer Linken. Dann war ein langer Zwischenraum an dem großen, ovalen Tische, und dann kamen wir zwei, meine Schwester und ich.

»Kann sie vielleicht noch nicht lesen? Hat im Frühjahr angefangen, lernt jetzt schon den ganzen Sommer und kann noch nicht lesen?« setzte Papa sein Verhör fort, und ein Strafgericht drohte aus seiner Stimme.

Eine Verhandlung zwischen ihm und Mama folgte. Unsere Großmutter schwieg; sie mischte sich nie in eine Beratung der Eltern, die uns betraf.

Es ist mir später klar geworden, daß Papa die »Methode« des Herrn Verwalters angezweifelt und den Besitz einer besseren – sich selbst zugeschrieben hat. Zu meinem Entsetzen, zur – ich bemerkte es wohl! – stillen Unzufriedenheit Großmamas befahl er mir, morgen früh zu ihm zu kommen. »Allein«, schloß er nachdrücklich.

Das war ein Wort!

Wir betraten immer nur *in corpore* die Zimmer Papas zum Guten-Morgen- und zum Gute-Nacht-sagen. Damals war nur ein Flügel an das Schloß angebaut; in dem befand sich unsere Wohnung. Die Papas lag am andern Ende der langgestreckten Front. Ihre Zimmer mündeten auf einen geschlossenen Gang, den wir täglich zweimal durchwanderten. Seine Fenster sahen auf den Hof; der Blumenhof hieß er, und er verdiente seinen Namen, denn er war von Blumengruppen und von hohen, mit blühenden Topfpflanzen besetzten Gestellen umschlossen. Aus dem Hofe führte ein breites Tor, das immer weit geöffnet blieb, in eine tiefschattige, von vier

Reihen herrlicher Lindenbäume gebildete Allee. Als ich ein Kind war, da strotzte noch ihr Gezweige von Saft, da waren ihre Blätter hellgrün und weich wie Samt und ihre Blüten voll süßen Duftes. Damals prangten sie in ihrer Vollkraft. Aber Höhe ist Wende. Heute wehren ihre Wipfel den Sonnenschein nicht mehr völlig ab. Er dringt durch das dünn gewordene Laub und wirft den dunklen Stämmen goldige Lichter vor die Füße, wie spielend, wie übermütig fragend: »Seht ihr? da sind wir nun doch!« – Einst, wenn der Wind sich durch die Unzahl der Blätter drängte, da gab's ein weiches Rauschen, ein sanftes, harmonisches Flüstern. Anders ist das jetzt. Anders als in den jungen spielt der Wind in den alten Bäumen. Die Stimmen sind rauh, die er in ihnen erweckt. Ein Knistern und Knarren durchläuft das Geäst; da und dort zerbricht ein dürrer Zweig und fällt …

Auf dem Wege zu Papa begleitete uns die Kinderfrau und wartete im Vorzimmer auf unsere Rückkehr.

Wenn wir in der Frühe bei unserem Vater eintraten, saß er an seinem Schreibtisch, mit dem Rücken gegen die Tür, hatte große Wirtschaftsbücher vor sich liegen, rechnete und schrieb. Wir wurden meistens freundlich empfangen, küßten ihm eines nach dem andern die Hand, beantworteten seine Frage: »Seid's brav?« immer bejahend und so auch bald die darauf folgende: »Ist die Pepi da? Gut also, also geht.«

Manchmal durfte er in seiner Arbeit nicht unterbrochen werden. Da hieß es: »Seid ruhig, wartet.« Man wartete, rührte sich nicht und hatte Zeit, sich mit schüchterner Neugier im Zimmer umzusehen. Es kam mir größer vor als alle anderen im Hause, und jeder Gegenstand darin hatte etwas Eigentümliches und erregte mein ganz besonderes Interesse. Wie merkwürdig war schon der Lüster, der an vergoldeten Ketten von der Decke niederhing! Eine flache, mattgrüne, mit Arabesken aus Bronze geschmückte Schale. Aus ihr heraus streckten sich sechs magere, sehnsüchtige Arme und trugen in ihren Händen tulpenförmige kleine Urnen, aus denen vergilbte Wachskerzen emporragten. Einen sehr ernsten Eindruck machten die schwarzen Möbelgestelle, der umfangreiche, schwarze Schreibtisch und die Schwärze der ganzen Gesellschaft von Schränken und Etageren.

Über dem Kanapee, das rechts an der Längswand stand, hing ein Bild, das ich mit dem Blick eben nur zu streifen wagte, weil mir sonst heiße Tränen in die Augen schossen.

Es war eine schöne Radierung und stellte einen Invaliden der *grande armée* vor, einen alten Mann in verbrauchter Uniform. Er saß auf einem Bänkchen vor einer niedrigen Hütte. Sein kahles Haupt war gebeugt, seine Arme lagen auf den ausgespreizten Knien; er hielt sein Taschentuch in den Händen und ruhte aus von einer traurigen Arbeit. An der Wand neben ihm lehnte die Schaufel, mit der er eine Grube gegraben hatte für einen treuen Gefährten – seinen Hund. Der lag zu seinen Füßen, das gebrochene Auge noch auf den Herrn gerichtet. – »Ich habe dich schwer verlassen«, schien es zu sagen, »aber ich mußte fort; es war ja hohe Zeit. Sieh mich nur an, lieber Herr. Bin ich nicht zum Kinderspott geworden, so alt und abgezehrt und häßlich? Mut, lieber Herr, steh auf und lege mich in die Grube, die du für mich gegraben hast. Ich werde da schlafen, und – Hunde träumen ja, weißt du – träumen, daß wir wieder jung sind, wir zwei, und schön und gesund. Entschließ dich, lieber Herr …«

Endlich wird der Invalide doch aufstehen, nach der Schaufel greifen und den guten Hund begraben und dann keinen Freund und keinen Kameraden mehr haben und nichts mehr auf der Welt …

Noch andere Bilder hingen an den Wänden, Radierungen und Kupferstiche, lauter Erinnerungen an die Feldzüge gegen Frankreich, die unser Vater mitgemacht hatte, an Erzherzog Karl und an Napoleon. Und auf dem Schreibtisch befand sich ein Aquarellbildchen und stellte drei hübsche Offiziere in Uniform, drei junge Hauptleute, dar: unseren Vater und seine zwei Brüder, und diese seine zwei Brüder waren vor dem Feinde geblieben.

»Vor dem Feinde geblieben.« Ich hörte das sagen und fragte mich, was es bedeuten sollte. Es schien etwas Trauriges und Schönes zu sein. Papa sprach es immer in sehr ernstem und sehr stolzem Tone aus. Und auch das wirkte ergreifend auf mich und trug dazu bei, die ehrfürchtige Scheu zu erhöhen, mit der ich in seinem Zimmer stand.

Und nun galt's, wie Papa gestern befohlen hatte, mich allein in sein imponierendes Bereich zu begeben. Mama begleitete mich bis zur Schwelle des Eingangszimmers, blieb dort stehen, und machte mir, als ich mich nach einigen Schritten umwandte und ihr Lebewohl zuwinkte, ein Zeichen, vorwärts zu gehen und dann anzuklopfen. Ich tat's, und: »Herein!« tönte es mir laut und barsch entgegen.

Ein ermutigender Empfang wurde mir nicht zuteil. Papa reichte mir zwar die Hand zum Kusse, ließ aber vom Moment meines Eintretens an fortwährend seinen Blick forschend und streng auf mir ruhen und fragte endlich:

»Was ist dir denn? Was machst du für ein Gesicht? Mir scheint, du fürchtest dich. Du hast ein schlechtes Gewissen. Wer kein schlechtes Gewissen hat, fürchtet sich nicht.«

Nun war das Unglück fertig.

Nun mußte ich ja überzeugt sein, daß ich ein ganz elendes Gewissen hatte, denn wahrhaftig, ich zitterte vor Angst.

Ach, es war danach! Alles war danach. Was lag auf dem großen, schwarzen Schreibtisch, auf dem Platze, den sonst die Wirtschaftsbücher einnahmen? Eine Fleißarbeit Papas. Bewunderungswürdig im Grunde. Viereckige Blättchen von gleicher Größe aus Kartenpapier. Man sah ihnen die Sorgfalt und militärische Pünktlichkeit an, mit der sie zugeschnitten und reihenweise in gleichen Abständen voneinander geordnet worden waren. Jedes einzelne von ihnen trug ein dick und deutlich ausgeführtes Zeichen. Ein gut gekanntes und gut gehaßtes Zeichen – einen Buchstaben.

»Was ist das?« fragte Papa und wies, nicht ohne Wohlgefallen, auf das kleine papierne Pikett vor ihm.

Ich meinte, es seien Buchstaben.

»Ja, ja, Buchstaben, natürlich. Aber das Ganze da – das Ganze!«

»Buchstaben … viele Buchstaben …« Bei den Buchstaben blieb ich. Wie die Familie heißt, wenn sie vollzählig versammelt ist, wußte ich nicht. Ich wußte überhaupt bald gar nichts mehr, nicht einmal ein A von einem I zu unterscheiden und auch nicht, ob ich lachen oder weinen sollte, als Papa ein geringschätziges: »I! A!« ausstieß.

Der einzelnen Vorgänge bei diesem denkwürdigen Examen kann ich mich nicht mehr erinnern. Nur einer großen Verwirrung, die in den Reihen der schnurgerade aufmarschierten Kärtchen eintrat, entsinne ich mich: sie wanden sich wie Schlangen, sie tanzten, bildeten Gruppen, stoben davon nach allen Richtungen. Und dabei deutete Papas Finger unbeweglich auf eine Stelle, die für mich abwechselnd von einem a, einem b, einem r besetzt war. Einen Buchstaben um den andern nannte ich, riet und riet und erriet nicht. Die Qual dauerte lang. Mein armer Papa, der Selbstbeherrschung doch so ungewohnt, nahm sich zusammen, wiederholte die selbe Frage mehrmals, ohne die Stimme allzusehr zu erheben. Die meine aber wird wohl zuletzt gar keinen Laut mehr gehabt haben. Ich vermochte trotz aller Anstrengung nicht, auch nur ein vernehmliches Wort über die Lippen zu bringen, und nahm in hilfloser Bestürzung das Urteil entgegen, daß ich – ein großes Mädel von fünf Jahren – mich mit Schande beladen habe. Der kurze Spruch Papas schloß mit dem Befehl: »Hinaus!«

Ich besorge sehr, ihn mit unanständiger Geschwindigkeit und ohne Abschiedsgruß erfüllt zu haben.

Noch hatte ich auf meinem Rückzug das Eingangszimmer nicht durcheilt, als Papa mir nachkam, die Tür vor mir öffnete, mich hinausschob und mit einem raschen Wurf das ganze Alphabet über mich ausstreute. Dann flog die Tür hinter ihm zu, und ich kauerte auf dem Boden, sammelte hastig die Kartenblättchen in meine Schürze und lief, so rasch ich konnte, davon.

Und nun muß ich sagen: Dieser Buchstabensprühregen, den mein Vater mir damals nachschickte, ist die einzige »Gewalttat« gewesen, die ich je durch ihn erfuhr. Seine Hand hat mich nie unsanft berührt, er hat seine Stimme nie laut gegen mich erhoben, dieser fürchterliche, liebe, gute Papa.

Ein Spätgeborner

Nicht was wir erleben, sondern wie wir empfinden, was wir erleben, macht unser Schicksal aus.

1

Er hieß Andreas Muth und war Beamter der Finanzlandesdirektion. Seit fünfundzwanzig Jahren verwaltete er seinen Dienst mit gewissenhafter Pünktlichkeit; allein daß er jemals befördert werden könnte, daran dachte niemand, er selbst nicht. Zu einer glänzenden Beamtenlaufbahn war er durch seine Erziehung nicht ausgerüstet worden. Was sein armer Vater – der kränklichkeitshalber quieszierte Professor der schönen Literatur Karl Muth – sich vor allem bestrebt hatte ihm beizubringen, das war die Kenntnis des klassischen Altertums. In seinem achten Jahre las Andreas den Cornelius Nepos und den Herodot, wie andere Kinder Campes Robinson lesen, und im fünfzehnten übersetzte er die Braut von Messina in die Sprache des Äschylus. Aber wie es in der Welt aussieht, und wie man in ihr vorwärts kommen kann, das versäumte der Gelehrte seinem Sprößling beizubringen, und zwar deshalb, weil er selbst es nicht wußte.

Und als der alte Mann einmal über seinen Kommentaren zu der Abhandlung *de carmine bucolico*, von Hofrat Heyne, einschlief und nicht mehr erwachte, blieb Andreas so hilflos zurück wie ein verlaufenes Lamm.

Ein ehemaliger Schüler seines Vaters, mit dem sein guter Stern ihn zusammenführte, erbarmte sich seiner. Er war einflußreich, hatte viele Verbindungen, und so gelang es ihm, dem Sohne seines ehemaligen Professors einen kleinen, karg besoldeten Posten im großen Staatshaushalte zu verschaffen.

Seitdem fühlte Andreas sich geborgen. Die Vorteile, die seine Stelle ihm gewährte, schienen ihm in vollkommenem Einklange mit den Pflichten zu stehen, die sie ihm auferlegte. Voll stiller Zufriedenheit legte er täglich den Weg von seiner Wohnung in der entlegensten Vorstadt bis zum Büro zurück, und freute sich bei jedem Schritte, daß er abends denselben Schritt heimwärts machen würde. Die Erwartung des Augenblicks, in dem er sein Stübchen unter dem Dache wieder betreten sollte, vergoldete ihm alle anderen Augenblicke des Tages.

Bevor er seine Kammer verließ, hatte er darin alles zum traulichen Empfange bei der Rückkehr vorbereitet. Die Lampe stand mit Öl gefüllt auf dem Tische, die Kaffeekanne auf dem Ofen, einem eisernen Zwerge, der sich bedenklich nach der rechten Seite neigte und eines seiner dünnen Beine mit einer Unternehmungslust vorstreckte, in der sich mehr Flunkerei aussprach als wahre Solidität. Der Kleiderstock in der Ecke reichte mit lächerlich langen Armen einen grauen Hausrock einladend dar, und der altersschwache Lehnsessel, mit dem farblos gewordenen Lederüberzuge, war vor dem Tische zurecht gerückt. Alles so vielgebraucht, so ärmlich, und doch so nett, durch seine tadellose Reinlichkeit nicht nur das Auge, auch die Hand des Herrn verratend.

An der Wand, dem Bette gegenüber, hing in geschmackvollem Rahmen die Photographie einer schönen Dame in Balltoilette. Diesem Bilde, das seltsam abstach von der ehrwürdigen Gesellschaft der übrigen Einrichtungsstücke, galt der letzte Blick, den Andreas, schon auf der Schwelle stehend, zurückwarf in die Stube. Es lächelte holdselig und schien zu sagen: auf Wiedersehen!

Der kleine Beamte schloß hinter sich ab und ging, einen kleinen Himmel in seiner Brust. Er gedachte der Zeiten, in denen das verehrte Original des Bildes ihm in lebendiger Gestalt erschienen war Tag um Tag … Die jetzt so hoch gestellte Frau war damals ein armes Fräulein und wohnte mit ihrer Großmutter im dritten Stockwerke des altersgrauen Hauses, das die Ecke in die nächste Gasse bildete, Andreas gegenüber.

Am frühen Morgen schon saß sie am Fenster, neben dem Bauer, in dem ihr Hänfling, der dicke Egoist, einsam und zufrieden hauste, und begann ihr Tagewerk. – Wie unverdrossen war sie in ihrem Fleiße! Man sah es wohl, die prächtigen Stickereien, die unter ihrer kunstfertigen Hand entstanden, waren nicht zu eigenem Gebrauche, waren den Lebensunterhalt zu schaffen bestimmt, für sie und ihre Großmutter. Die alte Dame, in ihrem blütenweißen Häubchen und ihrem schwarzen, enganschließenden Kleide, trat manchmal an den Arbeitstisch, strich mit ihren zarten Fingern über die blonden Haare der Enkelin, küßte sie auf die Stirn und verschwand wieder wie ein Schatten im Dunkel des Zimmers.

Noch emsiger flog dann die Nadel, wurde Faden an Faden gereiht. Und auf kostbarem Grunde sprossen farbenprächtige Blumen, feinschattierte Blätter, schwungvolle Arabesken.

An einem schönen Sommermorgen, Andreas wollte eben, bevor er die Stube verließ, sein Fenster schließen, da sah er die junge Nachbarin an dem ihren stehen. Sie hatte es eben geöffnet, bog sich hinaus, wendete den Kopf nach rechts und nach links wie ein Vögelchen und atmete die kühle Morgenluft mit innigem Entzücken ein. Der Hänfling putzte seinen zimtbraunen Mantel, zwitscherte und sang, hüpfte auf das oberste Stäblein im Bauer, und schien, die Augen auf seine Herrin gerichtet, ihre Bewegungen nachahmen zu wollen. Sie nahm ihn auf den Finger, und nun begann ein angelegentliches Gespräch. Dem Hänfling war es hoher Ernst, dem Mädchen Spaß. Er teilte ihr eindringlich wichtige Dinge mit und erwartete voll Spannung, den kurzen Schnabel so weit als möglich aufgerissen, ihre Antwort. Sie lachte ihn aus, und von neuem begann er seinen Vortrag.

Plötzlich erhob sich von der Straße herauf das wütende Gebell einiger streitender Hunde. Voll Schrecken sträubte der Vogel sein Gefieder, breitete die Schwingen aus, und ehe das Mädchen sich's versah, war er davon geflogen. Sie rief und lockte vergeblich, die Angst machte ihn taub. Er flatterte wie gescheucht umher, hinauf, hinab, prallte an geschlossene Fenster, schlug sich das Köpfchen an den Scheiben wund. Endlich nach einem letzten, vergeblichen Versuche, das Freie zu gewinnen, ließ er sich ganz erschöpft und atemlos auf dem Dachgesimse neben Andreas' Fenster nieder. Der haschte ihn geschickt und rannte mit dem Flüchtling, dessen kleines Herz nicht rascher pochte als das seine, geraden Weges zu der schönen Nachbarin hinüber.

Sie hatte ihn heute, da er sich als Vogelfänger bemerkbar machte, zum erstenmal erblickt. Andreas war nicht der Mann, seinen günstigen Observationsposten zu benützen, um ein junges Mädchen ohne weiteres anzustarren. Wenn er die Beobachtungen anstellte, die der Ruhe seines Herzens so gefährlich geworden waren, geschah's bescheidentlich verborgen hinter seinem Musselinvorhange. Jetzt riß ihn die Gewalt der Ereignisse aus seiner Zurückgezogenheit.

Das Mädchen sah ihn mit seiner Beute über die Gasse in ihr Haus eilen, lief ihm bis zur Treppe entgegen und begrüßte ihn mit einem Freudenschrei.

Wenn der Gesang aller Engel zusammenklänge, gäbe das wohl einen so süßen Ton? …

Sie standen im Flure, er und sie. Das Mädchen bedauerte und herzte ihren wunden Vogel und rief dabei: »Ich danke! O wie danke ich Ihnen!« Und Andreas war bei seiner zehnten Verbeugung angelangt und wiederholte: »Überreiche hiemit – übermittle – überreiche – hiemit – hiemit –« als er schon längst überreicht und übermittelt hatte. Die Großmutter war der Enkelin gefolgt und wurde im Rahmen der Türe sichtbar, in aller Gottesfrühe schon wie eingenäht in ihr ehrwürdiges Fähnchen, so zart, so schmal! Mit einem altmodischen Knickse forderte sie den Retter des kleinen Hausfreundes auf, doch einzutreten. Dies lehnte Andreas mit bestürzter

Entschiedenheit ab und empfahl sich hastig. Dabei drückte jede seiner Mienen die Bereitwilligkeit aus, nicht nur ihren Vogel vom Dache, sondern gelegentlich die beiden Damen selbst aus dem Schlunde des Ätna zu holen.

Im Nachgenusse der Erinnerung wurde ihm dieser Augenblick erst völlig schön und zum Quell beständiger Freude. Der stille Minnedienst, den er seiner Nachbarin weihte, nahm einen fast leidenschaftlichen Charakter an. Es kam so weit, daß Andreas sich mit dem Gedanken trug, den Damen drüben einen Besuch abzustatten. Allein er gab den Plan als gar zu abenteuerlich auf.

War er denn unersättlich? Was wollte er noch? – Nickte ihm nicht jetzt das liebe Mädchen freundlich zu, wenn er heimkehrend an ihrem Hause vorüberging? Sah er sie nicht täglich? Hatte er nicht die beseligende Empfindung ihrer Nähe?

So verflossen Wochen und Monate. Dann folgte eine sonderbar bange Zeit.

Neben der Nachbarin stand nun sehr oft ein Mann im Fenster, zu dem sie mit andächtiger Liebe emporschaute. Andreas kannte ihn. Er war neulich, einer Auskunft wegen, in das Amt gekommen. Muth, dem er durch seine imponierende Erscheinung auffiel, fragte, wer das sei, und erhielt zur Antwort: »Das ist Graf Auwald.«

Der Mann, der diesen Namen trug, hatte zu einer Zeit, in der der Liberalismus nicht Nutzen brachte, sondern Gefahr, seine Überzeugungen laut hinausgerufen in die Welt und viele bedrückte Seelen aufgerichtet, viele junge Herzen entflammt. Als die neue Zeit, die vorzubereiten er mitgeholfen hatte, eintrat, fiel ihm eine maßgebende Rolle im wiedergeborenen Staate zu. Er stand auf den Höhen des Lebens, im berechtigten Besitze seiner besten Güter, denn sein Glück hieß: Talent, und die Anerkennung, die ihm gezollt wurde: Gerechtigkeit.

»Der also! der also!« dachte Andreas, »das ist recht, das ist seiner würdig, daß er sie erwählt.«

Es gibt nichts Schöneres, als wenn edle Menschen sich auf dieser Welt zusammenfinden. Verachten müßte man den, der daran keine Freude hätte! – Und trotzdem – als Andreas die Wohnung drüben leer sah und die Fenster ihn öde angähnten, wollte ein selbstsüchtiger Schmerz sich seiner bemächtigen. Wie anspruchsvoll ist doch der scheinbar bescheidenste Mensch! Doch wurde er Herr seines Leides, er schämte sich dessen zu sehr.

Ein Jahr nach ihrer Verheiratung begegnete Andreas der Gräfin. Sie war am Arme ihres Mannes. Rasch und in eifrigem Gespräche schritten die beiden dahin. Dennoch erkannte sie den ehemaligen Nachbarn, blieb stehen, wendete sich, grüßte mit freudigem Lächeln und schien ihn anreden zu wollen. Allein Andreas, den Hut bis zur Erde senkend, wie ein Ritter seine Lanze, eilte davon, sehr verlegen und sehr beglückt.

Bald darauf erstand er die Photographie Mathildens von Auwald, die er mit denen anderer Damen aus der Gesellschaft in der Auslage eines Kunsthändlers hatte prangen sehen, und hängte das Bild als ersten und einzigen Schmuck über der Bücherstelle an die Wand. – Eine Gelegenheit, die verehrte Frau zu sprechen, bot sich nie mehr, doch begegnete er ihr, er sah sie vorübergehen, vorüberfahren im Gewühle der großen Stadt. – Ein Moment nur, und die liebliche Erscheinung war verschwunden. Und doch nicht verschwunden. Sie schwebte in den Lüften, sie begleitete den Wanderer auf seinem Wege. An solchen Tagen beflügelte sich sein Schritt, und seine Brust hob sich freier. Die ganze Welt erschien ihm lichtvoll verklärt, das Leben schön und unermeßlich reich.

Eine minder platonische Liebe als für die anmutige Gräfin hegte Andreas für die Poesie, und zwar für die dramatische. Er dichtete und träumte in seinem einsamen Daheim. Das war das Geheimnis der Seligkeit, die ihm seine Zelle bot. Ihre kahlen grauen Wände waren die Zeugen seiner innigsten Entzückungen. Auf dem Sprunge in der Fensterscheibe, dem Tische zunächst, hatte sein Auge geruht, als er die, wie er meinte, treffliche Lösung des Knotens seines ersten Lustspieles fand. Dort in der Ecke hatte er gestanden, seinen Rock ausbürstend, als er tiefbewegt und begeisterungstrunken beschloß, daß sein letztes Trauerspiel ein Schauspiel und sein Held glücklich werden sollte. Jedes Plätzchen in dem engen Raume verkörperte eine Erinnerung an selbständiges Schaffen, aus jedem wehten ihn die Geister seiner stillen Leiden und Freuden an.

Ob der Zauber, den seine Gestalten auf ihn übten, auch von anderen gefühlt werden müsse, die Frage beschäftigte ihn wohl, aber so oft sie verneinend beantwortet wurde, beschied er sich ohne Bitterkeit und ohne Groll.

Freilich ward er seit vielen Jahren nicht müde, sie zu stellen. Sobald er ein neues Werk beendet hatte, begab er sich zu seinem Freunde und einzigen Vertrauten, dem Volkslehrer Benedikt Ziegler, und forderte ihn nicht ohne Erröten und viele Entschuldigungen und mit der dringenden Bitte um Verschwiegenheit auf, einen Abend zu bestimmen, an dem er ihm ein Drama, das er gedichtet hatte, vorlesen dürfe.

Und jedesmal ließ Benedikt Ziegler seinen Freund bis zu Ende sprechen, zog wie ein außerordentlich überraschter Mann die Augenbrauen in die Höhe und sprach: »Ei, ei, ein Drama! – Ei der Tausend, ein Drama!« Dann sagte er regelmäßig sein Erscheinen für denselben Abend zu, unter dem Vorbehalte, sein Urteil unumwunden und mit rücksichtsloser Aufrichtigkeit fällen zu dürfen.

Das wurde ihm nicht nur erlaubt, sondern geradezu von ihm gefordert.

Einige Stunden später saßen die Freunde einander gegenüber in dem Kämmerlein unter dem Dache. Andreas las mit beklommener Stimme, die immer leiser wurde, je höher seine Erregung stieg. Ziegler verwandte keinen Blick von ihm und horchte eifrig und andächtig, die Ellbogen auf die hageren Knie gestützt und das Kinn auf die verschränkten Hände. Im fünften Akte – alle Stücke Muths hatten fünf Akte – war im Zimmer nur noch ein schwaches Geflüster zu vernehmen, aber die Wangen des Lesers glühten und große Schweißtropfen standen auf seiner Stirn. Und auf dem Angesichte des Hörers, in das die Sorge ihre herben Spuren geprägt, spiegelte sich eine tiefe Ergriffenheit. Seine scharfen Züge erschienen runder und weicher und seine Augen glänzten feucht.

Nach der letzten Szene erhob sich Benedikt lautlos, trat an das Fenster und blieb einige Minuten stumm, indes der Poet Folterqualen litt. Endlich wandte Ziegler sich um und sagte: »Du hast da ein vortreffliches Stück Arbeit geliefert.«

»Meinst du?« fragte Andreas tief aufatmend und fuhr in die Höhe. »In diesem Falle wäre also dein Rat? …«

»Hoftheaterintendanz!« rief der Freund im Tone eines Erleuchteten. »Einreichen, das versteht sich. Und – im voraus: Ich gratuliere!«

Darauf ging Andreas mehrere Tage mit stiller Verklärung im Gesichte umher; es waren die seligsten des Jahres, die, an welchen er sein Stück mit der schönsten Schrift ins Reine schrieb, auf Papier, glatt wie Atlas und steif wie ein Brettchen.

Und so gewiß es in dem Zeitraume, den die Erde braucht, um die Sonne zu umkreisen, einen ersten Oktober gibt, so gewiß erschien an diesem ein kleines schüchternes Männchen im Büro der Hoftheaterintendanz und brachte ein tadellos ausgestattetes Manuskript und einen Brief. In diesem Briefe benachrichtigte der Verfasser die hohe Behörde, daß seine Verhältnisse ihn zwängen, die strengste Anonymität zu bewahren, und daß er den geneigten Bescheid über Annahme oder Nichtannahme seines Stückes in drei Monaten abholen lassen werde.

Nach dem Verlaufe dieser Zeit fand sich auch richtig sein Manuskript, und die Ablehnung der Intendanz, immer bereit.

Und in die schmerzliche Enttäuschung des Dichters mischte sich das versöhnende Gefühl, seiner Pflicht gegen die Mit- und Nachwelt nunmehr genügt zu haben und wieder in den Besitz seines geliebten Eigentums zu treten. Das letzte Manuskript erhielt seinen Platz neben seinen Vorgängern auf dem Bücherbrett, zu den Füßen der schönen Gräfin, zu der die Geister dieser Dichtungen aufstiegen wie unsichtbarer Weihrauch. –

So war denn einmal wieder der Tag herangekommen, an dem Andreas sich in die Hoftheaterkanzlei zu verfügen pflegte, um sein zuletzt eingereichtes Drama abzuholen.

Als er sich der Schwelle näherte, die er immer nur mit einem fröstelnden Gefühle der Bangigkeit und leiser, nicht eingestandener Erwartung überschritt, wurde die Türe von innen heftig aufgerissen. Ein Mann mit grauen, zerwühlten Haaren stürzte, Flüche murmelnd, heraus und ließ sie weit geöffnet stehen.

Andreas blickte erschrocken in das so plötzlich vor ihm erschlossene Heiligtum. Er erkannte die alten Räume nicht wieder. Die räucherigen Wände waren mit einer hellen Tapete überzogen, die Repositorien aus weichem Holze durch geschnitzte Schränke ersetzt, ein türkischer Teppich bedeckte den Fußboden, bequeme Sofas standen in den Fenstervertiefungen. In der Mitte des Zimmers erhob sich ein riesiger Schreibtisch, auf dem geöffnete und geschlossene Pakete, erbrochene und versiegelte Briefe hochaufgestapelt lagen. An dem Schreibtische saß ein noch junger Mann mit bleichem fettem Gesichte und schwarzem Vollbarte.

»Der neue Sekretär«, dachte Andreas und besann sich jetzt, vor einiger Zeit gehört zu haben, daß ein Direktionswechsel im Hoftheater bevorstehe, der auch den Wechsel eines Teils des Personals zur Folge haben würde. – Ein neuer Sekretär also. Nicht mehr der alte, der so grob war und es doch so gut mit Andreas meinte, der ihm so gewissenhaft alle seine Manuskripte unversehrt zurückgestellt, und niemals versäumt hatte, zu dem barschen: »Nicht angenommen!« mit achtungswürdiger Aufrichtigkeit hinzuzufügen: »Der Autor mag Gott danken.«

Andreas fühlte sich ihm verpflichtet und liebte ihn, und nun war er fort und sein schüchterner Verehrer sollte ihn nicht mehr sehen.

Während er diese traurigen Betrachtungen anstellte, war der bleiche Mann am Schreibtische seiner ansichtig geworden und rief ihm zu: »Treten Sie ein, was wünschen Sie?«

»Ich bin geschickt worden …« erwiderte Andreas und näherte sich mit vielen Verbeugungen.

»Geschickt – von wem?«

»Der Verfasser des vor drei Monaten eingereichten Schauspiels ›Marc Aurel‹ schickt mich – Herr Karl Stein schickt mich …«

»Karl Stein? ganz recht, für den ist etwas da«, sprach der Sekretär, und zog mit sicherem Griffe aus einem der vielen Fächer vor ihm einen Brief hervor, den er Andreas einhändigte.

»Überbringen Sie dieses Schreiben Seiner Exzellenz … Ich will sagen, Herrn Karl Stein«, verbesserte er sich mit schlauem Lächeln. »Überbringen Sie es ihm. Und: unsere ehrfurchtsvolle Empfehlung. – Was steht noch zu Ihren Diensten?« fragte er etwas ungeduldig nach einer Pause, in der Andreas ihn erwartungsvoll anblickte.

»Ich soll doch wohl ein Manuskript …«

»Doch wohl, mein guter Mann? Sie wissen wohl nicht, um was es sich handelt. Das Manuskript behalten wir. Das Stück ist angenommen. Adieu.«

2

Wie er damals aus der Theaterkanzlei herausgekommen war, darüber hat Andreas in der Folge oft nachgedacht, doch ist er nie zu einem Resultate gelangt. Eines nur steht fest, was in fünfundzwanzig Jahren nicht geschehen war, geschah, – man vermißte seine Gegenwart im Büro.

Er hatte sich auf dem Wege dahin verirrt, war in einen ihm völlig unbekannten Stadtteil geraten, in ein Babel von neuen Häusern, neuen Brücken und Straßen. Steinerne Adern, durch die eine mächtig erwachte Tätigkeit ihre raschen Wellen trieb, Früchte und Pflanzstätten rüstiger Unternehmungslust. Alles fremd, alles wie durch Zauber entstanden über Nacht.

Andreas eilte staunend vorwärts und wiederholte unablässig: »Eine neue Welt! eine neue Welt!«

Kein Wunder auch. – Sein Stück war angenommen, sein Stück wurde aufgeführt, sein Stück! – das konnte in der alten Welt nicht geschehen. Während er in seinem Büro kopierte und addierte und in seinem Stübchen träumte, hatte sie sich umgestaltet.

Es war Abend geworden, als seine Irrgänge ihn endlich in die Nähe des Hoftheaters lenkten. Unwiderstehlich zog es ihn hinein. Das versäumte Mittagessen deckte den Preis des Eintritts in diesen Tempel, in dem sich vielleicht bald die geliebten Gebilde seiner Phantasie verkörpern, Leben gewinnen und die Gemüter aufmerksam lauschender, verständnisvoller Menschen ergreifen und erschüttern sollten.

Mit Mühe fand Andreas auf der letzten Galerie ein letztes Plätzchen. Er drückte sich höflich zur Seite, so oft ein neuer Ankömmling auf mehr oder minder energische Weise den Wunsch kundgab, an die Brüstung vorzudringen. Immer weiter gegen die Wand geschoben, besorgte er, zuletzt der Vorstellung kaum mehr folgen zu können. Doch kam es besser. Wenn es ihm nur gelang, sich mit einer Hand an dem eisernen Dachsparren festzuhalten und sich mit einem Knie an die Bank vor ihm zu stemmen, konnte er den Kopf so weit vorstrecken, daß er immer noch beinahe die halbe Bühne übersah.

So war es ihm doch möglich, dem bevorstehenden Genusse mit einem gewissen Behagen entgegenzuhoffen.

Es wurden zwei neue Lustspiele aufgeführt, ein einaktiges und darauf eines in mehreren Aufzügen. Das erste Stück begann. Eine einfache Handlung; aber voll inneren Lebens. Die Charaktere fein und sicher gezeichnet, lauter wirkliche Menschen, an Schwächen und Irrtümern reich, aber Teilnahme erregend und ihrer wert. Und nun erst der Dialog! – ganz durchweht von Anmut, ganz durchsprüht von Geistesfunken. – Andreas lauschte hingerissen und betrübt.

»Dahin«, sagte er zu sich selbst, »dahin bringst du's nie. Niemals werden deine schwerfälligen Gedanken so klaren Ausdruck finden in so feiner Form. Dir ist diese spielende Grazie versagt, diese heitere Ausführung, der im sicheren Gefühle des Könnens die Arbeit zum Genusse wird.«

Das Stückchen ging zu Ende mit einer überraschenden und doch ungemein klug angebahnten Wendung.

Andreas bereitete sich vor, in den Applaus einzustimmen, der nun im Hause losbrechen mußte, statt dessen blieb alles still. Im Parterre erhoben die Herren sich von ihren Sitzen und kehrten der Bühne den Rücken zu. Ein schwacher Versuch, Beifall zu spenden, der auf der zweiten Galerie unternommen wurde, rief sofort lebhaften Widerstand hervor, einige Zischlaute ertönten.

»Applaudieren auch noch?« sagt jemand und pfeift herzhaft, und lachend stimmen seine Nachbarn ein.

»Was ist das?« denkt Andreas, »sind die Anforderungen des Publikums so hoch gestiegen? Ist ihm das Vortreffliche nicht mehr gut genug? … Wie werde ich vor solchen Richtern bestehen?«

Der Vorhang erhob sich wieder, das zweite Stück begann. Eine derb komische Szene versetzte das Auditorium sofort in die heiterste Stimmung, und Andreas lachte mit. Aber er lachte an dem Abende nicht mehr. Der harmlose Scherz artete bald in unlautere Zweideutigkeiten aus, die Handlung wurde sinnlos, alle Gestalten auf der Bühne verzerrten sich zur Karikatur, und was sie darstellten, war ein frivoles Possenspiel.

Wie mußte sich das Publikum beleidigt fühlen, dem man ein Werk vorzuführen wagte, dessen Wirkung berechnet war auf niedrige Neigungen im Menschen, auf kindische Neugier, auf Ungeschmack, auf die Freude am Rohen und am Häßlichen.

Andreas schauderte bei dem Gedanken an den Unwillen, den es erregen, an das Strafgericht, das es heraufbeschwören müsse. Und – wieder hatte er sich getäuscht. Der Beifall stieg von Akt zu Akt; vielfach gerufen, erschien am Schlusse des letzten der Autor auf der Bühne. Eine schwankende Gestalt, der es an Muskeln und Knochen zu gebrechen schien. Er trat, sich in den Hüften wiegend, vor bis an die Rampe und verneigte sich nachlässig mit dreistem Lächeln.

Er hatte nicht umsonst auf die Gemeinheit vertraut, sie jubelte ihrem Dichter zu, bereitete ihm einen lärmenden Sieg.

Und das konnte geschehen? und das geschah in dem Hause, in dem die heilige Dichtkunst ihre reinsten Triumphe gefeiert hatte?

Alles erhob sich von den Sitzen. Andreas gelangte mit der Menge in die Halle und lehnte sich hier schwer aufatmend an einen Pfeiler, an dem die Ankündigung der morgigen Vorstellung angeheftet war. Er las den Theaterzettel, die Preise der Plätze, das Repertoire der Woche. Für den letzten Tag derselben war angesetzt: »Zum erstenmal: Marc Aurel.«

Eine brennende Glut stieg ihm in das Gesicht, und seine Knie wankten.

»Noch nicht! noch nicht!« rief er laut und unwillkürlich aus.

Die Umstehenden sahen ihn erstaunt an, einige lachten. Er wurde totenblaß vor Scham und stürzte sich wie ein Verzweifelter in die Menschenflut, die dem Ausgange zudrängte.

Am nächsten Morgen erschien er vor allen anderen im Büro, begann die Papiere auf seinem Pulte zu ordnen und vermochte nicht damit zustande zu kommen. Jeder der eintreffenden Kollegen fragte ihn, was ihm fehle, und Finanzrat Seydelmann meinte: »Wenn Sie krank sind, so bleiben Sie zu Hause.«

Aber er fühlte sich nicht krank, nur peinlich unbehaglich und von dem Drange beseelt, sich nützlich zu machen. Er spitzte die Bleistifte aller seiner Kollegen und füllte Tinte nach, und als der Sekretär, witzig wie immer, äußerte, ihm sei hungrig zumute, holte er eiligst für ihn ein Weißbrot aus dem nächsten Bäckerladen.

Nur sich regen, nur nicht ruhig bleiben auf einem Flecke, nur nicht am Pulte sitzen der Wanduhr gegenüber, deren langer Zeiger sich so schnell, beinahe sichtbar, bewegte, vorwärts, vorwärts, – unaufhaltsam – einer Stunde zu – – wenn er ihrer dachte, lief es ihm mit leisem Prickeln über den Scheitel, als ob seine Haare sich sträubten.

Die Arbeit, die er in diesen Tagen verrichtete, mag ihm der Staat verzeihen. Sie war durchaus unbrauchbar und zog ihm die erste Rüge von seinem Chef zu. Die größte Strenge wird immer gegen den besten Arbeiter geübt. Bei dem, der sich niemals eine Nachlässigkeit zuschulden kommen ließ, erscheint die erste am unverzeihlichsten. So war denn auch der Tadel des Finanzrates ein herber und schloß mit den Worten: »Ich weiß nicht, wie Sie mir vorkommen.«

Worauf Muth sich leichthin, wie es gar nicht in seiner Art lag, verneigte und mit verbindlichem Lächeln erwiderte: »Jawohl! jawohl!«

Andreas hatte sich vorgenommen, der Aufführung seines Dramas nicht beizuwohnen; wie kam es, daß er trotzdem lange vor Beginn der Vorstellung auf der ersten Bank in der letzten Galerie saß und nicht wankte und nicht wich, wie arg er auch gedrängt und gestoßen wurde?

Das Parterre, die Logen füllten sich allmählich, es wurde

laut geschwatzt; besonders lebhaft unterhielt sich eine Gruppe von Herren in den vordersten Reihen, zunächst dem Orchester.

Unter ihnen erblickte Andreas den Verfasser des Lustspiels, das er jüngst in denselben Räumen mit so viel Beifall hatte aufführen sehen. Bestürzt wandte er den Blick einer Loge zu, in der eine Dame sich allein befand ... O Wonne! ... O Schmerz! Sie, die schüchtern aus weiter Ferne angebetete Frau. Hatte der Zufall, die Gewohnheit oder eine leise Ahnung sie hergeführt, um Zeugin des Triumphes oder der Niederlage ihres stillen Bewunderers zu sein?

Er drückte das Gesicht in die Hände, und eine eigentümliche Empfindung bemächtigte sich seiner. Mitten in der Menge kam er sich vor wie ihr entrückt, wie schwebend auf Flügeln in einer ganz reinen, ganz lichten Atmosphäre. Und er sah doch wieder dieselbe Menschenmenge vor sich, unter sich, alle Räume eines glänzend erleuchteten Hauses füllend und seiner Dichtung atemlos lauschend. Dann hörte er tausendstimmig seinen Namen rufen und sah sich selbst auf der Bühne stehen und Kränze und Blumen flogen ihm zu Füßen.

Und die schöne Frau dort in der Loge nickte ihm beifällig und bewundernd zu und war erstaunt, in dem großen, ruhmgekrönten Dichter den kleinen demütigen Beamten wiederzuerkennen, den sie einmal vor Jahren gesprochen und niemals ganz vergessen hatte, nie ... Da schlug's wie gellendes Gelächter an sein Ohr: Narr, erwache! Was du träumst, wird nur dem Genius oder dem Glücklichen. Du bist keines von beiden!

Aber eine andere melodische Stimme flüsterte ihm zu: Träume, arme Menschenseele, träume fort. Laß dich ganz durchdringen von der Seligkeit, die dich jetzt erfüllt, bewahre, wenn sie erloschen sein wird, die Erinnerung an sie. Träume, träume, wiege dich in deinem Wahne und wünsche nie, daß er dir zur Wahrheit werde. Wie dem Körper sein

Schatten, folgt dem Glücke das Leid und dem Erfolge Enttäuschung, Ekel und Schmerz! …

Die Musik im Orchester verklang, das Schauspiel begann. Andreas wurde plötzlich ruhig und seiner selbst bewußt. Manchmal ward es ihm ganz leicht ums Herz, weil er dachte: Possen, das ist nicht mein Stück! das ist ein andres, das nur denselben Namen trägt. Dann wieder tönten ihm seine sorgfältig gefeilten Verse entgegen, und hie und da blitzte doch ein Schimmer von Ähnlichkeit hindurch zwischen den Personen, die sich dort auf den Brettern bewegten, und denen, die er zu schaffen gemeint und liebevoll in der Seele gehegt hatte ein ganzes Jahr.

Sein »Marc Aurel« erfuhr dasselbe Schicksal, das neulich dem kleinen Lustspiel zuteil geworden war. Das Publikum ließ ihn lautlos an sich vorübergehen. Ein bescheidener Applausversuch, den am Schlusse einige Besucher der zweiten Galerie unternahmen, fand Widerstand, aber keinen heftigen, da allen Anwesenden ein möglichst rasches Davoneilen aus dem Theater wichtiger war als das Schicksal der Novität, die eben aufgeführt worden.

Andreas ging langsam nach Hause. Dichte Schneeflocken, vom Sturme gejagt, umwirbelten sein heißes Gesicht wohltuend kühl. Je weiter er sich von der Stadt entfernte, je menschenleerer wurden die Straßen. Nur vor den Kneipentüren standen noch kleine Gruppen von Arbeitern. Ein Betrunkener vertrat Andreas den Weg und schimpfte ihm nach, als dieser ihn zur Seite geschoben hatte und weiterwanderte. In der Nähe seiner Haustüre angelangt, sah er vor ihr eine lange Gestalt auf und ab rennen, die Arme übereinander schlagen und mit den Füßen stampfen, um sich zu erwärmen.

»Nun, wie ist's gegangen?« rief ihm eine wohlbekannte Stimme zu, und eine wohlbekannte knochige Hand legte sich wie Blei auf seine Schultern. »Ich konnte nicht in das Theater kommen. Mein Junge ist krank und auch die Frau. Wie ist's gegangen?«

»Ich weiß nicht«, antwortete Andreas, »ich glaube schlecht. O mein Freund, wir haben uns geirrt, ich bin kein Dichter.«

»Versündige dich nicht«, rief Ziegler, »ein Dichter bist du. Aber heutzutage ist das kein Mittel mehr, den Leuten zu gefallen.«

Im Büro nahm Andreas, als er am folgenden Tage eintrat, unter seinen Kollegen eine ungewöhnliche Bewegung wahr. Sie flüsterten eifrig zusammen, sobald sie ihn jedoch erscheinen sahen, wurde das Gespräch abgebrochen. Der Sekretär nahm rasch eine Zeitung von seinem Pulte und tat, als sei er auf das eifrigste mit Lesen beschäftigt.

»Das Feuilleton der Staatszeitung bringt heut eine köstliche Kritik von Moritz Salmeyer!« rief er. »Ich kenne den Verfasser, treffe ihn manchmal bei meinem Schwager, dem Buchhändler. Ein noch junger Mann, von dem auch unlängst ein Lustspiel aufgeführt wurde, das rasend gefallen hat. Boshaft ist er, aber verteufelt gescheit. Da hat er einen armen Dichter verarbeitet, dessen Drama gestern im Hoftheater kläglich durchgesunken ist. Lesen Sie, Muth, Sie werden lachen.«

Mit eiskalten Fingern nahm Andreas das Blatt und las die darin enthaltene Kritik über sein Stück.

Der Rezensent erzählte zuerst die Handlung in einer Weise, die sie als eine Ausgeburt des Blödsinns erscheinen ließ. Sodann beschäftigte er sich nicht mehr mit dem Werke, sondern mit der Person des Verfassers. Er bewies seine Talentlosigkeit, seinen Mangel an Verstand; er griff seinen Charakter an. Dies alles mit einer Lustigkeit, die an jene des Clowns im Zirkus gemahnte.

»Nun, was sagen Sie?« fragte der Sekretär. »Wie mag dem armen Tropf von Poeten zumute sein, wenn er das liest?«

»Als hätte ihn Hanswurst mit der Britsche erschlagen«, erwiderte Andreas und setzte sich an seinen Arbeitstisch.

Erschlagen unter Lachen und Scherzen. Die letzte, die reifste Arbeit seines Geistes war nicht einmal einer ernsthaften Beurteilung würdig.

Noch nie hatte er an sein Alter gedacht, jetzt fiel ihm das Bewußtsein seiner fünfundvierzig Jahre schwer auf das Herz. Was konnte die Zukunft noch gutmachen? – er hatte keine mehr. Was konnte er von sich erwarten, nachdem er, urteilslos und blind, ein langes Dasein hindurch Werke geschaffen hatte ohne Wert und Zweck?

Das Bestreben seines ganzen Lebens war töricht gewesen, lächerlich alles, seine Hoffnungen, seine Entzückungen, ja selbst seine Resignation.

Sogar sie, die bescheidene, entsprang einer Überhebung. Wo kein Anspruch vorhanden ist, da gibt es auch kein Verzichten. Nun wurden ihm die Augen geöffnet, nun sah er sich in seiner Erbärmlichkeit, und schlimmer noch als er war, sahen ihn die anderen, die seine Verurteilung gelesen hatten – die *seine*, ja, er zweifelte nicht, daß sein Geheimnis, Gott weiß durch welchen Zufall, verraten sei. Gewiß! es ist so, und die Folgen werden nicht ausbleiben. Seine Kollegen werden ihm ihr Wohlwollen entziehen, ihm vielleicht sagen: »Gehen Sie; ein Mensch, der öffentlich verhöhnt worden ist, gehört nicht in die Gesellschaft ehrenhafter Männer.«

– – Schande! Schande! … Fressende Qual, nicht zu ertragen, nicht zu besiegen – – Sie umspinnt ihn, sie haftet fest an ihm, nie mehr zu tilgen, nie mehr! – Sein Wesen erstarrt unter ihrem Hauche – o könnt' er sterben!

Aber so gut wird es ihm nicht. Erst muß noch alles wirklich erlitten sein, was er jetzt in Gedanken erleidet.

Im Zimmer entsteht eine Bewegung, er neigt den Kopf tiefer über das mit Worten und Zahlen bedeckte Blatt auf seinem Pulte, die schwarzen Zeichen laufen wütend durcheinander wie aufgescheuchte Ameisen.

Nun wird ein Flüstern hörbar, Schritte nähern sich, eine Stimme ruft: »Herr Muth!«

Und er springt empor.

Seine Kollegen stehen in zwei dichten Reihen vor ihm,

an ihrer Spitze in feierlicher Haltung der Finanzrat und der Finanzsekretär.

»Jetzt«, denkt Andreas, »jetzt werden sie mir sagen, daß sie nicht mehr mit mir dienen wollen, daß ich um meine Entlassung bitten soll.«

Der stattliche Rat weidete sich einen Augenblick an der Bestürzung seines Untergebenen, und begann dann voll Salbung laut und langsam: »Sie feiern, Herr Muth, heut Ihr fünfundzwanzigjähriges Dienstjubiläum. Ich und Ihre Kollegen, wir laden Sie ein, teilzunehmen an einem zu Ihren Ehren im Gasthofe ›Zum weißen Lamm‹ veranstalteten kleinen Festsouper. Und findet dasselbe um neun Uhr statt.«

Als ob er ihn nicht verstanden hätte, starrte Andreas den Sprecher mit weit aufgerissenen Augen an, in denen sich Überraschung, Freude, unaussprechliche Dankbarkeit spiegelten. Seine Hände, die die Sessellehne umklammert gehalten hatten, lösten sich, und er preßte sie ineinander gefaltet an seine Brust. Er wollte vortreten, die Knie brachen unter ihm, er wollte sprechen, die Stimme versagte ihm, und schluchzend wie ein Kind sank er auf seinen Platz zurück.

Auf eine derart überwältigende Wirkung ihrer freundlichen Demonstration waren die Herren nicht gefaßt gewesen, und sie rief bei ihnen eine nicht geringe, wenn auch männlich bekämpfte Rührung hervor.

Einige versuchten zu lächeln, keinem gelang's. Der erste Kommissär zwinkerte dem zweiten zu; dabei gerieten die Muskeln seines Gesichts in ein sonderbares Zucken, und in seinen Augen zitterte etwas, das ihm Schmerz zu machen schien, denn er wendete sich plötzlich vom Lichte ab. Der Magazinverwalter verzog den Mund, als hätte er Tinte getrunken, und schnaubte sich so schmetternd in sein mit einer Ansicht von Sanssouci geschmücktes Taschentuch, daß der Sekretär sich's nicht versagen konnte, ihm zuzurufen: »Der Teufel, Heinecke, Sie sollten Postillon werden!«

Finanzrat Seydelmann, dessen berühmte Trockenheit zu der Sage Veranlassung gegeben hatte, er werde nach seinem Tode nicht in Verwesung, sondern in Streusand übergehen, klopfte Muth auf die Schulter und sprach leise und väterlich ermunternd: »Seien Sie ein Mann!«

3

Im großen Speisesaal des Gasthofes »Zum weißen Lamm« war ein Tisch für die Beamten gedeckt. Oben an der Tafel, zwischen dem Finanzrat und dem Finanzsekretär, erhielt Andreas seinen Platz. Als er ihn einnahm, bemerkte er mit Überraschung, daß sich auf seinem Teller ein großer Vogel niedergelassen hatte, der eine frische Rosenknospe im Schnabel trug.

Dieser Vogel war aber nichts anderes, als Muths sinnreich zusammengelegte Serviette. Ja, das mußte man ihm lassen: im Serviettenfalten besaß der Oberkellner im »Lamm« eine eigene Kunstfertigkeit, und den Festgebern war es angenehm, daß er sie heut ausgeübt zu Ehren des Jubilars.

Andreas blickte gerührt im Kreise seiner Kollegen umher. Er hätte nicht gedacht, daß sie ihn liebten. Er hatte sich immer fern von ihnen gehalten, kaum manchmal dem oder jenem einen kleinen Dienst erwiesen. Und nun gaben sie ihm ein so offenkundiges Zeichen ihrer freundschaftlichen Gesinnung! Er war zu bewegt, um sprechen, essen oder trinken zu können, aber er fühlte sich über die Maßen geehrt, und suchte vergeblich zu begreifen, warum es ihm nicht gelang, recht froh zu werden. Doch nagte etwas an seinem Herzen wie das dumpfe Bewußtsein eines Unglücks, etwas, das mehltauartig auf seine Lebensfreude gefallen war und sie vernichtet hatte bis auf den Grund.

Dann quälte ihn die Frage, ob er nicht betrügt, indem er Achtungsbeweise von achtungswerten Männern entgegennimmt, die ihm diese vielleicht versagen würden, wenn sie wüßten, daß er es ist, dessen Schmach in einem großen öffentlichen Blatte am selben Morgen verkündigt worden war.

»Wenn sie wüßten« – dachte er. – »Wenn sie wüßten!«

Unweit des Tisches der Beamten hatte eine kleine, aber laute Gesellschaft sich angesiedelt, und der Sekretär wechselte wiederholt mit einem ihrer Teilnehmer Grüße und Winke. Jetzt beugte er sich zu Andreas und flüsterte ihm zu: »Sehen Sie sich um, dort sitzt Salmeyer, wissen Sie, der Verfasser des Feuilletons, über das wir so sehr gelacht haben.«

Ein kalter Schauer lief über den Rücken des Angeredeten, und er starrte den Sekretär mit solcher Bestürzung an, daß dieser unwillkürlich ausrief: »Was haben Sie denn?«

Die Antwort blieb aus; statt ihrer ertönte ein mächtiges: »Meine Herren!« durch den Saal. Finanzrat Seydelmann hatte sich erhoben, das Champagnerglas in der Hand, und blickte mit majestätischer Ruhe im Kreise seiner Untergebenen umher, die sich beeilten, gleichfalls aufzustehen.

Andreas ahnte, was nun folgen würde, und hätte den Boden beschwören mögen, ihn zu verschlingen. Er kam sich vor wie erdrückt zwischen Ehre und Schande, beide zu groß, um ertragen zu werden von ihm, dem schwachen Manne, beide weit über sein Verdienst und über seine Schuld …

Seydelmann hielt eine stattliche Rede, in welcher er Muth dreimal Gerechtigkeit widerfahren ließ: als Menschen, als Kollegen und als Staatsbeamten, und schloß mit den geflügelten Worten: »Stimmen Sie mit ein, meine Herren, in das freudige ›Glück auf!‹, das ich dem von uns Gefeierten zurufe: – Er lebe hoch!«

»Er lebe hoch!« schallte es aus den Kehlen der ganzen Tischgesellschaft, laute Fröhlichkeit hatte sich ihrer bemächtigt.

»Sie müssen antworten«, flüsterte der Sekretär Andreas zu, und der raffte sich auf. Aber statt des Glases erhob er nur die flehend gefalteten Hände: »Schonen Sie meiner, hochverehrte Herren – haben Sie Nachsicht – haben Sie Dank! … Mögen Sie selbst hochleben, viel höher als ich – Sie – Sie alle!« brachte er mühsam hervor.

Es steht in Frage, ob jemand hörte, was Andreas gesagt hatte; daß sich jedoch ein allgemeiner Jubel erhob, als man ihn nicht mehr sprechen *sah,* ist gewiß. Die Beamten wurden immer munterer und dachten noch nicht daran, aufzubrechen, als sich ihre Nachbarn am kleinen Tische schon zum Fortgehen anschickten. Salmeyer ging mit den anderen. Gottlob! – die Luft im Zimmer wird minder drückend sein, wenn er fort ist … Er stand schon an der Türe, da rief ihn der Sekretär zurück – er kam, sie schüttelten einander die Hände. Der Literat wurde den übrigen Beamten vorgestellt, eingeladen, Platz zu nehmen, und ein Glas Wein zu leeren auf das fernere Gedeihen seines Witzes, von dem Proben zu zitieren der Sekretär nicht müde wurde.

Das ihm gespendete Lob schien Salmeyer weniger zu schmeicheln als zu belustigen. Er ließ es über sich ergehen wie etwas, das man zwar nicht brauchen kann, aus Höflichkeit jedoch hinnimmt.

»Und Ihr heutiges Feuilleton«, rief sein Bewunderer, »das ist prächtig, hören Sie. Es mag keine kleine Kunst sein, über ein langweiliges Theaterstück eine kurzweilige Kritik zu schreiben.«

»Ja«, erwiderte Salmeyer, »die Kritik ist gut. Und wenn Sie erst die Pointen – er sprach po-ïn, verlieh dem i zwei Pünktchen – kennen würden, die darin angebracht sind! – Freilich versteht man diese nur dann recht zu würdigen, wenn man weiß, wer sich hinter dem Pseudonym Karl Stein verbirgt.«

Andreas schrak zusammen.

»Wer ist es? Können Sie uns das nicht sagen?« fragte der Sekretär und erhielt zur Antwort: »O ja! Es ist der Gemahl der noch jetzt berühmt schönen Mathilde Auwald. Der Graf Hieronymus von Auwald.«

»Wer?!« schrie Andreas laut auf, und viele Stimmen riefen durcheinander: »Der Graf von Auwald?« – »Der berühmte Dichter?« – »Der gefeierte Redner?« – »Der Führer der Liberalen?«

»Ja, ja«, sagte Salmeyer mit überlegenem Lächeln, »alle diese Eigenschaften spricht ihm der Volksmund zu. Was es damit in Wahrheit auf sich hat, lassen wir dahingestellt sein ... Ich meine, sein Liberalismus und seine Schriftstellerei sind der Blinde und der Lahme, die wir aus dem Fabelbuche kennen; allein käme keiner ans Ziel. In seinen Gedichten, die von Freisinnigkeit triefen, war er nicht anzugreifen, – mit seinem tendenzlosen Drama aber ...«

»Woher vermuten Sie«, unterbrach ihn Andreas mit beklommenem Atem, »daß dieses Drama von ihm sei?«

»Aus dem Pseudonym auf dem Komödienzettel!« entgegnete Salmeyer. »Es ist das selbe, unter dem sein erstes, jetzt vergessenes Epos erschien.«

»Das selbe?« stammelte Andreas, und der Literat fuhr fort: »Mit einem tendenzlosen Drama, sage ich, und mit der Anonymität, hinter der er sich versteckt, fordert er die rücksichtslose Kritik heraus. – Nun – sie erscheint. So hoch stehen die Kunstwerke des gräflichen Jakobiners doch nicht, daß es unmöglich wäre, ihnen beizukommen. Seine Exzellenz wird gestaunt haben über die zweischneidige Klinge, die wir führen. Bei jedem Streiche blutet entweder der Staatsmann oder der Poet. – Das schönste ist, wie ich ihm aus seinem Werke heraus beweise, daß seine großen Fähigkeiten nicht minder als seine Grundsätze zweifelhafte Dinge sind ...«

»Aus seinem Stücke heraus beweisen Sie ihm das?« fragte Andreas, und alle Anwesenden erschraken über den verzweiflungsvollen Ausdruck in seinen Zügen.

Salmeyer schaukelte sich auf seinem Sessel und erwiderte mit selbstbewußter Ruhe: »Unwiderleglich.«

»Wenn Sie das getan haben, so sind es wenigstens nicht die Fähigkeiten und Grundsätze des Grafen von Auwald, die

Sie damit anzweifeln«, sagte Andreas. Seine Lippen bebten, und mit Mühe setzte er die Worte hinzu: – »Sondern die meinen.«

»Die Ihren? – Was heißt das? ... Ich bitte um Deutlichkeit ... Developpieren Sie sich!« scherzte Salmeyer.

Andreas antwortete ihm nicht; er richtete sich an seine Kollegen, die voll Spannung zugehört hatten, und sprach festen Tones: »Das Schauspiel ›Marc Aurel‹ ist von mir.«

»Von Ihnen?« – »Was Teufel?« – »Sie machen schöne Geschichten!« erscholl es ringsumher.

»Mystifikation der Presse!« schrie Salmeyer.

»Ich habe die Presse nicht mystifizieren wollen«, beteuerte Andreas. »Ich habe dieses Stück, wie schon manches andere vorher«, schaltete er errötend ein, »unter dem Pseudonym Karl Stein eingereicht, weil es mir unbekannt war, daß der Graf von Auwald diesen Dichternamen geführt hat.«

Finanzrat Seydelmann hatte sich gegen Andreas gewendet, als jener seine Erklärung abgab, und ihn unverwandten Blickes angestarrt. Jetzt machte er mit seiner breiten Hand eine prächtig einleitende Bewegung und hob in feierlichem Tone an: »Sie müssen, Herr Muth, es bleibt Ihnen jetzt nichts anderes übrig, Sie müssen sich öffentlich als Verfasser des ›Marc Aurel‹ bekennen.«

»Ich bin dazu bereit«, erwiderte Andreas.

»Überlassen Sie das mir! Ich will's besorgen!« rief Salmeyer. Er war im Zweifel gewesen, ob er die Sache von der komischen oder von der ernsten Seite nehmen solle. Jetzt entschied er sich für das erstere, und brach plötzlich in ein schallendes Gelächter aus. Dann entschuldigte er sich angelegentlich und nicht ohne Liebenswürdigkeit bei dem, wie er sagte, »zustande gebrachten Dichter«. Die Stimmung der ganzen Gesellschaft wurde bald wieder munter und ungemein günstig für Andreas, dessen Traurigkeit zu zerstreuen man herzlich beflissen war.

»Seien Sie guten Mutes, guter Muth!« sagte der Sekretär.

»Eine Dummheit muß jeder Mensch im Leben begehen!« setzte der Verwalter treuherzig tröstend hinzu. So treuherzig, daß Andreas mit tief gerührter Dankbarkeit die Hand drückte, die ihm der wohlwollende Mann über den Tisch hinüberreichte.

4

Schon am nächsten Morgen brachte die Staatszeitung folgende Notiz: »Wir erhalten soeben die Bestätigung unserer an dieser Stelle bereits ausgesprochenen Vermutung, daß der geachtete Beamte, Herr Andreas Muth, der Verfasser der letzten Novität unseres Hoftheaters, des Schauspiels ›Marc Aurel‹, sei. Der sittliche Gehalt des Stückes dürfte ihm trotz eines gewissen Mangels an dramatischem Leben und an theatralischer Wirkung noch einige Zeit hindurch die Teilnahme des Publikums erhalten.

Das liberale Herrenhausmitglied, das gestern allgemein als der Urheber des in Rede stehenden Schauspiels genannt wurde, ist somit von dem Verdachte losgesprochen, eine neue Probe der Vielseitigkeit, die er so oft auf politischem Felde gab, auch auf poetischem Gebiete abgelegt zu haben.«

»Unserer ausgesprochenen Vermutung«, sagte Seydelmann, nachdem er seinen Beamten diese Notiz vorgelesen hatte. »Sehen Sie den Schalk! Gestern ›vermutete‹ er etwas ganz anderes. Aber das leugnet er heute rundweg ab.«

»Natürlich!« rief der Sekretär – »und er muß es tun. Das fordert seine journalistische Ehre.«

»Wieso?« fragte Seydelmann und sah den Untergebenen scharf über die Achsel an, worauf dieser ein wenig verlegen schwieg.

»Mir ist es fürchterlich«, sprach Andreas, »daß Herr Salmeyer diese Gelegenheit zu einem neuen Ausfall gegen den Grafen von Auwald benützte.«

»Gegen solche Ausfälle wird der wohl gepanzert sein«, spottete der Rat, – er hatte heute seinen widerspruchslustigen Tag. – »Was liegt einem Manne, wie er ist, an dergleichen Plänkeleien? – Übrigens – was kümmert Sie der Graf?«

– »Was? ...« Andreas geriet in Verwirrung.

»Oder kümmert er Sie?« fuhr Seydelmann fort und achtete nicht der angstvoll ablehnenden Gebärde des Angeredeten. – »Nun, wenn Sie in Verbindung mit ihm stehen, werden Sie wohl wissen, ob er genug großer Herr ist, um solche Angriffe zu ignorieren, oder genug kleiner Dichter, um Notiz von ihnen zu nehmen.«

Sein Blick ruhte forschend und unerbittlich auf dem Unglücklichen, der aussah wie ein Bild der Bestürzung und der ertappten Schuld.

»Ich stehe in keiner Verbindung mit dem Herrn Grafen«, sprach Andreas endlich.

»Nicht? – Dann ist jedenfalls der Anteil, den Sie an ihm nehmen, sehr merkwürdig. Gehen Sie gefälligst an Ihre Arbeit.«

Einige Kollegen Muths besuchten die nächste Aufführung des »Marc Aurel« und erklärten, das Schauspiel sei »recht gut gemacht« und hätte »eine schöne Sprache«. Nur zwei alte kleine Beamte schüttelten den Kopf und fanden es denn doch – man möge über seine vorgebliche Tendenzlosigkeit sagen, was man wolle – gar zu radikal.

Eine Woche lang unterhielt man sich im Büro damit, vor Andreas den Namen »Auwald« bei jeder passenden und unpassenden Gelegenheit auszusprechen, und ergötzte sich an der Verlegenheit, in die er jedesmal kam. Doch auch dieser Scherz verlor allmählich seine Wirkung auf die Lachlust der Beamten und geriet endlich in Vergessenheit.

In Andreas hatte sich seit der Aufführung seines Stückes eine große Wandlung vollzogen. Wenn er jetzt sein Stübchen betrat, begrüßte ihn der Frieden nicht mehr, den er sonst dort gefunden hatte. Unruhig ging er auf und ab, blieb vor dem Bilde der Gräfin von Auwald stehen und sah es wehmütig an. Seine Schaffenslust war dahin, denn der Glaube an sein Talent war dahin. Er täuschte sich darüber nicht – ein Mißverständnis hatte sein Werk auf die Bühne gebracht, und als er es dort erblickte, schien es nur ein Schatten seines eigenen Gebildes. Die Umrisse fand er wieder, aber wo blieb die Farbe und das Leben?

Das Können macht den Künstler, nicht das Wollen, und sein Können war weit zurückgeblieben hinter seinem Wollen. In seinem Herzen wallten die Feuerwogen der heißen Empfindung, sein Auge war allem Schönen geöffnet, sein Geist geadelt durch den Umgang mit den edelsten Geistern der Vergangenheit, an ihnen hatte sein Geschmack sich geläutert und herangebildet, aber ihm fehlte die Macht zu sagen, was er fühlte.

Sein Schauspiel war dreimal aufgeführt und dann zu den Toten geworfen worden. Als er es nicht mehr auf dem Repertoire angesetzt fand, atmete er erleichtert auf und dachte: – »Es ist überstanden!«

In seinem Dienste war er eifriger denn je, erfinderisch in Aufmerksamkeiten gegen seine Kollegen, der erste und der letzte in der Kanzlei. Ihm schien, als hätte er etwas gut zu machen, als müsse er beweisen, daß, wenn er auch getan, was sich eigentlich für einen Beamten nicht schickt, er dennoch sein Amt mit Eifer versehe und das Brot des Staates nicht umsonst esse.

»Sie reiben sich auf«, sprach eines Tages der Rat zu ihm.

»Es ist mir ein Vergnügen, Euer Hochwohlgeboren«, erwiderte Andreas.

»Dabei sehen Sie aber sehr übel aus«, meinte Seydelmann und ließ die Einwendung, daß Andreas sich vollkommen wohl fühle, nicht gelten.

»Eine kleine Erholung täte Ihnen not, und die können Sie sich gönnen. Gehen Sie aufs Land, Sie haben die Mittel dazu. Die Hoftheaterdirektion hat Ihre Tantième, da man dort Ihre

Adresse nicht kennt, auf das Büro geschickt. Sie beträgt dreihundert Gulden. Quittieren Sie.«

Andreas traute seinen Ohren nicht. Eine solche Summe sein? … Sein eigen dreihundert Gulden! … Ein Reichtum, von dem er nie geträumt, der ihm vom Himmel fiel. –

»Dreihundert Gulden!!«

»Was überrascht Sie denn so sehr?« fragte der Rat, – »ich glaube wahrhaftig, Sie haben an die Tantième gar nicht gedacht.«

»Ich muß gestehen, nein«, antwortete der Poet ganz beschämt.

Es ist doch eine eigene Empfindung, mit einem kleinen Vermögen in der Tasche das Büro zu verlassen, das man betreten hat so arm wie eine Kirchenmaus!

Aufs Land soll er gehen? – Warum nicht? – Er nimmt seinen Täufling mit, den kleinen Jungen Zieglers. Das Kind kränkelt ohnehin beständig, es wird sich in guter Luft erholen und kräftigen. Sie können die Osterferien zusammen in den Bergen zubringen, in den schönen Bergen, von denen Andreas so viel gehört, gelesen, die er aber niemals gesehen hat.

Und dann: im Haushalte des Freundes ist so manches der Erneuerung bedürftig – und im eigenen erst! … Was stände dem alten Lehnsessel wohl besser als ein neuer Überzug? Ein brauner oder vielleicht – ein grüner? Braun ist gediegen und paßt im Grunde besser zu dem schwerfälligen Charakter des biederen Ruhespenders. Freilich macht sich Grün gar so freundlich, und wer weiß? – Nun, man kann's ja überlegen.

Was sich Andreas jedenfalls gönnen wird, das ist eine Auffrischung seiner kleinen Bibliothek. Einen neuen Horaz vor allem, in dem seinen kann er, weil das Papier so grau und der Druck so schlecht ist, bei Lampenlicht nicht mehr lesen.

Neben diesen soliden Wünschen taucht plötzlich ein frivoler auf. Sein Winterüberzieher, der Kastor, der ist doch schon sehr gebraucht, und die Nähte nehmen sich in dem dunkelhaarigen Grund wie regulierte Flüsse aus mit flachgetretenen Ufern.

Ein neuer Überrock täte not. Es war Andreas recht peinlich, daß er seinen Kastor angehabt hatte, als er der Gräfin zum letztenmal begegnete. Als ein Mann in beschränkten Lebensverhältnissen mag er ihr erscheinen, aber nicht notleidend und bettelhaft.

Ach, schon der Gedanke an alle die kleinen Behaglichkeiten, mit denen er sich umgeben wird, ist ein Glück. Er steht im Begriffe kennen zu lernen, was ihm fremd geblieben war von Jugend auf: – den Wohlstand! – Wohlstand, trauliches Wort! ... Wie viele kleine Freuden bedeutet es, – wie stellt der Wohlstand seinen Mann so frei und unabhängig hin, mehr als unabhängig, der Wohlstand heißt nicht nur: Ich brauche nichts, sondern auch: Ich kann geben!

Mehrere Tage hindurch beschäftigte sich Andreas mit dem Vorgenusse seiner künftigen Erwerbungen, und die Sehnsucht nach Erfüllung der Wünsche, die er noch vor kurzer Zeit als unerreichbar belächelt hatte, wurde brennend und unwiderstehlich. Voll Ungeduld erwartete er jetzt das Ende der Kanzleistunden und sagte beim Fortgehen mit wichtiger Miene zum Amtsdiener: »Ich eile, ich habe einige Einkäufe zu besorgen.«

Er hatte einmal wieder mehrere Läden besucht, da er sich aber vornahm, nichts zu übereilen, noch keinen Kauf geschlossen, als er, ein kleines Liedchen munter vor sich pfeifend, an einen jungen Menschen anrannte, der ihn zuerst derb anfuhr, dann aber, höflich um Entschuldigung bittend, die Kappe zog.

Andreas erhob das Haupt und erkannte in dem vor ihm Stehenden den Studenten Otto Klein, der bei seinem Freunde Ziegler zur Miete wohnte.

»Sie, lieber Ottone?« rief Andreas, »Gott zum Gruße! – Wie geht's zu Hause? Was macht mein Täufling? Ich wollte längst Ihren Burgherrn besuchen, wurde aber immer davon abgehalten. Heut indessen komme ich gewiß!«

»Kommen Sie, Herr Muth«, erwiderte der Student, »es wird ihn freuen, den armen Mann. Helfen können Sie ihm freilich auch nicht, aber gleichviel, besuchen Sie ihn.«

»Nicht helfen? – Wovon?«

»Der kleine Andreas ist gestorben.«

»Gestorben?!« rief Muth in tiefster Bestürzung. »Gestorben? ... Und ich weiß nichts ... Und man hat mir nichts sagen, mich nicht rufen lassen? ...«

»Herr Ziegler ist halb verrückt, hat den Kopf verloren«, fuhr Otto betrübt fort. »Sie kennen sein verschlossenes Wesen. Selbst seine Frau erfuhr erst heut, daß der Unglückliche einen Wechsel unterschrieben hat für ihren leichtsinnigen Bruder. – Nun haben die Leute die Leiche des Kindes im Hause und die Pfändung vor der Tür.«

»Und ich weiß nichts! Und man sagt mir nichts!« wiederholte Andreas.

»Wozu auch, lieber Herr Muth?« sprach der Student. »Damit Sie sich mit ihm kränken? – Das trifft er schon allein.«

»Um wieviel handelt es sich?« fragte Andreas und fuhr mit beiden Händen in seine Rocktaschen.

»Um viel, gewiß um dreihundert Gulden.«

»So – so.«

Ein tiefer Seufzer entrang sich der Brust des Poeten.

»Und wann müßten die beschafft werden?«

»Spätestens bis morgen nachmittag. Ich bin, sehen Sie, auf dem Wege nach dem Versatzamte.« Er schlug seinen dünnen Mantel auseinander und zeigte ein Bündel mit verschiedenen Habseligkeiten vor, das er unter demselben verborgen hatte. »Aber wenn ich auch meinen letzten Stiefel hintrage, ich bringe kaum den zehnten Teil der Summe zusammen, die wir brauchen.«

Damit empfahl er sich.

Andreas hielt ihn zurück.

»Sie sind brav«, sagte er, »aber behalten Sie Ihre Stiefel. Lassen Sie den Ziegler nicht verzweifeln. Vielleicht ist Hilfe näher, als Sie glauben.«

Andreas sah sich nach keinem Laden mehr um, er eilte seiner Wohnung zu. Dort angelangt, öffnete er die Lade seines Tisches, nahm seine drei schönen Banknoten heraus und legte sie in einer Pyramide vor sich hin. Er bewunderte die zierliche Schrift, die Zeichnung, das Papier. Endlich beugte er sich traurig zurück in seinen Armsessel und strich liebevoll über die Seitenlehnen des getreuen Dieners.

Keinen neuen Überzug also, alter, guter Kerl. Tröste dich, auch dein Herr bekommt keinen.

Dann trat er an den Kleiderschrank, nahm den Kastor heraus, bürstete ihn sorgfältig und sagte vor sich hin: »So ganz schlecht ist er eigentlich doch nicht.«

5

Draußen auf dem Gange ließen sich Stimmen vernehmen.

»Tür Nr. 19?« fragte die eine. »Ja, ja«, antwortete die andere.

Ein rasches Klopfen, ein rasches Öffnen der Tür, und hereintrat, den Hut auf dem Kopfe, den Spazierstock geschultert – Herr Moritz Salmeyer.

»Ich überfalle Sie«, sprach er zu dem über diesen unerwarteten Besuch verblüfften Andreas. »Ah! Ah! ... Sie wohnen hier recht hübsch. Aussicht ein Dach, ein paar Schornsteine, zwischendurch ein bißchen Himmel.«

Er nahm den Hut ab und setzte sich in den Lehnstuhl, den ihm Andreas mit den Worten zurechtrückte: »Ich weiß nicht, was mir die Ehre verschafft ...«

»Der Wunsch, Ihnen nützlich zu sein. – Eine Art von

Reue!« sagte Salmeyer. Er schlug ein Bein über das andere, stützte den Ellbogen auf die Sessellehne, das Gesicht auf die Hand und sah den Poeten mit gescheiten Augen an, in denen ein Strahl von wirklichem Wohlwollen glänzte.

»Ich will Ihnen einen Rat geben und einen Vorschlag machen. Ich interessiere mich für Sie und bin bereit, Ihre Bestrebungen zu fördern.«

»Sie, mein Herr?«

»Zur Sache! – Haben Sie alle Rezensionen gelesen, die über Ihr Stück geschrieben wurden?«

»Nein, doch höre ich, daß sie fast ausnahmslos abfällig lauteten.«

»Nun denn! Daraus mögen Sie ersehen, daß sich heutzutage in der Literatur nichts machen läßt, wenn man nicht wenigstens einen Teil der Kritik für sich hat. Ein Buch, ein Stück hinausschicken in die Welt, und denen, die ihm die Wege bahnen, einen Ruf machen sollen, nicht sagen: Nehmt euch meiner Arbeit an, das ist so kühn, daß man es schwerlich klug nennen darf.«

»Aber ...« wollte Andreas einwenden.

»Erlauben Sie!« fiel ihm Salmeyer ins Wort. »Jeder Schaffende bedarf der Gunst der Kritik. Ein Tor, der sie verschmähte, wenn sie ihm angeboten wird.« Er machte eine kleine Pause und sprach dann mit einer komisch huldvollen Bewegung: »Sie *bietet* sich Ihnen an. Noch mehr, die Kritik nimmt Sie auf in ihre Genossenschaft ... Erlauben Sie!« wiederholte er, da sich Andreas von neuem anschickte, ihn zu unterbrechen. »Ich bin Redakteur des Feuilletons der Staatszeitung, ich öffne Ihnen die Spalten unseres Blattes.«

»Mir?!« rief Andreas.

»Warum nicht?«

»Weil ich ein langsamer Arbeiter, weil ich nicht schlagfertig bin.«

»Das ist im Anfange keiner – und dann, ich dränge Sie nicht. Liefern Sie mir nur jeden Monat einen Aufsatz über dies und das ... Historische Essays, ästhetische Aperçus, verwerten Sie Ihre Lesefrüchte. Sie können auch Kritiken bringen über neue Erscheinungen in der Literatur. Versuchen Sie sich einmal als Humorist; wer weiß, ob Sie nicht, Ihnen selbst unbewußt, Talent zur Satire haben? Es findet sich oft bei solchen zurückgezogenen, melancholischen Naturen wie die Ihre.«

»Spotten Sie meiner?« fragte Andreas.

»Fällt mir nicht ein!« erwiderte Salmeyer ungeduldig. »Ich sagte schon, daß ich mich Ihnen hilfreich erweisen will ... Mein Handwerk ist, die Leute zu unterhalten oder zu plagen ... Ihnen will ich Gutes tun. Schlagen Sie Kapital aus dieser Velleität. – Ein rascher Entschluß! Nehmen Sie meinen Antrag an. Wenn Sie Fuß fassen in der Kritik, ist Ihre Schriftstellerlaufbahn gesichert. Ihr Drama wird in allen Zeitschriften, die mit uns in Verbindung stehen, besprochen, an vielen Bühnen angenommen werden und auf einigen vielleicht Erfolg haben.«

»Und dann?« fragte Andreas. »Daß mein Stück keinen Erfolg hatte, das ist es ja nicht, was mich niederdrückt. Was – Erfolg! ... Den machen die anderen. Aber die Leistung ist mein, für die habe ich einzustehen; die habe ich gerichtet und den Stab gebrochen über mein Talent.«

»Lächerlich«, entgegnete Salmeyer. »Sie haben so viel und mehr Talent als hundert andere, die damit Glück machen ... Bei Ihnen ist nur ein Umstand bedenklich ...« Er hielt inne, zwinkerte mit den Augen und fuhr dann lebhaft fort: »Sie sind zu spät geboren! Vor dreißig oder fünfzig Jahren wäre man Ihnen verständnisvoll entgegengekommen, Ihre Stimme hätte einen lauten Widerhall erweckt. Aber heute! ... Die Menschen, für welche Sie schreiben, sind tot.«

»Damit ist alles gesagt«, sprach Andreas schmerzlich. »Ich bin nur ein Pfuscher. Der rechte Dichter schreibt für solche, die noch nicht geboren sind.«

»Das ist eine Phrase!« erklärte Salmeyer. »Welchen Maßstab legen Sie an?«

»Den höchsten natürlich«, antwortete Andreas leuchtenden Auges, »den einzig berechtigten in der Kunst, der zeitlichen Offenbarung des Ewigschönen und des Ewigguten.«

Der Literat lachte. »Also auch Sie beten dieses hohle Schlagwort nach. Ich hätte mir's denken können. Wann werdet ihr endlich einsehen, ihr Träumer, daß nichts bleibend ist als die Veränderung, nichts schön, als was dafür gilt, nichts gut, als was Nutzen bringt.«

Andreas erhob sich. Ihm schwindelte. Alles, woran er geglaubt, woran er sich begeistert, was ihm den festen Halt geboten hatte, konnte das weggeleugnet und schwankend genannt werden? – Und wenn – warum hatte er's nicht selbst, nicht früher erkannt?

»Ich bitte Sie«, hub Salmeyer von neuem an, »verzichten Sie auf Ihre Ideale. Stimmen Sie sich herab. Sinken Sie, sinken Sie! herunter – bis zum jetzigen Geschmack! Je mehr Sie sich verfeinern, desto unverständlicher, ungenießbarer werden Sie, und werden es endlich mit Recht. Ein hohes Streben, das immer unbelohnt bleibt, beschädigt zuletzt den reinsten Charakter, weil es ihn verbittert. Glauben Sie mir: tragen Sie den Anforderungen des Tages Rechnung! Unser heutiges Publikum will nicht Erhebung, es will Unterhaltung, und den, der sie ihm gewährt, belohnt es nach Verdienst, sehr oft über Verdienst … Zum Beispiel – mich! … Meinen Sie, daß ich mich täusche über den Wert der Produktionen, denen ich meine Popularität verdanke? … Doch genug! Sie sind nicht ohne Talent, machen Sie nur davon den richtigen Gebrauch.«

Er hatte, während er sprach, die Banknoten vom Tische genommen und rollte sie zu Tüten zusammen, faltete sie zu dreieckigen Hütchen. Jetzt hielt er sie in die Höhe.

»Ihre Tantième, nicht wahr?«

Andreas nickte bejahend.

»So viel«, sprach Salmeyer leichthin, »bezahlt die Staatszeitung für drei meiner Feuilletons. Ich schreibe sie meistens im Kaffeehause, auf dem Billard, zwischen zwei Kegelpartien. – Nun, was beschließen Sie?«

»Mir selbst treu zu bleiben, meinem alten Selbst, von dem ich doch nicht mehr lassen kann«, erwiderte Andreas und glättete die Banknoten, die Salmeyer wieder auf den Tisch gelegt hatte, sorgfältig mit beiden Händen.

»Nach Ihrem Belieben denn!« sagte der Journalist gereizt. »Sie gehören zu den Leuten, denen nicht zu helfen ist.«

Er stand auf, wendete sich und bemerkte das Bild der Gräfin von Auwald über der Bücherstelle.

»Ha!« rief er aus, »die schöne Auwald! – Wie kommen Sie zu ihrem Porträt?«

»Ich habe es gekauft«, stotterte Andreas erblassend, wie im Vorgefühle eines Unglücks.

Der Literat drohte ihm mit dem Finger: »So – so – gekauft? ... Ei, Sie stiller Sünder! ... Deshalb also Ihre Parteinahme für den Gemahl? ...«

»Was meinen Sie?« fragte Andreas in peinvoller Bestürzung.

»O die böse, böse Welt – o diese vornehmen Damen!« seufzte Salmeyer mit drolligem Pathos. Er schlug eines der Manuskripte auf und blätterte darin.

»Das sind wohl Ihre Werke? ... Und wie schön geschrieben, wie prächtig! – zehn – fünfzehn – Wahrhaftig, fünfzehn sorgfältig ausgearbeitete Theaterstücke! In jedem, ich bin's überzeugt, so viel Gutes, daß man, wär's von einem Freunde und Mitarbeiter, leicht ein Lorbeerreislein für den Dichter daraus entsprießen lassen könnte. Aber Sie wollen nichts von uns, und alle diese Buchstaben bleiben tot.«

Andreas blickte zu dem Sprechenden empor. Ein eigentümlicher Ausdruck feiner Selbstironie belebte seine Züge: »Tot diese Buchstaben, von denen ich jeden mit soviel Liebe hingemalt habe? – Das doch nicht«, sagte er. »Jeder davon ist ein Teilchen einer Gedankenseele; sie fügen sich zu Worten zusammen, und Worte bilden den Körper des Gedankens.«

Der Literat hörte ihm mit lächelnder Aufmerksamkeit zu und rief plötzlich: »Ich war blind! Ich war blind! … Nein, Sie sind nicht angetan, mitzuwirken in unserer heißen Werkstätte, in unserer großen stoffzermalmenden Maschine! Sie werden niemals ein Rädchen, nicht einmal eine Speiche an einem Rädchen sein.«

Er klopfte mit keckem Humor Andreas auf die Schulter: »Sie selbst sind Stoff und sollen verarbeitet werden. Und damit grüße ich Sie!«

Salmeyer sah aufmerksam im Zimmer umher, als wollte er sich dessen Bild fest einprägen, und ging.

Andreas wartete, bis er sicher sein konnte, ihn auf der Treppe nicht mehr einzuholen, und schlug dann hastigen Schrittes den Weg nach Zieglers Wohnung ein.

Es dunkelte schon, als Andreas vor dem Hause anlangte, und er zögerte einzutreten und vielleicht die Ruhe des Freundes zu stören. Im Hofe brannte eine Gasflamme und warf ihren flackernden Schein auf das Fenster des von Ziegler bewohnten Zimmers im Erdgeschosse. Andreas konnte nicht wahrnehmen, ob sich noch Licht darin befand, denn der Vorhang war herabgelassen.

Er trat an die Tür der kleinen Küche, die den Eingang zur Stube des Lehrers bildete. Die Klinke gab seinem leisen Drucke nach, man hatte vergessen abzusperren. Im angrenzenden Gemache herrschte tiefe Stille; ein schwacher Schimmer fiel durch die Risse der geborstenen Türe. Andreas näherte sich und pochte.

Nach einer Weile antwortete eine Frauenstimme zögernd: »Herein.«

Die Eheleute saßen am Tische einander gegenüber. Das Weib nähte an einem Knabenhemde, der Mann hielt die Hände über den Knien verschränkt und starrte regungslos vor sich hin auf den Boden. Er erwachte nicht aus seinem Sinnen, als Andreas eintrat und der Frau die Hand reichte, die sie weinend ergriff.

Erst nachdem der Freund ihn angeredet hatte, erhob er den Kopf.

»Ei, ei!« sprach er und betrachtete Muth mit verwirrtem Blicke, dann, als besänne er sich plötzlich, fügte er hinzu: »Vorlesen? ganz recht, ein neues Drama? … Ich bin begierig.«

»Nein, nein«, antwortete Andreas und sah nach der Ecke des Zimmers hin. Dort ruhte, mit einem Linnen bedeckt, auf dem Lager der Eltern die Leiche des Kindes. Ihr zu Häupten brannte eine Wachskerze, mit einem Kränzlein künstlicher Blumen umwunden, daneben stand ein Kruzifix aus schwarzem Holze.

Als die Frau die Richtung bemerkte, die das Auge des Besuchers genommen, machte sie eine abwehrende Bewegung.

»Sehen Sie ihn jetzt nicht an«, bat sie. »Morgen bahren wir ihn erst auf. Ich bin noch nicht zustande gekommen mit seinem Sterbehemde. Mein Gott, in der langen Krankheit wurde soviel gebraucht …«

»Not im Hause«, sagte der Mann. »Ehrlicher Name dahin. Mein Wort gegeben – es nicht gehalten. Nicht halten können.«

»Du wirst Wort halten, du kannst es!« rief Andreas, zog ein Päckchen aus der Tasche und legte es vor Ziegler hin.

»Das ist dein, dein Eigentum.«

Der Lehrer sah ihn fragend an, faltete die Banknoten auseinander, und stumm vor Erstaunen schob er sie seiner Frau hin. Die stieß bei dem unerwarteten Anblick einen Freudenschrei aus, der jedoch in einem schmerzlichen Schluchzen endigte. Sie legte die Stirn auf den Rand des Tisches, und ihre Tränen flossen unaufhaltsam.

»Woher kommt das?« fragte Ziegler, auf das Geld deutend.

Andreas legte ihm die Hand auf die Schulter.

»›Marc Aurel‹ schickt es, dem du auf die Bühne geholfen hast.« – Er sprach zu seinem alten Freunde wie zu einem Kind. – »Du allein, mit deinem Rate: Einreichen! – weißt du noch? – sonst hätte ich mich ja niemals getraut …«

Ziegler lehnte weder ab, noch sagte er ein Wort des Dankes. Er reichte Andreas nicht einmal die Hand. Er sah seinen Retter nur an, lange, fest. Und dem war dabei zumute, als wüchse und erstarke er unter diesem Blicke, als erlöse dieses ehrliche Auge, das ihm das Glück verdankte, sich wieder frei erheben zu können, ihn, ihn selbst von allem Leid, von aller Pein. Als stände er in der Schuld des Mannes, durch den ihm gegönnt worden zu erfahren, was es heißt, einem guten Menschen wohlzutun.

Ziegler erhob sich lautlos wie einst beim Schlusse der Vorlesungen und trat an das Fenster. Dort stand er unbeweglich. Angstvoll betrachteten ihn Andreas und die Frau. Sie wagten kaum zu atmen.

Endlich kam er zu ihnen zurück; die peinliche Spannung war aus seinem Gesichte verschwunden. Sein Weib stürzte sich an seine Brust.

Andreas aber benützte diesen Augenblick, um hinwegzueilen. Er fürchtete, sich von seiner Rührung übermannen zu lassen.

6

Am Morgen des nächsten Sonntags wurde der kleine Ziegler begraben. Andreas begleitete die Eltern auf dem Heimweg vom Friedhofe noch eine gute Strecke und ging dann seiner Wohnung zu.

Unter dem Tore begegnete er seiner Hausfrau, die zugleich ihre eigene Hausbesorgerin war; eine rüstige Witwe von fünfzig Jahren. Sie hatte ihn nicht selten merken lassen, daß sie keineswegs abgeneigt wäre, ihren stattlichen Nacken noch einmal dem Ehejoch zu beugen, im Falle sich ein Mann fände von reinen Sitten und von geachteter Lebensstellung – ein Beamter zum Beispiel –, der den Wert dieser freiwilligen Unterwerfung zu würdigen wüßte.

Das Gesicht der Dame, das sich sonst bei Muths Anblick immer freundlich erhellte, grollte heut wie eine Gewitterwolke.

Sie hielt Andreas eine Nummer der Staatszeitung hin und sprach: »Lesen Sie doch das Zeug da. – Heilige Jungfrau! ... Mir soll man so etwas nicht weismachen. Ich kenne Ihren Lebenswandel und weiß, wer ein und aus geht bei meinen Mietsleuten. – Zeitungsjuden! Lügenpack!« fügte sie mit der vollsten Energie ihres konfessionellen und staatsbürgerlichen Bewußtseins hinzu.

Der Zeitungsartikel, der die Hausfrau so sehr in Harnisch brachte, führte den Titel: »Die letzten Originale«, war mit M. S. unterzeichnet und in seiner Art ein Meisterstück. Andreas las ihn mit schaudernder Bewunderung.

Nicht mehr als zwanzig bis dreißig Zeilen waren jeder der Persönlichkeiten gewidmet, die Salmeyer in seinem Aufsatze mit beißender Satire, mit etwas Sentimentalität und mit ausbündigem Talent schilderte. Es war kein Zweifel möglich, daß hier nach der Natur gezeichnet worden, doch war's in einer Art geschehen, die die Urbilder der Porträts, trotz ihrer unverkennbaren Ähnlichkeit, nicht berechtigte zu sagen: »Ich fühle mich getroffen«, so fest ihnen auch der Pfeil im Fleische saß.

Der geschickteste Staatsanwalt hätte den Versuch aufgegeben, den Verfasser dieses Libells zur Verantwortung zu ziehen. Seine Anklage wäre ihm unter den Händen zerronnen, ein Ding, das man sehen muß, aber nicht fassen kann.

In einem Kapitel des Feuilletons war Andreas geschildert. Er sah sich selbst in dem Bilde des rastlos und unbelohnt schaffenden Dichters. Mit welchem dämonischen Geiste war es entworfen! mit welcher Divinationsgabe! – Wie war die Wurzel aller seiner Leiden bloßgelegt! – das Mißverhältnis in ihm zwischen Drang und Talent, zwischen dem Blick für das Künstlerische und dem Blick für das Praktische, zwischen seinem Verständnis der Vergangenheit und seinem Nichtverstehen der Gegenwart. Mit welcher Virtuosität war das Messer geführt, das seine Brust öffnete und sein Herz enthüllte, sein zuckendes Herz, das er mit so keuschem Stolze vor jedem Menschenauge verbarg!

Den Schluß des Aufsatzes bildete, nach einer kurzen Beschreibung der Dachstube des Gelehrten, folgende »schöne Stelle«:

> »Und allabendlich öffnet sich die Tür dieses stillen Heiligtums und hereinschwebt, geschmückt zu den Festen in den Fürstensälen unserer Residenz, eine dort heimische und gefeierte Schönheit.
>
> Und über den armen Poeten beugt sich ihre königliche Gestalt. Auf der bleichen Stirn des Denkers ruhen Lippen so duftig und frisch wie die Rose im Tau. Lippen, für deren Kuß die Reichsten, die Edelsten, die Mächtigsten ihre Schätze hingäben, ihren Ruhm, ihre Macht! … Vergebliche Liebesmühe! … Für sie steigt die Göttin nicht aus den Wolken. Ihnen ist sie unerreichbarer als dem Sünder die himmlische *Au*, als dem Wanderer im Wüstenbrand der schattenkühle *Wald*.«

Um dieser Abgeschmacktheit die entsprechende Würze zu geben, waren die beiden Silben des Namens Auwald mit gesperrter Schrift gedruckt.

Andreas hatte langsam gelesen, Wort für Wort, seinen Augen nicht trauend, wegzweifelnd, was er sah … Er träumt, er fiebert. Seine Phantasie treibt mit ihm ein fürchterliches Spiel, zeigt ihm den Namen, der ihm heilig ist, schmachvoll an die Öffentlichkeit gezerrt, besudelt und entweiht. Teuflischer Traum, hinweg mit deinem Spuk!

O sich nur besinnen – nur besinnen, und er verschwindet …

Aber nein! … Es steht da … Schwarz auf Weiß, unleugbar steht es da …

Andreas sprang auf. Rote Funken tanzten vor seinen Augen, eine Empfindung wahnsinniger Wut loderte in ihm empor.

Außer sich rannte er im Zimmer umher und suchte in seiner friedlichen Behausung nach einer Waffe – nach irgend etwas, das als solche dienen konnte. Aber da war nichts als ein spanisches Rohr mit schwerem Messingknopfe, ein Erbstück seines Vaters. Das ergriff er und eilte zur Tür.

In diesem Augenblicke öffnete sie sich, und auf der Schwelle stand in seiner ganzen Breite und Wucht Finanzrat Seydelmann.

»Wohin?« rief dieser, als Andreas, den Stock in der Hand, an ihm vorbeistürzen wollte, ohne Notiz zu nehmen von der unerhörten Ehre, die ihm durch einen Besuch seines Chefs zuteil wurde.

»Bleiben Sie!« befahl Seydelmann und drängte den Widerstrebenden mit überlegener Kraft in das Zimmer zurück. »Was wollen Sie tun?«

Er hatte sich dem Tische genähert und deutete mit einer Hand auf die Zeitung, die dort aufgeschlagen lag, während er mit der andern den Arm Muths umklammert hielt.

»Mit dem Stocke über den Verfasser dieses Artikels herfallen? Einen Skandal machen? Einen Kriminalprozeß heraufbeschwören? Sie – ein Beamter! ... Das, was heut der Gegenstand des Geschwätzes ist in einigen Salons und in einigen Kaffeehäusern und morgen vergessen sein wird, zum Markt- und Kneipengespräch machen? ... Sie sind verrückt! Meiner Treu – verrückt!«

»Widerrufen muß er! Ich will ihn dazu zwingen!« keuchte Andreas. »Er muß öffentlich Abbitte tun, muß bekennen, daß er erfunden, gelogen, schändlich verleumdet hat!«

»Widerrufen? – Und was?« fragte der Rat. »Er hat ja nichts behauptet. Sie scheinen das Feuilleton nicht zu Ende gelesen zu haben. Er verwahrt sich am Schlusse ausdrücklich gegen den Verdacht, daß er nach der Natur gezeichnet hätte. ›Die letzten Originale‹ sind Figuren aus einem Romane, den er unter der Feder hat, und für vollständig erfunden erklärt.«

»Damit schützt er nur sich!« fiel Andreas zornig ein. »Das

Publikum weiß, was von solchen Erklärungen zu halten ist.«

»Da haben Sie recht, leider recht«, bestätigte der Rat, »und ich staune, woher Ihnen diese plötzliche Einsicht kommt, da Sie doch so wenige bewiesen, indem Sie einen Menschen, der von Indiskretionen lebt, zu Ihrem Vertrauten machten.«

»Zu meinem – Vertrauten?!« rief Andreas.

Der Finanzrat betrachtete seinen Untergebenen mit einem durchbohrenden Blicke.

»Herr Salmeyer kann doch nicht erraten haben ...«

Er stockte und fuhr nach einer Pause in verändertem Tone fort: »Ihre Bestürzung, Ihre Verlegenheit, so oft der Name Auwald vor Ihnen ausgesprochen wird, brachten noch ganz andere Leute als diesen Rezensenten auf die rechte Fährte.«

Andreas stiegen die Haare zu Berge. Also wirklich, – man glaubte, was er nicht auszudenken wagte? – hielt das Unsinnige für möglich? ... Ein dummer, blöder Wahn, für den niemand auch nur den Schatten eines Grundes anzuführen vermochte, fand Anhänger, wuchs heran zu einer Macht, gewaltig – vielleicht nicht mehr zu besiegen!

Dies alles war so wunderlich, so toll, daß es aufhörte, ein Unglück zu sein, daß man nur noch Sinn haben konnte für den Humor des tödlichen Spaßes, der ihn, Andreas, Andreas den armen Teufel, in einem Atem nannte mit der glänzenden Schönheit, die, überschüttet mit den reichsten Gütern des Lebens, ihr heiteres Dasein in einer Sphäre genoß, der seinen so fern wie Sterne der Erde.

Dem Finanzrat wahrhaftig zum Schrecken, brach Andreas plötzlich in ein krampfhaftes Lachen aus und rief: »Ich schwöre, daß ich die Sonne nicht gestohlen, sie nicht in meine Tasche gesteckt habe. Sie steht noch am Himmel. Nur Geduld! warten Sie bis morgen, da geht sie wieder auf.«

Und er lachte von neuem, aber mit einem Lachen, das der schneidendste Schmerz erpreßte, mit einem Lachen, herzzerreißender als das Schluchzen der Qual.

Dem Rat wurde angst und bange.

»Nehmen Sie sich zusammen, Herr Muth! Ich ersuche, ich bitte Sie, ernsthaft zu sein. Einmal in Ihrem Leben«, fügte er mit unüberlegter Härte hinzu – »einmal in Ihrem Leben beherrschen Sie sich!«

»Einmal in Ihrem Leben ...« Mechanisch sprach Andreas die Worte nach.

Du ewige Gerechtigkeit!

Seine Vergangenheit rollte sich auf vor seinem geistigen Auge wie ein Bild, er übersah mit einem Blicke sein ganzes Dasein. –

Es war nur *eine* lange Kette von niedergehaltenen Empfindungen, nur *ein* unterdrückter Schrei. Ein stillschweigendes Verzichten, so lange geübt, bis sich im fortwährenden Selbstbesiegen sogar die Kraft des Wunsches abgestumpft. Eine Reihe fehlgeschlagener Hoffnungen, über die niemals eine Klage sich seinen Lippen entrang. Um ihn, wohin er blickte, der Sieg der Mittelmäßigkeit, der Parteilichkeit, und all sein Schmerz, alle seine Entrüstung erdrückt in seinem Innern. Unterdrückt mit Macht selbst der Schatten einer unreinen Regung: Erbitterung, Neid, Mißgunst. Nichts lebendig in ihm als das Bewußtsein, entsagt zu haben, und in aller Zukunft entsagen zu können, demütig, starkmütig und ohne Groll.

Und nun: »Beherrschen Sie sich einmal in Ihrem Leben!«

Er erwiderte nichts, er lachte lauter als zuvor und erschien dem Finanzrat nachgerade unheimlich. Es geschah, was sich in seiner langen Dienstzeit nicht ereignet hatte, der hohe Beamte vergaß seiner offiziellen Würde und sprach mit dem Untergebenen, wie ein gewöhnlicher Mensch zu einem andern spricht.

Dennoch war jedes Wort ein Dolchstoß für den armen Andreas.

»Beruhigen Sie sich«, sagte Seydelmann, »Sie sind empfindlich wie ein bloßgelegter Nerv. – Das Unglück ist einmal geschehen, Sie können nur noch seine Konsequenzen verringern oder erhöhen. Je weniger Bedeutung Sie ihm geben, desto weniger Bedeutung wird es haben. – Kommen Sie morgen in das Büro, so ruhig, als wäre nichts vorgefallen. Man ist gewöhnt, jede Ihrer Empfindungen auf Ihrem Gesicht zu lesen; gelingt es Ihnen, gleichgültig zu scheinen, so wird man glauben, daß Sie es seien. Wenn Ihre Kollegen über den Zeitungsartikel von Herrn Salmeyer scherzen, so scherzen Sie mit. Diesen Rat Ihnen zu geben, bin ich gekommen. Und noch eines! … Nehmen Sie das Bild dort von der Wand. Die Neugier könnte leicht einen oder den andern Ihrer Bekannten zu Ihnen führen. Es wäre nicht gut, wenn sie das Porträt da hängen sähen.«

Seydelmann war am Schlusse dieser Rede wieder zum Bewußtsein seiner Stellung gekommen und verabschiedete sich mit gewohnter Gemessenheit.

Andreas blieb vernichtet zurück.

Ja, der Rat hatte recht: das Unglück war geschehen! Wer vermöchte der Skandalsucht ihren Wahn zu benehmen? Ohnmächtig steht die Wahrheit der Lüge gegenüber, und die reinste Tugend dem blödesten Verdacht.

Ruhe denn. – Gleichmut – Standhaftigkeit! und dann: »Entfernen Sie das Bild.«

Andreas nahm es von der Wand und betrachtete noch einmal diese edlen und anmutigen Züge. Wie so oft versenkte er sich wieder in den geliebten Anblick … Da schrak er plötzlich zusammen. O Gott! Schritte … Schritte, die sich seiner Türe nähern … Wenn jemand käme und fände ihn – das Bild in den Händen … Mit dem Unverstand des Schreckens stürzt er auf die Türe zu und schiebt den Riegel vor. Gleich darauf besinnt er sich: er hätte nichts Ungeschickteres tun können. Draußen steckt der Schlüssel und verrät dem Nahenden seine Anwesenheit.

Nie, niemals war es einem seiner Kollegen eingefallen, ihn zu besuchen, jetzt kommen sie, von Neugier getrieben …

Er stand und lauschte. Draußen war wieder alles still geworden; die Schritte verhallten auf der Dachstiege. Gerettet – für dieses Mal!

Aber die Furcht vor einem Überfall wird sich wiederholen, Andreas ist nicht mehr sicher in seinen vier Wänden, nicht mehr zu Hause in seinem Daheim, seitdem die Bosheit und der Vorwitz dieses arme Stübchen belauern und was darin vorgeht, roh entstellt hinausschreien in die Welt.

Nein, seine entweihte Behausung ist kein Aufenthalt mehr für das Bild der von ihm verehrten Frau. Der Entschluß ist gefaßt – kein Zögern also!

Fest, mit beiden Händen, ergriff er den Rahmen und brach ihn entzwei. Das Glas zertrümmerte in tausend Stücke, zerschnitt ihm die Hände; er achtete dessen nicht, schürte das Feuer im Ofen und warf die Reste des Bildes hinein.

Die Nacht hindurch wandelte er auf und ab in seinem Zimmer. Er wartete auf Müdigkeit, er sehnte sich nach Erschöpfung. Wenn er keine Kraft mehr zur Aufregung besitzt, dann kommt die Ruhe von selbst, dann wird es leicht sein, gleichgültig zu scheinen, dann mögen sie im Büro spötteln, so viel sie wollen.

All sein Blut hat sich zum Herzen gedrängt, dort liegt und lastet es, unbeweglich, schwer … O das regt sich nicht, das steigt nicht in die Wangen!

Es schlägt Mitternacht, schlägt ein Uhr.

Die Nacht vergeht zu schnell, die Müdigkeit hat nicht Zeit, zu kommen. Andreas fühlt sich so wach, wie am hellen Mittag.

Zwei Uhr!

Die Lampe flackert auf und erlischt. Dem unsteten Wanderer in der Dachstube fährt es durch den Sinn, daß er sie nie mehr entzünden, daß sie nie mehr seiner stillen Arbeit am Schreibtische leuchten wird. – Der Dichter ist tot, seine Zelle steht leer. –

Drei Uhr! ... Wie die Tage wachsen! Ein fahler Lichtschein dämmert schon am Himmel ...

Könnte Andreas nur müde werden! Aber er ist rüstig, sein Schritt wird immer rascher, immer leichter, er meint zu schweben. Und was er alles sieht! Der kleine Ziegler schreitet an seiner Seite, schmiegt sich an ihn und sagt: »Wir wollen ja zusammen in die Berge – wann denn – wann gehen wir?«

»Bald, mein Junge, bald, mein lieber Junge!«

Andreas legt die Hand auf die blonden Locken des Knaben, der ihn anlächelt mit freudestrahlendem Gesicht. Jetzt wendet er sich – geht – geht fort –

»O bleibe, Kind« – – Torheit das! ... Er liegt ja draußen auf dem Friedhof, Andreas war selbst dabei, als man ihn begrub, und hat sich nur eingebildet ... Aber dort – das kann nicht Täuschung sein! dort wo das Bild Mathildens gehangen, dort bewegt sich etwas – die Mauer ist geöffnet – eine Lichtgestalt tritt hervor ...

»Um Gottes willen, Sie, Frau Gräfin – –? Was denken Sie? Hinweg! Wenn man Sie hier träfe ...«

Nein – wahrhaftig, Andreas muß über seine eigenen Phantasien lachen. Wen hat er für die Gräfin gehalten? – Es ist zu toll – den jungen Fanghund des Zollrevisors, den dieser vorgestern so unbarmherzig züchtigte, weil er sich erdreistete, den Herrn Finanzrat anzuknurren, was sich denn doch nicht schickt, nicht schickt – nicht schickt!

Andreas wiederholte die zwei Worte unzähligemal in allen Arten, tröstend, belehrend, verweisend, indem er den Hund streichelte, bis sich dieser – sonderbar genug – in eine Katze verwandelte, die ihn anglotzte mit Augen aus grünem Feuer. Dann sprach er sie vor sich hin, stiller, lauter, singend, klagend: »Nicht schickt! nicht schickt!«

Dabei erfaßte ihn ein Wirbelsturm und drehte ihn im Kreise, bis ihn schwindelte und er niederzusinken meinte – aber nicht sank. Seine Muskeln schienen Stahl geworden, er fühlte sich stark, fühlte alles Leben in sich erhöht, fühlte sich von einer Kraft beseelt, nicht zu bewältigen, nicht zu verbrauchen …

Fünf Uhr!

In einer Stunde geht die Sonne auf. Andreas tritt an das Fenster. Eine Spatzenfamilie macht sich lustig auf dem Dach gegenüber; der Vater ist voll Mutwillen, die respektable Mutter muß ihre Jungen gegen seine Neckereien in Schutz nehmen. – Aus dem Schornstein wirbelt Rauch empor, Andreas vertieft sich in die Betrachtung seines braungrauen Qualms, der langsam hingleitet über die Firste, sich immer mehr ausbreitet, immer durchsichtiger wird und endlich wie ein zerrissenes Gewebe davonflattert in die Lüfte.

Jetzt pocht es mit derber Faust an die Türe, und draußen ruft eine rauhe Stimme: »O je, was wär denn das? Herr Muth, Sie haben vergessen, Ihre Stiefel herauszustellen. Und das Wasserweib ist auch da.«

Die beiden dienenden Geister haben ihres Amtes gewaltet. Andreas ist wieder allein.

Er badet den Kopf und die blutigen Hände in frischem Wasser, er kleidet sich mit äußerster Sorgfalt an. Kein Stäubchen duldet er auf seinem Rocke, knüpft seine Krawatte wie ein eitler Pedant, wählt seine besten Handschuhe. Alles an ihm soll beweisen, daß er unbefangen ist, daß ihn nichts abzieht von den kleinen Alltagssorgen, daß er Zeit hat und Stimmung, sich um Nebensächliches zu bekümmern.

Dann tritt er seine Wanderung an … Nur noch umwenden muß er sich auf der Schwelle, und einen fast zärtlichen Blick auf den Raum werfen, in dem der größte Teil seines Lebens verfloß – der beste. Andreas gedenkt der Stunden seines beglückenden Schaffens. O hätte er sich begnügt! hätte er, was hier geboren ward, auch hier sterben lassen, in dem Schutze und Frieden seines Daheim!

Er eilt die Treppe hinab.

Eine Stunde später kommt zufällig die Hausfrau an seine Türe und schreit auf: »O Wunder! Herr Muth hat vergessen, den Zimmerschlüssel abzuziehen. Das ist nicht geschehen, seit er sich hier eingemietet hat.«

Mit fieberhafter Hast legt indessen Andreas den Weg nach seinem Büro zurück. Seine Aufregung hat sich nicht beschwichtigt, doch traut er sich zu, ihrer Herr zu bleiben.

Siehe da! er kommt doch nicht so früh, als er meinte. Dort, zwanzig Schritte vor ihm, biegt schon der Sekretär um die Ecke der Seitengasse, in der er wohnt. Eine Minute früher, und Andreas hätte ihn eingeholt, hätte mit ihm eintreten können. Das ist nun leider versäumt. Schade! ... Wie gut hätte es sich gemacht, wenn er früher ausgegangen wäre, wenn er jetzt nicht allein eintreten und spießrutenlaufen müßte an den anderen vorbei.

Er steht am Tor und wünscht dem Portier einen guten Morgen; der dankt und wendet sich ab. Andreas sieht aus seiner großen, pelzverbrämten Rocktasche das magistrale St der Staatszeitung ragen.

Im Hofe herrscht schon geschäftiges Treiben. Mein Gott, – wie spät ist es denn? ... Alle schon da und er der letzte! – Er tritt in das Büro, grüßt auf gut Glück nach rechts und links, ohne jemanden anzusehen, und setzt sich an sein Pult und schreibt und rechnet.

Zwei Beamte in seiner Nähe flüstern miteinander, es ist gewiß nur seine Einbildung, daß sie dabei nach ihm hinschielen. Er tut jedenfalls, als bemerke er's nicht. Eine Weile geht das so fort, jetzt aber bleibt ihm doch nichts übrig, als herauszutreten aus seinem Schweigen. Da ist eine Verordnung erschienen, die neue Bestimmungen enthält über den Zolltarif von Warenproben nach den amerikanischen Ländern. Die muß er einsehen oder zu arbeiten aufhören oder Irrtum auf Irrtum häufen. Er nimmt alle seine Kaltblütigkeit zusammen, erhebt den Kopf und eine heisere Stimme, deren

Klang ihn selbst befremdet, so mühsam ringt sie sich aus seiner Kehle – und zu seinem Nachbarn gewendet, stößt er die Worte hervor: »Den letzten Zolltarif, Herr Pfeiffer – darf ich Sie bitten?«

Herr Pfeiffer steht eben im Begriffe, eine große Prise konfiszierten Schnupftabaks in seine kleine Nase zu befördern, und liebt es nicht, bei der Operation beobachtet oder gestört zu werden. Er tut, als hätte er Muths Anfrage überhört, und dieser ist gezwungen, sie zu wiederholen. Herr Pfeiffer hält das Taschentuch mit beiden Händen wie einen Vorhang vor sein Gesicht bis an die Augen und zwinkert so den Fragenden an. »Zolltarif?« erwidert er endlich – »dort, Herr Munk hat ihn.«

Herr Munk sitzt an seinem Pulte, mitten im Büro. Bis dahin also heißt es schreiten, von dem Platz am Fenster aus, an dem Andreas arbeitet. Er steht auf, macht einige Schritte, ein leises Gewisper geht von Pult zu Pult. Kanzlist Schmidel, ein junger Mann mit strotzendem Lockengebäude und rosenrotem Antlitz, auf dem beständig, wie angeleimt, der Ausdruck dummer Freude liegt, vertritt Andreas den Weg. Er hält einen Bleistift in der Hand, legt die Spitze desselben an die Lippen und spricht: »Herr Muth.«

»Was wünschen Sie?«

Schmidel verneigt sich: »Dürft ich wohl fragen – wie befindet sich heut die Gräfin Auwald?«

Andreas erbebt, aber er hält sich gut, zuckt die Achseln und geht weiter; ruhig weiter, obwohl die allgemeine Aufmerksamkeit auf ihn gerichtet ist. Er fühlt es, er sieht es durch die zu Boden gesenkten Lider. Alle starren ihn an. Da ist keiner, der die Barmherzigkeit hat, den Blick abzuwenden.

Je näher Andreas Herrn Munk kommt, desto tiefer versenkt der sich in das Studium der neuen Verordnung. Jetzt ist Andreas am Ziele, jetzt bittet er: »Wollen Sie die Güte haben, mir dieses Blatt einen Augenblick ...«

Er hält inne. Der junge Kollege drückt, statt zu antworten, die Stirne in seine Hände und diese auf den Tisch. Seine ganze Gestalt wird von konvulsivischen Bewegungen erschüttert, deren er vergeblich Herr zu werden strebt.

»Was haben Sie? Was ist Ihnen?« fragt Andreas und vergißt seiner eigenen Qual über dem Anblick des Jünglings, der sich auf seinem Stuhle wie in Schmerzen windet.

»Was ist ihm?« fragt Andreas und blickt angstvoll um sich.

»Nichts!« platzt Munks Nachbar heraus, und alle lachen; der mit leisem Gekicher, jener gellend, unbezwinglich hallt es durch den weiten Raum, prallt zurück von den Wänden, von der Decke und schlägt wie Hagel um das Haupt des unglücklichen Andreas.

»Ach, die Gräfin von Auwald!«

»Sie Glückspilz!«

»Wenn man sich das vorstellt – Herr Muth und die Frau Gräfin!«

»Es ist eine Ehre für das ganze Büro!« rufen sie einer um den andern, und bei jeder neuen Bemerkung erschallt neues Gelächter.

Andreas blickt sprachlos vor Zorn im Kreise umher, stürzt plötzlich auf den Kollegen zu, der durch seine Frage das Signal zu dem tollen Lustigkeitsausbruch gegeben hatte, und packt ihn bei den Schultern –: »Bube!« schreit er ganz außer sich. Der kleine Mann schüttelt den kräftigen Jüngling, daß dem die Zähne klappern. »Bube! Bube!« wiederholt Andreas und ist im Begriffe, den blondgelockten Schmidel unter das Pult zu schleudern.

Einige Beamte befreien diesen zwar aus den Händen Muths, aber er bebt vor Furcht, und dabei hört er nicht auf zu schwören: Das lasse er sich nicht gefallen, und das stecke er nicht ein!

»Sie werden Abbitte tun!« dekretiert Munk.

»Unter keiner Bedingung!« erklärt Andreas. Da wird die Tür aufgerissen, und der Sekretär tritt ein. Er übersieht die

Situation mit einem Blicke, spricht rasch und leise einige Worte zu den älteren Beamten, die ihm halb lachend, halb grollend Platz machen.

»Herr Muth!« ruft er von weitem. »Der Herr Finanzrat will Sie sprechen.« Er tritt an Andreas' Seite, nimmt seinen Arm und führt ihn fort. Auf der Treppe sagt er zu ihm: »Wir hofften, Sie würden sich würdiger benehmen.«

»Die Kerle haben es zu arg getrieben!« erwidert Andreas ohne eine Spur von Beschämung oder Reue.

Der Sekretär blickt ihn von der Seite an und denkt: Ist dies Andreas Muth? Man könnt es fast bezweifeln. Seine weichen Züge sind über Nacht steinern geworden. Ein schlimmes Zeichen, wenn das Gesicht eines Menschen sich so plötzlich verändert.

Jetzt waren die beiden an der Schwelle des Empfangszimmers Seydelmanns angelangt.

»Fassung«, sprach der Sekretär, »Ihnen steht eine große Überraschung bevor.«

Sie traten ein.

Seydelmann war nicht allein. Neben ihm saß ein Mann in mittleren Jahren, von feinem und einnehmendem Wesen.

»Hier, Euer Exzellenz«, sagte der Finanzrat, »ist Herr Muth.«

»Seine Exzellenz, Herr Graf von Auwald«, flüsterte der Sekretär Andreas zu. Dieser hatte bisher finster zu Boden geblickt und fuhr nun wie vom Blitze getroffen zusammen. Zu viel, zu viel stürmte heute auf ihn ein, allen diesen Gemütsbewegungen war er nicht gewachsen.

Auwald erhob sich. Ein mitleidiges Lächeln umspielte seinen Mund, verwandelte sich aber, je länger sein Auge auf der gramgebeugten Gestalt vor ihm ruhte, in den Ausdruck wehmütiger Teilnahme.

»Ich höre soeben«, sagte er, »welch ein übergroßes Gewicht Sie, Herr Muth, auf die Scherze legen, in denen sich gestern einer unserer Feuilletonisten ergangen hat. Sind solche Kindereien es denn wert, einem tüchtigen Manne wie Ihnen auch nur eine Stunde zu vergällen?«

Bei dem milden Klang der Stimme Auwalds erbebte der Poet wie der frosterstarrte Baum beim ersten Hauch der Frühlingsluft. Er wagte es, den Blick zu dem Sprechenden zu erheben, und verwandte ihn dann nicht mehr von seinem männlich-schönen, ruhigen Angesichte.

»Die Vernünftigen und Gerechten«, fuhr Auwald fort, »werden uns deshalb nicht geringer achten, weil wir von der Mißgunst angegriffen wurden, und was die anderen betrifft, die müssen uns dankbar sein, denn wir haben ihnen *die* Freude verschafft, die sie am besten zu empfinden verstehen, – freilich die ärmste und kläglichste von allen: die Schadenfreude.«

»Sehr gut, vortrefflich!« rief der Rat aus, und der Sekretär murmelte etwas von »besonderen und allgemeinen Standpunkten«, das zwar nicht verständlich, aber zustimmend klang.

»Die einzige Person«, begann Auwald von neuem, »die sich durch jene versuchte Beleidigung verletzt fühlen könnte, hat ihr keine Bedeutung beigelegt. Sie glaubt eben nicht, daß der wohlerworbene Ruf einer braven Frau, ehe man sich's versieht, durch einen literarischen Taschenspieler eskamotiert werden kann.«

Die Blicke des Poeten hingen an Auwalds Lippen, als ob jedes Wort, das sie sagten, ihm Heil und Erlösung bedeute. Gerührt von der auflebenden Hoffnung, die sich in seinen verstörten Zügen aussprach, streckte ihm der Graf die Hand entgegen.

»Empor!« rief er treuherzig, »empor das Haupt! Was an uns spurlos vorüberging, soll Ihnen das Herz nicht schwer machen. Lassen Sie sich aufrichten! Sie haben um meinetwillen gelitten. Ihr Schauspiel wäre nie so herb beurteilt worden, wenn ich nicht für den Autor gegolten hätte. Erlauben Sie mir, das Mißgeschick, das ich über Sie heraufbeschworen habe, gut zu machen, soweit es in meinen Kräften steht. Der Herr Finanzrat wird Ihnen mitteilen, in welcher Weise ich es zu versuchen wünsche. Nehmen Sie meinen Antrag an, den zu vermitteln er so gütig sein will. – Ich verehre«, setzte Auwald mit Wärme hinzu, »den edlen Geist, die reine Seele, die aus Ihrem Werke zu mir gesprochen haben. Wir müssen Freunde werden ... Nun, so lassen Sie mich doch ein Wort der Einwilligung hören, – ich kenne noch nicht den Klang Ihrer Stimme.«

So gedrängt, versuchte Andreas zu reden. Während Auwald sprach, während seine frische Weise befreiend und wohltuend auf ihn wirkte, dachte er: – Jawohl! Du bist ein Mann! Aufgewachsen in der bewegten Welt, danach angetan, dein Haupt hoch zu tragen im Gedränge. Du hast gelebt, gekämpft, Stürme erfahren und bestanden, bist verwundet und bist geheilt worden ... Ich bin nicht stark wie du. Die Streiche, die dir kaum die Haut geritzt haben, haben mich das Blut meines Herzens gekostet. Ich bin gebrochen und nicht mehr aufzurichten, doch habe Dank, daß du's versuchtest – –

»Haben Sie Dank!« sagte er laut. Tränen zitterten in seinen Augen.

»Halt!« rief Auwald, »danken dürfen Sie mir nicht. Nebst der Freude, Sie zu gewinnen, empfinde ich ja bei dieser Gelegenheit die ganz besondere Befriedigung, beweisen zu können, daß manchmal sogar die böse Absicht einen guten Zweck fördern kann!«

Damit empfahl sich der Graf, von Seydelmann bis zur Tür begleitet.

Wie im Traume vernahm nun Andreas die Mitteilung des Finanzrates, daß Auwald gekommen war, um bei ihm Erkundigungen über den Beamten einzuziehen, den ein Journalartikel in so seltsame Verbindung mit seiner Gattin brachte. Er freute sich, Andreas eröffnen zu können, daß der Graf, sobald er erfuhr, daß Muth und der Verfasser des »Marc Aurel« ein und dieselbe Person sei, sich sofort auf das schmeichelhafteste über ihn geäußert und erklärt habe, es sei sein innigster Wunsch, ihm die Möglichkeit zu verschaffen, den Dienst aufzugeben, der ihm nicht zusagen könne, und sich einer für ihn passenderen Beschäftigung zu widmen. Zu dem Ende biete er ihm die Stelle eines Bibliothekars auf einem seiner Schlösser in Steiermark an. Dort, in herrlicher Gegend, in milder Luft, könne er ausschließlich seinen Lieblingsstudien leben, einsam, wenn er wolle, gesellig, wenn es ihm beliebe.

»Sie nehmen natürlich an«, schloß der Rat, »sind jetzt ein unabhängiger, gut situierter Mann, brauchen übrigens deshalb dem Staate nichts zu schenken. Ich will auf Ihre Pensionierung antragen. Gehen Sie nach Hause, setzen Sie Ihr Gesuch um Versetzung in den Ruhestand auf und legen Sie es mir morgen zur Einbegleitung vor.«

Andreas hörte dies alles schweigend und mit unbegreiflicher Gleichgültigkeit an. Gläsern und ausdruckslos ruhte sein Blick auf der Stelle, die Auwald eben verlassen hatte. Mehrmals hielt der Rat während seiner Rede inne und fragte: »Hören Sie? verstehen Sie?« und jedesmal antwortete Andreas mit einem leisen Ja, das ebensogut für ein Nein gelten konnte.

Einige Minuten später sah ihn der Portier, den Hut tief in die Stirn gedrückt, totenblaß, aus dem Hause stürzen und eine seiner Wohnung entgegengesetzte Richtung einschlagen.

7

Am nächsten Tage erschien er nicht mit seinem Gesuche. Auch am nächstfolgenden erwartete ihn der Rat vergebens.

Es wurde in seine Wohnung geschickt, nachzufragen, ob er erkrankt sei. Seine Hausfrau befand sich in großer Sorge, war einmal um das andere zur Polizei gerannt, das unbegreifliche Ausbleiben ihres Mietsmannes dort anzuzeigen und zu Nachforschungen aufzufordern. Sie hatte auch Ziegler von der Sache in Kenntnis gesetzt, und der irrte schon seit zwei Tagen rastlos umher auf der Suche nach seinem Freunde.

Aber vergeblich; Andreas kam nicht zum Vorschein. Da und dort wollte man einen Menschen gesehen haben, auf den die Beschreibung, die von ihm gemacht wurde, paßte, doch bemühte man sich umsonst, seine Spur zu verfolgen. Kaum entdeckt, verlor sie sich wieder.

An einem kalten Märzabend kehrte Ziegler von einem seiner erfolglosen Streifzüge zurück. Der Vorort, in dem er nach dem Vermißten gesucht hatte, lag schon eine tüchtige Strecke hinter ihm. Er wanderte am Saume der mit Pappeln bepflanzten Landstraße mißmutig heimwärts.

Schon flimmerten Lichter in den Fenstern der Vorstadthäuser, die er zunächst zu erreichen trachtete, schon kämpften in der Ferne lange Reihen matter Gasflammen mit dem Zwielicht. Ziegler war zu einer Stelle gelangt, wo die Straße einen weiten Bogen um kleine Anhöhen bildete, und lenkte querfeldein, den Weg abzuschneiden.

Er ging rasch, mit großen Schritten. Um ihn alles still. Nur von Zeit zu Zeit drang von der Straße herüber das ächzende Knarren eines schwerbeladenen Frachtwagens, ein Peitschenknall und der fluchende Anruf des Fuhrmanns an seine Gäule.

»Hei! Die Märzluft weht scharf über die Wintersaaten. Ein schöner Frühlingsgruß für all die Millionen Triebe, die in der Natur erwacht sind, knospen und keimen«, brummt der Wanderer und eilt immer schneller vorwärts. – Plötzlich stößt sein Fuß an einen auf dem Boden liegenden Körper … Weiß Gott, da ruht, den Kopf auf einem Erdhügel gebettet, ein Mensch in sanftem Schlafe. Ziegler beugt sich über ihn. Es ist Andreas.

Eine bleierne Blässe bedeckte sein Gesicht, und es hatte die Unbeweglichkeit des Todes.

»Ewige Güte, atmet er denn?!«

Angstvoll lauschte der Freund … Lange, lange nichts, kein Hauch, keine Regung … Endlich hob sich die Brust tief und rasch mehrmals nacheinander. Dann wieder die frühere leblose Ruhe. Ziegler griff nach der Hand des Schläfers, sie glühte, ungleich und hastig rieselten ihre Pulse dahin.

Die Uhr lief ab, das Lämpchen flackerte ungeduldig seinem Erlöschen zu.

»Andreas! Andreas!« rief Ziegler schmerzlich aus. Jener erwachte und richtete sich in den Armen seines Freundes auf. Ein Ausdruck unaussprechlicher Freude glitt über sein Gesicht, als er den Getreuen erkannte. »Glaubst du einige Schritte machen zu können? Nur bis zur Straße, dort ruhst du wieder, indes ich einen Wagen herbeihole.«

»Warum sollt ich nicht gehen können?«

»Du scheinst mir krank.«

»Oh, mir ist wohl! … Frieden! Frieden hier!« flüsterte Andreas und legte die Hand auf die Brust. »Ich alte Stubenfliege habe mir ihn erwandert … Möchtest du's glauben?«

Seine Rede wurde unverständlich.

»Komm«, bat Ziegler, »komm, Andreas.«

»Wohin?«

»Nach Hause jetzt, dann fährst du nach den Bergen, wirst in einem schönen Schlosse wohnen, bei edlen Menschen; wirst Stücke schreiben, wie sie uns gefallen, uns beiden, und sie mir vorlesen, wenn ich dich besuche.«

Andreas lächelte, wie ein Weltbesieger lächeln würde, wenn man ihm ein Spielzeug aus der Kinderzeit brächte, damit er sich daran ergötze.

»Nein, nein«, sprach er, »das ist vorbei – *selig* überwunden! – O diese Rast!«

»Vorbei?« fragte Ziegler vorwurfsvoll, »vorbei die Liebe zur heiligen Poesie? – das edle Ringen des Dichters? Du fliehst aus dem Kampfe?«

»Ich habe ihn beendet. Doch beginnt ein neuer, ein anderer, und in dem werde ich siegen!«

Andreas stand aufrecht und sprach leise, aber eindringlich und klar; sein Gesicht leuchtete im Widerscheine eines überirdischen Glückes.

»Das Kunstwerk aus mir heraus zu bilden, es hinzustellen, den Menschen eine Leuchte – dazu fehlte mir die Kraft. Aber der geheimnisvolle Drang nach Gestaltung des Schönen soll dennoch sein Genüge finden … In mir vermag ich's auszubilden! … Jeden Mißklang, jede kleinliche Empfindung aus der Seele bannen, alles Wollen und Können zusammenstimmen zu einer mächtigen Harmonie … Ein Kunstwerk *leben* – welch eine Wonne, Freund!«

Wehmütig, mit grollendem Mitleid erwiderte der: »Dazu bereitet man sich wohl vor, indem man aufgeregt und fiebernd umherschweift im Wettersturm? Komm, du armer Träumer, komm.«

Und sorgsam knöpfte er ihm über die Brust den Kastor zu. Wie sah der aus, der mürbe Geselle!

Widerstandslos ließ sich Andreas von seinem Führer geleiten, und langsam schritten sie durch die sinkende Nacht der großen Stadt zu, die im Nebel vor ihnen lag.

Wenige Wochen, nachdem sie ihren Knaben nach dem Friedhof geleitet hatten, folgten Ziegler und seine Frau dem Sarge ihres Freundes dahin. Eine kleine Anzahl Beamter schloß sich ihnen an, sogar Rat Seydelmann kam gefahren und warf die erste Scholle Erde in das Grab des harmlosen Menschenkindes, das im Leben nicht viel lauter gewesen war als jetzt in seiner letzten Behausung.

Die Zeremonie war beendet, die Beamten gingen heim, mehr oder weniger gerührt.

Ein ernstes, schönes Paar, das bisher abseits gestanden hatte, näherte sich langsam. Der Mann und die Frau schienen tief ergriffen; er trug einen prächtigen Blumenkranz, den sie ihm nun abnahm und auf das frische Grab legte. Ziegler und seine Gattin traten zu ihnen, und sie grüßten einander wie gute Bekannte.

»In diese Ruhe paßt er besser als in das lärmende Treiben der Welt«, sprach Auwald, und Ziegler erwiderte: »Jawohl. Der paßte in das Menschengewoge wie eine Perle in eine Kugelmühle.«

Sie wechselten noch einige Worte.

»Wir haben uns an einem Sterbebette kennengelernt, aber fürs Leben«, sagte Auwald.

»Auf Wiedersehen in Steiermark«, fügte seine Frau hinzu.

Man drückte einander herzlich die Hände; Auwald und Mathilde verließen den Friedhof.

Ziegler jedoch hielt noch eine Besprechung mit dem Totengräber, indessen die Mutter am Grabe ihres Kindes betete. Endlich traten auch die beiden den Heimweg an. Aber Ziegler hatte noch etwas auf dem Herzen, das nicht einmal seine treue Genossin erfahren sollte. Am Gitter angelangt, hieß er sie warten und kehrte allein nach dem Hügel zurück, unter dem der Freund schlief, den er geliebt, der Dichter, den er bewunderte. Hier, nachdem er sich überzeugt hatte, daß niemand in der Nähe war, der ihn beobachten konnte, warf er sich auf beide Knie nieder und verharrte so einige Augenblicke in stummem Schmerze.

Dann zog er mit zitternder Hand einen frischen Lorbeerzweig aus der Brusttasche seines Rockes und legte ihn zu Häupten des Grabes neben den duftenden Blumenkranz.

Die Visite

Frau Cäsarine Denker befand sich in gemischter Stimmung. Sie hatte eben zwei Rezensionen über ihren letzten Roman gelesen.

In der ersten verwahrte sich der Kritiker gegen die Zumutung, ein Beschützer ›weiblicher Federn‹ zu sein. Wenn aber auch noch keine Frau in der Literatur etwas Hervorragendes geleistet habe, die Denker bilde jene Ausnahme, die zur Bestätigung der Regel durchaus notwendig erschiene. Ihr Buch sei, abgesehen von der ergötzlich naiven Rolle, die der Zufall darin spiele und von mehreren Unmöglichkeiten, beinahe so gut, wie wenn ein Mann es geschrieben hätte. Übrigens rügte der Beurteiler die Wahl des heiklen Stoffes und den Mangel an Ernst und Fleiß, der sich in der ziemlich saloppen Ausführung des an Erfindung beinahe zu reichen Romanes unangenehm fühlbar mache.

In der Einleitung zur zweiten Rezension wurde ungefähr derselbe Gedankengang verfolgt, wie in der Einleitung zur ersten. Sodann begründete ihr Verfasser seine Anteilnahme an dem ›Denkerschen Buche‹ durch den netten Stil, der es auszeichnete. Die Erfindungsgabe der Frauen ist bekanntlich keine Potenz, mit der man zu rechnen braucht, doch besitzen sie fast durchwegs Talent zu minutiösem Fleiße, und hat sich dasselbe von alters her in der Anfertigung von feinen Stickereien, Klöppeleien usw. bekundet. Das jüngste ›Denkersche Buch‹ sei eine solche recht sauber ausgeführte weibliche Handarbeit, und verdiene wohl der in ihr herrschenden sittlichen Strenge wegen, der ›höheren Tochter‹ zur Ferienlektüre empfohlen zu werden.

Cäsarine las diese Rezensionen zum zweiten Male mit gleicher Frische der Empfindung wie das erste Mal durch.

Ich könnte mich kränken, dachte sie, wenn ich aus dem

Urteile zweier Kenner nur den Tadel, und mich freuen, wenn ich nur das Lob heraussuchte. Kränkung oder Freude, ich habe die Wahl.

Bei ihrem angeborenen Optimismus wäre es ihr nicht schwer geworden, sich zu entscheiden, aber sie wurde in ihren Betrachtungen unterbrochen. Im Nebenzimmer hatten sich Schritte vernehmen lassen, und Mathäus, der Bediente, trat ein. Ein gut erhaltener Sechziger, der einst Dragonerkorporal gewesen, im Laufe der Jahre jedoch alles Militärische abgestreift hatte. Er besaß die Hochschätzung seiner Gebieterin, war aber zu nobel, um sich mehr darauf zugute zu tun, als recht ist. So würde er zum Beispiel um keinen Preis vor seiner gnädigen Frau anders als glatt rasiert und in blendend weißer, korrekt geknüpfter Krawatte erschienen sein. Hingegen fand er es zulässig, nach Tische den Servierfrack mit einem drapfarbigen »Bonjourl« zu vertauschen, das nicht nur in schreiendem Gegensatz zur Tageszeit stand, sondern auch einen jockeimäßigen und verletzend leichtfertigen Charakter an sich trug.

»Da ist«, sagte Mathäus, seiner Herrin einen Brief überreichend, und tippte mit dem Zeigefinger auf das Kuvert, das Frau Denker bereits in der Hand hielt. »Da ist ein Brief gekommen worden – (diese Satzstellung gehörte zu den Unerklärlichkeiten seiner Redeweise) – ja. Aus dem Imperi – al«, und um die letzte Silbe auszusprechen, die er übermäßig dehnte, öffnete er den Mund wie ein Hecht. »Der Kommissio – när soll Antwort bringen. Hm, hm.«

Er hatte die Gewohnheit, sich zu räuspern, wenn er einen Auftrag bestellte, was die gnädige Frau mit einem strafenden Blick zu rügen pflegte, worauf das reuige ›Hm, hm!‹ erfolgte, mit dem Mathäus auch diese Meldung geschlossen hatte.

Die Dame aber las, und ihre Wangen färbten sich, ihre Augen begannen zu leuchten. Der Inhalt des Schreibens wirkte auf die alte Frau wie ein köstlich berauschender Trank:

Große Meisterin!

Auf der Rückreise aus Italien begriffen, überschlage ich in Ihrem gemütlichen Wien einen Zug, einzig und allein um den Versuch zu wagen, des heiß- und langersehnten Glückes teilhaftig zu werden, Ihnen in das begeisterte Antlitz blicken zu dürfen. Gewähren Sie, edelste Frau, die Gnade einer Audienz derjenigen, die sich mit Ehrfurcht nennt Ihre Dienerin, Verehrerin und Kollegin

Charlotte Henriette Göthekleist.

»Göthekleist«, stammelte Cäsarine, »die berühmte Göthekleist – der weibliche deutsche Walter Scott, wie sie erst neulich in einer tonangebenden Zeitschrift genannt worden … *Die* schreibt mir – *die*?« …

Frau Denker mußte einen tüchtigen Aufwand an Selbstbeherrschung machen, bevor es ihr gelang, den Freudensturm in ihrem Innern so weit zu bändigen, daß sie ziemlich ruhigen Tones sprechen konnte: »Mathäus, ich spendiere meinen Leuten drei Flaschen Vöslauer zum Souper, Ihr könnt auch die Hausmeisterin einladen. Mathäus, Mathäus, ich bin selig!«

»Das ist gescheit, daß Euer Gnaden selig sind«, erwiderte Mathäus mit aufrichtiger Teilnahme.

»Expedieren Sie den Kommissionär«, rief Cäsarine, nachdem sie hastig einige Worte auf eine Karte gekritzelt hatte, »geben Sie ihm das, und geben Sie ihm auch ein Trinkgeld.«

Mathäus ging den Auftrag auszuführen, und Cäsarine trat an ihren Schreibtisch und zog die Lade heraus, die ihre Autographensammlung enthielt. Bevor sie ihr den Brief Frau Göthekleists einreihte, bewunderte sie noch ein Weilchen die schwungvollen Züge der herrlich ausgearbeiteten Schrift. – Da durchzuckte es sie … Himmel! ewige Gerechtigkeit! … Dieser Brief, diese ehrenvolle Kundgebung eines reichen Herzens war zugleich das einzige Göthekleistische Werk, das Cäsarine je gelesen. In ihrer Oberflächlichkeit hatte sie sich damit begnügt, günstige Beurteilungen einiger Romane der hochbegabten Frau zur Kenntnis zu nehmen. Sie wußte von dem Ruhme Charlotte Henriettens, von den Schöpfungen, die ihn begründet hatten, wußte sie sozusagen – nichts.

Eine peinliche Beschämung bemächtigte sich ihrer. Die Entdeckung der klaffenden Lücke in ihrer Bildung veranlaßte sie zu der selbstquälerischen Frage, ob diese Bildung überhaupt etwas anderes sei als eine Lücke. Wäre es noch Zeit gewesen, Cäsarine würde sich um eine Glückseligkeit gebracht und den Besuch Frau Göthekleists ehrfurchtsvoll abgelehnt haben. Doch war's zu spät, und nichts blieb übrig, als ein reuiges *pater peccavi* vor der Dichterin abzulegen, überdies – und zwar sogleich – eine Bestellung ihrer sämtlichen Werke beim Buchhändler zu machen. Nachdem Cäsarine dieser kollegialen Pflicht Genüge getan hatte, wurde ihr leichter ums Herz, und sie begab sich in die Küche, um Anordnungen zum Tee für den verehrten Gast zu treffen. Alles Dargebotene sollte exquisit sein und verraten, daß die Hausfrau gar zu gern den Olymp gestürmt hätte, um der teuren Dichterin zu einem ihr gebührenden Bissen Ambrosia zu verhelfen.

Mit der Überzeugung, das völligste Verständnis ihrer Absichten bei ihrer vielgetreuen Köchin gefunden zu haben, begab sich Cäsarine in das Vorzimmer. Sie hatte einige Bitten an Mathäus in bezug auf dessen taktvolles Verhalten zu richten. Unter anderem, daß er seinen Frack anziehen, und daß er die fremde Dame nicht gleich an der Haustür in ein Gespräch verwickeln möge. Er hielt das nämlich für eine Pflicht der Höflichkeit, weil er die Besuche, die zu seiner gnädigen Frau kamen, als zur Hälfte ihm abgestattet ansah. Beim Nahen der Gebieterin erhob er sich von dem Sessel, auf dem er eben eingenickt war, und blickte traumselig zu ihr nieder (denn er war groß und sie war klein), indes sie begann:

»Mein lieber Mathäus, ich bitte Sie, seien Sie so gut ...«

Ein energisches Schellen an der Glocke unterbrach ihre

Rede und ging ihr durch Mark und Bein … Wenn sie es wäre … O sie ist es! rief eine Stimme in ihrem Innersten: »Öffnen, Mathäus, die Dame sogleich zu mir führen, Frack anziehen!« befahl sie mit ungewöhnlicher Kürze und eilte in das Speisezimmer und durch dieses in den Salon.

Und nun geschah's – Charlotte Henriette stand auf der Schwelle.

Die Frauen musterten einander mit gespannter Aufmerksamkeit. Kaum vermochte Cäsarine einen Ausruf der Überraschung zu unterdrücken. Sie hatte ihre Phantasie spielen lassen und sich den weiblichen Walter Scott hochragend und gewaltig, beinahe wie einen schottischen Laird vorgestellt. Statt dessen erschien vor ihr eine auffallend kleine Dame, noch kleiner als sie selbst und bedeutend magerer. Auf ihrem schmalen Gesichte mit der Adlernase und dem energischen Kinn zeigte sich keine einzige Falte, und dennoch war auch der letzte Widerschein der letzten Jugend daraus verschwunden. Unzählige, etwas zerzauste Ringellöckchen von matter, schwarzer Farbe bedeckten die Stirn und die Brauen, unter denen aus leicht geröteten Lidern ein Paar dunkler Augen geist- und gedankenvoll hervorleuchteten. Die Besucherin trug ein enganliegendes, elegantes Reisekleid. Der Hut auf ihrem Haupte war ein Wunder und nicht mit einem Blicke zu übersehen. Die Krempe, an der vorderen Front des luftigen Gebäudes aufgestülpt, bildete einen Spitzbogengiebel, unter dessen Schutze zwei Kolibris auf Blumenranken saßen, inmitten eines Waldes von Bändern, Maschen und Schleifen.

Charlotte Henriette breitete mit einer schönen Gebärde die Arme aus: »Cäsarine Denker!« rief sie.

»Frau von Göthekleist!« erwiderte diese, und die Schriftstellerinnen hielten einander umschlungen. Die Fremde faßte ihre Kollegin zärtlich an der Schulter, schob sie ein wenig von sich und blickte ihr liebreich und forschend ins Gesicht. Das ihre glänzte vor Wohlgefallen, und das Gefieder der beiden Kolibris im Hutgiebel glänzte mit.

»So also«, sprach die Gütige, »so also sehen Sie aus. – Welcher Jubel daheim, wenn ich zu meinen Kinderchen sagen werde: So sieht sie aus, die Krone des Geschlechts. – Evangelien – keine Ablehnung, ich bitte – Evangelien sind uns Ihre Werke … Jedes Wort eine Perle, jeder Satz eine Perlenschnur, das Ganze – Nibelungenhort!«

Frau Denker beugte sich tief unter solcher Lobeslast und versuchte sie auf ihre Verehrerin zurückzuwälzen. Mit wie unsicherer Hand! Der Ausruf: ›Jedes Wort‹, hatte ihre qualvolle Beschämung vor solcher Gründlichkeit erweckt.

Man setzte sich und Cäsarine, aufs äußerste bemüht, ein Gespräch über Literatur nicht aufkommen zu lassen, versicherte hastig, Italien sei das Land ihrer Träume, worauf Charlotte Henriette entgegnete, jetzt, im Juni leide man dort von der Hitze.

»Wahrhaftig?!« rief die Hausfrau mit einem Erstaunen, vor dem sie selbst erschrak, denn es war doch gar zu unmotiviert. In ihrer Bestürzung begann sie eine krankhafte Beredsamkeit zu entfalten. Dabei schwebte über dem hinfließenden Strom ihrer Worte der kritische Geist und zeigte ihr, daß sie hohles Zeug schwatze. Ihre Verlegenheit wurde peinlich, und durch einen äußeren Umstand aufs höchste gesteigert. Aus dem Vorzimmer drangen nämlich lange Mißtöne herein, die sich gleich nach dem Erscheinen der Schriftstellerin erhoben hatten, und denen sie mit einer gewissen Ängstlichkeit lauschte.

»Entschuldigen Sie«, brach Cäsarine endlich aus. »Es ist ein Unglück – mir scheint, mein Diener rückt im Vorzimmer die Schränke. – Warum eben jetzt – begreife ich nicht« …

Charlotte lächelte: »Nein, nein, was sich da vernehmen läßt, ist die Stimme eines kleinen Freundes, den ich auf der Durchreise in Venedig erwarb. Er weilt draußen im Vorgemach. Ich nahm mir die Freiheit, ihn mit zu bringen, wollte ihn nicht fremder Obhut im Gasthof überlassen. Mit Ihrer huldvollen Erlaubnis soll er Ihnen sogleich vorgestellt werden.«

Schon war sie aus dem Zimmer geeilt und kam in der nächsten Minute wieder, einen kleinen Käfig vor sich hertragend, in dem eine Meerkatze hockte.

»Ah! … Oh! … ein Afferl …«, sagte Cäsarine. »Ein Äffchen«, sagte Frau Göthekleist, »eine Diana, Nummer fünfzig in meiner Erziehungsanstalt, oder, wenn Sie wollen, in meinem Staate. Affen sind meine Leidenschaft. Ich besitze deren mit dieser neuen Akquisition genau ein halbes Hundert«, frohlockte Frau Göthekleist und stellte mit Hilfe Cäsarinens den Käfig auf den Tisch, wobei der Affe einen Wutanfall hatte. Er sprang auf die Hand Cäsarinens los, zerkratzte sie mit seinen blitzschnell durch die Gitterstäbe gestreckten Händchen, fletschte ihr die Zähne entgegen und überschüttete sie mit allen Beschimpfungen, die es in der Dianasprache gibt.

Nun erschien Mathäus mit dem Teebrett und blieb ratlos und zürnend stehen und wußte nicht, wohin mit seiner Aufwartung, weil der Käfig einen Teil des Tisches einnahm.

Herrin und Diener wechselten einen Blick. Der ihre sagte: »Ärgern Sie sich nicht«, der seine sagte: »Auf den Tisch gehört der Tee und nicht der Affe!«

»Wir genieren«, sprach Charlotte, »machen wir Platz«, und sie stellte den Käfig auf einen Fauteuil. Das Äffchen jedoch hatte beim Anblick des alten Mathäus alle Zeichen einer plötzlichen Bezauberung gegeben, deren Grund niemals aufgeklärt worden ist. Er lachte ihn an, strebte ihm zu und machte ihm zärtliche Augen.

Charlotte war entzückt: »O, sehen Sie nur, wie rührend! … Vielleicht eine Erinnerung aus früheren Existenzen« …

»Es ist serviert«, fiel der Diener ein und wies auf die kleine Mahlzeit, die er mit Liebe und Sorgfalt zurecht gestellt hatte.

Charlotte warf einen raschen Blick auf die gefüllten Tassen: »Brühe?«

»Tee«, entgegnete die Hausfrau.

»Tee? – nie, Beste, niemals.« Sie dankte auch für Eis und Konfekt, gestand aber, daß sie ein Wiener Schnitzel und ein Glas Lagerbier gern annehmen wolle.

Mathäus wurde ausgesandt, diese Spezialitäten zu holen, und die Meerkatze gebärdete sich wie verzweifelt, als er das Zimmer verließ. Frau Göthekleist gab nun eine anmutige Schilderung des Affenhofstaates, mit dem sie sich umgeben hatte, zum besten: »Mein Mann, meine Kinderchen teilen meine Vorliebe für unsere zurückgesetzten Geschwister. Josephine, meine Älteste – eben zehn Jahr geworden – rief einmal aus: ›O, wie liebe ich Salomo!‹ – Warum mein Kind? – ›Nun, weil er Affen aus Ophir kommen ließ.‹« –

»Köstlich!« rief Cäsarine und war wieder voll Behagen. Die Gefahr, daß Charlotte, die, jetzt auf ihre Uhr blickend, gestand, daß sie an Eisenbahnfieber leide, noch anfangen werde von ihren Werken zu sprechen, schien vorüber. Es war ein Viertel nach sieben, um acht Uhr ging der Zug ab, der die Gefeierte entführte. Sie ließ sich die Mahlzeit, die Mathäus ihr serviert hatte, vortrefflich schmecken, aß und trank und erzählte abwechselnd.

»Wir wohnen der lieben Nebentiere wegen Winter und Sommer in unserem Landhause in der Nähe der Stadt. Portiersdienste versieht jetzt Entschocko, ein liebenswürdiger Bursche, ein Schimpanse.«

»Was, was, ein Schimpanse?«

»Ach, daß Sie uns besuchten! Entschocko würde Ihnen den Arm reichen und Sie in den Garten führen. Dort träfen Sie eine Abalandfamilie, die wir die Gärtner nennen, weil sie gar zu gern dilettieren in der Kunst Lenôtres.«

»Was, was!« wiederholte Frau Denker, die einen neuen Ausdruck für ihr neues Staunen nicht gleich fand.

Charlotte wurde so beredt, als ob sie unterbrochen zu werden fürchte. Sie entwickelte eifrig und ausführlich die Grundsätze, von denen sie sich bei der Erziehung, namentlich der Cercopithecus, leiten ließ. »Bei den unbändigsten«, sagte sie, »wende ich mit Glück die Hypnose an. Dieses Meerkätzchen zum Beispiel, das so wild und scheu tut, wird in fünf Minuten sanft sein wie ein Täubchen.«

Sie öffnete die Tür des Käfigs, hielt dem Affen einen geschliffenen Kristall entgegen, den sie am Armbande trug, und apostrophierte zuerst ihn, dann Cäsarine. »Sieh mal das ... Sehen Sie, er fixiert es schon ... Nur ein wenig Geduld, in fünf Minuten ...« Aber das Experiment konnte aus Mangel an Zeit nicht beendet werden. Der Affe nahm seinen Vorteil wahr und schlüpfte unter der Hand Charlottens aus dem Gefängnis. Im Nu hatte er den malerisch drapierten Vorhang des nächsten Fensters erreicht, kletterte blitzschnell an ihm empor, und, auf der Corniche plaziert, verhöhnte er die Damen und richtete viel Unheil an. Seine Herrin war wohl etwas erschrocken, verlor aber die Geistesgegenwart nicht.

»Sehen Sie nur hin«, sagte sie, »nur Geduld, ich hypnotisiere ihn von hier aus, dann gehorcht er meinem Augenwink. Ich blinzele, komm! – und er ist da.«

Sehr kurzsichtig, wie es schien, bemerkte sie nicht, daß der Flüchtling ihr eben den Rücken zuwandte, und hielt ihm den Kristall entgegen.

»Wäre es nicht noch besser«, bemerkte Cäsarine, »wenn ich meinen Diener riefe, damit er eine Leiter hole oder vielleicht einen Kehrbesen?«

»Nein, o Liebe! es wirkt ja schon ... Sehen Sie seine Augen, das ist echt hypnotische Verglasung.«

Das sprach offenbar ihre poetische Phantasie, denn Frau Denker bemühte sich vergeblich, dieser seltsamen Erscheinung inne zu werden, alles, was sie sah, war, daß der Affe eine Franse in Stücke riß, die ihn an der Nase gekitzelt hatte.

Da ließ sich ein Räuspern vernehmen und verkündete Mathäus' Nähe. Er sprach: »Just ist ein Lohndiener gekommen, der Anton, ich kenn ihn, o je, den kenn ich gut! – Er hat den Wagen unten für die gnädige Frau, weil es schon Zeit ist zur Eisenbahn … Aber – o je! o je! was will denn das Viecherl?« – –

Die letzten Worte waren ihm durch eine Überraschung entlockt worden. Das Äffchen, das ihn mit einem Freudenschrei begrüßt, hatte in zierlichen Sprüngen seinen Rückweg über einen Schrank und einige Sessel angetreten und saß plötzlich auf der Schulter des alten Mathäus und liebkoste ihn.

»Da ist er«, frohlockte Charlotte, »im Moment, in dem ich ihm zublinzelte: komm! trat er seinen Abstieg an.«

Unter ihrer Anleitung brachte Mathäus das Äffchen in den Käfig zurück und trug ihn in das Vorzimmer. Die Damen folgten, Abschiedskomplimente tauschend. Cäsarine nahm dem wartenden Lohndiener den Mantel der Reisenden vom Arme und hüllte sie hinein. Es war dies eine symbolische Handlung, die von ihr mit den Worten begleitet wurde.

»Also hüllt Sie meine Seele in Freundschaft und Dankbarkeit.«

»Nein, nein«, deprezierte Charlotte, der schon die ersten Eisenbahnfieberfröste über die Haut liefen. »Ich habe dankbar zu sein. Gestatten Sie mir, Teure, Ihnen ein Zeichen dieser Erkenntnis zu senden – einen meiner Romane, mit einer Widmung. Welcher darf es sein? o sprechen Sie, welchem unter meinen Büchern geben Sie den Vorzug?«

Fatum, Fatum unerbittliches! Das noch zwischen Tür und Angel … ›Welchem?‹ und Cäsarine tat, als ob sie sich besänne, scheiterte jedoch bei ihrem Versuch in der Heuchelei. Sie blickte in Charlottens Augen, die treuherzig auf sie gerichtet waren und sprach mit einem trockenen Schluchzen: »Verachten Sie mich – ich habe noch nichts von Ihnen gelesen – erst heute alles bestellt – alles – – die sämtlichen Werke …« Sie stockte, ihr war als rollten Glutwellen über ihre Wangen.

»Nichts von mir gelesen? – wirklich nichts?« – Charlotte brach in unaufhaltsames, gutmütiges Lachen aus: – O seligster Zusammenklang, alle Begriffe übersteigende Sympathie! »Ihr Fall ist auch der meine, auch ich kenne noch keines Ihrer Prachtbücher ... nur durch meine Bekannten, denen ich versprechen mußte, Sie aufzusuchen, weiß ich von Ihrer Größe.«

»Durch Ihre Bekannten?« – und auch Cäsarine lachte; aber nicht so unbefangen wie der weibliche Walter Scott.

Sie reichten einander die Hände, und die Hausfrau geleitete ihren Gast bis zur Treppe. Dann ging sie in ihr Gemach zurück, beugte sich aus dem Fenster, blickte dem Wagen, der die berühmte Kollegin entführte, lange nach und dachte:

Es war doch eine schöne Stunde, und – wie lehrreich!

Aphorismen I

Ein Aphorismus ist der letzte Ring einer langen Gedankenkette.

In einem guten Buche stehen mehr Wahrheiten, als sein Verfasser hineinzuschreiben meinte.

Als eine Frau lesen lernte, trat die Frauenfrage in die Welt.

Ein Dichter, der einen Menschen kennt, kann hundert schildern.

Es schreibt keiner wie ein Gott, der nicht gelitten hat wie ein Hund.

Wie vieles wurde nur aufgeschrieben, um wieder ausgestrichen zu werden, und hat doch aufgeschrieben werden müssen.

Die Skizze sagt uns oft mehr als das ausgeführte Kunstwerk, weil sie uns zum Mitarbeiter macht.*

* Der Aphorismus findet sich in: Deutsche Dichtung, Bd. 25, 1898/99, S. 135. Die übrigen mit * gekennzeichneten Aphorismen stammen aus: Gesammelte Schriften. Bd. 1. Berlin: Paetel 1893.

Was du sagen willst, sagen können, *wie* du willst – hohe Kunst.

Für das Können gibt es nur einen Beweis: das Tun.

Wie so manche Schriftstellerin gibt es, die Gutes und sogar Bleibendes geleistet hat und die von sich sagen darf: »Ich bin zur Arbeit immer nur gekommen, wenn ich nichts mehr zu tun hatte.«

Durch wie viel Kompliziertheit muß man sich durchringen, bis man endlich zur Einfachheit gelangt.

Klarheit ist Wahrhaftigkeit in der Kunst.

Es gibt überall verschämte Arme, nur nicht in der Literatur.

Wenn der Kunst kein Tempel mehr offen steht, dann flüchtet sie in die Werkstatt.

Wer in die Öffentlichkeit tritt, hat keine Nachsicht zu erwarten und keine zu fordern.

Es gibt eine nähere Verwandtschaft als die zwischen Mutter und Kind: die zwischen dem Künstler und seinem Werke.

Autoren, die bestohlen werden, sollten sich darüber nicht beklagen, sondern freuen. In einer Gegend, in der Waldfrevel nicht vorkommt, hat der Wald keinen Wert.

Wer sich mit wenig Ruhm begnügt, verdient nicht vielen.

Es hat noch niemand etwas Ordentliches geleistet, der nicht etwas Außerordentliches leisten wollte.

Das sind bedrohliche Menschen, die ein schmächtiges Talentchen und eine gewaltige eiserne Ausdauer haben.

Der Hochmut ist ein plebejisches Laster.

Geistlose kann man nicht begeistern, aber fanatisieren kann man sie.

Was nennen die Menschen am liebsten dumm?
Das Gescheite, das sie nicht verstehen.

Respekt vor dem Gemeinplatz! Er ist seit Jahrhunderten aufgespeicherte Weisheit.

Die Wortkargen imponieren immer. Man glaubt schwer, daß jemand kein anderes Geheimnis zu bewahren habe als das seiner Unbedeutendheit.

Sobald eine Mode allgemein geworden ist, hat sie sich überlebt.

Nicht teilnehmen an dem geistigen Fortschreiten seiner Zeit, heißt moralisch im Rückschritt sein.

Zu jeder Zeit liegen einige große Wahrheiten in der Luft; sie bilden die geistige Atmosphäre des Jahrhunderts.

Die Katzen halten keinen für eloquent, der nicht miauen kann.

Der Ruhm der kleinen Leute heißt Erfolg.

Begeisterung spricht nicht immer für den, der sie erweckt, und immer für den, der sie empfindet.

Sag etwas, das sich von selbst versteht, zum erstenmal, und du bist unsterblich.

Auch das kleinste Licht hat sein Atmosphärchen.

Während ein Feuerwerk abgebrannt wird, sieht niemand nach dem gestirnten Himmel.

Die Aufgabe vieler Dichter-Generationen ist keine andere, als das Werkzeug blank zu erhalten.

Jeder Dichter und alle ehrlichen Dilettanten schreiben mit ihrem Herzblute, aber wie diese Flüssigkeit beschaffen ist, darauf kommt es an.

Der Witz ist ein brillanter Emporkömmling von zweifelhafter Abstammung.

Die öffentliche Meinung ist die Dirne unter den Meinungen.

Was wir unserem besten Freunde nicht anvertrauen würden, rufen wir ins Publikum.

Künstler haben gewöhnlich die Meinung von uns, die wir von ihren Werken haben.

Nichts besseres kann der Künstler sich wünschen als grobe Freunde und höfliche Feinde.

Der Charakter des Künstlers ernährt oder verzehrt sein Talent.

Es glaube doch nicht jeder, der imstande war, seine Meinung von einem Kunstwerk aufzuschreiben, er habe es kritisiert.

Wer nichts weiß, muß alles glauben.*

Die verstehen sehr wenig, die nur das verstehen, was sich erklären läßt.

Ein Mann mit großen Ideen ist ein unbequemer Nachbar.

Einen mit Weisheit Gesalbten darf man nie warm werden lassen, sonst trieft er.

Wenn die Neugier sich auf ernsthafte Dinge richtet, dann nennt man sie Wissensdrang.

Die Summe unserer Erkenntnisse besteht aus dem, was wir gelernt, und aus dem, was wir vergessen haben.

Genug weiß niemand, zuviel so mancher.

Tiefe Bildung glänzt nicht.

Sagen, was man denkt, ist manchmal die größte Torheit und manchmal – die größte Kunst.

Man muß schon etwas wissen, um verbergen zu können, daß man nichts weiß.

Vom Arzte und vom Lehrer wird verlangt, daß er Wunder tue, und tut er sie – wundert sich niemand.

Vorurteil stützt die Throne, Unwissenheit die Altäre.*

Auch nichtgeschriebene Briefe kommen manchmal an.

Die Freiherren von Gemperlein

1

Das Geschlecht der Gemperlein ist ein edles und uraltes; seine Geschicke sind auf das Innigste mit denen seines Vaterlandes verflochten. Es hat mehrmals glorreich geblüht, es ist mehrmals in Unglück und Armut verfallen. Die größte Schuld an den raschen Wandlungen, denen sein Stern unterworfen war, trugen die Mitglieder des Hauses selbst. Niemals schuf die Natur einen geduldigen Gemperlein, niemals einen, der sich nicht mit gutem Fug und Rechte das Prädikat »der Streitbare« hätte beilegen dürfen. Dieser kräftige Familienzug war allen gemeinsam. Hingegen gibt es keine schrofferen Gegensätze, als die, in welchen sich die verschiedenen Gemperlein-Generationen in bezug auf ihre politischen Überzeugungen zueinander verhielten.

Während die einen ihr Leben damit zubrachten, ihre Anhänglichkeit an den angestammten Herrscher mit dem Schwerte in der Faust zu betätigen und so lange mit ihrem Blute zu besiegeln, bis der letzte Tropfen desselben verspritzt war, machten sich die anderen zu Vorkämpfern der Revolte und starben als Helden für ihre Sache, als Feinde der Machthaber und als wilde Verächter jeglicher Unterwerfung.

Die loyalen Gemperlein wurden zum Lohne für ihre energischen Dienste zu Ehren und Würden erhoben und mit ansehnlichen Ländereien belehnt, die aufrührerischen zur Strafe für ihre nicht minder energische Widersetzlichkeit in Acht und Bann getan und ihrer Güter verlustig erklärt. So kam es, daß sich dieses alte Geschlecht nicht, wie so manches andere, eines seit undenklichen Zeiten von Kind auf Kindeskind vererbten Stammsitzes zu erfreuen hatte.

Am Schlusse des achtzehnten Jahrhunderts gab es einen Freiherrn Peter von Gemperlein, der, der erste seines kriegerischen Hauses, dem Staate als Beamter diente und noch am Abende seines Lebens ein hübsches Gut in einer der fruchtbarsten Gegenden Österreichs erwarb. Dort beschloß er hochbetagt, in Frieden mit Gott und mit der Welt, sein Dasein. Er hinterließ zwei Söhne, die Freiherren Friedrich und Ludwig.

In diesen beiden letzten Sprossen schien die im Vater verleugnete Gemperleinsche Natur sich wieder auf sich selbst besonnen zu haben. Sie brachte noch einmal, und zwar, was sie früher nie getan, in demselben Menschenalter, die beiden Typen des Geschlechtes, den feudalen und den radikalen Gemperlein, hervor. Friedrich, der ältere, war, seiner Neigung folgend, in der Militärakademie zu Wiener-Neustadt zum Waffenhandwerke ausgebildet worden. Ludwig bezog im achtzehnten Jahre die Universität in Göttingen und kehrte im zweiundzwanzigsten, mit einer prächtigen Schmarre im Gesichte und mit dem Ideale einer Weltrepublik im Herzen, nach Hause zurück.

Genau fünfzehn Jahre eines hartnäckigen, mit Kraft und Kühnheit geführten Kampfes brauchten die Brüder, um einzusehen, daß für sie in der Welt nichts zu suchen, daß Friedrichs Zeit vorüber und Ludwigs Zeit noch nicht gekommen war.

Der erste legte sein Schwert nieder, müde, einem Monarchen zu dienen, der in Eintracht leben wollte mit seinem Volke, der zweite wandte sich grollend von seinem Volke ab, das seinen Nacken willig und vergnügt dem Joche der Herrschaft beugte.

Zu gleicher Zeit bezogen Friedrich und Ludwig ihre Besitzung Wlastowitz und widmeten sich mit Liebe und Begeisterung der Bewirtschaftung derselben.

Wenn auch so verschieden voneinander wie Ja und Nein, begegneten sich die Freiherren doch in einem Kapitalpunkte:

in der unaussprechlichen Anhänglichkeit, die sie nach und nach für ihren ländlichen Aufenthaltsort faßten.

Kein überzärtlicher Vater hat jemals den Namen seiner einzigen Tochter in schmelzenderem Tone ausgesprochen, als sie den Namen Wlastowitz auszusprechen pflegten. Wlastowitz war ihnen der Inbegriff alles Guten und Schönen. Für Wlastowitz war ihnen kein Opfer zu groß, kein Lob erschöpfend. »Mein Wlastowitz«, sagte jeder von ihnen, und jeder hätte es dem anderen übelgenommen, wenn er nicht so gesagt haben würde.

Bald nach ihrer Ankunft hatten die Brüder beschlossen, das väterliche Erbe in zwei gleiche Hälften zu teilen. Das Schloß mit seinen Dependenzen sollte im Besitze Friedrichs verbleiben, der dafür die Verpflichtung übernahm, für Ludwig inmitten von dessen Grundstücken das Blockhaus errichten zu lassen, in welchem dieser an der Spitze der Familie, die er gründen wollte, zu leben und zu sterben gedachte.

Die Teilung wurde vielfach und hitzig erörtert, sie jedoch wirklich zu vollziehen, hoho! das überlegt man sich. Einen solchen Entschluß faßt man wohl; ihn auszuführen, verschiebt man gern von Jahr zu Jahr. Auf welches Stück, welchen Fußbreit, welche Scholle der geliebten Erde sollte einer der Brüder freiwillig verzichten? Jedem wäre der Grenzstrich, der Mein und Dein voneinander geschieden und das Gut, das als Ganzes einzig und vollkommen war, in zwei unvollkommene Hälften gespalten hätte, mitten durch das Herz gegangen.

Nichtsdestoweniger war seit langer Zeit die Grenze zwischen Ober- und Unter-Wlastowitz in der Katastralmappe verzeichnet, lag der Plan zu Ludwigs Blockhaus wohlverwahrt im Archiv, und einmal geschah es … aber wir wollen der ohnehin unausbleiblichen Katastrophe dieser wahrhaftigen Familiengeschichte nicht vorgreifen.

Das Leben, welches die Freiherren auf dem Lande führten, war ein äußerst regelmäßiges. Schon am frühen Morgen verließen beide das Schloß und ritten zusammen im Sommer auf das Feld, im Winter in den Wald. Doch ereignete es sich gar selten, daß sie auch zusammen heimkehrten. Meistens kam Friedrich zuerst, mit hochgeröteten Wangen und blitzenden Augen, durch die gegen Norden gelegene Kastanienallee im Schritt nach Hause geritten. Sein ehemaliger Privatdiener und jetziger Bedienter Anton Schmidt erhielt den Befehl: »Frühstück auftragen!« mit dem zornig klingenden Zusatze: »Für mich allein!«

Anton begab sich an die Küchentür, wartete ein Weilchen und rief dann plötzlich dem Weibervolke am Herde zu: »Das Frühstück für die Herren!«

Das war der Moment, in welchem Ludwig auf schaum- und schweißbedecktem Pferde durch das gegen Süden gelegene Tor in den Schloßhof sprengte. Sein schmales, feines Gesicht war so gelb wie eine Weizenähre um Peter und Paul, die hohe Denkerstirne schwer umwölkt. In gebieterischer Haltung betrat er den Speisesaal. Dort saß Friedrich, viel zu sehr in die »K. K. ausschl. priv. Wiener Zeitung« vertieft, um das Erscheinen seines Bruders wahrnehmen zu können. Dieser entfaltete sofort die »Augsburger Allgemeine« und hielt sie mit der linken Hand vor sich hin, während er mit der rechten den Tee in seine Tasse goß. Eifrig wurde gelesen, hastig gefrühstückt und sodann aus türkischen Pfeifen kräftigst geraucht. Die beiden Freiherren saßen einander gegenüber auf ihren steiflehnigen Sesseln, die Zeitungen vor den Gesichtern, vom Wirbel bis zur Sohle eingehüllt in schwere Rauchwolken, aus denen von Zeit zu Zeit ein Fluch, ein zürnender Ausruf als Vorzeichen nahenden Gewitters sich vernehmen ließ.

Auf einmal rief's da oder dort: »Oh, diese Esel!« und eine Zeitung flog unter den Tisch. Die politische Debatte war eingeleitet. Gewöhnlich gestaltete sie sich stürmisch und schloß nach beiläufig viertelstündiger Dauer mit einem beiderseitigen: »Hol dich der Teufel!«

Es gab aber auch Tage, an denen Ludwigs besonders gereizte Laune Abwechslung in die Sache brachte. Da führte er Reden, so persönlich giftig und beleidigend, daß sein Bruder sie zu beantworten verschmähte. Friedrichs offenes, sonst so freundliches Gesicht nahm einen starren Ausdruck an, ein Zug von unversöhnlichem Grimme legte sich um seinen Mund; jedes Haar seines Schnurrbartes schien sich trotzig emporzusträuben. Er stand auf, ergriff seinen Hut, rief seinen braunen, kurzhaarigen Jagdhund und verließ schweigend das Zimmer. Der breite Rücken, die mächtigen Schultern waren etwas gebeugt, als trügen sie eine schwere Last.

Ludwig bemerkte es, obwohl er ihm nur flüchtig nachsah, murmelte einige unverständliche Worte und las seine Zeitung mit all der Aufmerksamkeit zu Ende, die ein Mensch aufwenden kann, dem die Herrschaft über seine Gedanken so ziemlich abhanden gekommen ist. Bald jedoch erhob er sich und begann mit dröhnenden Schritten im Gemache auf und ab zu schreiten. Seine Miene wurde immer finsterer; er warf den Kopf zurück; er nagte an der Unterlippe; er richtete seine schlanke Gestalt immer kühner und herausfordernder auf.

Wonach verlangte ihn denn noch als nach Ruhe und Frieden! Hier hatte er gehofft, ihrer teilhaftig zu werden. Ja, eine saubere Ruhe, ein sauberer Frieden! Um die zu finden, braucht man sich nicht zurückzuziehen in die Einöde, sich nicht zu vergraben in geisttötende Abgeschiedenheit. Wenn es aber schon nicht anders ist, wenn du recht hast, o Seneka! wenn Leben Kriegführen heißt und durchaus gestritten sein muß, dann sei es auf würdigem Kampfplatze! Dann sei es in der Welt, wohin ein Mann gehört, den das Schicksal mit ungewöhnlicher Ausdauer und mit ungewöhnlichen Geistesgaben gesegnet oder – heimgesucht hat.

Ludwig ging langsam die Treppe hinab. Sein struppiger, immer verdrießlicher Pinscher folgte ihm bellend nach.

Unter dem Tore blieb der Freiherr stehen und sah sich einmal wieder die Gegend an. Die grünen Höhen, die in sanften Wellenlinien den Horizont ziemlich eng umgrenzten, mahnten sie nicht: Stecke dir nicht allzu weite Ziele! Was wir umschließen, ist auch eine Welt, eine stille zwar, aber die deine – laß es dir gefallen in unserer Hut!

Auf einem der Ausläufer des Gesenkes lag der freundliche Hof, der den Stolz des Gutes Wlastowitz, die Elite der Negretti-Herde, beherbergte. Wie ein Schlößchen, stilvoll und blank, nahm er sich aus inmitten stattlicher Pappelbäume. Die sanft abgleitende Hügellehne nebenan, noch vor dreißig Jahren ödes Land, war jetzt in einen Obstgarten verwandelt. Dank dem treuen Vater, der ihn gepflanzt! Nicht für sich wahrlich, er sollte in seinem Schatten nicht mehr ruhen, sich an seinen Früchten nicht mehr erfreuen! Für die Söhne, deren er stets gedachte und die er so selten sah, für die Söhne, die ferne von ihm ihre ehrgeizigen Ziele verfolgten und – wie vergeblich! – dauerndes Gut, dauerndes Glück im wechselvollen Leben suchten.

Nun standen die Birnbäume in der Fülle ihrer Kraft, die Äpfel- und die Pflaumenbäume streckten ihre schwerbeladenen Äste breit um sich, und die zierlich schlanken Kirschbäume, was für Früchte hatten die in den letzten Jahren getragen! Groß wie Nüsse und saftig wie Weintrauben. Ja, die Kirschen in Wlastowitz, die schmecken nicht nur den Kindern!

Und die Felder ringsum – im Frühling ein grünes, im Sommer ein goldenes Meer, im Herbst aber erst recht eine Wonne für das Auge des Ökonomen: Neue Verheißung nach der reichsten Erfüllung … Ja, der Boden in Wlastowitz! Gestürzt, geeggt, gewalzt, so fein wie der des sorglichst gepflegten Beetes in einem Blumengarten, so aromatisch wie Spaniol … schnupfen könnt' man diese Erde!

Ludwigs Blicke schwelgten in all den Herrlichkeiten, und die Falten auf seiner Stirn, die hochgehenden Wogen in seinem Innern glätteten sich. Ein kurzer Kampf noch, noch ein Versuch, den Zorn, die Entrüstung festzuhalten, die ihm abhanden zu kommen drohten, dann war's vorbei: – »Wo ist mein Bruder?« fragte er den ersten, der ihm begegnete, und machte sich die erhaltene Auskunft schleunigst zunutze.

Um zwei Uhr kamen die Herren, natürlich streitend, aber doch zusammen, vom Felde zurück und setzten sich zu Tische. Nachmittags widmeten sie sich der Erziehung ihrer Hunde und Pferde, nahmen eine Rekognoszierung des Gutes oder eines Teiles desselben vor und besprachen mit Herrn Verwalter Kurzmichel das morgige Tagewerk. Den Schluß des heutigen bildete ein allerschwerster, mit der allergrößten Erbitterung geführter Streit über religiöse, politische oder soziale Fragen. Sehr aufgeregt und einander ewigen Widerstand schwörend, gingen die Brüder zu Bett.

Das war im großen Ganzen, abgesehen von den Veränderungen, welche die jeweilige Jahreszeit, die Jagden, die Besuche in der Nachbarschaft mit sich brachten, die Lebensweise der Freiherren von Gemperlein.

Einem oberflächlichen Beobachter mochte sie nicht besonders reizend erscheinen, der tiefer eindringende jedoch mußte zugeben, daß sie auch angenehme Seiten habe. Die angenehmste war die hohe Achtung, in der die Brüder bei ihrer Umgebung standen. Mochte sich auch ein guter Teil Furcht in diese Achtung mischen, das nahm ihr nichts von ihrem Werte. Welcher von den beiden Herren strenger gegen seine Diener sei, hielt schwer zu entscheiden. Sie forderten viel, aber niemals ein Unrecht; sie waren oft unerbittlich hart, aber sie ehrten in dem Geringsten, ja noch in dem Unverbesserlichen – den Menschen.

»Weil ich höher stehe als der arme Teufel, mein Nächster, und in ihm einen Schutzbefohlenen respektieren muß«, sagte Friedrich.

»Weil ich seinesgleichen bin«, sagte Ludwig, »und sogar in dem verzerrten Ebenbilde meine Züge wiederfinde.«

»Du Spitzbube!« rief Friedrich dem verstockten Sünder zu, »weißt du nicht, was das Gesetz befiehlt; hörst du nicht, was der Pfarrer predigt? Warte nur, dich kriegt hier die Gendarmerie und drüben ganz gewiß – die Hölle!«

Ludwigs Ermahnungen hingegen lauteten: »Wann werdet ihr endlich lernen, euch selbst in Zucht zu halten? Wann werdet ihr endlich, ihr Dummköpfe, müde werden, Leute zu bezahlen, die euch überwachen, euch einsperren und manchmal sogar aufhenken? Regiert euch selbst, ihr Esel, dann erspart ihr alles Geld, das euch jetzt die Regierung kostet.«

So eindringliche Vorstellungen blieben nicht ganz ohne Wirkung, und eine viel größere, als sie hatten, schrieben ihnen die Freiherren zu, die überhaupt trotz mancher erlittenen Enttäuschung alles, was sie am innigsten wünschten, auch für das Wahrscheinlichste hielten. Auf diese Weise genossen sie so manches Glück, das sie niemals gehabt; kosteten es in Gedanken durch und empfanden dabei vielleicht ein lebhafteres Vergnügen, als wenn es ihnen in Wahrheit zuteil geworden wäre. Die reiche Phantasie, welche die Natur ihnen geschenkt, entwickelte sich in dem stillen Wlastowitz viel üppiger, als dies im Wirbel des Weltgetriebes hätte geschehen können, und bereitete ihnen eine Fülle reiner Freuden, die nur der belächelt und verschmäht, der nicht fähig ist, sich ähnliche zu schaffen.

Bekanntermaßen fließt das Dasein je einförmiger, je rascher dahin, und ehe die Brüder sich's versahen, kam der Tag heran, an dem Friedrich sagen konnte: »Ich möchte wissen, ob es je einen denkenden Menschen gegeben hat, der nicht schon die Bemerkung gemacht, daß die Zeit doch eigentlich sehr schnell vergeht.«

»Im Gegenteil«, sprach Ludwig, »diese Wahrheit ist schon so oft ausgesprochen worden, daß gar nichts daran liegt, sie noch einmal auszusprechen.«

»Würden wir's glauben, wenn wir's nicht wüßten«, fuhr Friedrich fort, »es sind jetzt gerade zehn Jahre her, daß wir in Wlastowitz eingezogen sind.«

Ludwig fegte mit der Reitgerte die Spitzen seiner staubigen Stiefel, kreuzte dann die Arme und starrte melancholisch ins Grüne, das heißt ins Gelbe, denn es war Herbst, und sie saßen vor einer Goldesche.

»Zehn Jahre«, murmelte er, »ja, ja, ja – zehn Jahre. Hätte ich damals geheiratet, damals, als ich so gute Gelegenheit … als ich sehr geliebt wurde –«

»Als du geliebt wurdest«, wiederholte Friedrich und zwang sich, ein ernsthaftes Gesicht zu machen.

»– So könnte ich jetzt bereits Vater von neun Kindern sein.«

»Von achtzehn, wenn deine Frau dir jedesmal Zwillinge beschert hätte, von noch viel mehr, weil ja die Äpelblüh büschelweise auf die Welt zu kommen pflegen!« sprach Friedrich und lachte.

Ludwig sah ihn von der Seite an. »Es gibt«, sagte er wegwerfend, »nichts Dümmeres als ein dummes Lachen.«

»Es gibt nichts Lächerlicheres als einen Mann, der am hellen, lichten Tage träumt und ohne Fieber phantasiert«, rief Friedrich. »Zum Kuckuck mit all deinem Wenn und Vielleicht, mit deinen Schimären und Hirngespinsten! Du leidest an fixen Ideen. Halte dich doch endlich einmal an das Reale, an die Wirklichkeit!«

Jetzt schlug Ludwig ein grelles Gelächter auf. Er erhob die Augen und die gerungenen Hände anklagend zum Himmel. »Das Reale! Die Wirklichkeit!« schrie er, »o Gott, der spricht von ihnen … Der! … und war drei Jahre lang in einen Druckfehler verliebt!«

Friedrich senkte zornig-beschämt den Kopf und biß seinen Schnurrbart. Plötzlich fuhr er auf: »Und du – weißt du denn – –?«

Ein verhängnisvolles Wort schwebte auf seinen Lippen, doch sprach er es nicht aus, sondern brummte nur leise vor sich hin: »Hol's der Geier!«

2

Schon im ersten Jahre ihrer Niederlassung in Wlastowitz hatten die Brüder beschlossen, sich zu verheiraten, und auch bereits die Wahl ihrer zukünftigen Gattinnen getroffen. Friedrich entschied sich für eine Gräfin Josephe, Tochter des Hochgeborenen Herrn Karl, Reichsgrafen von Einzelnau-Kwalnow, und der Hochgeborenen Frau Elisabeth, Reichsgräfin von Einzelnau-Kwalnow, geborenen Freiin von Czernahlava, Sternkreuzordensdame. Ludwig, der längst mit sich darüber im reinen war, daß er lieber zeitlebens in dem ihm eigentlich verhaßten Junggesellenstande verharren als eine Aristokratin heiraten wolle, faßte den Entschluß, Lina Äpelblüh, ein Kaufmannstöchterlein aus dem nächsten Städtchen, zu seiner Frau und zur Mutter einer großen Anzahl freisinniger Gemperleins zu machen.

Daß die Bekanntschaft, die die Brüder mit ihren Auserwählten geschlossen hatten, von sehr intimer Art gewesen sei, ließ sich nicht behaupten. Friedrich war seiner Braut im Genealogischen Taschenbuche der gräflichen Häuser begegnet und wußte nur weniges von ihr, dieses wenige aber mit Bestimmtheit. Sie wohnte in Schlesien, auf dem 1100 Joche umfassenden Gute ihres Vaters, stand im Alter von dreiundzwanzig Jahren, hatte fünf Brüder, von denen der älteste dreizehn Jahre zählte, und bekannte sich zur katholischen Konfession.

Ihre Familienverbindungen waren sowohl väterlicher- als mütterlicherseits äußerst achtbare. Sie gehörten zwar nicht dem höchsten, aber einem guten, erbgesessenen Adel an, dessen Anciennität der des Gemperleinischen nichts nachgab. Einen nicht geringen Einfluß auf Friedrichs Wahl übte der Umstand, daß Josephe nur Brüder und keine Schwestern hatte; so geriet der Mann, der sie heimführte, nicht in Gefahr, seinen häuslichen Frieden durch einige allenfalls zum Zölibat verurteilte Schwägerinnen bedroht zu sehen. Kurz, unter sämtlichen Töchtern des Landes, die das gräfliche Taschenbuch aufzuführen wußte, paßte für Friedrich keine wie Josephe Einzelnau.

Er verfolgte den Lebenslauf seiner Erkorenen mit liebevoller Aufmerksamkeit durch drei Jahrgänge des Almanachs und befestigte sich immer mehr in dem Vorsatze, seinerzeit nach Schlesien zu reisen und sich dem Grafen von Einzelnau als ein von den redlichsten Absichten beseelter Bewerber um die Hand Gräfin Josephens vorzustellen.

Ludwig indessen kannte Fräulein Lina nicht nur von Angesicht zu Angesicht, er hatte sie sogar einmal gesprochen, als sie nach Wlastowitz gekommen war, um ihre Tante, die Frau Verwalterin Kurzmichel, zu besuchen.

»Wie geht's?« fragte er das hübsche Kind, das er im Garten mit einer Stickerei beschäftigt traf. Lina Äpelblüh erhob sich von der Bank, auf der sie gesessen, machte einen kurzen, resoluten Knicks, den echten Bürgermädchenknicks, der mit reizendster Unbeholfenheit das gediegenste Selbstbewußtsein ausdrückt, und antwortete: »Ich danke, gut.«

Wie sehr ihn das freue, verriet ihr ein feuriger Blick seiner blauen Augen, und ihre braunen senkten sich.

Eine Pause. – Was soll ich ihr jetzt sagen? ... Donner und Wetter! was soll ich ihr jetzt sagen? dachte der Freiherr und rief endlich: »Das macht die Landluft!«

»Oh, mir geht's auch in der Stadt gut!« versetzte die Kleine mit einem munteren Lächeln.

Die Erinnerung an dieses Gespräch beschäftigte den Freiherrn sehr oft und sehr angenehm; er gab sich ihr ohne Rückhalt hin, und seine Phantasie schmückte das bescheidene Erlebnis mit den anmutigsten Zutaten aus. Der Gruß der lieblichen Jungfrau, ihr Lächeln, ihr Erröten gewannen eine täglich wachsende, für ihn immer schmeichelhaftere Bedeutung.

Eines Tages – an einem Sonntage war's, an dem das Ehepaar Kurzmichel auf dem Schlosse gespeist hatte – wandte sich Ludwig plötzlich mit den Worten zur Frau Verwalterin: »Ein ganz charmantes Mädchen, Ihre Nichte! Ein schönes, liebenswürdiges Mädchen.«

Frau Kurzmichel hatte eben den Beratungen Friedrichs und ihres Mannes über die bevorstehende Schafschur mit jenem verständnisinnigen Interesse für ernste Dinge gelauscht, dem sie vor allem anderen den Ruf einer ausgezeichnet gescheiten Frau verdankte. Sie bedurfte einiger Augenblicke, um ihrem Gedankenfluge die neue Richtung zu geben, die ihm durch Ludwigs wie vom Himmel gefallene Bemerkung vorgeschrieben wurde. Sobald ihr dies jedoch gelungen, verbreitete sich ein Ausdruck zarten Wohlwollens über ihr großes, würdevolles Gesicht. Sie schüttelte beistimmend die Locken, die, unzertrennlich von der Sonntagshaube, mit dieser zugleich angelegt wurden, und sprach: »Ein braves Kind! Ein wohlerzogenes, häusliches ... Ich darf es gestehen.«

Das Lob der sittenstrengen Dame war ein Moralitätszeugnis von unschätzbarem Werte.

Ludwig sagte nur: »So, so«, aber er rieb sich die Hände mit einer Art von Phrenesie, was bei ihm das Zeichen allerhöchsten Behagens, eines wahren Glückseligkeitsrausches war.

Schon einige Monate später kündigte er seinem Bruder eines Abends an, daß es sein ganz bestimmter, unerschütterlicher, durch keine Rücksicht, keinen Widerstand, kein Hindernis, mit einem Worte durch nichts auf Erden zu besiegender Wille sei, sich mit Lina Äpelblüh zu verheiraten.

Als er diesen Namen nannte, schoß Friedrich einen Blick nach ihm, geladen mit Entrüstung und wildem Hohne, doch senkte er ihn sogleich wieder auf das Buch, das er vor sich liegen hatte. Es war »Judas, der Erzschelm«, sein Lieblingsbuch. Die Ellbogen auf den Tisch gestemmt, die zu Fäusten geballten Hände an die Schläfen gepreßt, setzte er mit leidenschaftlicher Aufmerksamkeit seine Lektüre fort. Auch Ludwig hatte seine Arme, jedoch verschränkt, auf den Tisch gelegt, machte, wie man zu sagen pflegt, einen Katzenbuckel und blickte seinen Bruder scharf und unverwandt an. Dieser wurde immer röter im Gesichte, immer drohender zogen die Falten auf seiner Stirn sich zusammen, allein er las – und schwieg.

Nun stieß Ludwig ein gellendes »Haha!« hervor, lehnte sich zurück und begann zu pfeifen.

»Pfeif nicht!« schrie Friedrich heftig, ohne jedoch die Augen zu erheben.

»Schrei nicht!« entgegnete Ludwig überlaut und setzte rasch und polternd hinzu: »Was hast du gegen meine Heirat? Es ist mir zwar ganz gleichgültig, aber ich will es wissen!«

Friedrich schob das Buch von sich. »Ich hab gegen deine Heirat – nichts!« sagte er, »heirate, wen du magst, meinetwegen eine Tagelöhnerin! ... Nur«, sein Gesicht nahm einen Ausdruck von kalter Grausamkeit an; er durchschnitt mit einer feierlichen Bewegung der erhobenen Hand die Luft zwischen sich und seinem Bruder, »nur: Jedem das Seine! – Es gibt Stufen im Leben. – Dich zieht's nach den unteren, mich – nach den oberen ...«

»Was?« unterbrach ihn Ludwig mit herausforderndem Spotte. »Was gibt's im Leben? – Stufen?«

Friedrich ließ sich nicht irremachen; er fuhr in dem magistralen Tone fort, den er in entscheidenden Augenblicken anzunehmen wußte: »Meine Frau hüben – die deine drüben. Umgang duld' ich nicht. Die Schwelle der geborenen Äpelblüh wird meine Josephe niemals überschreiten.«

»Das hoff ich!« rief Ludwig. »Umgang mit einer hochmütigen Aristokratin – dafür dank' ich. Meine Frau soll gar nicht ahnen, daß Närrinnen existieren, die sich für etwas Besonderes halten, weil man ihre Ahnen zählen kann!«

»Warum kann man das?« fiel Friedrich ein. »Weil diese Ahnen sich hervorgetan haben, nicht untergegangen sind in der Menge – darum kann man sie zählen.«

»Zufall!« entgegnete der jüngere Freiherr von Gemperlein, »daß sie sich hervortun konnten; Gunst der Verhältnisse, daß die Erinnerung an ihr ehrenwertes oder nichtsnutziges Wirken sich im Volke wach erhielt ... Es gibt Taten genug – lies die Geschichte! –, es gibt weltumgestaltende Ereignisse genug, deren Urheber niemand zu nennen weiß ... Was ist's mit den Nachkommen dieser Männer? Kannst du darauf schwören, daß dein Anton Schmidt nicht von dem Sänger des schönsten deutschen Götterliedes, nicht von einem der Wahlkönige der Goten abstamme? Kannst du darauf schwören?« fragte er und sah seinen Bruder durchbohrend an. Dieser, ein wenig außer Fassung gebracht, zuckte die Achseln und sprach: »Lächerlich!«

»Lächerlich? Ich will dir sagen, was lächerlich ist. Es ist lächerlich, Auszeichnungen zu genießen, die andere verdienten. Es ist mehr als lächerlich, es ist niedrig, den Lohn fremder Mühe einzusäckeln!«

»Fremder? Sind meine Ahnen mir fremd?!«

»Laß deine Ahnen in Ruh'! Wirst du denn ewig deinen Anspruch auf das Köstlichste, das es gibt, auf die Achtung der Menschen, aus dem Ekelhaftesten, das es gibt, aus dem Moder wühlen? ... Pfui! mich widert's an!« Ludwig schüttelte sich vor Abscheu und fügte dann ruhiger, in beinah flehendem Tone hinzu: »Wirst du denn niemals einsehen, daß sich zugunsten der Adelsinstitution nichts vorbringen läßt, als was Staatsanwalt Séguier – lies die Geschichte! – zugunsten anderer Mißbräuche sagte: Ihre lange Ausübung macht sie ehrwürdig ... Oder was die Bollandisten zugunsten des Diebstahls sagten – lies die *Acta Sanctorum* nur bis zum vierundvierzigsten Bande ...«

»Bis zum wievielten?« schrie Friedrich, empört über diese hirnverbrannte Zumutung.

Sein Bruder lächelte geringschätzig und sprach: »Kennst du den Preis, mit welchem du deinen Ahnenstolz bezahlst? Er heißt Selbstachtung! ... Was ich bin, was ich bleibe, wenn man mir meinen Namen, meinen Rang, mein Vermögen nimmt, darin besteht mein Wert, auf den allein bau' ich mein Recht, das Übrige veracht' ich als Geschenk des blinden, sinnlosen Zufalls!«

Beide waren aufgesprungen; der Ältere stürzte auf den Jüngeren los und packte ihn an den Schultern: »Wessen Geschenk sind denn diese Schultern, wem verdankst du diese Brust, den Wuchs, der das Mittelmaß der Menschen um Kopfeshöhe überragt? Und daß in deiner Brust ein redliches Herz schlägt und daß in deinem Kopfe Ideen wohnen - tolle freilich - aber doch Ideen –, wem verdankst du das alles? Hast du's vom Zufalle? Hast du's von deinen Ahnen?«

»Ich hab's von der Natur!«

»Jawohl, von der Gemperleinschen Natur!« versetzte Friedrich triumphierend.

»Dein Gedankenkreis«, sagte Ludwig nach einer kleinen Pause, »hat nicht mehr Umfang als der eines Perlhuhns. Ein fester Punkt ist da, um den drehst du dich herum wie jenes Tier auf dürrer Heide –«

»Perlhuhn? Tier?« brummte Friedrich, »einmal könntest du aufhören mit deinen Vergleichen aus der Zoologie.«

»Der feste Punkt, von dem aus jeder Esel«, Ludwig ließ die Stimme auf diesem Worte ruhen, um zu zeigen, wie wenig er die erhaltene Ermahnung berücksichtige, »von dem aus jeder Esel die vernünftige Welt aus ihren Angeln heben kann, heißt das Vorurteil.«

»Ludwig! Ludwig!« unterbrach ihn hier sein Bruder, »mit erhobenen Händen beschwör' ich dich: Taste das Vorurteil nicht an ... Vorurteil!« wiederholte er und legte auf dieses Wort einen unbeschreiblichen, man könnte sagen: zärtlichen Nachdruck, »so nennt der Grobian die Höflichkeit, der Egoist die Selbstentäußerung, der Schurke die Tugend, der Atheist den Glauben an Gott, das ungeratene Kind die Ehrfurcht vor den Eltern! Nimm das Vorurteil, du nimmst die Pflicht aus der Welt!«

»Holla! Es ist genug!« sprach Ludwig gebieterisch. »Dir beweisen Gründe nichts, man muß mit Taten kommen.«

Er warf den Kopf zurück, sein Blick war prophetisch in die Ferne gerichtet, eine erhabene Zuversicht klang aus seiner Stimme. »Meine Kinder werden dich lehren, was das heißt, erzogen sein in Ehrfurcht vor dem Ehrwürdigen, aber – ohne Vorurteil ...« »Deine Kinder! Bleib mir mit deinen Kindern vom Leibe!« schrie Friedrich auf und focht mit verzweiflungsvoller Hast in der Luft umher, als gälte es, von allen Seiten in hellen Schwärmen heranfliegende kleine, vorurteilslose Gemperleins von sich abzuwehren, »sie dürfen mir nicht über die Schwelle, deine Kinder! Ich verbiete ihnen mein Haus!«

Tief verletzt in seinem etwas verfrühten Vaterstolze wandte Ludwig sich ab.

»Kinder ohne Vorurteile!« fuhr Friedrich empört fort, »Gott bewahre einen vor solchen Ungeheuern!«

»Brauchst Gott nicht anzurufen, bist schon bewahrt«, versetzte sein Bruder mit eisiger Kälte. »Das übrigens versteht sich von selbst – an die Türe, die meiner Frau, meinen Kindern gewiesen wurde, werde ich nie pochen. Unsere Wege trennen sich. Wo sind die Schlüssel des Archivs?«

Er holte die Karte von Wlastowitz herbei, breitete sie auf dem Tische aus und begann die Grenzlinie, welche das schöne Blatt ohnehin schon traurig verunstaltete, zu beiden Seiten so derb zu schattieren, daß sie jetzt wie ein hoher, unübersteiglicher Gebirgszug erschien, der sich schroff durch die spiegelglatte Ebene, durch die blühendsten Felder und Wiesen hinschlängelte. Friedrich sah ihm traurig und grimmig zu.

»So!« brummte Ludwig jedesmal, wenn er von neuem die Feder eintauchte, »das zwischen uns. Hier bist du – hier bin ich. Gemeinschaft ist gut im Himmel, aber leider! leider! nicht auf der Erde ... Die jetzigen Menschen sind noch nicht danach! ...«

Nicht so schnell als mit der längst auf dem Papier durchgeführten Teilung der Gründe konnte Ludwig mit der Wahl des Platzes fertigwerden, an dem das Blockhaus zu errichten sei; gegen jeden, für den er sich entschied, machte Friedrich einen triftigen und berücksichtigenswerten Einwand. Ludwig verlor endlich das bißchen Geduld, das er noch zu verlieren hatte.

»Jetzt hab ich's satt. Da wird's stehen!« rief er und bezeichnete mit der in zorniger Hast geschwungenen Feder die Stelle, auf der sein zukünftiges Heim sich erheben solle. Ach! Wie eine schwarze Träne fiel ein großer Klecks auf die Karte von Wlastowitz. Auf die schöne Karte, das treffliche, noch auf Anordnung des seligen Vaters mit wahrem Mönchsfleiße ausgeführte Werk eines ausgezeichneten Ingenieurs … Friedrich zuckte zusammen, und Ludwig murmelte: »Hunderttausend Millionen Donnerwetter! Die verdammte Feder!«

Herr Verwalter Kurzmichel war an jenem Abende eben im Begriffe, das eheliche Lager zu besteigen, in dem seine Gemahlin bereits Platz genommen, als er durch ein heftiges Pochen am Haustor in seinem Vorsatze gestört wurde. Eilige Schritte auf der hölzernen Treppe, rasch gewechselte Worte – Frau Kurzmichel saß schon aufrecht in ihrem Bette – die beiden Gatten sahen einander an; er ein Bild der Bestürzung, sie ein Bild der Wachsamkeit. Nun klopft es an die Stubentür: »Herr Verwalter«, ruft die Magd, »Sie sollen kommen – ins Schloß – gleich!«

»Um Gottes willen – brennt's?« stöhnte Herr Kurzmichel und stürzte auf die Türe zu. Aber seine Frau kam ihm noch glücklich zuvor: »Kurzmichel – du wirst doch nicht – du bist – in diesem Nichtanzuge …«

»Wahr, wahr!« entgegnete Herr Kurzmichel mit klappernden Zähnen, eilte an den Nachttisch zurück, setzte für alle Fälle seine Brille auf und machte krampfhafte Versuche, seine Tabaksdose in eine nicht vorhandene Tasche zu versenken.

»Ruhe, Kurzmichel! – in jeder Lage des Lebens Ruhe!« mahnte die Frau Verwalterin und rief nun ihrerseits durch die geschlossene Tür: »Brennt es?« – »Nein – brennen tut's nicht!« antwortete von draußen Antons derbe Stimme, »aber der Herr Verwalter soll gleich ins Schloß kommen!«

Frau Kurzmichel half dem Gatten in die Kleider: »Was mag's geben? Was mag's nur geben?« fragte ihr Mann einmal ums andere, und innerlich bewegt, äußerlich aber ruhig wie das gute Gewissen, antwortete die große Frau: »Was soll's denn geben? Die Flanelljacke, Kurzmichel! … Wer hätte uns etwas vorzuwerfen? Was kann uns geschehen? Ich denke, wir stehen da! Nein! nein – ohne Flanelljacke darfst du mir nicht hinaus in die Nacht!«

Eine Viertelstunde verging. Die Frau Verwalterin hatte inzwischen Tee gekocht und die Wärmflasche mit heißem Wasser gefüllt. Der Herr Verwalter mußte, als er zurückkam, vor allem anderen ins Bett. Der Tee, den seine Gattin ihm aufnötigte, verbrannte ihm den Gaumen und die Wärmflasche die Fußsohlen. Er klagte ein weniges darüber. Aber seine heilkundige Hälfte belehrte ihn: »Das ist nur die Erkältung, die herausgeht, das tut nichts … Und jetzt sprich: Was hat's gegeben im Schlosse?«

»Befehle, liebe Frau; dringende, strikt zu befolgende Befehle wegen des morgen mit dem frühesten beginnenden Baues von Freiherrn Ludwigs …«

»Blockhaus!« fiel die Frau Verwalterin mit ironischer Schärfe ein.

Ihr Gatte blickte sie voll Erstaunen an: »Woher vermutest du? …« sagte er.

Die Antwort, die er erhielt, war eine sehr sonderbare. Sie lautete: »Man könnte wahrlich, wenn der Respekt dies nicht verböte, in Versuchung geraten, die Herren Barone trotz all ihrer ausgezeichneten Eigenschaften, die ich verehre, ein bißchen – wie sag' ich nur – zu nennen.« Die Frau Verwalterin machte eine Pause, bevor sie wieder die schmalen Lippen zu den aufzeichnenswerten Worten öffnete: »Denke an mich, Kurzmichel, denke in zehn Jahren an mich, wenn du noch lebst, was Gott gebe: Das Blockhaus wird nie gebaut! – Gute Nacht, Mann, lege dich aufs Ohr und schlafe; morgen wecke ich dich nicht!« Man muß gestehen, die seltene Frau gab in jener Stunde einen durch das Dunkel der Zeiten glänzend leuchtenden Beweis ihres Scharfsinnes, ihrer merkwürdigen Voraussicht und ihrer ausgezeichneten Kenntnis des menschlichen Herzens.

3

Es ist eine ausgemachte Sache, daß Kämpfe, die man mit einem solchen Aufwande an Geist, Ausdauer und Temperament führt, wie die Freiherren von Gemperlein taten, nach und nach zum Selbstzwecke werden, während die Veranlassung derselben in den Augen ihrer wackeren Streiter immer mehr an Bedeutung verliert. Wenn Friedrich aufrichtig sein wollte, so mußte er bekennen, daß er hundert Josephen für einen zu standesgemäßen Überzeugungen bekehrten Ludwig gegeben hätte. Ludwig hingegen gestand sich, daß es ihm süßer wäre, von seinem Bruder ein einziges Mal zu hören: Du hast recht, als von seiner Lina: Ich liebe dich!

Nur in ganz bösen Stunden, in denen sie definitiv aneinander verzweifelten, rafften sie sich zu entscheidenden Entschlüssen auf. So geschah es, daß Friedrich eines Tages seine Koffer packen ließ und seine Abreise nach Schlesien für den kommenden Morgen festsetzte, während Ludwig mit sich selbst zu Rate ging, in welcher Weise er Frau Kurzmichel am besten von seinen Gefühlen für ihre Nichte in Kenntnis setzen könnte. Aber – mitten in diese Vorbereitungen hinein fiel ein Wink vom Himmel in Gestalt einer Büchersendung aus Wien. Die Sendung enthielt unter anderem den neuesten Gothaischen Almanach und dieser die Nachricht, daß Frau Gräfin Mutter Einzelnau am 3. August des laufenden Jahres auf Schloß Kwalnow verschieden sei.

Friedrich war von dem schmerzlichen Verluste, den Josephe erlitten, tief erschüttert, und auch Ludwig, der doch keine Ursache hatte, seine Schwägerin zu lieben, versagte ihr in diesem ernsten Augenblicke seine Teilnahme nicht.

»*Ah ça! ah ça!* meine arme Josephe!« wiederholte Friedrich sechsmal nacheinander und schnalzte dabei energisch mit den Fingern. »Ich bedauere nur meine arme Josephe. Sie ist es, die durch diesen Trauerfall am schwersten betroffen wird. Auf wem ruht jetzt die ganze Last der Haushaltung? Wer ist jetzt die Stütze des Vaters? Wer vertritt jetzt Mutterstelle an den jungen Brüdern? Niemand anders als sie – meine arme Josephe!«

Er gab sich eine Weile schweigend seinen Betrachtungen hin und sprach dann mit würdiger Resignation: »Sie stören in der Ausübung so heiliger Pflichten, in diesem Augenblicke mit selbstsüchtigen Absichten vor sie treten, das wäre nicht mehr und nicht weniger als eine Roheit! … Anton, auspakken!« befahl er seinem Diener, der im Nebenzimmer eben damit beschäftigt war, die Koffer zu schließen.

Ludwig hatte sich in das Studium des Taschenbuches vertieft und rief plötzlich aus: »Sage mir doch nur, wo ist denn deine Josephe hingekommen? Ich finde sie nicht mehr. Ich finde nur noch einen Joseph, Oberleutnant im 12. Dragonerregiment.«

»Ja, du und der Gothaische Almanach!« sprach Friedrich und nahm mit selbstbewußter Kennermiene seinem Bruder das Buch aus der Hand.

Er überflog die betreffende Stelle, er las, er betrachtete, er magnetisierte sie förmlich mit seinen Blicken, aber – auch er fand seine Josephe nicht. Sie war und blieb verschwunden.

»Was soll denn – was soll denn das heißen?« fragte er in großer Bestürzung und antwortete sich selbst endlich: »Es kann nur ein Druckfehler sein!«

Von neuem begann er seine Prüfung: »Hier fehlt das e – es soll stehen Josephe, nicht Joseph. Der Titel Oberleutnant et cetera gehört meinem Schwager Johann, gehört in die nachfolgende Zeile, ist beim Setzen vermutlich nur zufällig hinaufgerutscht ...«

»Dieser Schwager«, meinte Ludwig, »ist erst sechzehn Jahre alt und sollte schon Oberleutnant sein? Das wäre doch kurios ... Bei aller Protektion, die der Bursche genießen mag, doch kurios! ... Es hat freilich – lies die Geschichte! – im sechzehnten Jahrhunderte einen neunjährigen Bischof von Valencia gegeben ...«

»Glaube doch nicht alle diese Klatschereien!« murmelte Friedrich ärgerlich.

»Dennoch«, fuhr Ludwig fort, »halte ich einen sechzehnjährigen Oberleutnant, in unserem Zeitalter, für ein Ding der Unmöglichkeit.«

Sie begannen zu streiten.

Friedrich aber war nicht bei der Sache; er ließ so manche von Ludwigs verwegensten Behauptungen unangefochten und entgegnete auf einen von dessen tollkühnsten Schlüssen:

»Ein Druckfehler ist's. Man täte gut, die Redaktion davon in Kenntnis zu setzen.«

Noch am selben Abende schrieb er vor dem Schlafengehen folgenden Brief:

»Verehrliche Redaktion des Genealogischen Taschenbuches der gräflichen Häuser!

Der Unterzeichnete, ein langjähriger Verehrer und Leser Ihres Almanachs, nimmt sich die Freiheit, Ihnen einen peinlich sinnstörenden Druckfehler zu notifizieren, der sich auf Seite 237 des diesjährigen Jahrganges eingeschlichen hat, indem auf der früher von Gräfin Josephe eingenommenen Zeile ein Oberleutnant im 12. Dragonerregimente steht, der offenbar dahin nicht gehört, wovon Sie sich durch Nachschlagung der drei früheren Jahrgänge zu überzeugen die Freundlichkeit haben und mir eine dringend erbetene Aufklärung mit umgehender Post zukommen lassen wollen. Empfangen Sie usw.«

Nach wenigen Tagen erschien die »erbetene Aufklärung«. Sie lautete:

»Verehrter Freiherr!

Kein Druckfehler, sondern – eine Berichtigung. Herr Graf von Einzelnau (der unserer Publikation nur sporadisch Beachtung zu schenken scheint) wies erst bei Gelegenheit des uns mitgeteilten Ablebens seiner Frau Gemahlin auf den bedauerlichen Irrtum hin, der sich leider durch drei Jahrgänge unseres Taschenbuches geschlichen hat. Unserseits ersuchen wir Sie, die früheren Jahrgänge des Almanachs nachzuschlagen, in denen Herr Graf Joseph als Kadett, Leutnant usf. eingetragen steht.

Für Ihre Teilnahme dankend, ergreifen wir diese Gelegenheit, um Sie zu bitten, uns jede in Ihrem werten Hause eintretende Veränderung rechtzeitig bekanntzugeben, und zeichnen et cetera.«

Die Brüder saßen am Frühstückstische, als die verhängnisvollen Zeilen eintrafen. Lange, nachdem er sie gelesen, hielt Friedrich dieselben vor sich hin und blickte sie an wie ein Landmann seine verhagelte Saat, wie ein Künstler sein zerstörtes Werk. Ludwig, der ihn mit ungeduldiger Bestürzung beobachtete, zog ihm endlich das Blatt aus den zitternden, widerstandslosen Händen, überflog es und brach in ein schallendes Gelächter aus. Plötzlich jedoch hielt er inne, hustete und begann sich mit der »Allgemeinen Zeitung« zu beschäftigen.

Friedrich hatte die Pfeife weggelegt, die Arme über die Brust gekreuzt, die Augen niedergeschlagen. Helle Schweißtropfen standen auf seiner Stirne, die so weiß abstach von seinem übrigen sonnverbrannten Gesichte. Ludwig warf besorgte Blicke nach ihm, räusperte sich immer aggressiver, schleuderte die Zeitung zu Boden und schrie wie besessen: »Das bist halt du! So etwas kann nur dir geschehen! Unter den Millionen, welche die Erde bevölkern, nur dir! … Wenn ich schon ein Narr sein und mir meine Braut im Gothaischen

Almanach suchen will, so tue ich's wenigstens gründlich, gehe ihr nach bis auf ihre Quelle, bis auf ihren allerersten Ursprung, kenne ihre Vorvorgroßeltern ungeboren! Aber du! – Was du tust, kannst du nur kavaliermäßig tun, das heißt: – lies die Geschichte! – oberflächlich, leichtsinnig, dumm mit einem Worte! ... Gedankenlosigkeit und Gedankenfaulheit – das ist es ja! Daran geht ihr zugrunde, du und dein ganzer vernunftverlassener Stand!«

Jetzt erhob sich Friedrich brüllend wie ein angeschossener Löwe. Der Bann seines Schweigens war gelöst, und im Kampfe, der sich nun entspann, fand er seine Stärke wieder.

Der Einsturz von Friedrichs Luftschlössern hemmte natürlich den Aufbau von Ludwigs sicherem Hause. Wie konnte einer der Brüder daran denken, sich einen behaglichen Herd zu errichten im Augenblicke, in dem der andere vor den Trümmern seines Familienglückes stand? Ludwig verschob die Unterredung mit Frau Kurzmichel auf einen günstigeren Zeitpunkt. In drei, in sechs Monaten, wenn Friedrichs Herzenswunde vernarbt sein würde, dann erst wollte er die eigene Liebesgeschichte mit Eifer betreiben.

Aber – nur zu oft meint der Mensch über sein Schicksal noch entscheiden zu können, während dieses längst über ihn entschieden hat. Diese Erfahrung sollte Ludwig schon am folgenden Sonntage machen.

Da erschien Frau Kurzmichel in großem Staate beim Diner. Sie hatte sich mit ihren berühmtesten Garderobestücken geschmückt: mit ihrem braunen Seidenkleide, dem Hochzeitsgeschenke, das ihr Gatte ihr dargebracht, und mit dem gelben Schal, der noch aus dem Nachlasse der hochseligen Frau Baronin, der Mutter der Freiherren, stammte. Das braune Kleid pflegte die Frau Verwalterin bei jeder feierlichen Gelegenheit anzulegen, den gelben Schal aber nur dann, wenn sie sich in besonders gehobener Stimmung befand. Dies war heute der Fall. Man sah es ihrer verheißungsvollen Miene an, daß sie trotz all der Frische und Originalität, die wie gewöhnlich ihr Gespräch beseelten, das Beste doch, wie der Feuerwerker das Bukett, für den Schluß der Vorstellung versparte.

Beim schwarzen Kaffee erhob sie denn auch unter allgemeinem Schweigen die Stimme und sagte: »Darf ich mir erlauben, Freiherrlichen Gnaden eine Mitteilung zu machen, die zwar nur eine tief- und fernstehende, aber Freiherrlichen Gnaden doch bekannte Persönlichkeit betrifft, indem dieselbe vor einiger Zeit die Gastfreundschaft des herrlichen Wlastowitz genossen hat?«

»Wen meinen Sie?« fragte Friedrich.

»Sie meinen Ihre Nichte Lina Äpelblüh«, sprach Ludwig mit dem divinatorischen Instinkte der Liebe. Frau Kurzmichel verneigte sich beistimmend: »Meine Nichte allerdings – allein nicht mehr Äpelblüh, sondern Klempe, da sie sich vor drei Tagen mit Herrn Notar Klempe in K. verehelicht hat.« Ludwig fuhr zusammen, und Friedrich rief:

»Was der Teufel! Mit dem? Mit dem alten Griesgram?«

»Griesgram«, berichtigte die Verwalterin, »Griesgram ist ein etwas starker Ausdruck, Herr Baron; ich würde kaum wagen, ihn zu gebrauchen. Der Herr Notar hat allerdings viele – Extremitäten, ist aber ein sehr braver Mann, Herr Baron, und wohlhabend ...«

»Darum also«, fiel Friedrich geringschätzig ein.

»Nicht darum, Herr Baron – aus Liebe ...«

»Aus Liebe?« schrie Ludwig.

»Aus Liebe«, wiederholte Frau Kurzmichel, »zu ihren unbemittelten Eltern und ihren neun unversorgten Geschwistern. Drei davon durfte sie gleich mit ins Haus bringen. Das war ihre Bedingung; sonst hätte sie sich wohl geweigert; denn, du lieber Gott, wenn sie ihrem Herzen hätte folgen dürfen, – dieses würde wohl anders – einen andern – ganz andern Gegenstand ...« Frau Kurzmichel war bewegt, ihre gewohnte Zurückhaltung verließ sie, und sie schloß, hingerissen von Teilnahme und Rührung: »Ich sollte eigentlich –

es ist nicht recht, aber jetzt, wo das Opfer vollbracht ist, alles vorbei, die Pforten der Ehe hinter ihr zugefallen sind … ihr Herz, Herr Baron, – ist hier zurückgeblieben.«

»Wie? Wo? In Wlastowitz?« sprach Friedrich betroffen, und Ludwig stand auf und verließ das Zimmer.

»Aber Frau«, sagte der Herr Verwalter, »derlei interne Angelegenheiten haben doch kein Interesse für …«

»Frau Kurzmichel«, unterbrach ihn Friedrich, der sehr ernst geworden war, »ich wünsche Sie einen Augenblick allein zu sprechen.«

Frau Kurzmichel errötete, und ihr Gatte, diskret und taktvoll wie immer, entfernte sich sogleich.

Durch einige Zeit herrschte im Saale eine tiefe Stille. Friedrich rieb sich die Stirne und die Augen, riß unbarmherzig an seinem Schnurrbart und begann endlich: »Können Sie mir sagen … Nun?«

»Befehlen Herr Baron«, sprach Frau Kurzmichel.

»Nun ja«, er vermied ihre Augen, »sagen Sie mir – genieren Sie sich nicht: Wer ist denn der Gegenstand, Sie wissen, den Ihre Nichte –«

»Herr Baron, diese Frage –« stotterte Frau Kurzmichel, ganz erschrocken über die ihr rätselhafte Wichtigkeit, die Lina Äpelblühs Herzensangelegenheiten für den Freiherrn zu haben schienen.

Nach abermaliger Pause sagte Friedrich mit ganz ungewöhnlich sanfter Stimme: »Ich bitte Sie, genieren Sie sich nicht, vertrauen Sie es mir an, Frau Kurzmichel … Wer ist der Gegenstand – Sie wissen –«

»Herr Baron, Sie haben von Vertrauen gesprochen«, entgegnete Frau Kurzmichel, beugte die Schultern etwas vor und legte so recht hilflos und jeden Widerstand aufgebend die Hände in den Schoß … »Wenn Sie von Vertrauen sprechen, Herr Baron, da ist es aus, da kann ich nur antworten ganz schlicht und bündig: Es ist der Amtsschreiber …«

»Nicht mein -----«, beinahe hätte der Freiherr sich verschnappt in seiner ersten Überraschung, »sieh da, der Amtsschreiber, also der Amtsschreiber?!«

Es war ihm sonderbar zumute. Eigentlich freudig, aber eine getrübtere Freudigkeit kann sich niemand vorstellen. Er atmete tief auf, wie befreit von einer schweren Last, und warf dabei einen Blick voll schmerzlicher Zärtlichkeit nach der Türe, aus der Ludwig soeben getreten war.

»Frau Kurzmichel«, sprach er, »wollen Sie mir einen Gefallen erweisen?«

»Oh, Herr Baron, was irgend in der Macht eines redlichen Weibes ...«

»An ein unredliches würde ich mich nicht wenden«, fiel Friedrich ein, rückte seinen Stuhl näher zu dem ihren und blickte sie unbeschreiblich gütig und treuherzig an. »Der Gefallen, um den ich Sie bitte, ist: Wenn mein Bruder Sie fragen sollte: An wen hat denn Fräulein Lina ihr Herz verloren? So antworten Sie: Das ist ein Geheimnis – und, Frau Kurzmichel, Sie sterben lieber, als daß Sie es ihm verraten. Schwören Sie mir das, Frau Kurzmichel?«

»Ich verspreche es«, sagte die große Frau und erhob dabei das Haupt wie ein todesmutiger Soldat im Kugelregen: »Versprechen ist Schwur, Herr Baron.«

»Warum ich das von Ihnen verlange«, versetzte er, »das muß ich Ihnen – nehmen Sie es nicht übel – jetzt und immer verschweigen.«

Die Verwalterin erwiderte einfach und edel: »Herr Baron, ich brauche es nicht zu wissen.«

Mit ungeheuchelter Bewunderung reichte ihr Friedrich die Hand: »Ich glaube Ihnen, Sie sind brav!« rief er, sich erhebend, »ich sage es immer, Sie haben so etwas – etwas Antikes, Frau Kurzmichel, etwas Römisches.«

Frau Kurzmichel verbeugte sich und verließ den Saal. In ihrer Brust wogten unendliche Gefühle.

Friedrich begab sich in die Allee hinter dem Schlosse, wo sein Bruder ohne Hut, heftig gestikulierend, auf und ab stürmte und ihn mit den Worten empfing: »Alles hin! – Und wer ist schuld? Du! ... Um deinetwillen hab ich mein Glück versäumt, das meine und das Glück des Mädchens, das mich so ungeheuer geliebt hat.«

»Das dich geliebt hat ... ja, ja«, wiederholte Friedrich und dachte: Armer Kerl!

4

Die Nachbarin, mit welcher die Freiherren am eifrigsten verkehrten, war Ihre Exzellenz, die Frau Kanzlerin von Siebert, Herrin von Perkowitz.

Diese Dame führte seit fast einem halben Jahrhundert auf ihrem Gute, dem Vermächtnisse ihres verstorbenen Gatten, ein weises Regiment. Sehr jung Witwe geworden, bewahrte sie sich selbst die Unabhängigkeit und dem Andenken ihres »Herrchens« die Treue. Sie verließ den Wohnsitz nicht mehr, an dem sie einige Jahre mit ihm verlebt hatte, und vermählte sich auch nicht wieder, obwohl es ihr an Gelegenheiten dazu nicht gefehlt hatte.

Perkowitz bildete die östliche Grenze des freiherrlich Gemperleinschen Gutes und trieb eine Remise und drei Felder als ebenso viele Keile ins Mark von Wlastowitz hinein. Eine unangenehme Grenze! Eine Grenze, die zeitweilige Reibungen zwischen Nachbarn unvermeidlich macht. Ein verschobener Pfahl, eine schiefgezogene Furche geben auch den Friedfertigsten Anlaß zu Zwistigkeiten und Rivalität. Allein gerade das trug nicht wenig zur Annehmlichkeit des Verkehrs bei, indem es ihm ein prickelndes Interesse verlieh. Die Exzellenz war eine muntere alte Dame von siebzig Jahren, gesellig wie Madame de Tencin, mit welcher Ludwig sie zu vergleichen liebte. Sie fürchtete nichts so sehr wie die Langeweile, bestimmte den Wert der Menschen nach dem Grade der Huldigungen, die sie ihr darbrachten, und forderte von jedermann die eifrigste Anerkennung ihres nicht gewöhnlichen Verstandes. Hingegen begnügte sie sich, ungleich ihrem berühmten Vorbilde, auch mit anspruchslosem Umgang, wußte einen mittelmäßigen Spaß zu würdigen und kümmerte sich nicht im geringsten um den Verdruß derjenigen, auf deren Kosten er gemacht wurde. Sie befaßte sich überhaupt nicht viel mit Rücksicht auf andere und teilte noch die altmodische Anschauung, »ein guter Mensch« sei nur die höfliche Bezeichnung für »Schwachkopf«.

In den Augen Frau von Sieberts, die sich gewöhnt hatte, auch in wirtschaftlichen Fragen als das Orakel der Gegend zu gelten, waren die »jungen Gemperlein« talentvolle Dilettanten. Sie lachte über die Schwärmerei der Freiherren für ihr Wlastowitz, war aber im Grunde den »feindlichen Brüdern« sehr gewogen. Es ereignete sich nicht selten, daß Friedrich und Ludwig heftig miteinander streitend in Perkowitz erschienen, der Exzellenz die Hand küßten, Fräulein Ruthenstrauch, die Gesellschafterin, und Herrn Scheber, den Sekretär, grüßten, eine Stunde lang weiter stritten, wütend aufsprangen, sich empfahlen und streitend abfuhren.

Die Exzellenz, die während der ganzen Zeit Öl ins Feuer gegossen hatte, indem sie jetzt Friedrich und jetzt Ludwig zurief: »Da haben Sie recht!« – »Da haben wieder Sie recht!« hielt sich die Seiten vor Lachen.

Herr Scheber wirbelte die Daumen, rückte die Perücke, die immer schief auf seinem gurkenförmigen Kopfe saß, in der Absicht, sie geradezurichten, noch schiefer, schwitzte sehr, nahm eine Prise Tabak und seufzte: »Das ist aber doch –!«

Die wasserblauen Augen Fräulein Ruthenstrauchs drückten hilflosen Unwillen aus, ihre bleichen Lippen sprachen zitternd: »Ich dachte schon, sie würden einander in die Haare fahren, ich habe alle Farben gespielt …«

»Bilden Sie sich nichts ein!« rief die Exzellenz. »Die interessante Blässe Ihrer Wangen hat die ganze Zeit über nicht die geringste Veränderung gelitten.«

Mit innigem Ergötzen an den verstörten Mienen ihrer Untergebenen fuhr sie fort: »Was habt ihr für Nerven, ihr zwei! – Mir hat der Lärm wohlgetan. Man hört doch einmal wieder, was die menschliche Stimme vermag. Solch ein Gespräch reinigt die Luft, ich fühle mich erquickt wie nach einem Gewitter!«

An dem Tage, an dem die Brüder die Entdeckung gemacht hatten, daß sie bereits seit zehn Jahren in Wlastowitz weilten, statteten sie der Exzellenz einen Besuch ab. Die Gesellschaft hatte sich wie gewöhnlich in der Salle à terrain versammelt. In der rechten Ecke des Kanapees, das vor dem runden Tische stand, saß die Herrin von Perkowitz; Friedrich und Ludwig hatten auf zwei Armstühlen Platz genommen. Fräulein Ruthenstrauch wickelte in der Fenstervertiefung Seide ab, Sekretär Scheber hatte sich auf den Rand eines dünnbeinigen Sessels niedergelassen, in respektvoller Entfernung von den hochgebornen Herrschaften und in einer Positur, welche die Mitte hielt zwischen Schweben und Sitzen. Er blickte die Freiherren von Zeit zu Zeit verstohlen an und dachte: Was wird es heute geben?

Aber es gab nichts. Die Brüder waren in weicher, melancholischer Stimmung. Die Betrachtung über die rasche Flucht der Zeit, die Friedrich kürzlich angestellt, hatte einen starken Eindruck in seinem und in Ludwigs Gemüt hinterlassen.

Beide waren sich der entschwundenen Jugend, des versäumten Glückes plötzlich bewußt geworden und fühlten sich eigentümlich bewegt.

Die alte Exzellenz schwang vergebens ihre kleine Erisfackel; die Funken, die sonst wie in ein Pulverfaß gefallen wären, fielen jetzt wie in nasses Gras.

»Wissen Eure Exzellenz«, sagte Friedrich, »wie lange wir nun schon in Wlastowitz leben? – Zehn Jahre sind's! Ja, seit zehn Jahren genießen wir die Ehre, Ihre Nachbarn zu sein!«

»Erst seit zehn Jahren?« erwiderte sie. »Ich hätte geglaubt, unser Krieg wär' schon ein dreißigjähriger.«

»So?« – Friedrich ging mit sich zu Rate, ob dies eine Schmeichelei oder das Gegenteil sei. »Sehen Eure Exzellenz! ... Und ich machte erst kürzlich meinem Bruder die Bemerkung, daß die Zeit doch eigentlich sehr schnell ... daß ich fände, daß eigentlich – die Zeit – ach, die Zeit ...«

Er wußte nicht mehr, was er sagte, sagte es auch nur noch mechanisch hin und verstummte ganz, bevor er ein Ende seines Satzes gefunden.

Aber wenn die Stimme ihm ausblieb, so führten seine Augen eine um so beredtere Sprache. In Worte übersetzt würde sie gelautet haben: O wie schön! ... O du grundgütiger Himmel, wie teufelsmäßig schön! ... Etwas Schöneres kann man sich nicht denken und gibt's nicht!

Die Augen aller Anwesenden folgten der Richtung seines verzückten Blickes. In der Türe, die zu den Gastzimmern führte, stand eine hohe weibliche Gestalt. Nicht mehr in der ersten, aber, so wahr einem das Herz aufging bei ihrem Anblicke, in der schönsten Blüte. Sie trug ein einfaches, weißes Kleid, die prachtvollen kastanienbraunen Haare waren, in schwere Zöpfe geflochten, um den edel geformten Kopf gelegt. In der Hand hielt sie einen Strohhut, Handschuhe und Sonnenschirm, und so eigentümlich geschmackvolle, ja wirklich allerliebste Dinge wie diesen kleinen schwarzen Strohhut, diese schwedischen Handschuhe und diesen Sonnenschirm aus ungebleichter Seide, meinte Friedrich in seinem ganzen Leben nicht gesehen zu haben.

So hatte ich mir meine Josephe vorgestellt! dachte er. Ludwig dachte: Mit der kann sich nicht einmal meine Lina vergleichen, und beide dachten: Kein Traum kann holder sein! Aber sie hat vor diesem voraus, daß sie nicht zerstiebt beim Erwachen, daß man sie auch mit offenen Augen sehen, ja sogar mit ihr sprechen kann.

Als die Exzellenz ihr die Freiherren nannte und dann zu diesen sagte: »Meine Nichte Siebert«, verneigte sie sich, lächelte und versicherte auf das liebenswürdigste, daß sie »sehr erfreut« sei.

Sie setzte sich zu ihrer Tante auf das Kanapee, in die linke Ecke, neben der Friedrichs Armstuhl stand.

Der ältere Freiherr begann sogleich mit dem schönen Gaste des Schlosses ein lebhaftes Gespräch, während der jüngere tiefsinnig schwieg und die Dame mit ausbündiger Bewunderung betrachtete.

Der Eindruck, den die Erscheinung dieses entzückenden Wesens auf ihn machte, war um so überwältigender, da er ihn in einem Augenblicke innerer Wehrlosigkeit empfing; in einem Augenblicke der Wehmut, der Reue – der Schwäche mit einem Wort!

Es gibt aber auch Zufälligkeiten im Leben, derart merkwürdig, daß man sie für Winke des Schicksals halten muß, und wäre man weise wie Kant und aufgeklärt wie Voltaire. Ich möchte den sehen, der in der Stunde, in welcher er den Verlust einer guten Gelegenheit betrauert, eine hundertmal bessere fände und nicht ausriefe: Fatum! Fatum!

Was Ludwig betrifft, er meinte die Stimme zu hören, die ihm zurief: Da hast du's wieder, das Glück – das verloren gewähnte! Und dieses Mal greifbar genug. Es wohnt in Perkowitz – es ist die Nichte deiner nächsten Nachbarin!

Er beneidete seinen Bruder recht herzlich um die Beredsamkeit, die dieser entwickelte. Freilich, man muß borniert sein, um vor einem so wunderbaren Wesen mit so hausbackenem Zeuge auszurücken. Es geschah indessen mit hinreißendem Ausdruck. Friedrich sagte: »Solches Wetter im September – das ist ein Segen – da reifen die Trauben – da polarisieren die Rüben!« und sah sie dabei mit Blicken an, die sie förmlich einhüllten in Wohlwollen, und neigte sich über ihre Hände, die auf dem Tische lagen und mit den schwedischen Handschuhen spielten, so tief, so tief, daß man meinte, er werde sie gleich küssen.

Die Dame schien sich des Zaubers, den sie ausübte, wohl

bewußt. Sie hätte eine deutsche Lustspiel-Naive sein müssen, um nichts davon zu merken; doch wurde sie dadurch nicht übermütig, sie schien eher ein wenig verlegen, ein bißchen unangenehm berührt.

Wer jedoch die Freiherren mit heller Schadenfreude beobachtete, in wessen Mienen sich der Ausdruck des boshaftesten Triumphes spiegelte, das war niemand anders als Ihre Exzellenz.

Vorderhand war ihr jedoch daran gelegen, ihre wahren Gefühle zu verbergen, und plötzlich hub sie mit ihrer lauten, gedehnten Nasenstimme an: »Ja, was heißt denn das? mein lieber Ludwig? Ich frage Sie schon dreimal, ob Sie Ihre Wolle endlich verkauft haben, und kriege keine Antwort. Was ist denn überhaupt mit euch beiden? Ich weiß nicht, wie ihr mir vorkommt, meiner Treu! ... Der eine sitzt da wie Amadis auf dem Armutsfelsen, und der andere ... Nehmen Sie sich in acht, Fritz, Sie sehen heute wieder aus, so rot, als sollte Sie gleich der Schlag treffen.«

Den Freiherren war zumute, als ob sie durch einen Fußtritt aus dem siebenten Himmel auf die Erde geschleudert worden wären, und zwar dahin, wo sie am miserabelsten ist. Sie hätten in dem Momente die alte Dame ganz gern totgeschlagen.

Diese fuhr fort: »Übrigens haben wir miteinander noch ein Hühnchen zu pflücken. Ich wollte Sie bitten, Ihrem Förster die Erlaubnis zu geben, wenigstens manchmal irgendwo anders als an der Grenze zu jagen.«

»Die Erlaubnis?« murmelten die Brüder. »Exzellenz ... in der Tat ...«

»Als an der Grenze!« wiederholte die Exzellenz scharf und nachdrücklich. »Er patrouilliert Tag und Nacht vor meiner Remise auf und ab und pafft nieder, was sich zeigt – Bock oder Geiß!«

Die Freiherren schrien auf. Die Augen Friedrichs funkelten, und die Ludwigs schossen Blitze. »Ich gebe mein Wort«, sprach der letztere, »daß der Förster entlassen ist, wenn mir die Geiß bewiesen wird.«

»Er vaziert!« rief die Exzellenz und streckte ihre dürre Hand befehlend aus. »Die Geiß ist vorgestern geschossen worden!«

»Exzellenz!« entgegnete Friedrich, kaum mehr Herr seiner selbst, »ich habe das Stück gesehen, es war ein Bock!«

»Es war eine Geiß!« fiel Ihre Exzellenz mit kalter Bosheit ein, und Friedrich schrie wütend ... das heißt, er schickte sich an wütend zu schreien, doch blieb es bei der Absicht. Ein Blick seiner schönen Nachbarin verwandelte seine Aufregung in Ohnmacht und seinen Groll in Wonne. Sie sah ihn erschrocken an, flüsterte ihm leise flehend zu: »Ich bitte Sie! Haben Sie Nachsicht mit dem Eigensinn des Alters.«

– Ich bitte Sie! ...

Es klang wie himmlische Musik, hinreißend und unwiderstehlich. Nicht nur beschwichtigt, nein, selig neigte er das Haupt vor Ihrer Exzellenz und sprach mannhaft und begeistert wie ein ritterlicher Märtyrer:

»Wenn Euer Exzellenz befehlen, so war es denn eine Geiß.«

»Da haben wir's!« sagte die Tante; die Nichte jedoch legte die Hände wie applaudierend zusammen: »Bravo! Bravo! Sie sind ja außerordentlich liebenswürdig, Baron Gemperlein!«

»In solcher Nähe bemüht man sich wenigstens ...«, sagte er mit gutmütiger Naivität, und überwältigt von seiner großen, rasch entflammten Sympathie, fügte er hinzu: »Bleiben Sie doch recht lange bei uns, Fräulein!«

Sie hob bei diesem Worte errötend und mit schalkhaft protestierender Miene den Kopf. Schebers Augenbrauen fuhren ihm plötzlich vor Entzücken mitten auf die Stirn; Fräulein Ruthenstrauch stieß in ihrer Fensterecke ein Gekicher aus ... Aber die Herrin blickte die beiden Satelliten strafend an. – Schebers Gesicht legte sich sogleich wieder in die gewohnten Angst- und Kummerfalten. Fräulein Ruthenstrauch unterdrückte ihr Gekicher und widerrief es gleichsam durch ein lebhaftes Räuspern.

Die Exzellenz brachte rasch einen neuen Gesprächsgegenstand auf das Tapet und sagte dann, sich an ihren Gast wendend: »Wollen wir den Kaffee im Pavillon trinken, Klara?«

So erfuhren die Brüder, daß die Nichte Frau von Sieberts Klara hieß. Friedrich hatte eine große Freude darüber, begnügte sich aber mit dieser Kenntnis nicht, sondern brachte es, abgefeimt, wie er einmal war, im Laufe des Abends durch geschickt eingeholte Erkundigungen und fein gestellte Fragen so weit, daß er erfuhr, Klara sei die Tochter des Schwagers der Kanzlerin, Herrn von Sieberts, Obersten in sächsischen Diensten. Er jubelte über den Erfolg seiner Forschungen. Dieses Mal wird ihm Ludwig nicht vorwerfen können, daß er sich in ein Phantom verliebt hat, dieses Mal geht er gründlich, praktisch, besonnen an die Vorbereitungen zu einer künftigen möglichen Werbung.

Der Pavillon, in welchem das Abendbrot eingenommen wurde, befand sich auf einer Höhe derjenigen gegenüber, von der aus Schloß Wlastowitz die Gegend beherrschte. Klara erklärte, es sei wunderhübsch gelegen, nehme sich mit seinen weißen Schornsteinen und seinem hohen, französischen Dache sehr freundlich, ja, man könne sogar sagen, imposant aus.

Friedrich meinte ganz beseligt, es käme ihm selbst manchmal so vor. Wlastowitz sei überhaupt ein Aufenthalt, der eigentlich nichts zu wünschen übrig lasse … »Eines freilich ausgenommen – eines ja – längst gesucht – nicht gefunden – es fehlt eine …«

»Halt!« unterbrach ihn Klara, »lassen Sie mich raten!«

»Gut, gut, raten Sie … Raten Sie« – wiederholte er leise und blinzelte sie erwartungsvoll an.

»Das wäre eine Kunst, das zu erraten!« sprach die Kanzlerin trocken. »Eine Hausfrau fehlt Ihnen, das weiß ja die ganze Welt.«

Klara versicherte, daß sie auf den Gedanken nicht gekommen wäre, sie lachte, sie scherzte, und, harmlos mitlachend, bemerkte Friedrich die Blicke des Einverständnisses nicht, die Tante und Nichte, Sekretär und Gesellschafterin miteinander wechselten.

Ludwigs Angesicht hatte sich verfinstert. Er schämte sich seines Bruders, er mußte sich zusammennehmen, um ihm nicht laut zuzurufen: Man hat dich zum besten! Das aber ging jetzt durchaus nicht an, und so sagte er nur in tadelndem Tone zu Klara:

»Sie besitzen ein sehr heiteres Naturell.«

Sie senkte die Augen und sah plötzlich ganz betroffen aus; erst nach einer kleinen Pause antwortete sie: »Ja«.

Nur: Ja, – aber in dem einen Wörtchen lag das freimütigste Eingeständnis, die liebenswürdigste Reue. Ludwig fühlte sich entwaffnet und sagte, schon freundlicher: »Dazu kann man nur gratulieren!«

»Nicht wahr?« sprach sie. »Es ist gut, zu den Leuten zu gehören, die Gott danken, daß er neben den tiefsten Schatten das hellste Licht gestellt hat.«

Ein Zitat, nicht gerade neu, allein ganz charmant gebracht; er mußte ihr seine Anerkennung aussprechen, sie fand eine geistvolle Antwort, und die hohe Meinung, die er sich beim ersten Anblicke von ihr gemacht, war wiederhergestellt. Wie so ganz anders als mit seinem Bruder sprach dieses himmlische Wesen mit ihm! Wie gut wußte sie, mit wem sie es jetzt zu tun hatte, wie gründlich ging sie auf seine gediegenen Erörterungen ein! Er bewies ihr das Vertrauen, das ihr Verstand ihm einflößte, indem er die tiefsten Fragen berührte, mit denen sein Geist sich beschäftigte. Er stellte die drei Kardinalpunkte seiner Überzeugungen auf:

Die einzig sittliche Staatsform ist die Republik.

Es gibt keine persönliche Fortdauer nach dem Tode.

Die Mutter alles Unheils, das je in die Welt gekommen, ist die Phantasie.

Friedrich rutschte in peinlicher Verlegenheit auf seinem Sessel hin und her. – Ein so gescheiter Mensch, dieser Ludwig! aber wie man mit Frauen umgeht, davon hat er keine Idee! … Es tut einem leid, Jesus, wirklich leid um ihn …

Die Kanzlerin fragte laut, wieviel Uhr es sei; Fräulein Ruthenstrauch und der Sekretär gähnten durch die Nase. Es begann kühl und dunkel zu werden; die Gesellschaft begab sich nach dem Schlosse zurück. Im Speisezimmer brannten schon die Lichter, und der Bediente trat an Ihre Exzellenz mit der Frage heran, für wie viele Personen gedeckt werden solle … »Gedeckt? … Wozu? …«, fiel ihm die Frau vom Hause ins Wort und wandte sich dann mit unverhohlener Ungeduld zu den Freiherren: »Bleiben Sie auch beim Souper?«

Sie wurde nicht verstanden; denn wie aus einem Munde versicherten die Brüder, daß sie nicht vermöchten, einer so gütigen Aufforderung zu widerstehen.

»Jetzt dauert mir der Spaß lange genug!« sagte Ihre Exzellenz so laut zur Ruthenstrauch, daß diese erschrak und einen langen Blick auf die Freiherren warf. Unnötige Sorge! Sie sahen und hörten nur die schöne Klara. Das Souper wurde auf- und wieder abgetragen: die hartnäckigen Gäste rührten sich nicht.

Die Kanzlerin gab endlich den Befehl, den Wagen der Freiherren, der längst angespannt war, anzumelden. Da erwachten sie wie aus einem Traume und empfahlen sich – beide so verliebt, wie sie bisher nicht geahnt hatten, daß man es sein könne.

5

Zum ersten Male seit zehn Jahren brachten die Brüder eine schlaflose Nacht zu. Zum ersten Male unterblieb am folgenden Tage der Morgenritt, zum ersten Male frühstückte jeder von ihnen auf seinem Zimmer und streifte dann allein durch Wälder und Fluren. Sie kamen nicht nach Hause zum Mittagessen, worüber Anton Schmidt beinahe in Verzweiflung und die Köchin in solche Aufregung geriet, daß sie eine spanische Windtorte mit Bratensoße statt mit Schokolade übergoß und dem Küchenmädchen, das ihr Versehen zu belächeln wagte, mit sofortiger Entlassung drohte.

Frau Kurzmichel, von den Vorgängen im Schlosse unterrichtet, brachte den Tag in Angst und Sorge zu und wußte keine Antwort auf die unablässig wiederholte Frage ihres Gatten: »Was tun? Was beginnen?«

Angesichts des Unerhörten steht auch der größte Verstand still.

Abends gegen acht Uhr begab sich der Herr Verwalter gewohntermaßen zum Vortrage in das Schloß. Es war darin so still, als würde es nur von Mäusen bewohnt. Anton hatte sich in höchster Angst aufgemacht, um seinen Gebieter zu suchen. Die übrige Dienerschaft saß wispernd und flüsternd in der hell-erleuchteten Küche um den warmen Herd.

Kurzmichel durchwanderte vorsichtshalber zuerst die ganze Enfilade. Alles leer, verödet und unheimlich dunkel. Der alte Mann nahm endlich Platz auf dem schwarzen Ledersofa im Vorgemache und wartete, seine Wirtschaftsbücher unter dem Arme. Durch das breite Fenster ihm gegenüber blinkte der Abendstern freundlich herein, während hellgraue Nebel langsam emporstiegen aus den Wiesen im Tale und sich allmählich mit dem schweren Wolkenkranze verbanden, der unbeweglich über den Bergen lag. Kurzmichel begann über alles nachzusinnen, was den Herren begegnet sein konnte, und schreckliche Möglichkeiten stellten sich ihm dar. Vielleicht waren beide verunglückt – vielleicht nur einer – vielleicht einer durch den anderen ... Kurzmichel hat so etwas tausendmal befürchtet bei ihrem Temperament, bei ihrer nie gestillten Kampflust! ... Vielleicht war es zum Äußersten gekommen; vielleicht ist jetzt einer der Brüder ...

Nein, der Gedanke ist nicht auszudenken ... Kurzmichel bemüht sich, die entsetzlichen Vorstellungen, die ihn bedrängen, durch eine friedliche Geistestätigkeit zu beschwören, und beginnt halblaut das große Einmaleins herzusagen. Dabei jedoch lauscht er fieberhaft gespannt gegen die Treppe hin, und endlich ist ihm, als ließen sich Schritte auf derselben vernehmen. Sie steigen langsam herauf. Die Türe des Vorsaales öffnet sich, um eine imposante Gestalt einzulassen, und die Stimme des Freiherrn Friedrich spricht: »Wer ist da? Warum zündest du die Lampe nicht an, du Esel?«

Der Verwalter fühlt sich durch den »Esel« nicht getroffen, denn sein Herr hält ihn offenbar für den Hausknecht; doch kann er nicht umhin zu denken, daß die Freiherren diese für jeden Menschen demütigende Bezeichnung doch etwas seltener gebrauchen sollten.

»Ich bin's, Euer Hochwohlgeboren«, spricht er, »ich komme, ich erscheine zum Vortrag.«

Ein unartikulierter Laut – das Wort »Vortrag« nachgemurmelt mit einem Akzente, als bezeichne es etwas Ungeheuerliches, nie Gehörtes. Friedrich fährt Herrn Kurzmichel an: »Sprechen Sie mit meinem Bruder!« und geht an ihm vorüber in den Saal, dessen Tür er kräftig hinter sich zuschlägt.

Mit meinem Bruder! ... Kurzmichel atmet und lebt wieder auf, und als der Hausknecht mit dem brennenden Wachsstocke hereinstürzt, die Hängelampe anzündet und forteilt, um weiterhin Licht zu verbreiten, schlägt der Verwalter sich vor die Stirn, als wollte er sie strafen für die tollen Vorstellungen, die sie eben gehegt.

Wieder rasselte die schwere Tür in ihren Angeln, und herein trat Freiherr Ludwig. Er trug den Kopf wie immer hoch und stolz, hatte beide Hände in die Taschen seines langen Überrockes versenkt und schritt geradeso zerstreut wie Friedrich an Herrn Kurzmichel vorüber. »Ich komme zum Vortrage«, sprach dieser. »Sprechen Sie mit meinem Bruder!« rief Ludwig, ohne sich aufzuhalten, ohne ihn nur anzusehen, und warf die Salontür noch kräftiger hinter sich zu, als Friedrich getan.

Herr Kurzmichel kannte die barsche Art seiner Herren, wurde aber immer empfindlich durch sie verletzt. Beim Nachhausekommen erklärte er seiner Gattin, man brauche etwas Unangenehmes deshalb noch nicht angenehm zu finden, weil es einem täglich widerfährt. Die treffliche Frau ließ die Richtigkeit dieser Bemerkung gelten und gewährte ihrem Manne den besten Trost, den es gibt: sie bedauerte ihn.

Die Freiherren nahmen das Abendessen schweigend und hastig ein. Nach demselben zündeten sie ihre Zigarren an, rückten beide ihre Stühle vom Tische weg, wandten einander nicht gerade den Rücken, aber doch die Seite zu und starrten hartnäckig in die Luft. Friedrich war der erste, der einen Laut von sich gab, indem er zu murmeln begann: »Sie-bert – Siebert! … Klara Siebert!«

»Was?« fragte Ludwig.

»Gute Familie«, fuhr Friedrich fort. »Gehört dem ältesten Adel Sachsens an.«

Ludwig entgegnete mit unglaublich sanfter Stimme: »Woher hast du das?«

Sein Bruder sah ihn flüchtig an: »Es ist meine Überzeugung«, antwortete er.

»Ich glaube, daß du irrst«, sagte Ludwig so sanft wie früher. »Die Siebert sind bürgerlich – Papieradel zählt ja in deinen Augen nicht – ganz bürgerlich.«

Friedrich richtete sich auf, schlug heftig mit der Faust auf den Tisch und rief: »Meinetwegen!«

Es trat eine lange Pause ein. Endlich sprach Ludwig, schwer atmend, allein immer noch mit anbetungswürdiger Ruhe: »Du bist verliebt. Ich bin es auch.«

Schmerzlich bejahend, nickte Friedrich mit dem Kopfe. Das Wort überraschte ihn nicht, es war nur die Bestätigung eines ihm bereits bekannten Unglückes.

»Was ist«, fuhr Ludwig fort, »müssen Männer den Mut haben, gelten zu lassen. Nicht wahr?«

»Wahr«, lautete die Antwort.

»Heiraten aber – kann sie nur einer.«

»Auch wahr – «

»Denn – Bruder –« Ludwig stand auf, drückte die Knöchel der geballten Hände auf den Tisch und schien sich anzuschicken, eine längere Rede zu halten. Aber Friedrich hinderte ihn an der Ausführung dieses Vorhabens, indem er sagte: »Lieber Bruder, was sich von selbst versteht, brauchst du mir doch nicht zu erklären.«

»Das ist also ausgemacht. Höre ferner – höre mich ferner geduldig an. Kannst du mich ferner geduldig anhören?«

»Ich werde sehen. Rede!«

»Heiraten kann sie nur einer. Jetzt aber kommt die Frage: Welcher?«

»Das ist es ja!« Auch Friedrich stand auf, fuhr sich mit beiden Händen in die Haare und setzte sich wieder nieder.

»Ich habe gefragt: Welcher?« sprach Ludwig – »die Antwort auf diese Frage ist die selbstverständlichste der Welt und lautet: Derjenige, für den sie sich entscheidet ... Überlassen wir ihr die Wahl -«

»... Ihr – die Wahl? ... ihr die Wahl? ... Glaubst du nicht, lieber Bruder, daß sie denjenigen wählen wird, der am eifrigsten um sie wirbt? Denjenigen, der ihr zuerst seine Hand anbietet?«

»Ich glaube, lieber Bruder, daß sie denjenigen wählen wird, der ihr besser gefällt. Was werben! ... Wirbt der, der ihr nicht gefällt, so schlägt sie ihn aus ... So schlägt sie ihn aus –« wiederholte er nachdenklich.

Als die Brüder gestern von Perkowitz fortgefahren waren, hatte Ludwig die Überzeugung mitgenommen, auf Klara einen sehr günstigen Eindruck hervorgebracht zu haben. In der schlaflos durchwachten Nacht jedoch, während des einsam verträumten Tages waren allerlei Zweifel in ihm aufgestiegen. Daß sie seine geistige Überlegenheit über seinen Bruder erkannt habe, blieb ihm ausgemacht. Aber konnte nicht gerade diese Überlegenheit erkaltend auf sie wirken? Konnte nicht vielleicht Friedrichs naives und harmloses Wesen ihr sympathischer sein als sein strenges, unbeugsames? Hatte sie sich nicht gesagt: Dir könnte ich Gattin, ihm Herrin werden, und wer weiß es, vielleicht gehört sie zu den Frauen – es soll auch solche geben! –, die lieber herrschen als beherrscht werden …

Der Vorschlag also, den er seinem Bruder machte, Fräulein Klara zwischen ihnen entscheiden zu lassen, kam aus vollkommen ehrlichem Herzen und aus dem redlichen Wunsche, der qualvollen Ungewißheit, in welcher sie sich befanden, – so oder so! ein Ende zu machen.

Friedrich jedoch zögerte, dazu ja zu sagen. Er wußte die Antwort im voraus, die Klara geben würde, wenn man ihr die Wahl freistellte; es schien ihm falsch, treulos, hinterlistig, den armen Teufel, den Ludwig, einer sicheren Enttäuschung und Demütigung auszusetzen. Anderseits – wenn man ihm noch so oft wiederholt: Dich nimmt sie nicht! – wird er es glauben? … Ein schwerer Kampf entspann sich in ihm. Er hätte um alles in der Welt ein anderes Auskunftsmittel finden mögen, aber er fand keines, wie sehr er sich auch quälte. So schwieg er, schwieg um so hartnäckiger, je eifriger und beredsamer Ludwig in ihn drang, entweder seinen Vorschlag anzunehmen oder einen besseren zu machen!

Während er so finster, stumm und gepeinigt dasaß, kam sein Jagdhund, legte ihm den Kopf auf das Knie und begann zu winseln. »Marsch!« rief Friedrich, und als das Tier nicht sogleich gehorchte, gab er ihm einen derben Fußtritt. Der Hund stieß einen kurzen heulenden Laut aus und setzte sich in die Fensterecke; frierend, von Zeit zu Zeit leise winselnd, verfolgte er Friedrich fortwährend mit liebevoll flehenden Augen und trommelte vergnügt mit seinem harten Schwanze auf den Boden, sobald es ihm gelang, einen Blick seines

Herrn zu erhaschen. Dieser brummte: »Verwöhntes Vieh!« erhob sich, holte ein Polster vom Kanapee und schleuderte es dem Hunde zu, der es sogleich mit der Schnauze in die Ecke schob und sich darauf niederlegte.

Ludwig aber brauste plötzlich auf: »Herrgott im Himmel! ... Da red ich seit einer halben Stunde in diesen Menschen hinein ... Es handelt sich um sein Lebensglück und um meines, und dieser Mensch – spielt mit seinem Hund! ...«

Jetzt flammte auch Friedrich auf: »Hab', was du willst! ... Gut denn, sie mag wählen! Mir ist's recht. Aber wenn die Wahl getroffen sein wird, dann – ein Feigling, wer dann rekriminiert –«

»Ein erbärmlicher Feigling!« überbot ihn Ludwig. »Der eine heiratet, der andere sieht zu, wie er mit sich fertig wird.«

»Seine Sache. Mich kümmert's nicht!«

»Mich noch weniger!«

»Merke dir das!«

Die Freiherren blickten einander erbittert an und stürzten in entgegengesetzten Richtungen aus dem Gemache. So zornig sie auch noch immer waren, empfanden sie es doch als eine Erlösung, endlich wieder ihre Herzen entlastet zu haben von der bedrückenden Qual der Ratlosigkeit.

6

Am nächsten Tage, die Brüder waren eben von ihrem Morgenritte heimgekehrt, ließ der Herr Verwalter sich bei ihnen melden. Er berichtete, daß der Bote des Amtes Perkowitz soeben im Amte Wlastowitz einen Brief unter der freiherrlich Friedrichschen Adresse hinterlegt habe und ...

»Brief« – unterbrach ihn Friedrich – »aus Perkowitz – wo? ...«

Kurzmichel übergab einen nett und zierlich gefalteten

Zettel und bat, diese Gelegenheit ergreifen zu dürfen, um den gestern versäumten Vortrag …

Aber der Freiherr hörte ihn nicht an. Er hatte das kleine Schreiben hastig aufgebrochen, in höchster Aufregung in allen seinen Taschen nach seinen Augengläsern gesucht – ach! seit einem Jahre konnte er, fatale Geschichte! nicht mehr ohne Augengläser lesen – und war, da er sie nicht fand, mit Riesenschritten in sein Zimmer gestürzt.

»Von wem – der Brief? …« fragte Ludwig dumpf.

»Von Ihrer Exzellenz –«

»Von Ihrer Exzellenz? ---« und Ludwig eilte seinem Bruder nach.

»Einladung!« rief ihm dieser zu. »Ihrer Nichte und uns zu Ehren veranstaltetes Goûter im Waldschlößchen Rendezvous!

… Ihrer Nichte und uns – verstehst du? und uns!«

»Aha!« sagte Ludwig und nahm das Briefchen aus Friedrichs Händen. Die Schlußzeilen desselben waren viel merkwürdiger als der Anfang. Friedrich hatte sie in seinem Freudentaumel nur nicht recht angesehen: »Wir haben Ihnen ein Bekenntnis abzulegen; dann trinken wir Kaffee auf fernere gute Freundschaft.«

»Wirklich? Steht das?« jubelte Friedrich und hüpfte im Zimmer herum wie ein glückliches Kind.

An diesem Tage klagten die Freiherren nicht über die rasche Flucht der Zeit. Eine Stunde lang warteten beide vor dem Schlosse auf den für drei Uhr nachmittags bestellten Wagen. Pünktlich fuhr um diese Zeit die Equipage in den Hof: ein leichter Phaeton, mit Braunen bespannt, die der Kutscher vom Rücksitze aus lenkte. Sobald Friedrich die Pferde erblickte, runzelte er die Stirn. »Die Hannaken?« fragte er, »wer hat befohlen, die Hannaken einzuspannen?«

»Ich!« antwortete Ludwig, schwang sich auf den erhöhten Kutschersitz und ergriff die Zügel. »Steig ein! Nun – so steig doch ein!«

Aber Friedrich blieb neben den Pferden stehen und musterte sie mit gehässigen Blicken. »Mit denen wirst du Parade machen«, sprach er.

Die Braunen waren seit Monaten die Veranlassung lebhafter Streitigkeiten zwischen den Freiherren. Ludwig, der, wie Friedrich sagte, von Pferden soviel verstand wie ein Faßbinder vom Spitzenklöppeln, hatte sie von einem Bauern ohne Vorwissen seines Bruders gekauft. Als er sie diesem, voll Stolz auf die getroffene Wahl, vorführen ließ, rief Friedrich schon von weitem: »Nichts dran! Gemein!«

»Was gemein? – Nichts ist gemein als der Hochmut. Sie haben Figur!« entgegnete Ludwig.

»Figur – aber kein Blut – und nicht einmal Figur – Beine wie Spinnen – abgeschlagenes Kreuz – Rehhälse – es sind Krampen!«

Ludwig hatte an die Pferde die unsäglichste Sorge und Mühe gewendet, sie in Stroh stellen lassen bis an die Bäuche, mit Hafer vollgestopft – sie longiert, dressiert, eingeführt – alles umsonst! – Sie waren und blieben schlechte Zieher; faul, wenn's vom Stalle, hitzig, wenn's nach Hause ging; schreckhaft, nervös, bodenscheu – nichtsnutz mit einem Worte.

Allein Ludwigs Herz hing an ihnen, ihm gefielen sie, und weil er hoffte, daß sie auch Fräulein Klara gefallen würden, hatte er sie heute einspannen lassen.

»Steig nur ein!« wiederholte er, und trotz des innigsten Widerstrebens entschloß sich Friedrich dazu. Schwer genug kam es ihn an! Bei einer Gelegenheit, in welcher man sich gern im besten Lichte zeigen möchte, bei der alles an und um einen den Stempel der Solidität und Gediegenheit tragen soll, mit solchem Gespann vorzufahren – dazu gehört etwas! …

Allein er tat's; er gab nach. Der arme Mensch, der Ludwig, dem vermutlich schon in der nächsten Stunde die bitterste Enttäuschung bevorstand, flößte ihm Mitleid ein, und er ließ ihm denn seinen kindischen Willen.

Sie lenkten durch das Dorf. Trotz Friedrichs dringender Warnung verließ Ludwig am Ausgange desselben die Straße und schlug den Feldweg ein. Der war so schlecht als möglich und wurde im Walde, der den nächsten Bergrücken deckte und hier die Perkowitzer Grenze bildete, sogar gefährlich; da folgte er einem Gerinne und stieg bis zur Erreichung der Wasserscheide steil hinan, rechts vom Hochwalde begrenzt, links jäh abfallend gegen den feuchten Wiesengrund. An seiner schmälsten Stelle war freilich ein Geländer angebracht, doch bestand es nur aus halbvermorschten Birkenstämmen und bedeutete viel eher: Nehmt euch in acht! als: Verlaßt euch auf mich!

Gegen alle Erwartungen Friedrichs hielten sich die Braunen heute merkwürdig gut. Sie liefen leicht und munter in gleichmäßigem Trabe vorwärts, als wüßten sie, daß ihnen die ehrenvolle Aufgabe geworden, ihren Herrn in die Arme des Glückes zu führen. Ludwig betrachtete sie liebevoll und ließ es an schmeichelhaften Zurufen nicht fehlen. Sein Gesicht strahlte vor Freude. Jetzt begann es aufwärts zu gehen, die Last des Wagens wurde den Pferden empfindlich fühlbar: plötzlich drückten beide gegen die Stange, und eines stieß das andere mit dem Kopfe an den Hals, als ob sie sagten: Zieh' du!

Friedrich, der bisher schweigend, mit gekreuzten Armen neben seinem Bruder gesessen hatte, sprach nun, ganz ruhig zwar, aber außerordentlich wegwerfend: »Kommen nicht hinauf.«

»Kommen hinauf!« rief Ludwig.

»Im Schritt schon gar nicht.«

»Nun denn, in einem anderen Tempo!« sprach Ludwig und schnalzte mit der Peitsche. Die Pferde sprangen in Galopp ein, und glücklich gelangte man ein Stückchen weiter. Aber nur zu bald erlahmte der Eifer der Hannaken, ein paar Sätze noch, und sie blieben stehen – der Wagen rollte zurück. Friedrich zwinkerte mit den Augen und stieß ein spöttisches: »Bravo!« aus. Ludwig strich Rücken und Flanken der Pferde mit wuchtigen Hieben, sie zitterten, schlugen aus und – rührten sich nicht vom Flecke. Der Kutscher stieg ab und schob einen Stein hinter eines der Räder; dabei glitt er aus, fiel, geriet, als er aufspringen wollte, zu nahe an den Wegrand und kugelte den Abhang hinab.

Friedrich lachte, Ludwig fluchte; er warf seinem Bruder die Zügel zu, sprang vom Wagen, schlug wie rasend auf die Braunen los und schrie vor Wut schäumend: »Bestien! … Umbringen … umbringen könnt' man sie!«

Die Tiere, stöhnend unter den Schlägen, die auf sie niederhagelten, bäumten sich, ein Ruck – das gegen den Stein gestemmte Rad krachte, der Wagen stand quer über dem Wege. –

Jetzt begann Friedrich die Sache nicht mehr ganz geheuer zu finden. »Du Narr, so wart' doch!« rief er und wollte sich von seinem Sitze schwingen, aber Ludwig ließ ihm dazu nicht Zeit. Sinnlos vor Zorn, drang er nur wilder auf die Pferde ein. Die warfen sich zurück, prallten an das Geländer, es brach, und die ganze Equipage schlug den Weg ein, den vor ihr schon der Kutscher genommen hatte.

»Prosit!« knirschte Ludwig – aber im selben Augenblicke blitzte das Bewußtsein dessen, was er getan, mit tödlichem Schrecken in ihm auf – und ein fürchterlicher Schrei entrang sich seiner Brust.

Bleich wie eine Leiche, mit aufgerissenen Augen taumelte er zum Rande des Abhanges hin. Unten lagen die Pferde, in Zügel und Stränge verwickelt, lag der Wagen mit den Rädern in der Luft – von Friedrich war nichts zu sehen.

In verzweifelten Sätzen sprang Ludwig hinunter; der Kutscher kam herbeigehinkt: »Jesus, Maria! Jesus, Maria und Joseph!« winselte er und starrte schreckgelähmt seinen Herrn an, der, aussehend wie ein Toter, die Arbeit von zehn Lebendigen verrichtete.

Er durchschnitt und zerriß die Zügel; als ein Strang sich

nicht gleich lösen lassen wollte, schlug er die Wage mit einem Stein in Stücke, er führte einen Faustschlag gegen den Kopf eines der Pferde, welches im Emporringen an den Wagenkasten stieß, daß es zurücktaumelte, als wäre ein Blitzstrahl vor ihm niedergefahren ... Nun war der Wagen frei – man sah Friedrich unter demselben liegen, das Gesicht ins Gras gedrückt, das gerötet war von Blut. Ludwig sprang hinzu. Mit Riesenkraft stemmte er sich gegen den Wagen und hob ihn vorsichtig, langsam, half nach mit dem Kopfe, mit den Schultern und schleuderte ihn neben den Mann hin, der bis jetzt seine ganze Last getragen.

Dieser Mann aber atmete tief auf – er lebte! ... Ludwig wollte sich zu ihm niederbeugen, die Arme ausstrecken – sie sanken ihm, seine Knie wankten; statt des Namens, den er auszusprechen suchte, drang nur ein gepreßtes Stöhnen aus seinem Munde ... Plötzlich hob sich Friedrich auf ein Knie empor; er wischte rasch mit der Hand das Blut ab, das ihm von der Stirn über die Augen floß, sah Ludwig vor sich stehen und –:

»Da hast du's! Es geschieht dir recht!« rief er mit einer Stimme, die keinen Zweifel darüber aufkommen ließ, daß der kräftige Gemperleinsche Brustkasten dem erlittenen Schock siegreich widerstanden hatte.

Er richtete sich auf, schüttelte sich, pustete, deutete auf die jämmerlich zerschundenen, mit Blut und Schmutz bedeckten Pferde und sprach: »Die sehen schön aus!«

Ludwig blieb noch immer unbeweglich. Die Augen glühten ihm unter den geschwollenen Deckeln und waren auf seinen Bruder geheftet mit einem Ausdrucke von Wonne und von unaussprechlicher Liebe. »Ist dir nichts?« fragte er heiser und tonlos.

Jetzt sah sich Friedrich den Menschen erst recht an, ein erstauntes und mitleidiges Lächeln glitt über sein Gesicht, er zog das Taschentuch hervor, drückte es an die Stirnwunde und murmelte etwas, das man nicht deutlich verstehen konnte, doch soll das Wort »Esel« darin vorgekommen sein. Dann erfaßte er einen der Hannaken beim Zügelreste, der am Kopfgestell hängengeblieben war, und kletterte mit dem erschöpften, bei jedem Schritte stolpernden Tiere die steile Anhöhe hinauf ---

etwas langsamer, als es an einem anderen Tage geschehen wäre. Der Kutscher folgte mit dem zweiten Pferde; zuletzt kam Ludwig, gesenkten Hauptes, mit einer zerbrochenen Wagenlaterne in der Hand, die er mechanisch aufgehoben hatte und festhielt.

Schweigend zog die kleine Karawane eine halbe Stunde später in Wlastowitz ein. Die Pferde wurden in den Stall geführt. Dort traf man Anstalten, den im Tobel zurückgebliebenen Wagen abzuholen.

Friedrich meinte, Ludwig solle sich nur rasch umkleiden und gleich hinüberreiten nach Rendezvous; er selbst werde in einer halben Stunde nachkommen. »Es wäre gescheiter, du gingest heim und machtest dir Eisumschläge«, sagte Ludwig.

Friedrich entgegnete sehr barsch, er sei keine Wöchnerin. Sie zankten ein weniges und gingen dann ins Schloß und jeder auf sein Zimmer.

Zehn Minuten später trabte Ludwigs Reitknecht nach Rendezvous, einen Brief seines Herrn an Fräulein Klara von Siebert in der Tasche. Ludwig blieb zu Hause. Er schritt rastlos in seinen Gemächern auf und ab, in seinem Kopfe ging es zu wie in einem Pochwerk. Jede Ader schlug fieberhaft, jeder Gedanke, den das siedende Gehirn gebar, war Wirrsal, Qual und Pein! Ein Gedanke – der schlimmste – erdrückte alle anderen: Du hast das Leben deines Bruders gefährdet! ... Wieviel hat gefehlt, und du wärst jetzt sein Mörder ...

Die Glocke rief zum Souper. Er ging in den Speisesaal, wo ihn Friedrich bereits erwartete. Dieser aß mit gutem Appetit; man sprach, rauchte, disputierte sogar – aber das alles ohne rechte Freude ... Das Herz war nicht dabei.

Viel früher als gewöhnlich stand Ludwig auf und sagte:

»Gute Nacht!« Er hätte so gern hinzugefügt: Schlaf gut! oder noch einmal gefragt: Ist dir nichts? Aber Friedrich würde sich geärgert oder ihn ausgelacht haben; so ließ er's bleiben und ging schweigend aus dem Saale.

Friedrich sah ihm lange wehmütig nach. Seine Augen füllten sich mit Tränen. »Armer Kerl!« murmelte er leise. Er stützte gedankenvoll den Kopf in die Hände und verharrte so eine geraume Zeit. Als er sich endlich erhob und mit entschlossenen Schritten seine Zimmer betrat, leuchtete auf seinem Antlitze der Strahl einer hohen und stolzen Freude über einen großen Sieg – einen Sieg der edelsten Selbstverleugnung und des reinsten Opfermutes. So spät es auch war, sandte Friedrich noch an diesem Abende durch einen reitenden Boten ein Schreiben an Ihre Exzellenz, Frau von Siebert, nach Perkowitz.

Indessen saß Ludwig an seinem Schreibtische und schrieb in schwungvollen Zügen, langsam und feierlich, sein Testament. Er ernannte darin seinen Bruder, den Freiherrn Friedrich von Gemperlein, zum Erben seines gesamten Hab und Gutes, falls er (Ludwig) unvermählt und kinderlos bleiben sollte, was, fügte er hinzu, vermutlich geschehen dürfte. Den Schluß des Aktenstückes bildeten die Worte: »Ich wünsche, wo immer ich sterbe, in Wlastowitz begraben zu werden.«

Nach getanem Werke fühlte Ludwig sich etwas ruhiger. Dennoch duldete es ihn nicht länger in der stillen Stube; es trieb ihn hinaus in die atmende Natur, in die freie, kalte Luft. Die Nacht war dunkel, nur einzelne Sterne glitzerten am Himmel, der Wind rauschte in den Bäumen und trieb die dürren Blätter über den weißlich schimmernden Sand der Wege und knisterte in den tiefschwarzen Massen der Gebüsche.

Ludwig ging mit festen Schritten vorwärts. Noch einmal wollte er jeden Weg im Garten betreten und jeden Lieblingsbaum gegrüßt haben, bevor er, schweren Herzens, Abschied nahm.

Dich zuerst, alte Edeltanne auf der Wiese, die letzte von zehn aus dem Walde verpflanzten Schwestern. Hattest lange gekränkelt und ragst jetzt so stolz in der Fülle der Gesundheit. Dich, du edler Walnußbaum, an dem Friedrich nie vorübergeht, ohne zu sagen: »Das ist ein Baum! …« Dann die Araucaria in der Nähe des Lärchenwäldchens – Respekt vor der! Ein Nadelbaum mit Palmennatur – nordische Kraft, vereint mit südlicher Schöne – es ist ein Wunder! … Und du, Zeder vom Libanon, junges, schönstes Fräulein, hast einen grünsamtnen Reifrock an, und die neuen zarten Triebe schmücken deinen Wipfel wie Federn das anmutigste Haupt. Endlich der Zürgelbaum. Ein Nichtkenner geht wohl an ihm vorbei und meint, der gehöre zu der Gattung, die Äpfel trägt – aber der Kenner, ja, der reißt die Augen auf. Der bewundert den moosbedeckten, eisengrauen Stamm, die schlanken Zweige mit den Ästchen, so fein wie Draht, die kleinen, seidenweichen Blätter. »Im botanischen Garten in Schönbrunn gibt's schönere Zürgelbäume, sonst nirgends!« sagt Friedrich.

Hast recht! – Schöneres mag es geben draußen in der Welt, aber nichts Lieberes, als was hier gedeiht, lebt, blüht und welkt. Schade, schade, daß man es verlassen muß. Aber unter den Umständen, die jetzt – wie bald! – eintreten werden, kann Ludwig in Wlastowitz nicht mehr leben.

Er ersteigt noch die Anhöhe am Ende des Gartens, von der aus man hinüberblicken kann auf die Gruftkapelle, die sein Vater errichten ließ. Durch das Gitter des Fensters glänzt ein kleiner, feuriger Punkt, das Licht der Lampe, die über dem Sarge des Vaters brennt – des ersten, der hier ruht.

Ein trauriges Lächeln tritt auf die Lippen Ludwigs; er freut sich, daß er in seinem Testamente den Wunsch ausgesprochen hat, in Wlastowitz begraben zu werden. Friedrich wird schon verstehen, was das heißt … Ich kehre zurück, heißt es, zu dir, dem ich so oft weh getan, dessen Leben ich sogar einmal in Gefahr gebracht – den ich aber doch innigst geliebt habe.

Ganz ruhig, beinahe heiter kam Ludwig nach Hause. Die Fenster von Friedrichs Schlafzimmer waren noch erleuchtet, und an den Gardinen glitt in unregelmäßigen Zwischenräumen ein hoher, dunkler Schatten vorüber. Auch du wachst – von Sorgen und bangen Zweifeln gequält. Warte! warte! – Nur noch ein paar Stunden, und du wirst glücklich sein!

Um elf Uhr morgens stieg am folgenden Tage Ludwig vor dem Tore des Schlosses Perkowitz vom Pferde. Ein Diener, der ihn erwartet zu haben schien, führte ihn sogleich durch die Salle à terrain zu der Tür des Gastzimmers, aus dem vorgestern Fräulein Klara wie eine himmlische Erscheinung getreten war. Der Diener pochte, eine teuere Stimme fragte: »Wer ist's?« und rief, als der Name des Besuchers genannt worden: »Ist willkommen!«

Ludwig stand vor der schönen Klara so beklommen und bewegt, daß es ihm unmöglich war, ein Wort hervorzubringen. Auch sie blieb nicht unbefangen. Der muntere Ton, in dem sie Ludwig gebeten hatte Platz zu nehmen, verwandelte sich nach dem ersten Blicke in das Angesicht des Freiherrn in einen sehr gedrückten.

Sie senkte die Augen, eine leichte Blässe flog über ihre Wangen, und sie sprach stockend: »Herr Baron – es ist – ich bitte ...«

Ihre Verlegenheit rührte und ergriff ihn auf das tiefste. Ach, die grausame Sitte! Daß sie unerlaubten Empfindungen verbietet, sich zu äußern, das wäre schon recht; daß aber die reinsten, die ein Mensch haben kann, unausgesprochen bleiben müssen, das ist jammervoll! Hätte Ludwig in diesem Augenblicke seinem Gefühle folgen dürfen, er würde die Arme ausgebreitet und gesprochen haben: Komm an mein Herz – liebe Schwester!

Aber das schickte sich nun einmal nicht, und so reichte er ihr nur die Hand und sagte: »Ich habe mir die Freiheit genommen, Sie um ein Gespräch unter vier Augen zu bitten ...«

»Ja, ja«, unterbrach sie ihn hastig, »in einem Briefe, den ich eröffnete, obwohl er eigentlich nicht an mich gerichtet war.«

»Wie?«

»Ich heiße nämlich nicht Fräulein –«

»Oh«, rief er, »es handelt sich nicht darum, wie Sie heißen. Heißen Sie, wie Sie wollen. Sie sind die Nichte unserer verehrten Freundin und das liebenswürdigste Wesen, das uns je vorgekommen ist. Sie sind gewiß auch edel und gut und werden das Vertrauen nicht mißbrauchen, das mich zu Ihnen führt und mit dem ich Ihnen sage: Sie haben auf den besten Menschen, den es gibt, einen großen Eindruck gemacht – auf meinen Bruder, Fräulein. – Ich komme hierher ohne sein Vorwissen, in der Absicht, Sie günstig für ihn zu stimmen. Ich meine es mit Ihnen nicht minder ehrlich als mit ihm und beschwöre Sie in Ihrem eigenen Interesse: Lassen Sie sich seine Werbung gefallen ...«

Er sprach mit solchem Eifer, daß es ihr, wie oft sie es auch versuchte, nicht gelang, ihn zu unterbrechen. Als er nun schloß: »Versäumen Sie die Gelegenheit nicht, die glücklichste Frau der Welt zu werden!« gab ihre Ungeduld ihr den Mut, mit Entschlossenheit zu sagen: »Diese Gelegenheit ist aber schon versäumt, Herr Baron, ich bin verheiratet!«

Er fuhr von seinem Sessel auf, mit einem Entsetzen, das sich nicht schildern läßt. »Sie scherzen«, stammelte er; »das kann nicht sein – das ist ja unmöglich!«

»Warum?« fragte sie. »So gut wie Ihr Herr Bruder kann auch ein anderer mich annehmbar gefunden haben, zum Beispiele mein Vetter Karl Siebert, der mich vor etlichen Jahren heimgeführt. Warum glaubten Sie, daß ich bis jetzt sitzengeblieben sei? Denn, erlauben Sie mir, für ein Fräulein wäre ich doch etwas bejahrt.«

Ludwig blickte sie wehmütig an und sprach: »So schön, so liebenswürdig, so geistvoll und – schon verheiratet!«

»Und wenn Sie wüßten wie lange!« versetzte sie, und all

ihre Munterkeit und ihr guter Humor hatten sich wieder eingefunden.

»Entschuldigen Sie, gnädige Frau«, sagte Ludwig, »es wäre besser gewesen, wenn Sie die Gewogenheit gehabt hätten, uns das früher mitzuteilen.«

»Haben Sie danach gefragt? Mit welchem Rechte durfte ich Sie mit meinen Familienangelegenheiten behelligen?« war ihre schlagfertige Entgegnung.

Er sagte nur noch: »O gnädige Frau!« und empfahl sich ehrerbietig; ihr aber – seltsam! –, ihr verging dabei ganz und gar die Lust, über den sonderbaren Herrn zu lachen.

Sie eilte ihm nach, erreichte ihn, als er eben die Schwelle betrat, sie sagte herzlich und warm: »Leben Sie wohl, Herr von Gemperlein!« und bot ihm zum Abschied die Hand. Ludwig wandte den Kopf und tat, als ob er es nicht sähe, er grüßte nur noch einmal tief, und die Türe schloß sich hinter ihm.

Im Vestibül kam, aus ihrem zu ebener Erde gelegenen Schreibzimmer tretend, Frau von Siebert dem Freiherrn entgegen.

»Ja, was machen denn Sie hier?« fragte die Exzellenz. »Warum kommen Sie denn selbst? Ihr Abgesandter hat schon Bescheid erhalten.«

»Wen meinen Euer Exzellenz?«

»Den Fritz mein' ich. Er war da vor einer halben Stunde – als Freiwerber für Sie.«

»Für mich?«

»Und was für einer! Wenn Sie einmal wieder heiraten wollen – sprechen Sie ja nicht selbst – lassen Sie den Fritz für Sie sprechen. Ich war ganz erschüttert – bedauerte nicht wenig, sagen zu müssen: Es ist zu spät!«

Ludwig faßte sich mit beiden Händen an den Kopf: »Dieser Friedrich! Das ist ein Mensch!« rief er.

Aus seiner Stimme klang eine so mächtige Rührung, daß die Exzellenz förmlich davon ergriffen wurde. Sie suchte sich der ihr unangenehmen Empfindung rasch zu entziehen, trat dicht vor Ludwig hin, zupfte ihn am Ohr und sagte: »Nichts für ungut! Fast tut's mir leid, daß wir euch den Streich gespielt. Die Klara wollte ohnehin nicht dran; aber ich habe sie gezwungen, ich mußte Rache haben für meine Geiß.«

»Euer Exzellenz!« entgegnete Ludwig, »ich kann Ihnen die Versicherung geben: es war ein Bock.«

»Mag es gewesen sein, was immer – das Jagdvergnügen an meiner Grenze will ich eurem Förster versalzen.«

Damit schieden sie.

Ein paar Monate nach diesem Ereignisse begannen die Brüder abermals allerlei Heiratsprojekte zu schmieden.

»Du solltest doch endlich heiraten!« sagte von Zeit zu Zeit einer zu dem anderen. Sie stellten manchmal Betrachtungen über ihr Schicksal an.

»Es ist wirklich sonderbar«, meinte Ludwig. »Als ich mit der Äpelblüh Ernst machen wollte, trat sie gerade an den Traualtar, und als wir daran dachten, jene Nichte zu unserer Hausfrau zu machen, war sie bereits seit zehn oder wieviel Jahren verheiratet, und ich müßte mich sehr irren«, fügte er geheimnisvoll hinzu, »wenn sie nicht auch schon Nachkommenschaft besaß.«

Friedrich bemerkte, daß sich im Leben, mit mehr oder weniger Unterschied, doch alles wiederhole. Sie seien einmal bestimmt, die erstaunlichsten Liebesabenteuer zu haben; unter den vielen, die ihnen noch bevorständen, werde sich schon dasjenige finden, das in den Hafen der Ehe führt.

Trotz dieser Voraussicht und trotz des guten Vorsatzes, ihren Stamm in Ehren zu erhalten, hat keiner der Brüder sich vermählt. Sie sind hinübergegangen, ohne einen Erben ihres Namens zu hinterlassen, und so ist denn, wie so vieles Schöne auf dieser Erde, auch das alte Geschlecht derer von Gemperlein – erloschen.

Er laßt die Hand küssen

»So reden Sie denn in Gottes Namen!« sprach die Gräfin, »ich werde Ihnen zuhören; glauben aber nicht ein Wort.«

Der Graf lehnte sich behaglich zurück in seinem großen Lehnsessel: »Und warum nicht?« fragte er.

Sie zuckte leise mit den Achseln: »Vermutlich erfinden Sie nicht überzeugend genug.«

»Ich erfinde gar nicht, ich erinnere mich. Das Gedächtnis ist meine Muse.«

»Eine einseitige, wohldienerische Muse! Sie erinnert sich nur der Dinge, die Ihnen in den Kram passen. Und doch gibt es auf Erden noch manches Interessante und Schöne außer dem – Nihilismus.« Sie hatte ihre Häkelnadel erhoben und das letzte Wort wie einen Schuß gegen ihren alten Verehrer abgefeuert.

Er vernahm es ohne Zucken, strich behaglich seinen weißen Bart und sah die Gräfin beinahe dankbar aus seinen klugen Augen an. »Ich wollte Ihnen etwas von meiner Großmutter erzählen«, sprach er. »Auf dem Wege hierher, mitten im Walde, ist es mir eingefallen.«

Die Gräfin beugte den Kopf über ihre Arbeit und murmelte: »Wird eine Räubergeschichte sein.«

»O nichts weniger! So friedlich wie das Wesen, durch dessen Anblick jene Erinnerung in mir wachgerufen wurde, Mischka IV. nämlich, ein Urenkel des ersten Mischka, der meiner Großmutter Anlaß zu einer kleinen Übereilung gab, die ihr später leid getan haben soll«, sagte der Graf mit etwas affektierter Nachlässigkeit, und fuhr dann wieder eifrig fort: »Ein sauberer Heger, mein Mischka, das muß man ihm lassen! Er kriegte aber auch keinen geringen Schrecken, als ich ihm unvermutet in den Weg trat – hatte ihn vorher schon eine Weile beobachtet … Wie ein Käfersammler schlich er herum, die Augen auf den Boden geheftet, und was hatte er im Laufe seines Gewehres stecken? Denken Sie: – ein Büschel Erdbeeren!«

»Sehr hübsch!« versetzte die Gräfin. »Machen Sie sich darauf gefaßt – in Bälde wandern Sie zu mir herüber durch die Steppe, weil man Ihnen den Wald fortgetragen haben wird.«

»Der Mischka wenigstens verhindert's nicht.«

»Und Sie sehen zu?«

»Und ich sehe zu. Ja, ja, es ist schrecklich. Die Schwäche liegt mir im Blut – von meinen Vorfahren her.« Er seufzte ironisch und sah die Gräfin mit einer gewissen Tücke von der Seite an.

Sie verschluckte ihre Ungeduld, zwang sich zu lächeln und suchte ihrer Stimme einen möglichst gleichgültigen Ton zu geben, indem sie sprach: »Wie wär's, wenn Sie noch eine Tasse Tee trinken und die Schatten Ihrer Ahnen heute einmal unbeschworen lassen würden? Ich hätte mit Ihnen vor meiner Abreise noch etwas zu besprechen.«

»Ihren Prozeß mit der Gemeinde? – Sie werden ihn gewinnen.«

»Weil ich recht habe.«

»Weil Sie vollkommen recht haben.«

»Machen Sie das den Bauern begreiflich. Raten Sie ihnen, die Klage zurückzuziehen.«

»Das tun sie nicht.«

»Verbluten sich lieber, tragen lieber den letzten Gulden zum Advokaten. Und zu welchem Advokaten, guter Gott! … ein ruchloser Rabulist. Dem glauben sie, mir nicht, und wie mir scheint, Ihnen auch nicht, trotz all Ihrer Popularitätshascherei.«

Die Gräfin richtete die hohe Gestalt empor und holte tief Atem. »Gestehen Sie, daß es für diese Leute, die so töricht vertrauen und mißtrauen, besser wäre, wenn ihnen die Wahl ihrer Ratgeber nicht freistände.«

»Besser wär's natürlich! Ein bestellter Ratgeber, und – auch bestellt – der Glaube an ihn.« »Torheit!« zürnte die Gräfin. »Wieso? Sie meinen vielleicht, der Glaube lasse sich nicht bestellen? ... Ich sage Ihnen, wenn ich vor vierzig Jahren meinem Diener eine Anweisung auf ein Dutzend Stockprügel gab und dann den Rat, aufs Amt zu gehen, um sie einzukassieren, nicht einmal im Rausch wäre es ihm eingefallen, daß er etwas Besseres tun könnte als diesen meinen Rat befolgen.«

»Ach, Ihre alten Schnurren! – Und ich, die gehofft hatte, Sie heute ausnahmsweise zu einem vernünftigen Gespräch zu bringen!«

Der alte Herr ergötzte sich eine Weile an ihrem Ärger und sprach dann: »Verzeihen Sie, liebe Freundin. Ich bekenne, Unsinn geschwatzt zu haben. Nein, der Glaube läßt sich nicht bestellen, aber leider der Gehorsam ohne Glauben. Das eben war das Unglück des armen Mischka und so mancher anderer, und deshalb bestehen heutzutage die Leute darauf, wenigstens auf ihre eigene Fasson ins Elend zu kommen.«

Die Gräfin erhob ihre nachtschwarzen, noch immer schönen Augen gegen den Himmel, bevor sie dieselben wieder auf ihre Arbeit senkte und mit einem Seufzer der Resignation sagte: »Die Geschichte Mischkas also!«

»Ich will sie so kurz machen als möglich«, versetzte der Graf, »und mit dem Augenblick beginnen, in dem meine Großmutter zum erstenmal auf ihn aufmerksam wurde. Ein hübscher Bursche muß er gewesen sein; ich besinne mich eines Bildes von ihm, das ein Künstler, der sich einst im Schlosse aufhielt, gezeichnet hatte. Zu meinem Bedauern fand ich es nicht im Nachlaß meines Vaters und weiß doch, daß er es lange aufbewahrt hat, zum Andenken an die Zeiten, in welchen wir noch das *jus gladii* ausübten.«

»O Gott!« unterbrach ihn die Gräfin, »spielt das *jus gladii* eine Rolle in Ihrer Geschichte?«

Der Erzähler machte eine Bewegung der höflichen Abwehr und fuhr fort: »Es war bei einem Erntefest und Mischka einer der Kranzträger, und er überreichte den seinen schweigend, aber nicht mit gesenkten Augen, sah vielmehr die hohe Gebieterin ernsthaft und unbefangen an, während ein Aufseher im Namen der Feldarbeiter die übliche Ansprache herunterleierte.

Meine Großmutter erkundigte sich nach dem Jungen und hörte, er sei ein Häuslersohn, zwanzig Jahre alt, ziemlich brav, ziemlich fleißig und so still, daß er als Kind für stumm gegolten hatte, für dummlich galt er noch jetzt. – Warum? wollte die Herrin wissen; warum galt er für dummlich? … Die befragten Dorfweisen senkten die Köpfe, blinzelten einander verstohlen zu und mehr als: ›So – ja eben so‹, und – ›Je nun, wie's schon ist‹, war aus ihnen nicht herauszubringen.

Nun hatte meine Großmutter einen Kammerdiener, eine wahre Perle von einem Menschen. Wenn er mit einem Vornehmen sprach, verklärte sich sein Gesicht dergestalt vor Freude, daß es beinahe leuchtete. Den schickte meine Großmutter anderen Tages zu den Eltern Mischkas mit der Botschaft, ihr Sohn sei vom Feldarbeiter zum Gartenarbeiter avanciert und habe morgen den neuen Dienst anzutreten.

Der eifrigste von allen Dienern flog hin und her und stand bald wieder vor seiner Gebieterin. ›Nun‹, fragte diese, ›was sagen die Alten?‹ Der Kammerdiener schob das rechte, auswärts gedrehte Bein weit vor …«

»Waren Sie dabei?« fiel die Gräfin ihrem Gaste ins Wort.

»Bei dieser Referenz gerade nicht, aber bei späteren des edlen Fritz«, erwiderte der Graf, ohne sich irre machen zu lassen. »Er schob das Bein vor, sank aus Ehrfurcht völlig in sich zusammen und meldete, die Alten schwämmen in Tränen der Dankbarkeit.

›Und der Mischka?‹

›Oh, der‹ – lautete die devote Antwort, und nun rutschte das linke Bein mit anmutigem Schwunge vor – ›oh, der – der laßt die Hand küssen.‹

Daß es einer Tracht väterlicher Prügel bedurft hatte, um den Burschen zu diesem Handkuß in Gedanken zu bewegen, verschwieg Fritz. Die Darlegung der Gründe, die Mischka hatte, die Arbeit im freien Felde der im Garten vorzuziehen, würde sich für Damenohren nicht geschickt haben. – Genug, Mischka trat die neue Beschäftigung an und versah sie schlecht und recht. ›Wenn er fleißiger wäre, könnt's nicht schaden‹, sagte der Gärtner. Dieselbe Bemerkung machte meine Großmutter, als sie einmal vom Balkon aus zusah, wie die Wiese vor dem Schlosse gemäht wurde. Was ihr noch auffiel, war, daß alle anderen Mäher von Zeit zu Zeit einen Schluck aus einem Fläschchen taten, das sie unter einem Haufen abgelegter Kleider hervorzogen und wieder darin verbargen. Mischka war der einzige, der, diesen Quell der Labung verschmähend, sich aus einem irdenen, im Schatten des Gebüsches aufgestellten Krüglein erquickte. Meine Großmutter rief den Kammerdiener. ›Was haben die Mäher in der Flasche?‹ fragte sie. – ›Branntwein, hochgräfliche Gnaden.‹ – ›Und was hat Mischka in dem Krug?‹

Fritz verdrehte die runden Augen, neigte den Kopf auf die Seite, ganz wie unser alter Papagei, dem er ähnlich sah wie ein Bruder dem anderen, und antwortete schmelzenden Tones: ›Mein Gott, hochgräfliche Gnaden – Wasser!‹

Meine Großmutter wurde sogleich von einer mitleidigen Regung ergriffen und befahl, allen Gartenarbeitern nach vollbrachtem Tagewerk Branntwein zu reichen. ›Dem Mischka auch‹, setzte sie noch eigens hinzu.

Diese Anordnung erregte Jubel. Daß Mischka keinen Branntwein trinken wollte, war einer der Gründe, warum man ihn für dummlich hielt. Jetzt freilich, nachdem die Einladung der Frau Gräfin an ihn ergangen, war's aus mit Wollen und Nichtwollen. Als er in seiner Einfalt sich zu wehren versuchte, ward er Mores gelehrt, zur höchsten Belustigung der Alten und der Jungen. Einige rissen ihn auf den Boden nieder, ein handfester Bursche schob ihm einen Keil zwischen die vor Grimm zusammengebissenen Zähne, ein zweiter setzte ihm das Knie auf die Brust und goß ihm so lange Branntwein ein, bis sein Gesicht so rot und der Ausdruck desselben so furchtbar wurde, daß die übermütigen Quäler sich selbst davor entsetzten. Sie gaben ihm etwas Luft, und gleich hatte er sie mit einer wütenden Anstrengung abgeschüttelt, sprang auf und ballte die Fäuste ... aber plötzlich sanken seine Arme, er taumelte und fiel zu Boden. Da fluchte, stöhnte er, suchte mehrmals vergeblich sich aufzuraffen und schlief endlich auf dem Fleck ein, auf den er hingestürzt war, im Hofe, vor der Scheune, schlief bis zum nächsten Morgen, und als er erwachte, weil ihm die aufgehende Sonne auf die Nase schien, kam just der Knecht vorbei, welcher ihm gestern den Branntwein eingeschüttet hatte. Der wollte schon die Flucht ergreifen, nichts anderes erwartend, als daß Mischka für die gestrige Mißhandlung Rache üben werde. Statt dessen reckt sich der Bursche, sieht den andren traumselig an und lallt: ›Noch einen Schluck!‹

Sein Abscheu vor dem Branntwein war überwunden.

Bald darauf, an einem Sonntagnachmittag, begab es sich, daß meine Großmutter auf ihrer Spazierfahrt, von einem hübschen Feldweg gelockt, ausstieg und bei Gelegenheit dieser Wanderung eine idyllische Szene belauschte. Sie sah Mischka unter einem Apfelbaum am Feldrain sitzen, ein Kindlein in seinen Armen. Wie er selbst, hatte auch das Kind den Kopf voll dunkelbrauner Löckchen, der wohlgebildete kleine Körper hingegen war von lichtbrauner Farbe, und das armselige Hemdchen, das denselben notdürftig bedeckte, hielt die Mitte zwischen den beiden Schattierungen. Der kleine Balg krähte förmlich vor Vergnügen, sooft ihn Mischka in die Höhe schnellte, stieß mit den Füßchen gegen dessen Brust und suchte ihm mit dem ausgestreckten Zeigefinger in die Augen zu fahren. Und Mischka lachte und schien sich mindestens ebensogut zu unterhalten wie das Bübchen. Dem Treiben der beiden sah ein junges Mädchen zu, auch ein braunes Ding und so zart und zierlich, als ob ihre Wiege am Ganges gestanden hätte. Sie trug über dem geflickten kurzen Rocke eine ebenfalls geflickte Schürze und darin einen kleinen Vorrat aufgelesener Ähren. Nun brach sie eine derselben vom Stiele, schlich sich an Mischka heran und ließ ihm die Ähre zwischen der Haut und dem Hemd ins Genick gleiten. Er schüttelte sich, setzte das Kind auf den Boden und sprang dem Mädchen nach, das leicht und hurtig und ordentlich wie im Tanze vor ihm floh; einmal pfeilgerade, dann wieder einen Garbenschober umkreisend, voll Ängstlichkeit und dabei doch neckend und immer höchst anmutig. Allerdings ist bei unseren Landleuten eine gewisse angeborene Grazie nichts Seltenes, aber diese beiden jungen Geschöpfe gewährten in ihrer harmlosen Lustigkeit ein so angenehmes Schauspiel, daß meine Großmutter es mit wahrem Wohlgefallen genoß. Einen anderen Eindruck brachte hingegen ihr Erscheinen auf Mischka und das Mädchen hervor. Wie versteinert standen beide beim Anblick der Gutsherrin. Er, zuerst gefaßt, neigte sich beinahe bis zur Erde, sie ließ die Schürze samt den Ähren sinken und verbarg das Gesicht in den Händen.

Beim Souper, an welchem, wie an jeder Mahlzeit, der Hofstaat, bestehend aus einigen armen Verwandten und aus den Spitzen der gräflichen Behörden, teilnahm, sagte meine Großmutter zum Herrn Direktor, der neben ihr saß: ›Die Schwester des Mischka, des neuen Gartenarbeiters, scheint mir ein nettes, flinkes Mädchen zu sein, und ich wünsche, es möge für die Kleine ein Posten ausgemittelt werden, an dem sie sich etwas verdienen kann.‹ Der Direktor erwiderte: ›Zu Befehl, hochgräfliche Gnaden, sogleich … obwohl der Mischka meines Wissens eine Schwester eigentlich gar nicht hat.‹

›Ihres Wissens‹, versetzte meine Großmutter, ›das ist auch etwas, Ihr Wissen! … Eine Schwester hat Mischka und ein Brüderchen. Ich habe heute alle drei auf dem Felde gesehen.‹

›Hm, hm‹, lautete die ehrerbietige Entgegnung, und der Direktor hielt die Serviette vor den Mund, um den Ton seiner Stimme zu dämpfen, ›es wird wohl – ich bitte um Verzeihung des obszönen Ausdrucks – die Geliebte Mischkas und, mit Respekt zu sagen, ihr Kind gewesen sein.‹«

Der unwilligen Zuhörerin dieser Erzählung wurde es immer schwerer, an sich zu halten, und sie rief nun: »Sie behaupten, daß Sie nicht dabei waren, als diese denkwürdigen Reden gewechselt wurden? Woher wissen Sie denn nicht nur über jedes Wort, sondern auch über jede Miene und Gebärde zu berichten?«

»Ich habe die meisten der Beteiligten gekannt und weiß – ein bißchen Maler, ein bißchen Dichter, wie ich nun einmal bin –, weiß aufs Haar genau, wie sie sich in einer bestimmten Lage benommen und ausgedrückt haben müssen. Glauben Sie Ihrem treuen Berichterstatter, daß meine Großmutter nach der Mitteilung, welche der Direktor ihr gemacht, eine Wallung des Zornes und der Menschenverachtung hatte. Wie gut und fürsorglich für ihre Untertanen sie war, darüber können Sie nach dem bisher Gehörten nicht im Zweifel sein. Im Punkte der Moral jedoch verstand sie nur äußerste Strenge, gegen sich selbst nicht minder als gegen andere. Sie hatte oft erfahren, daß sie bei Männern und Frauen der Sittenverderbnis nicht zu steuern vermöge, der Sittenverderbnis bei halbreifen Geschöpfen jedoch, der mußte ein Zügel angelegt werden können.

– Meine Großmutter schickte ihren Kammerdiener wieder zu den Eltern Mischkas. Mit der Liebschaft des Burschen habe es aus zu sein. Das sei eine Schande für so einen Buben, ließ sie sagen, ein solcher Bub habe an andere Dinge zu denken.

Der Mischka, der zu Hause war, als die Botschaft kam, schämte sich in seine Haut hinein …«

»Es ist doch stark, daß Sie jetzt gar in der Haut Mischkas stecken wollen!« fuhr die Gräfin höhnisch auf.

»Bis über die Ohren!« entgegnete der Graf, »bis über die Ohren steck' ich darin! Ich fühle, als wäre ich es selbst, die Bestürzung und Beschämung, die ihn ergriff. Ich sehe ihn, wie er sich windet in Angst und Verlegenheit, einen scheuen Blick auf Vater und Mutter wirft, die auch nicht wissen, wo ein und aus vor Schrecken, ich höre sein jammervoll klingendes Lachen bei den Worten des Vaters: ›Erbarmen Sie sich, Herr Kammerdiener! Er wird ein Ende machen, das versteht sich, gleich wird er ein Ende machen!‹

Diese Versicherung genügte dem edlen Fritz, er kehrte ins Schloß zurück und berichtete, glücklich über die treffliche Erfüllung seiner Mission, mit den gewohnten Kniebeugungen und dem gewohnten demütigen und freudestrahlenden Ausdruck in seiner Vogelphysiognomie: ›Er laßt die Hand küssen, er wird ein Ende machen.‹«

»Lächerlich!« sagte die Gräfin.

»Höchst lächerlich«, bestätigte der Graf. »Meine gute, vertrauensselige Großmutter hielt die Sache damit für abgetan, dachte auch nicht weiter darüber nach. Sie war sehr in Anspruch genommen durch die Vorbereitungen zu den großen Festen, die alljährlich am zehnten September, ihrem Geburtstage, im Schlosse gefeiert wurden und einen Vor- und Nachtrab von kleinen Festen hatten. Da kam die ganze Nachbarschaft zusammen, und Dejeuners auf dem grünen Teppich der Wiesen, Jagden, Pirutschaden, Soupers bei schönster Waldbeleuchtung, Bälle – und so weiter folgten einander in fröhlicher Reihe ... Man muß gestehen, unsere Alten verstanden Platz einzunehmen und Lärm zu machen in der Welt. Gott weiß, wie langweilig und öde unser heutiges Leben auf dem Schlosse ihnen erscheinen müßte.«

»Sie waren eben große Herren«, entgegnete die Gräfin bitter, »wir sind auf das Land zurückgezogene Armenväter.«

»Und – Armenmütter«, versetzte der Graf mit einer galanten Verneigung, die von derjenigen, der sie galt, nicht eben gnädig aufgenommen wurde. Der Graf aber nahm sich das

Mißfallen, das er erregt hatte, keineswegs zu Herzen, sondern spann mit hellem Erzählerbehagen den Faden seiner Geschichte fort:

»So groß der Dienertroß im Schlosse auch war, während der Dauer der Festlichkeiten genügte er doch nicht, und es mußten da immer Leute aus dem Dorfe zur Aushilfe requiriert werden. Wie es kam, daß sich gerade dieses Mal auch Mischkas Geliebte unter ihnen befand, weiß ich nicht; genug, es war der Fall, und die beiden Menschen, die einander hätten meiden sollen, wurden im Dienste der Gebieterin noch öfter zusammengeführt, als dies in früheren Tagen bei der gemeinsamen Feldarbeit geschehen war. Er, mit einem Botengang betraut, lief vom Garten in die Küche, sie, von der Küche in den Garten – manchmal trafen sie sich auch unterwegs und verweilten plaudernd ein Viertelstündchen ...«

»Äußerst interessant!« spottete die Gräfin – »wenn man doch nur wüßte, was sie einander gesagt haben.«

»Oh, wie Sie schon neugierig geworden sind! – aber ich verrate Ihnen nur, was unumgänglich zu meiner Geschichte gehört. – Eines Morgens lustwandelte die Schloßfrau mit ihren Gästen im Garten. Zufällig lenkte die Gesellschaft ihre Schritte nach einem selten betretenen Laubgang und gewahrte am Ende desselben ein junges Pärchen, das, aus verschiedenen Richtungen kommend, wie freudig überrascht stehen blieb. Der Bursche, kein anderer als Mischka, nahm das Mädchen rasch in die Arme und küßte es, was es sich ruhig gefallen ließ. Ein schallendes Gelächter brach los – von den Herren und, ich fürchte, auch von einigen der Damen ausgestoßen, die der Zufall zu Zeugen dieses kleinen Auftritts gemacht hatte. Nur meine Großmutter nahm nicht teil an der allgemeinen Heiterkeit. Mischka und seine Geliebte stoben natürlich davon. Der Bursche – man hat es mir erzählt«, kam der Graf scherzend einer voraussichtlichen Einwendung der Gräfin entgegen –, »glaubte in dem Augenblick sein armes Mädchen zu hassen. Am selben Abend jedoch überzeugte er sich des Gegenteils, als er nämlich erfuhr, die Kleine werde mit ihrem Kinde nach einer anderen Herrschaft der Frau Gräfin geschickt; zwei Tagereisen weit für einen Mann, für eine Frau, die noch dazu ein anderthalb Jahre altes Kind mitschleppen mußte, wohl noch einmal soviel. – Mehr als: ›Herrgott! Herrgott! o du lieber Herrgott!‹ sprach Mischka nicht, gebärdete sich wie ein Träumender, begriff nicht, was man von ihm wolle, als es hieß, an die Arbeit gehen – warf plötzlich den Rechen, den ein Gehilfe ihm samt einem erweckenden Rippenstoß verabfolgte, auf den Boden und rannte ins Dorf, nach dem Hüttchen, in dem seine Geliebte bei ihrer kranken Mutter wohnte, das heißt gewohnt hatte, denn nun war es damit vorbei. Die Kleine stand reisefertig am Lager der völlig gelähmten Alten, die ihr nicht einmal zum Abschiedsegen die Hand aufs Haupt legen konnte, und die bitterlich weinte. ›Hört jetzt auf zu weinen‹, sprach die Tochter, ›hört auf, liebe Mutter. Wer soll Euch denn die Tränen abwischen, wenn ich einmal fort bin?‹

Sie trocknete die Wangen ihrer Mutter und dann auch ihre eigenen mit der Schürze, nahm ihr Kind an die Hand und das Bündel mit ihren wenigen Habseligkeiten auf den Rücken und ging ihres Weges an Mischka vorbei und wagte nicht einmal, ihn anzusehen. Er aber folgte ihr von weitem, und als der Knecht, der dafür zu sorgen hatte, daß sie ihre Wanderung auch richtig antrete, sie auf der Straße hinter dem Dorfe verließ, war Mischka bald an ihrer Seite, nahm ihr das Bündel ab, hob das Kind auf den Arm und schritt so neben ihr her.

Die Feldarbeiter, die in der Nähe waren, wunderten sich: ›Was tut er denn, der Tropf? … Geht er mit? Glaubt er, weil er so dumm ist, daß er nur so mitgehen kann?‹

Bald nachher kam keuchend und schreiend der Vater Mischkas gerannt: ›Oh, ihr lieben Heiligen! Heilige Mutter Gottes! Hab ich mir's doch gedacht – seiner Dirne läuft er nach, bringt uns noch alle ins Unglück … Mischka! Sohn –

mein Junge! … Nichtsnutz! Teufelsbrut!‹ jammerte und fluchte er abwechselnd.

Als Mischka die Stimme seines Vaters hörte und ihn mit drohend geschwungenem Stocke immer näher herankommen sah, ergriff er die Flucht, zur größten Freude des Knäbleins, das ›Hott! hott!‹ jauchzte. Bald jedoch besann er sich, daß er seine Gefährtin, die ihm nicht so rasch folgen konnte, im Stich gelassen, wandte sich und lief zu ihr zurück. Sie war bereits von seinem Vater erreicht und zu Boden geschlagen worden. Wie wahnsinnig raste der Zornige, schlug drein mit den Füßen und mit dem Stocke und ließ seinen ganzen Grimm über den Sohn an dem wehrlosen Geschöpfe aus.

Mischka warf sich dem Vater entgegen, und ein furchtbares Ringen zwischen den beiden begann, das mit der völligen Niederlage des Schwächeren, des Jüngeren, endete. Windelweich geprügelt, aus einer Stirnwunde blutend, gab er den Kampf und den Widerstand auf. Der Häusler faßte ihn am Hemdkragen und zerrte ihn mit sich; der armen kleinen Frau aber, die sich inzwischen mühsam aufgerafft hatte, rief er zu: ›Mach fort!‹

Sie gehorchte lautlos, und selbst die Arbeiter auf dem Felde, stumpfes, gleichgültiges Volk, fühlten Mitleid und sahen ihr lange nach, wie sie so dahinwankte mit ihrem Kinde, so hilfsbedürftig und so völlig verlassen.

In der Nähe des Schlosses trafen Mischka und sein Vater den Gärtner, den der Häusler sogleich als ›gnädiger Herr‹ ansprach und flehentlichst ersuchte, nur eine Stunde Geduld zu haben mit seinem Sohne. In einer Stunde werde Mischka gewiß bei der Arbeit sein; jetzt müsse er nur geschwind heimgehen und sich waschen und sein Hemd auch. Der Gärtner fragte: ›Was ist ihm denn? Er ist ja ganz blutig.‹ – ›Nichts ist ihm‹, lautete die Antwort, ›er ist nur von der Leiter gefallen.‹

Mischka hielt das Wort, das sein Vater für ihn gegeben, und war eine Stunde später richtig wieder bei der Arbeit.

Am Abend aber ging er ins Wirtshaus und trank sich einen Rausch an, den ersten freiwilligen, war überhaupt seit dem Tage wie verwandelt. Mit dem Vater, der ihn gern versöhnt hätte, denn Mischka war, seitdem er im Schloßgarten Beschäftigung gefunden, ein Kapital geworden, das Zinsen trug, sprach er kein Wort, und von dem Gelde, das er verdiente, brachte er keinen Kreuzer nach Hause. Es wurde teils für Branntwein verausgabt, teils für Unterstützungen, die Mischka der Mutter seiner Geliebten angedeihen ließ – und diese zweite Verwendung des von dem Burschen Erworbenen erschien dem Häusler als der ärgste Frevel, den sein Sohn an ihm begehen konnte. Daß der arme Teufel, der arme Eltern hatte, etwas wegschenkte, an eine Fremde wegschenkte, der Gedanke wurde der Alp des Alten, sein nagender Wurm. – Je wütender der Vater sich gebärdete, desto verstockter zeigte sich der Sohn. Er kam zuletzt gar nicht mehr nach Hause, oder höchstens einmal im geheimen, wenn er den Vater auswärts wußte, um die Mutter zu sehen, an der ihm das Herz hing. Diese Mutter …« der Graf machte eine Pause – »Sie, liebe Freundin, kennen sie, wie ich sie kenne.«

»Ich soll sie kennen? … Sie lebt noch?« fragte die Gräfin ungläubig.

»Sie lebt; nicht im Urbilde zwar, aber in vielfachen Abbildern. Das kleine schwächliche, immer bebende Weiblein mit dem sanften, vor der Zeit gealterten Gesicht, mit den Bewegungen des verprügelten Hundes, das untertänigst in sich zusammensinkt und zu lächeln versucht, wenn eine so hohe Dame, wie Sie sind, oder ein so guter Herr, wie ich bin, ihm einmal zuruft: ›Wie geht's?‹ und in demütigster Freundlichkeit antwortet: ›Vergelt's Gott – wie's eben kann.‹ – Gut genug für unsereins, ist seine Meinung, für ein Lasttier in Menschengestalt. Was dürfte man anders verlangen, und wenn man's verlangte, wer gäbe es einem? – Du nicht, hohe Frau, und du nicht, guter Herr …«

»Weiter, weiter!« sprach die Gräfin. »Sind Sie bald zu Ende?«

»Bald. – Der Vater Mischkas kam einst zu ungewohnter Stunde nach der Hütte und fand da seinen Jungen. ›Zur Mutter also kann er kommen, zu mir nicht‹, schrie er, schimpfte beide Verräter und Verschwörer und begann Mischka zu mißhandeln, was sich der gefallen ließ. Als der Häusler sich jedoch anschickte, auch sein Weib zu züchtigen, fiel der Bursche ihm in den Arm. Merkwürdig genug, warum just damals? Wenn man ihn gefragt hätte, wie oft er den Vater die Mutter schlagen sah, hätte er antworten müssen: ›Soviel Jahre, als ich ihrer denke, mit dreihundertfünfundsechzig multipliziert, das gibt die Zahl.‹ – Und die ganze Zeit hindurch hatte er dazu geschwiegen, und heute loderte beim längst gewohnten Anblick plötzlich ein unbezwinglicher Zorn in ihm empor. Zum zweiten Male nahm er gegen den Vater Partei für das schwächere Geschlecht, und dieses Mal blieb er Sieger. Er scheint aber mehr Entsetzen als Freude über seinen Triumph empfunden zu haben. Mit einem heftigen Aufschluchzen rief er dem Vater, der nun klein beigeben wollte, rief er der weinenden Mutter zu: ›Lebt wohl, mich seht ihr nie wieder!‹ und stürmte davon. Vierzehn Tage lang hofften die Eltern umsonst auf seine Rückkehr, er war und blieb verschwunden. Bis ins Schloß gelangte die Kunde seiner Flucht; meiner Großmutter wurde angezeigt, Mischka habe seinen Vater halbtot geschlagen und sich dann davongemacht. Nun aber war es nach der Verletzung des sechsten Gebotes diejenige des vierten, die von meiner Großmutter am schärfsten verdammt wurde; gegen schlechte und undankbare Kinder kannte sie keine Nachsicht ... Sie befahl, auf den Mischka zu fahnden, sie befahl, seiner habhaft zu werden, um ihn heimzubringen zu exemplarischer Bestrafung.

Ein paarmal war die Sonne auf- und untergegangen, da stand eines Morgens Herr Fritz an der Gartenpforte und blickte auf die Landstraße hinaus. Lau und leise wehte der

Wind über die Stoppelfelder, die Atmosphäre war voll feinen Staubes, den die Allverklärerin Sonne durchleuchtete und goldig schimmern ließ. Ihre Strahlen bildeten in dem beweglichen Element reizende kleine Milchstraßen, in denen Milliarden von winzigen Sternchen aufblitzten. Und nun kam durch das flunkernde, tanzende Atomengewimmel eine schwere, graue Wolkensäule, bewegte sich immer näher und rollte endlich so nahe an der Pforte vorbei, daß Fritz deutlich unterscheiden konnte, wen sie umhüllte. Zwei Heiducken waren es und Mischka. Er sah aus, blaß und hohläugig wie der Tod, und wankte beim Gehen. In den Armen trug er sein Kind, das die Händchen um seinen Hals geschlungen, den Kopf auf seine Schulter gelegt hatte und schlief. Fritz öffnete das Tor, schloß sich der kleinen Karawane an, holte rasch einige Erkundigungen ein und schwebte dann, ein Papagei im Taubenfluge, ins Haus, über die Treppe, in den Saal hinein, in dem meine Großmutter eben die sonnabendliche Ratsversammlung hielt. Der Kammerdiener, von dem Glücksgefühl getragen, das Bedientenseelen beim Überbringen einer neuesten Nachricht zu empfinden pflegen, rundete ausdrucksvoll seine Arme und sprach, vor Wonne fast platzend: ›Der Mischka laßt die Hand küssen. Er ist wieder da.‹

›Wo war er?‹ fragte meine Großmutter.

›Mein Gott, hochgräfliche Gnaden‹ – lispelte Fritz, schlug mehrmals schnell nacheinander mit der Zunge an den Gaumen und blickte die Gebieterin so zärtlich an, als die tiefste, unterwürfigste Knechtschaft es ihm nur irgend erlaubte. ›Wo wird er gewesen sein … Bei seiner Geliebten. Ja‹, bestätigte er, während die Herrin, empört über diesen frechen Ungehorsam, die Stirn runzelte, ›ja, und gewehrt hat er sich gegen die Heiducken, und dem Janko hat er, ja, beinahe ein Auge ausgeschlagen.‹

Meine Großmutter fuhr auf: ›Ich hätte wirklich Lust, ihn henken zu lassen.‹

Alle Beamten verneigten sich stumm; nur der Oberförster

warf nach einigem Zagen die Behauptung hin: ›Hochgräfliche Gnaden werden es aber nicht tun.‹

›Woher weiß Er das?‹ fragte meine Großmutter mit der strengen Herrschermiene, die so vortrefflich wiedergegeben ist auf ihrem Bilde und die mich gruseln macht, wenn ich im Ahnensaal an ihm vorübergehe. ›Daß ich mein Recht über Leben und Tod noch nie ausgeübt habe, bürgt nicht dafür, daß ich es nie ausüben werde.‹

Wieder verneigten sich alle Beamten, wieder trat Schweigen ein, das der Inspektor unterbrach, indem er die Entscheidung der Gebieterin in einer wichtigen Angelegenheit erbat. Erst nach beendigter Konferenz erkundigte er sich gleichsam privatim nach der hohen Verfügung betreffs Mischkas.

Und nun beging meine Großmutter jene Übereilung, von der ich im Anfang sprach.

›Fünfzig Stockprügel‹, lautete ihr rasch gefällter Urteilsspruch, ›gleich heute, es ist ohnehin Samstag.‹

Der Samstag war nämlich zu jener Zeit, deren Sie«, diesem Worte gab der Graf eine besondere, sehr schalkhafte Betonung, »sich unmöglich besinnen können, der Tag der Exekutionen. Da wurde die Bank vor das Amtshaus gestellt …«

»Weiter, weiter!« sagte die Gräfin, »halten Sie sich nicht auf mit unnötigen Details.«

»Zur Sache denn! – An demselben Samstag sollten die letzten Gäste abreisen, es herrschte große Bewegung im Schlosse, meine Großmutter, mit den Vorbereitungen zu einer Abschiedsüberraschung, die sie den Scheidenden bereiten ließ, beschäftigt, kam spät dazu, Toilette zum Diner zu machen, und trieb ihre Kammerzofen zur Eile an. In diesem allerungünstigsten Momente ließ der Doktor sich anmelden. Er war unter allen Dignitären der Herrin derjenige, der am wenigsten in Gnaden bei ihr stand, verdiente es auch nicht besser, denn einen langweiligeren, schwerfälligeren Pedanten hat es nie gegeben.

Meine Großmutter befahl, ihn abzuweisen, er aber kehrte

sich nicht daran, sondern schickte ein zweites Mal und ließ die hochgeborene Frau Gräfin untertänigst um Gehör bitten, er hätte nur ein paar Worte über den Mischka zu sprechen.

›Was will man denn noch mit dem?‹ rief die Gebieterin, ›gebt mir Ruhe, ich habe andere Sorgen.‹

Der zudringliche Arzt entfernte sich murrend.

Die Sorgen aber, von denen meine Großmutter gesprochen hatte, waren nicht etwa frivole, sondern solche, die zu den peinvollsten gehören – Sorgen, für welche Ihnen, liebe Freundin, allerdings das Verständnis und infolgedessen auch das Mitleid fehlt – Poetensorgen.«

»O mein Gott!« sagte die Gräfin unbeschreiblich wegwerfend, und der Erzähler entgegnete: »Verachten Sie's, soviel Sie wollen, meine Großmutter besaß poetisches Talent, und es manifestierte sich deutlich in dem Schäferspiel *Les adieux de Chloë,* das sie gedichtet und den Darstellern selbst einstudiert hatte. Das Stückchen sollte nach der Tafel, die man im Freien abhielt, aufgeführt werden, und der Dichterin, obwohl sie ihres Erfolges ziemlich sicher war, bemächtigte sich, je näher der entscheidende Augenblick kam, eine desto weniger angenehme Unruhe. Beim Dessert, nach einem feierlichen, auf die Frau des Hauses ausgebrachten Toast, gab jene ein Zeichen. Die mit Laub überflochtenen Wände, welche den Einblick in ein aus beschnittenen Buchenhecken gebildetes Halbrund verdeckt hatten, rollten auseinander, und eine improvisierte Bühne wurde sichtbar. Man erblickte die Wohnung der Hirtin Chloë, die mit Rosenblättern bestreute Moosbank, auf der sie schlief, den mit Tragant überzogenen Hausaltar, an dem sie betete, und den mit einem rosafarbigen Band umwundenen Rocken, an dem sie die schneeig weiße Wolle ihrer Lämmchen spann. Als idyllische Schäferin besaß Chloë das Geheimnis dieser Kunst. Nun trat sie selbst aus einem Taxusgange, und hinter ihr schritt ihr Gefolge, darunter ihr Liebling, der Schäfer Myrtill. Alle trugen Blumen, und in vortrefflichen Alexandrinern teilte nun die zarte Chloë dem aufmerksam lauschenden Publikum mit, dies seien die Blumen der Erinnerung, gepflückt auf dem Felde der Treue und bestimmt, dargebracht zu werden auf dem Altar der Freundschaft. Gleich nach dieser Eröffnung brach ungemessener Jubel im Auditorium los und steigerte sich von Vers zu Vers. Einige Damen, die Racine kannten, erklärten, er könne sich vor meiner Großmutter verstecken, und einige Herren, die ihn nicht kannten, bestätigten es. Sie aber konnte über die Echtheit des Enthusiasmus, den ihre Dichtung erweckte, nicht im Zweifel sein. Die Ovationen dauerten noch fort, als die Herrschaften schon ihre Wagen oder ihre Pferde bestiegen hatten und teils in stattlichen Equipagen, teils in leichten Fuhrwerken, teils auf flinken Rossen aus dem Hoftor rollten oder sprengten.

Die Herrin stand unter dem Portal des Schlosses und winkte den Scheidenden grüßend und für ihre Hochrufe dankend zu. Sie war so friedlich und fröhlich gestimmt, wie dies einem Selbstherrscher, auch des kleinsten Reiches, selten zuteil wird. Da – eben im Begriff, sich ins Haus zurückzuwenden – gewahrte sie ein altes Weiblein, das in respektvoller Entfernung vor den Stufen des Portals kniete. Es hatte den günstigsten Augenblick wahrgenommen und sich durch das offenstehende Tor, im Gewirr und Gedränge unbemerkt, hereingeschlichen. Jetzt erst wurde es von einigen Lakaien erblickt. Sogleich rannten sie, Herrn Fritz an der Spitze, auf das Weiblein zu, um es gröblich hinwegzuschaffen. Zum allgemeinen Erstaunen jedoch winkte meine Großmutter die dienstfertige Meute ab und befahl zu fragen, wer die Alte sei und was sie wolle. Im nämlichen Moment räusperte sich's hinter der Gebieterin und nieste, und den breitkrempigen Hut in der einen Hand und mit der anderen die Tabaksdose im Busen verbergend, trat der Herr Doktor bedächtig heran: ›Es ist, hm, hm, hochgräfliche Gnaden werden entschuldigen‹, sprach er, ›es ist die Mutter des Mischka.‹

›Schon wieder Mischka, hat das noch immer kein Ende mit dem Mischka? … Und was will die Alte?‹

›Was wird sie wollen, hochgräfliche Gnaden? Bitten wird sie für ihn wollen, nichts anderes.‹

›Was denn bitten? Da gibt's nichts zu bitten.‹

›Freilich nicht, ich habe es ihr ohnehin gesagt, aber was nutzt's? Sie will doch bitten, hm, hm.‹

›Ganz umsonst, sagen Sie ihr das. Soll ich nicht mehr aus dem Hause treten können, ohne zu sehen, wie die Gartenarbeiter ihre Geliebten embrassieren?‹

Der Doktor räusperte sich, und meine Großmutter fuhr fort: ›Auch hat er seinen Vater halb totgeschlagen.‹

›Hm, hm, er hat ihm eigentlich nichts getan, auch nichts tun wollen, nur abhalten, die Mutter nicht ganz totzuschlagen.‹

›So?‹

›Ja, hochgräfliche Gnaden. Der Vater, hochgräfliche Gnaden, ist ein Mistvieh, hat einen Zahn auf den Mischka, weil der der Mutter seiner Geliebten manchmal ein paar Kreuzer zukommen läßt.‹

›Wem?‹

›Der Mutter seiner Geliebten, hochgräfliche Gnaden, ein erwerbsunfähiges Weib, dem sozusagen die Quellen der Subsistenzmittel abgeschnitten worden sind … dadurch, daß man die Tochter fortgeschickt hat.‹

›Schon gut, schon gut! … Mit den häuslichen Angelegenheiten der Leute verschonen Sie mich, Doktor, da mische ich mich nicht hinein.‹

Der Doktor schob mit einer breiten Gebärde den Hut unter den Arm, zog das Taschentuch und schneuzte sich diskret. ›So werde ich also der Alten sagen, daß es nichts ist.‹ Er machte, was die Franzosen *une fausse sortie* nennen, und setzte hinzu: ›Freilich, hochgräfliche Gnaden, wenn es nur wegen des Vaters wäre …‹

›Nicht bloß wegen des Vaters, er hat auch dem Janko ein Auge ausgeschlagen.‹

Der Doktor nahm eine wichtige Miene an, zog die Augenbrauen so hoch in die Höhe, daß seine dicke Stirnhaut förmliche Wülste bildete, und sprach: ›Was dieses Auge betrifft, das sitzt fest und wird dem Janko noch gute Dienste leisten, sobald die Sugillation, die sich durch den erhaltenen Faustschlag gebildet hat, aufgesaugt sein wird. Hätte mich auch gewundert, wenn der Mischka imstande gewesen wäre, einen kräftigen Hieb zu führen nach der Behandlung, die er von den Heiducken erfahren hat. Die Heiducken, hochgräfliche Gnaden, haben ihn übel zugerichtet.‹

›Seine Schuld; warum wollte er ihnen nicht gutwillig folgen.‹

›Freilich, freilich, warum wollte er nicht? Vermutlich, weil sie ihn vom Sterbebette seiner Geliebten abgeholt haben – da hat er sich schwer getrennt … Das Mädchen, hm, hm, war in anderen Umständen, soll vom Vater des Mischka sehr geprügelt worden sein, bevor sie die Wanderung angetreten hat. Und dann – die Wanderung, die weit ist, und die Person, hm, hm, die immer schwach gewesen ist … kein Wunder, wenn sie am Ziele zusammengebrochen ist.‹

Meine Großmutter vernahm jedes Wort dieser abgebrochenen Sätze, wenn sie sich auch den Anschein zu geben suchte, daß sie ihnen nur eine oberflächliche Aufmerksamkeit schenkte. ›Eine merkwürdige Verkettung von Fatalitäten‹, sprach sie, ›vielleicht eine Strafe des Himmels.‹

›Wohl, wohl‹, nickte der Doktor, dessen Gesicht zwar immer seinen gleichmütigen Ausdruck behielt, sich aber allmählich purpurrot gefärbt hatte. ›Wohl, wohl, des Himmels, und wenn der Himmel sich bereits dreingelegt hat, dürfen hochgräfliche Gnaden ihm vielleicht auch das Weitere in der Sache überlassen … ich meine nur so!‹ schaltete er, seine vorlaute Schlußfolgerung entschuldigend, ein – ›und dieser Bettlerin‹, er deutete nachlässig auf die Mutter Mischkas, ›huldvollst ihre flehentliche Bitte erfüllen.‹

Die kniende Alte hatte dem Gespräch zu folgen gesucht, sich aber mit keinem Laut daran beteiligt. Ihre Zähne schlugen vor Angst aneinander, und sie sank immer tiefer in sich zusammen.

›Was will sie denn eigentlich?‹ fragte meine Großmutter.

›Um acht Tage Aufschub, hochgräfliche Gnaden, der ihrem Sohne diktierten Strafe untersteht sie sich zu bitten, und ich, hochgräfliche Gnaden, unterstütze das Gesuch, durch dessen Genehmigung der Gerechtigkeit besser Genüge geschähe, als heute der Fall sein kann.‹

›Warum?‹

›Weil der Delinquent in seinem gegenwärtigen Zustande den Vollzug der ganzen Strafe schwerlich aushalten würde.‹

Meine Großmutter machte eine unwillige Bewegung und begann langsam die Stufen des Portals niederzusteigen. Fritz sprang hinzu und wollte sie dabei unterstützen. Sie aber winkte ihn hinweg: ›Geh aufs Amt‹, befahl sie, ›Mischka ist begnadigt.‹

›Ah!‹ stieß der treue Knecht bewundernd hervor und enteilte, während der Doktor bedächtig die Uhr aus der Tasche zog und leise vor sich hinbrummte: ›Hm, hm, es wird noch Zeit sein, die Exekution dürfte eben begonnen haben.‹

Das Wort ›begnadigt‹ war von der Alten verstanden worden; ein Gewinsel der Rührung, des Entzückens drang von ihren Lippen, sie fiel nieder und drückte, als die Herrin näher trat, das Gesicht auf die Erde, als ob sie sich vor soviel Größe und Hoheit dem Boden förmlich gleichzumachen suche.

Der Blick meiner Großmutter glitt mit einer gewissen Scheu über dieses Bild verkörperter Demut: ›Steh auf‹, sagte sie und zuckte zusammen und horchte … und alle Anwesenden horchten erschaudernd, die einen starr, die andern mit dem albernen Lachen des Entsetzens. Aus der Gegend des Amtshauses hatten die Lüfte einen gräßlichen Schrei herübergetragen. Er schien ein Echo geweckt zu haben in der Brust des alten Weibleins, denn es erhob stöhnend den Kopf und murmelte ein Gebet …

›Nun?‹ fragte einige Minuten später meine Großmutter den atemlos herbeistürzenden Fritz: ›Hast du's bestellt?‹

›Zu dienen‹, antwortete Fritz mit seinem süßesten Lächeln: ›Er laßt die Hand küssen, er ist schon tot.‹« –

»Fürchterlich!« rief die Gräfin aus, »und das nennen Sie eine friedliche Geschichte?«

»Verzeihen Sie die Kriegslist, Sie hätten mich ja sonst nicht angehört«, erwiderte der Graf. »Aber vielleicht begreifen Sie jetzt, warum ich den sanftmütigen Nachkommen Mischkas nicht aus dem Dienst jage, obwohl er meine Interessen eigentlich recht nachlässig vertritt.«

Krambambuli

Vorliebe empfindet der Mensch für allerlei Gegenstände. Liebe, die echte, unvergängliche, die lernt er – wenn überhaupt – nur einmal kennen. So wenigstens meint der Herr Revierjäger Hopp. Wie viele Hunde hat er schon gehabt, und auch gern gehabt, aber lieb, was man sagt lieb und unvergeßlich, ist ihm nur einer gewesen – der Krambambuli. Er hatte ihn im Wirtshause zum Löwen in Wischau von einem vazierenden Forstgehilfen gekauft oder eigentlich eingetauscht. Gleich beim ersten Anblick des Hundes war er von der Zuneigung ergriffen worden, die dauern sollte bis zu seinem letzten Atemzuge. Dem Herrn des schönen Tieres, der am Tische vor einem geleerten Branntweingläschen saß und über den Wirt schimpfte, weil dieser kein zweites umsonst hergeben wollte, sah der Lump aus den Augen. Ein kleiner Kerl, noch jung und doch so fahl wie ein abgestorbener Baum, mit gelbem Haar und gelbem spärlichen Barte. Der Jägerrock, vermutlich ein Überrest aus der vergangenen Herrlichkeit des letzten Dienstes, trug die Spuren einer im nassen Straßengraben zugebrachten Nacht. Obwohl sich Hopp ungern in schlechte Gesellschaft begab, nahm er trotzdem Platz neben dem Burschen und begann sogleich ein Gespräch mit ihm. Da bekam er es denn bald heraus, daß der Nichtsnutz den Stutzen und die Jagdtasche dem Wirt bereits als Pfänder ausgeliefert hatte und daß er jetzt auch den Hund als solches hergeben möchte; der Wirt jedoch, der schmutzige Leuteschinder, wollte von einem Pfand, das gefüttert werden muß, nichts hören.

Herr Hopp sagte vorerst kein Wort von dem Wohlgefallen, das er an dem Hunde gefunden hatte, ließ aber eine Flasche von dem guten Danziger Kirschbranntwein bringen, den der Löwenwirt damals führte, und schenkte dem Vazierenden fleißig ein. – Nun, in einer Stunde war alles in Ordnung. Der Jäger gab zwölf Flaschen von demselben Getränke, bei dem der Handel geschlossen worden – der Vagabund gab den Hund. Zu seiner Ehre muß man gestehen: nicht leicht. Die Hände zitterten ihm so sehr, als er dem Tiere die Leine um den Hals legte, daß es schien, er werde mit dieser Manipulation nimmermehr zurechtkommen. Hopp wartete geduldig und bewunderte im stillen den trotz der schlechten Kondition, in welcher er sich befand, wundervollen Hund. Höchstens zwei Jahre mochte er alt sein, und in der Farbe glich er dem Lumpen, der ihn hergab, doch war die seine um ein paar Schattierungen dunkler. Auf der Stirn hatte er ein Abzeichen, einen weißen Strich, der rechts und links in kleine Linien auslief, in der Art wie die Nadeln an einem Tannenreis. Die Augen waren groß, schwarz, leuchtend, von tauklaren, lichtgelben Reiflein umsäumt, die Ohren hoch angesetzt, lang, makellos. Und makellos war alles an dem ganzen Hunde von der Klaue bis zu der feinen Witternase; die kräftige, geschmeidige Gestalt, das über jedes Lob erhabene Piedestal. Vier lebende Säulen, die auch den Körper eines Hirsches getragen hätten und nicht viel dicker waren als die Läufe eines Hasen. Beim heiligen Hubertus! dieses Geschöpf mußte einen Stammbaum haben, so alt und rein wie der eines deutschen Ordensritters.

Dem Jäger lachte das Herz im Leibe über den prächtigen Handel, den er gemacht hatte. Er stand nun auf, ergriff die Leine, die zu verknoten dem Vazierenden endlich gelungen war, und fragte: »Wie heißt er denn?« – »Er heißt wie das, wofür Ihr ihn kriegt: Krambambuli«, lautete die Antwort. – »Gut, gut, Krambambuli! So komm! Wirst gehen? Vorwärts!« – Ja, er konnte lange rufen, pfeifen, zerren – der Hund gehorchte ihm nicht, wandte den Kopf demjenigen zu, den er noch für seinen Herrn hielt, heulte, als dieser ihm zuschrie: »Marsch!« und den Befehl mit einem tüchtigen Fußtritt begleitete, suchte sich aber immer wieder an ihn heranzudrängen. Erst nach einem heißen Kampfe gelang es Herrn Hopp, die Besitzergreifung des Hundes zu vollziehen. Gebunden und geknebelt mußte er zuletzt in einem Sacke auf die Schulter geladen und so bis in das mehrere Wegstunden entfernte Jägerhaus getragen werden.

Zwei volle Monate brauchte es, bevor der Krambambuli, halb totgeprügelt, nach jedem Fluchtversuche mit dem Stachelhalsband an die Kette gelegt, endlich begriff, wohin er jetzt gehöre. Dann aber, als seine Unterwerfung vollständig geworden war, was für ein Hund wurde er da! Keine Zunge schildert, kein Wort ermißt die Höhe der Vollendung, die er erreichte, nicht nur in der Ausübung seines Berufes, sondern auch im täglichen Leben als eifriger Diener, guter Kamerad und treuer Freund und Hüter. »Dem fehlt nur die Sprache«, heißt es von anderen intelligenten Hunden – dem Krambambuli fehlte sie nicht; sein Herr zum mindesten pflog lange Unterredungen mit ihm. Die Frau des Revierjägers wurde ordentlich eifersüchtig auf den »Buli«, wie sie ihn geringschätzig nannte. Manchmal machte sie ihrem Manne Vorwürfe. Sie hatte den ganzen Tag, in jeder Stunde, in der sie nicht aufräumte, wusch oder kochte, schweigend gestrickt. Am Abend, nach dem Essen, wenn sie wieder zu stricken begann, hätte sie gern eins dazu geplaudert.

»Weißt denn immer nur dem Buli was zu erzählen, Hopp, und mir nie? Du verlernst vor lauter Sprechen mit dem Vieh das Sprechen mit den Menschen.«

Der Revierjäger gestand sich, daß etwas Wahres an der Sache sei, aber zu helfen wußte er nicht. Wovon hätte er mit seiner Alten reden sollen? Kinder hatten sie nie gehabt, eine Kuh durften sie nicht halten, und das zahme Geflügel interessiert einen Jäger im lebendigen Zustande gar nicht und im gebratenen nicht sehr. Für Kulturen aber und für Jagdgeschichten hatte wieder die Frau keinen Sinn. Hopp fand zuletzt einen Ausweg aus diesem Dilemma; statt mit dem Krambambuli sprach er von dem Krambambuli, von den

Triumphen, die er allenthalben mit ihm feierte, von dem Neide, den sein Besitz erregte, von den lächerlich hohen Summen, die ihm für den Hund geboten wurden und die er verächtlich von der Hand wies.

Zwei Jahre waren so vergangen, da erschien eines Tages die Gräfin, die Frau seines Brotherrn, im Hause des Jägers. Er wußte gleich, was der Besuch zu bedeuten hatte, und als die gute, schöne Dame begann: »Morgen, lieber Hopp, ist der Geburtstag des Grafen ...« setzte er ruhig und schmunzelnd fort: »Und da möchten Hochgräfliche Gnaden dem Herrn Grafen ein Geschenk machen und sind überzeugt, mit nichts anderem soviel Ehre einlegen zu können als mit dem Krambambuli.« – »Ja, ja, lieber Hopp ...« Die Gräfin errötete vor Vergnügen über dieses freundliche Entgegenkommen und sprach gleich von Dankbarkeit und bat, den Preis nur zu nennen, der für den Hund zu entrichten wäre. Der alte Fuchs von einem Revierjäger kicherte, tat sehr demütig und rückte auf einmal mit der Erklärung heraus: »Hochgräfliche Gnaden! Wenn der Hund im Schlosse bleibt, nicht jede Leine zerbeißt, nicht jede Kette zerreißt, oder wenn er sie nicht zerreißen kann, sich bei den Versuchen, es zu tun, erwürgt, dann behalten ihn Hochgräfliche Gnaden umsonst – dann ist er mir nichts mehr wert.«

Die Probe wurde gemacht, aber zum Erwürgen kam es nicht, denn der Graf verlor früher die Freude an dem eigensinnigen Tiere. Vergeblich hatte man es durch Liebe zu gewinnen, mit Strenge zu bändigen gesucht. Es biß jeden, der sich ihm näherte, versagte das Futter und – viel hat der Hund eines Jägers ohnehin nicht zuzusetzen – kam ganz herunter. Nach einigen Wochen erhielt Hopp die Botschaft, er könne sich seinen Köter abholen. Als er eilends von der Erlaubnis Gebrauch machte und den Hund in seinem Zwinger aufsuchte, da gab's ein Wiedersehen, unermeßlichen Jubels voll. Krambambuli erhob ein wahnsinniges Geheul, sprang an seinem Herrn empor, stemmte die Vorderpfoten auf dessen

Brust und leckte die Freudentränen ab, die dem Alten über die Wangen liefen.

Am Abend dieses glücklichen Tages wanderten sie zusammen ins Wirtshaus. Der Jäger spielte Tarock mit dem Doktor und mit dem Verwalter. Krambambuli lag in der Ecke hinter seinem Herrn. Manchmal sah dieser sich nach ihm um, und der Hund, so tief er auch zu schlafen schien, begann augenblicklich mit dem Schwanze auf den Boden zu klopfen, als wollt er melden: Präsent! Und wenn Hopp, sich vergessend, recht wie einen Triumphgesang das Liedchen anstimmte: »Was macht denn mein Krambambuli?« richtete der Hund sich würde- und respektvoll auf, und seine hellen Augen antworteten: Es geht ihm gut!

Um dieselbe Zeit trieb, nicht nur in den gräflichen Forsten, sondern in der ganzen Umgebung eine Bande Wildschützen auf wahrhaft tolldreiste Art ihr Wesen. Der Anführer sollte ein verlottertes Subjekt sein. Den »Gelben« nannten ihn die Holzknechte, die ihn in irgendeiner übel berüchtigten Spelunke beim Branntwein trafen, die Heger, die ihm hie und da schon auf der Spur gewesen, ihm aber nie hatten beikommen können, und endlich die Kundschafter, deren er unter dem schlechten Gesindel in jedem Dorfe mehrere besaß.

Er war wohl der frechste Gesell, der jemals ehrlichen Jägersmännern etwas aufzulösen gab, mußte auch selbst vom Handwerk gewesen sein, sonst hätte er das Wild nicht mit solcher Sicherheit aufspüren und nicht so geschickt jeder Falle, die ihm gestellt wurde, ausweichen können.

Die Wild- und Waldschäden erreichten eine unerhörte Höhe, das Forstpersonal befand sich in grimmigster Aufregung. Da begab es sich nur zu oft, daß die kleinen Leute, die bei irgendeinem unbedeutenden Waldfrevel ertappt wurden, eine härtere Behandlung erlitten, als zu andrer Zeit geschehen wäre und als gerade zu rechtfertigen war. Große Erbitterung herrschte darüber in allen Ortschaften. Dem Oberförster, gegen den der Haß sich zunächst wandte, kamen gutgemeinte Warnungen in Menge zu. Die Raubschützen, hieß es, hätten einen Eid darauf geschworen, bei der ersten Gelegenheit exemplarische Rache an ihm zu nehmen. Er, ein rascher, kühner Mann, schlug das Gerede in den Wind und sorgte mehr denn je dafür, daß weit und breit kund werde, wie er seinen Untergebenen die rücksichtsloseste Strenge anbefohlen und für etwaige schlimme Folgen die Verantwortung selbst übernommen habe. Am häufigsten rief der Oberförster dem Revierjäger Hopp die scharfe Handhabung seiner Amtspflicht ins Gedächtnis und warf ihm zuweilen Mangel an »Schneid« vor; wozu freilich der Alte nur lächelte. Der Krambambuli aber, den er bei solcher Gelegenheit von oben herunter anblinzelte, gähnte laut und wegwerfend. Übel nahmen er und sein Herr dem Oberförster nichts. Der Oberförster war ja der Sohn des Unvergeßlichen, bei dem Hopp das edle Waidwerk erlernt, und Hopp hatte wieder ihn als kleinen Jungen in die Rudimente des Berufs eingeweiht. Die Plage, die er einst mit ihm gehabt, hielt er heute noch für eine Freude, war stolz auf den ehemaligen Zögling und liebte ihn trotz der rauhen Behandlung, die er so gut wie jeder andere von ihm erfuhr.

Eines Junimorgens traf er ihn eben wieder bei einer Exekution.

Es war im Lindenrondell, am Ende des herrschaftlichen Parks, der an den »Grafenwald« grenzte, und in der Nähe der Kulturen, die der Oberförster am liebsten mit Pulverminen umgeben hätte. Die Linden standen just in schönster Blüte, und über diese hatte ein Dutzend kleiner Jungen sich hergemacht. Wie Eichkätzchen krochen sie auf den Ästen der herrlichen Bäume herum, brachen alle Zweige, die sie erwischen konnten, ab und warfen sie zur Erde. Zwei Weiber lasen die Zweige hastig auf und stopften sie in Körbe, die bereits mehr als zur Hälfte mit dem duftenden Raube gefüllt waren. Der Oberförster raste in unermeßlicher Wut. Er ließ durch seine Heger die Buben nur so von den Bäumen schütteln, unbekümmert um die Höhe, aus der sie fielen. Während sie wimmernd und schreiend um seine Füße krochen, der eine mit zerschlagenem Gesicht, der andere mit ausgerenktem Arm, ein dritter mit gebrochenem Bein, zerbleute er eigenhändig die beiden Weiber. In dem einen derselben erkannte Hopp die leichtfertige Dirne, die das Gerücht als die Geliebte des »Gelben« bezeichnete. Und als die Körbe und Tücher der Weiber und die Hüte der Buben in Pfand genommen wurden und Hopp den Auftrag bekam, sie aufs Gericht zu bringen, konnte er sich eines schlimmen Vorgefühls nicht erwehren.

Der Befehl, den ihm damals der Oberförster zurief, wild wie ein Teufel in der Hölle und wie ein solcher umringt von jammernden und gepeinigten Sündern, ist der letzte gewesen, den der Revierjäger im Leben von ihm erhalten hat. Eine Woche später traf er ihn wieder im Lindenrondell – tot. Aus dem Zustande, in dem die Leiche sich befand, war zu ersehen, daß sie hierher, und zwar durch Sumpf und Gerölle, geschleppt worden war, um an dieser Stelle aufgebahrt zu werden. Der Oberförster lag auf abgehauenen Zweigen, die Stirn mit einem dichten Kranz aus Lindenblüten umflochten, einen ebensolchen als Bandelier um die Brust gewunden. Sein Hut stand neben ihm, mit Lindenblüten gefüllt. Auch die Jagdtasche hatte der Mörder ihm gelassen, nur die Patronen herausgenommen und statt ihrer Lindenblüten hineingesteckt. Der schöne Hinterlader des Oberförsters fehlte und war durch einen elenden Schießprügel ersetzt. Als man später die Kugel, die seinen Tod verursacht hatte, in der Brust des Ermordeten fand, zeigte es sich, daß sie genau in den Lauf dieses Schießprügels paßte, der dem Förster gleichsam zum Hohne über die Schulter gelegt worden war. Hopp stand beim Anblick der entstellten Leiche regungslos vor Entsetzen. Er hätte keinen Finger heben können, und auch das Gehirn war ihm wie gelähmt; er starrte nur und starrte und dachte anfangs gar nichts, und erst nach einer Weile brachte er es zu einer Beobachtung, einer stummen Frage: – Was hat denn der Hund?

Der Krambambuli beschnüffelt den toten Mann, läuft wie nicht gescheit um ihn herum, die Nase immer am Boden. Einmal winselt er, einmal stößt er einen schrillen Freudenschrei aus, macht ein paar Sätze, bellt, und es ist geradeso, als erwache in ihm eine längst erstorbene Erinnerung …

»Herein«, ruft Hopp, »da herein!« Und Krambambuli gehorcht, sieht aber seinen Herrn in allerhöchster Aufregung an, und – wie der Jäger sich auszudrücken pflegte – sagt ihm: »Ich bitte dich um alles in der Welt, siehst du denn nichts? Riechst du denn nichts? … O lieber Herr, schau doch! riech doch! O Herr, komm! Daher komm! …« Und tupft mit der Schnauze an des Jägers Knie und schleicht, sich oft umsehend, als frage er: Folgst du mir? zu der Leiche zurück und fängt an, das schwere Gewehr zu heben und zu schieben und ins Maul zu fassen, in der offenbaren Absicht, es zu apportieren.

Dem Jäger läuft ein Schauer über den Rücken, und allerlei Vermutungen dämmern in ihm auf. Weil das Spintisieren aber nicht seine Sache ist, es ihm auch nicht zukommt, der Obrigkeit Lichter aufzustecken, sondern vielmehr den gräßlichen Fund, den er getan hat, unberührt liegenzulassen und seiner Wege – das heißt in dem Fall recte zu Gericht – zu gehen, so tut er denn einfach, was ihm zukommt.

Nachdem es geschehen und alle Förmlichkeiten, die das Gesetz bei solchen Katastrophen vorschreibt, erfüllt, der ganze Tag und auch ein Stück der Nacht darüber hingegangen sind, nimmt Hopp, eh er schlafen geht, noch seinen Hund vor.

»Mein Hund«, spricht er, »jetzt ist die Gendarmerie auf den Beinen, jetzt gibt's Streifereien ohne Ende. Wollen wir es andern überlassen, den Schuft, der unsern Oberförster erschossen hat, wegzuputzen aus der Welt? – Mein Hund kennt den niederträchtigen Strolch, kennt ihn, ja, ja! Aber das braucht niemand zu wissen, das habe ich nicht ausgesagt … Ich, hoho! … Ich werd meinen Hund hineinbringen in die Geschichte … Das könnt mir einfallen!« Er beugte sich über Krambambuli, der zwischen seinen ausgespreizten Knien saß, drückte die Wange an den Kopf des Tieres und nahm seine dankbaren Liebkosungen in Empfang. Dabei summte er: »Was macht denn mein Krambambuli?« bis der Schlaf ihn übermannte.

Seelenkundige haben den geheimnisvollen Drang zu erklären gesucht, der manchen Verbrecher stets wieder an den Schauplatz seiner Untat zurückjagt. Hopp wußte von diesen gelehrten Ausführungen nichts, strich aber dennoch ruh- und rastlos mit seinem Hunde in der Nähe des Lindenrondells herum.

Am zehnten Tage nach dem Tode des Oberförsters hatte er zum erstenmal ein paar Stunden lang an etwas anderes gedacht als an seine Rache und sich im »Grafenwald« mit dem Bezeichnen der Bäume beschäftigt, die beim nächsten Schlag ausgenommen werden sollten.

Wie er nun mit seiner Arbeit fertig ist, hängt er die Flinte wieder um und schlägt den kürzesten Weg ein, quer durch den Wald gegen die Kulturen in der Nähe des Lindenrondells. Im Augenblick, in dem er auf den Fußsteig treten will, der längs des Buchenzaunes läuft, ist ihm, als höre er etwas im Laube rascheln. Gleich darauf herrscht jedoch tiefe Stille, tiefe, anhaltende Stille. Fast hätte er gemeint, es sei nichts Bemerkenswertes gewesen, wenn nicht der Hund so merkwürdig dreingeschaut hätte. Der stand mit gesträubtem Haar, den Hals vorgestreckt, den Schwanz aufrecht, und glotzte eine Stelle des Zaunes an. Oho! dachte Hopp, wart, Kerl, wenn du's bist; trat hinter einen Baum und spannte den Hahn seiner Flinte. Wie rasend pochte ihm das Herz, und der ohnehin kurze Atem wollte ihm völlig versagen, als jetzt plötzlich, Gottes Wunder! – durch den Zaun der »Gelbe« auf den Fußsteig trat. Zwei junge Hasen hängen an seiner Waidtasche, und auf seiner Schulter, am wohlbekannten Juchtenriemen, der Hinterlader des Oberförsters. Nun wär's eine Passion, den Racker niederzubrennen aus sicherem Hinterhalt.

Aber nicht einmal auf den schlechtesten Kerl schießt der Jäger Hopp, ohne ihn angerufen zu haben. Mit einem Satze springt er hinter dem Baum hervor und auf den Fußsteig und schreit: »Gib dich, Vermaledeiter!« Und als der Wildschütz zur Antwort den Hinterlader von der Schulter reißt, gibt der Jäger Feuer … All ihr Heiligen – ein sauberes Feuer! Die Flinte knackst, anstatt zu knallen. Sie hat zu lange mit aufgesetzter Kapsel im feuchten Wald am Baum gelehnt – sie versagt.

Gute Nacht, so sieht das Sterben aus, denkt der Alte … Doch nein – er ist heil, sein Hut nur fliegt, von Schroten durchlöchert, ins Gras …

Der andere hat auch kein Glück; das war der letzte Schuß in seinem Gewehr, und zum nächsten zieht er eben erst die Patrone aus der Tasche …

»Pack an!« ruft Hopp seinem Hunde heiser zu: »Pack an!« Und: »Herein, zu mir! Herein, Krambambuli!« lockt es drüben mit zärtlicher, liebevoller – ach, mit altbekannter Stimme …

Der Hund aber – –

Was sich nun begab, begab sich viel rascher, als man es erzählen kann.

Krambambuli hatte seinen ersten Herrn erkannt und rannte auf ihn zu, bis – in die Mitte des Weges. Da pfeift Hopp und der Hund macht kehrt, »der Gelbe« pfeift, und der Hund macht wieder kehrt und windet sich in Verzweiflung auf einem Fleck, in gleicher Distanz von dem Jäger wie von dem Wildschützen, zugleich hingerissen und gebannt …

Zuletzt hat das arme Tier den trostlos unnötigen Kampf aufgegeben und seinen Zweifeln ein Ende gemacht, aber nicht seiner Qual. Bellend, heulend, den Bauch am Boden, den Körper gespannt wie eine Sehne, den Kopf emporgehoben, als riefe es den Himmel zum Zeugen seines Seelenschmerzes an, kriecht es – seinem ersten Herrn zu.

Bei dem Anblick wird Hopp von Blutdurst gepackt. Mit zitternden Fingern hat er die neue Kapsel aufgesetzt – mit ruhiger Sicherheit legt er an. Auch »der Gelbe« hat den Lauf wieder auf ihn gerichtet. Diesmal gilt's! Das wissen die beiden, die einander auf dem Korn haben, und was auch in ihnen vorgehen möge, sie zielen so ruhig wie ein paar gemalte Schützen.

Zwei Schüsse fallen. Der Jäger trifft, der Wildschütz fehlt.

Warum? weil er – vom Hunde mit stürmischer Liebkosung angesprungen – gezuckt hat im Augenblick des Losdrückens. »Bestie!« zischt er noch, stürzt rücklings hin und rührt sich nicht mehr.

Der ihn gerichtet, kommt langsam herangeschritten. Du hast genug, denkt er, um jedes Schrotkorn wär's schad bei dir. Trotzdem stellt er die Flinte auf den Boden und lädt von neuem. Der Hund sitzt aufrecht vor ihm, läßt die Zunge heraushängen, keucht kurz und laut und sieht ihm zu. Und als der Jäger fertig ist und die Flinte wieder zur Hand nimmt, halten sie ein Gespräch, von dem kein Zeuge ein Wort vernommen hätte, wenn es auch statt eines toten ein lebendiger gewesen wäre.

»Weißt du, für wen das Blei gehört?«

»Ich kann es mir denken.«

»Deserteur, Kalfakter, pflicht- und treuvergessene Kanaille!«

»Ja, Herr, jawohl.«

»Du warst meine Freude. Jetzt ist's vorbei. Ich habe keine Freude mehr an dir.«

»Begreiflich, Herr«, und Krambambuli legte sich hin, drückte den Kopf auf die ausgestreckten Vorderpfoten und sah den Jäger an.

Ja, hätte das verdammte Vieh ihn nur nicht angesehen! Da würde er ein rasches Ende gemacht und sich und dem Hunde viel Pein erspart haben. Aber so geht's nicht! Wer könnte ein Geschöpf niederknallen, das einen so ansieht? Herr Hopp murmelt ein halbes Dutzend Flüche zwischen den Zähnen, einer gotteslästerlicher als der andre, hängt die Flinte wieder um, nimmt dem Raubschützen noch die jungen Hasen ab und geht.

Der Hund folgte ihm mit den Augen, bis er zwischen den Bäumen verschwunden war, stand dann auf, und sein mark- und beinerschütterndes Wehgeheul durchdrang den Wald. Ein paarmal drehte er sich im Kreise und setzte sich wieder aufrecht neben den Toten hin. So fand ihn die gerichtliche Kommission, die, von Hopp geleitet, bei sinkender Nacht erschien, um die Leiche des Raubschützen in Augenschein zu nehmen und fortschaffen zu lassen. Krambambuli wich einige Schritte zurück, als die Herren herantraten. Einer von ihnen sagte zu dem Jäger: »Das ist ja Ihr Hund.« – »Ich habe ihn hier als Schildwache zurückgelassen«, antwortete Hopp, der sich schämte, die Wahrheit zu gestehen. – Was half's? Sie kam doch heraus, denn als die Leiche auf den Wagen geladen war und fortgeführt wurde, trottete Krambambuli gesenkten Kopfes und mit eingezogenem Schwanze hinterher. Unweit der Totenkammer, in der »der Gelbe« lag, sah ihn der Gerichtsdiener noch am folgenden Tage herumstreichen. Er gab ihm einen Tritt und rief ihm zu: »Geh nach Hause!« – Krambambuli fletschte die Zähne gegen ihn und lief davon; wie der Mann meinte, in der Richtung des Jägerhauses. Aber dorthin kam er nicht, sondern führte ein elendes Vagabundenleben.

Verwildert, zum Skelett abgemagert, umschlich er einmal die armen Wohnungen der Häusler am Ende des Dorfes. Plötzlich stürzte er auf ein Kind los, das vor der letzten Hütte stand, und entriß ihm gierig das Stück Brot, von dem es aß. Das Kind blieb starr vor Schrecken, aber ein kleiner Spitz sprang aus dem Hause und bellte den Räuber an. Dieser ließ sogleich seine Beute fahren und entfloh.

Am selben Abend stand Hopp vor dem Schlafengehen am Fenster und blickte in die schimmernde Sommernacht hinaus. Da war ihm, als sähe er jenseits der Wiese am Waldessaum den Hund sitzen, die Stätte seines ehemaligen Glückes unverwandt und sehnsüchtig betrachtend – der Treueste der Treuen, herrenlos!

Der Jäger schlug den Laden zu und ging zu Bette. Aber nach einer Weile stand er auf, trat wieder ans Fenster – der Hund war nicht mehr da. Und wieder wollte er sich zur Ruhe begeben und wieder fand er sie nicht.

Er hielt es nicht mehr aus. Sei es, wie es sei! … Er hielt es nicht mehr aus ohne den Hund. – Ich hol ihn heim, dachte er, und fühlte sich wie neugeboren nach diesem Entschluß.

Beim ersten Morgengrauen war er angekleidet, befahl seiner Alten, mit dem Mittagessen nicht auf ihn zu warten, und sputete sich hinweg. Wie er aber aus dem Hause trat, stieß sein Fuß an denjenigen, den er in der Ferne zu suchen ausging. Krambambuli lag verendet vor ihm, den Kopf an die Schwelle gepreßt, die zu überschreiten er nicht mehr gewagt hatte.

Der Jäger verschmerzte ihn nie. Die Augenblicke waren seine besten, in denen er vergaß, daß er ihn verloren hatte. In freundliche Gedanken versunken, intonierte er dann sein berühmtes: »Was macht denn mein Krambam …« Aber mitten in dem Worte hielt er bestürzt inne, schüttelte das Haupt und sprach mit einem tiefen Seufzer: »Schad um den Hund!«

Ohne Liebe

Dialogisierte Novelle

Ein Salon im Palais der Gräfin Laßwitz in Wien. Die Einrichtung ist im Zopfstil gehalten, die Wände sind mit blauem Brokat überzogen. Eine hohe Mitteltür führt in ein Eingangszimmer, eine Tür links in die Wohnzimmer der Gräfin, eine Tür rechts in die ihrer Enkelin Gräfin Emma Laßwitz. Im Vordergrund rechts steht ein kleines Kanapee, davor ein Arbeitstisch und ein Sessel. Gegen den Hintergrund links an der Wand ein großes Etablissement. Auf dem Kanapee, den Fauteuils, den Sesseln ist eine reiche Bescherung an Toilettegegenständen, Kleidern, Hüten und so weiter ausgelegt. Gräfin Laßwitz beschäftigt sich mit dem Ordnen der Blumenspenden, Schmucksachen, Alben und Bücher, welche den Tisch bedecken. Emma, in einfachem dunklem Morgenanzug, tritt ein. Sie ist schön und anmutig, sehr ruhig in ihren Bewegungen und in ihrer Sprechweise. Seelenfrieden, innere Klarheit drücken sich in ihrem Wesen aus.

Gräfin: Dein Geburtstag, liebes Kind, wir gratulieren.
Emma *küßt ihr beide Hände:* Dank und aber Dank! *Die Geschenke betrachtend:* Alles wunderbar. Ja, das bist du; eine solche Wahl triffst nur du … Wie dir das alles ähnlich sieht. Meiner Treu! … wenn ich diesen Reithut auf dem Kopfe der Kaiserin von China sähe, rief' ich aus: Den hat Ihnen, Majestät, meine Großmutter geschenkt! *Umarmt die Gräfin.*
Gräfin: Ach – geh!
Emma: Und von wem die Blumen?
Gräfin: Diese von Berg.
Emma: Der gute Alte!
Gräfin: Die von Tal.

Emma: Freuen mich nicht.

Gräfin: Die von Hügel.

Emma: Da hätten wir ja die Landschaft beisammen. Kein Achenbach, leider. *Sie nimmt ein Schmuckkästchen vom Tisch.* Diamanten … leichtsinnige Großmutter, nun gar Diamanten … die darf ich ja nicht tragen, ich alte Jungfer.

Gräfin: So warten wir, bis aus der alten Jungfer eine junge Frau wird.

Emma: Pst! Heute spricht man nicht von unangenehmen Dingen – nur von dir, von deiner Großmut. *Sie mustert die Geschenke von neuem.* – Es ist wirklich und wahrhaftig zuviel.

Gräfin: Ich habe für drei zu geben, vergiß das nicht.

Emma: Wie sollt ich? Du hast mir nie etwas Gutes getan, ohne zu sagen: Im Namen deiner armen verstorbenen Eltern. *Sie führt die Gräfin zu dem Kanapee im Vordergrund, nimmt auf dem Sessel Platz, ergreift beide Hände der Gräfin.* Verzogen aber hast du mich in deinem eigenen Namen.

Gräfin: Verzogen?

Emma: Du hast mir das Leben zu angenehm gemacht, zu schön, zu leicht … Großmutter, sag einmal: Wie alt war ich, als mir mein Vater starb und bald darauf meine Mutter? Drei Jahre – nicht?

Gräfin: Ungefähr.

Emma: So bin ich nun seit einundzwanzig Jahren bei dir. Sie sind mir vergangen wie ein Tag, aber was nützt das? Auch wenn man unvermerkt alt geworden, alt ist man doch.

Gräfin: Mit vierundzwanzig?

Emma: Als ich sechzehn war und Damen in meinen jetzigen Jahren auf den Bällen herumhüpfen sah, dachte ich: Was wollen denn diese alten Schachteln, wollen sie sich vielleicht einen Mann ertanzen? …

Gräfin: Das hast du nicht notwendig. Die Bewerber kommen uns ins Haus.

Emma: Gott weiß es. Was für Menschen!

Gräfin: Nun, nun, Rüdiger befindet sich unter ihnen, und der liebt dich, nicht dein Geld.
Emma: Möglich, weil er selbst genug hat. Aber, Großmutter, er ist ein Familiengötze.
Gräfin *ungeduldig:* Das sagst du immer; was meinst du eigentlich damit?
Emma: Was soll ich anderes meinen als einen Menschen, mit dem seine Verwandten Abgötterei treiben?
Gräfin *wie oben:* Sie tun es, weil er es verdient.
Emma: Niemand verdient Abgötterei, am wenigsten derjenige, der sie duldet.
Gräfin: Woher hast du diese Phrase?
Emma *drückt den Zeigefinger an die Stirn:* Ich hab's daher, und deshalb ist es keine Phrase. Denk einmal darüber nach – wodurch hat sich Rüdiger die Anbetung seiner Familie zugezogen? Durch eitel negative Tugenden. Er hat nie Schulden, nie einen Rausch, nie ein Duell gehabt. Er bringt seine Tage im Büro und zwei Abende in der Woche bei seiner Mutter zu, umgeben von Tanten und Schwestern und Basen, und die Damen alle schwingen Weihrauchfässer. Ach, der einzige Sohn, Neffe, Bruder, Vetter! Ach, der einzige überhaupt! Wo gibt es noch seinesgleichen? Ach, und wo weilt sie, die Glückliche, die er erwählen und einführen wird in den Kreis seiner Priesterinnen, damit auch sie das Weihrauchfaß ergreife und …
Gräfin: Schweige! – einen vortrefflichen Menschen verspotten hören ist mir überhaupt unangenehm; von dir aber tut es mir weh. Er liebt dich mit beispielloser Treue, obwohl, *faßt sie scharf ins Auge:* wenigstens scheinbar, unerwidert.
Emma *nach einer Pause, sehr ernst:* Auch ich habe jahrelang so geliebt und bin mit dieser Liebe fertiggeworden. Er soll mir's nachmachen!
Gräfin: Kind, überlege, bevor du diesen Mann abweisest. Überlege, was das ist, unter dem Schutz und Schirm eines solchen Mannes zu stehen.

Emma: Gute Großmutter, ein Götze ist niemandem ein Schirm, der braucht selbst Schirme … *Gräfin will sprechen, sie kommt ihr zuvor:* Laß mich eine alte Jungfer bleiben; wie soll ich heiraten? – Ich kann ja nicht mehr lieben. Marko war für mich der Inbegriff aller männlichen Vollkommenheiten und Unvollkommenheiten, er hatte alle Vorzüge, die ich bewundere, alle Fehler, die mir verzeihlich scheinen. Wir sind als Nachbarskinder aufgewachsen, und schon meine Wärterin hatte mir gesagt: »Der Graf Marko ist Ihr zukünftiger Bräutigam.« Dergleichen merkt man sich, und so liebte ich ihn denn wie einen Bräutigam. Er hingegen liebte mich, wie man eine Schwester liebt, und heiratete meine Freundin.

Gräfin: Die er recht unglücklich gemacht hat.

Emma: Oder sie ihn – wer weiß es? *Nach einer langen Pause:* Nun ist er Witwer seit drei Jahren.

Gräfin: Jawohl, und vergräbt sich in Kroatien auf dem Gute seiner Verstorbenen und überläßt die Verwaltung seines schönen Waldsee den Beamten, die dort wirtschaften, daß es ein Graus und schlechtes Beispiel ist für die ganze Nachbarschaft. Ich halte es, weiß Gott, für Unrecht zu verpachten: Hast du den Genuß, habe die Plage. – Aber die Waldseer Anarchie an der Grenze könnte sogar mich verleiten, ein Unrecht zu tun. Das hätte dann dieser Herr Marko auf dem Gewissen.

Emma: Wie bös du ihm bist! beinahe noch so böse wie in jener Zeit, da ich ihn liebte und, *lachend:* unendlich unglücklich war.

Gräfin: Du hast jetzt gut lachen; in deinen Backfischjahren hast du mich oft genug nervös gemacht mit deinem Hirngespinst von einer Liebe, die von ihrem Gegenstand nicht einmal zur Kenntnis genommen wurde. Viel Torheit habe ich kennengelernt, eine so große wie diese Liebe nicht. Gott sei Dank starb die unirdische endlich doch eines irdischen Todes – sie verhungerte. Ohne jede Nahrung kann sogar die geistigste Liebe nicht leben. Aber, mein Kind, ganz geheilt von der einzigen Krankheit, welche dich jemals heimgesucht, wirst du dann erst sein, wenn du den Entschluß fassest …

Emma *legt beide Hände um den Hals der Gräfin, sieht ihr in die Augen:* … die Frau Rüdigers zu werden. Er ist einmal dein Liebling, dieser Verführer aller Großmütter.

Gräfin *sucht sich vergeblich von ihr loszumachen:* Laß doch.

Emma: Nein, du mußt die Wahrheit hören. Ihr seid im Irrtum, wenn ihr meint, eure Schwachheit verbergen zu können. Man sieht eure Augen leuchten, sooft der Name Rüdiger ausgesprochen wird.

Gräfin *wie oben:* Närrin! Närrin!

Emma *umarmt sie und läßt sie los:* Verzeih! Auch ich werde einmal sechzig, und dann wird es mir ergehen wie euch. Wenn ich das bedenke, bin ich imstande und nehme ihn; man muß für seine alten Tage sorgen.

Diener *meldend:* Graf Rüdiger.

Gräfin: Da siehst du nun. *Rückt die Haube zurecht. Zum Diener:* Sehr angenehm. *Diener ab.*

Emma *seufzt:* Ach Gott! *Steht auf, geht zum Tische und macht sich mit den Geschenken zu tun.*

Gräfin: Emma, wenn er sich heute erklärte?

Emma: Geschähe es zum drittenmal. Wir werden doch unsere Fassung bewahren bei einem nicht mehr ungewöhnlichen Ereignis.

Hermann Rüdiger, ein Bukett in der Hand, tritt ein. Er ist fünfunddreißig Jahre alt, mittelgroß, blond, fett, sorgfältig gekleidet, hat ein hübsches Gesicht, trägt einen Vollbart, wiegt sich beim Gehen ein wenig in den Hüften. Sein Wesen drückt Selbstvertrauen aus, ist aber nicht frei von einiger Befangenheit; es verdirbt ihm die Laune, sobald ihm diese zum Bewußtsein kommt. Er verneigt sich vor beiden Damen und ist im Begriff, auf Emma zuzugehen. Sie bleibt regungslos und lächelnd am Tische stehen. Er, allmählich die Haltung verlierend, hemmt den Schritt.

Gräfin: Grüß Gott, mein lieber Rüdiger.
Rüdiger: Frau Gräfin. *Nach kurzer Überlegung wendet er sich, geht auf sie zu und überreicht ihr den Blumenstrauß.* Erlauben Sie mir, Ihnen meinen Glückwunsch zum Geburtstage Ihrer Enkelin darzubringen.
Gräfin: Mir? Oh, ich bin sehr überrascht und nehme ihn freudig an.
Emma: Bravo, Graf Rüdiger, das haben Sie gut gemacht. *Geht auf ihn zu und bietet ihm die Hand. Er, nach einigem Zögern, reicht ihr zwei Finger, die er schnell zurückzieht.* Ich freue mich jetzt schon auf den Geburtstag meiner Großmutter, da bekomme ich ein Bukett. *Gräfin ist aufgestanden, stellt die Blumen in eine Vase und bleibt während der nächstfolgenden Reden im Hintergrund.*
Rüdiger *verstimmt:* Sie loben mich – ein Glück, das mir selten widerfährt.
Emma: Wie Sie das sagen, wie vorwurfsvoll! als hätte ich eine heilige Pflicht versäumt.
Rüdiger: Von Pflicht ist nicht die Rede, ich glaube nur auf mehr Rücksicht Anspruch machen zu sollen, als ich von Ihnen erfahre. Ein andrer Mann …
Emma: Lieber Graf, ich bin heute ausnehmend friedlich gestimmt und bereit, jedes begangene Unrecht einzusehen, noch mehr: es zu bekennen. *Treuherzig:* Mein Undank gegen Sie ist groß.
Rüdiger: Jawohl.
Gräfin *auf ihrem früheren Platz, hat eine Arbeit zur Hand genommen:* Jawohl.
Emma *sieht sie mißbilligend an:* Nicht Partei nehmen! *Zu Rüdiger ernsthaft:* Ich mache mir Ihretwegen manchmal Vorwürfe.
Rüdiger *ebenso:* Nur manchmal?
Emma: Das ist Ihnen zu wenig? Nun, sehen Sie, nicht herauskommen aus der Hölle der Gewissensqualen, das wäre wieder mir zuviel. *Sie lacht.*

Rüdiger: Ich würde gern mit Ihnen lachen, ich lache gern über gute Scherze, aber die Ihren … *Er zuckt die Achseln.*

Emma: Sind nicht gut. Verstehe ich mich aufs Gedankenerraten, was?

Rüdiger *sieht sie vorwurfsvoll an. Nach einer Pause:* Nein, so kann es nicht länger fortgehen. Wir müssen ein Ende machen, wir müssen uns endlich einmal aussprechen.

Emma: Endlich einmal? Wir tun seit drei Jahren nichts anderes.

Rüdiger: Und wo bleibt das Resultat? Wir wollen heute zu einem Resultat kommen.

Emma: Wie wär's, wenn wir uns setzten?

Gräfin *zu Rüdiger:* Hierher, mein lieber Freund. *Weist ihm einen Platz an ihrer Seite an.*

Gräfin rechts, Rüdiger links auf dem Kanapee, Emma ihnen gegenüber. Sie hat sich schräg auf den Sessel gesetzt und kreuzt die Arme über dessen Lehne.

Emma: Da seid ihr schon wieder zwei gegen mich. Ist das schön von Ihnen, Graf Rüdiger, sich einer Claque zu versichern, bevor Sie Ihre Philippika gegen ein armes schwaches Weib eröffnen?

Gräfin: Hör endlich auf mit deinen unzeitigen Späßen.

Emma: Gern, sie kommen mir ohnehin nicht vom Herzen.

Rüdiger: Dann begreife ich nicht … Gräfin, ich würde einem Manne, wie ich bin, anders begegnen … Einem Manne, der mit solcher Treue, solcher Beständigkeit … *Die Stimme versagt ihm.*

Gräfin *legt die Hand auf seine Schulter:* Lieber Rüdiger …

Emma *zugleich:* Lieber Graf, wenn Sie glauben, daß ich Sie nicht zu schätzen weiß, dann irren Sie.

Rüdiger, *der sich wieder gesammelt hat:* Nun, Gräfin, wenn ich jemanden zu schätzen wüßte, würde ich ihn nicht unglücklich machen, ich würde mich bemühen, seine Gefühle zu erwidern.

Emma: Wer sagt Ihnen, daß ich nicht versucht habe, mich zu bemühen?

Rüdiger: Oh, dann fahren Sie fort – etwas guten Willen, und es wird gehen. Meine Mutter, meine Tanten, meine Schwestern wären glücklich …

Gräfin: Auch ich wäre es.

Rüdiger: Auch Ihre Großmutter, auch sie – ach, wie glücklich wäre ich selbst, wenn ich meine Großmutter glücklich machen könnte.

Emma *lacht.*

Gräfin *zugleich:* Emma! Emma!

Rüdiger: Jetzt lacht sie wieder.

Emma: Aber nein. *Mit Entschluß:* Sie sind ein gutmütiger Mensch, Graf Rüdiger, Sie sind auch treu, sind vernünftig, ich glaube, daß es sich mit Ihnen leben ließe …

Rüdiger *will aufspringen:* Gräfin Emma!

Gräfin *zugleich:* O mein Kind!

Emma: Bleiben Sie sitzen; ich bin noch nicht fertig: leben ließe – vorausgesetzt, daß Sie sich einer Zumutung fügen würden …

Rüdiger *stutzt:* Zumutung?

Emma: Ja. – In der Bibel steht, der Mann soll Mutter, Tanten, Basen und Schwestern verlassen und dem Weibe nachfolgen.

Rüdiger: Ich habe die Stelle anders zitieren gehört.

Emma: Sie wird eben meistens falsch zitiert.

Rüdiger *nach langer Überlegung ängstlich:* Sie fordern es, ich weiß nicht, was ich … das heißt, ich würde so etwas nicht von mir verlangen, wenn aber Sie das Herz dazu haben – soll es geschehen.

Gräfin *in hellem Entzücken:* Rüdiger, Sie sind ein edler Mensch!

Rüdiger *einigermaßen betroffen:* Wir werden uns jedenfalls noch darüber aussprechen.

Emma: O weh!

Gräfin *streng:* Was sagst du?

Emma: Ich frage Sie, Graf Rüdiger, wenn Sie sich entschlössen, mir zu Ehren auf den größten Reichtum an Liebe, den Sie besitzen, zu verzichten, was dann?

Rüdiger: Dann würde ich auf Ersatz hoffen.

Gräfin: Sie würden ihn fordern dürfen.

Emma: Ganz richtig. Es könnte aber sein, daß ich nicht imstande wäre, dieser Anforderung zu genügen.

Rüdiger *außer sich:* Und Sie werden es nicht imstande sein. Welch ein Narr bin ich – ein anderer hätte längst – aber auch ich sehe es endlich ein: Sie sind unfähig zu lieben, sind eiskalt, und im Grunde muß man Sie bedauern.

Gräfin: Jawohl, bedauern.

Emma: Weil ich unfähig bin zu lieben? Das ist nicht der Fall. Unter allen Umständen müßte ich Ihnen ja das Geständnis machen – ich habe eine große Liebe in meinem Leben gehabt.

Gräfin *räuspert sich.*

Rüdiger *zu ihr, betroffen, tonlos:* Jetzt hat sie auch eine große Liebe gehabt!

Gräfin *zu Emma:* Du bist lächerlich.

Rüdiger: Ich bitte – ich muß um nähere Erklärung bitten.

Emma *herzlich:* Ich werde Ihnen jetzt weh tun, Graf Rüdiger, verzeihen Sie mir im voraus. *Sie reicht ihm über den Tisch die Hand, er verweigert ihr die seine.* Soweit ich mich zurückerinnere, erinnere ich mich geliebt zu haben, innig, vertrauensselig, der Gegenliebe überzeugt. Diese meine Großmutter sagte oft zu mir: Welche Torheit, mein Kind, du setzest dir jemanden in den Kopf, der nicht an dich denkt. Trotz dieser Warnung …

Rüdiger *fällt ihr ins Wort:* … fuhren Sie fort, ins Blaue hinein zu schwärmen – für Marko! … Inkommodieren Sie sich nicht weiter. Von dieser Kinderei wußte ich und habe nur deshalb nie mit Ihnen darüber gesprochen, weil sie mir denn doch als ein gar zu lange überwundener Standpunkt erschien.

Emma: So?

Rüdiger: Ja, so! Und wenn das nicht der Fall wäre, mit Marko würde ich's aufnehmen – dem guten Marko!

Gräfin *zuversichtlich:* Tun Sie's nur. Daß die Wahl zwischen ihm und Ihnen meiner Emma heut noch schwer würde, glaube ich nicht.

Emma *sieht ihr in die Augen:* Auch ich nicht.

Rüdiger *sie mißverstehend:* Jedenfalls haben Sie Gelegenheit, Vergleiche anzustellen; Marko ist hier.

Emma *mit Selbstbeherrschung:* Seit wann?

Rüdiger: Seit gestern. Immer derselbe, immer noch im Prozeß mit seinem Onkel und ehemaligen Vormund. Sieht übrigens recht übel aus.

Gräfin: Die Trauer um seine Frau.

Rüdiger: Oder die Vorwürfe, die ihm sein Gewissen ihretwegen macht, wenn ich annehmen will, daß er eins hat.

Diener *meldet:* Graf Laßwitz.

Gräfin: Da haben wir's.

Marko *tritt ein. Er ist groß und schlank, etwas nachlässig in seinem Benehmen und in seiner Kleidung. Die Züge des gebräunten Gesichts sind unregelmäßig, die strengen blauen Augen von kräftigen Brauen überschattet. Schnurr- und Backenbart sind kurz gehalten, das dichte, leicht ergraute Haar, das inmitten der Stirn eine Spitze bildet, ist kurz geschoren. Er geht auf die Gräfin zu, küßt ihr die Hand:* Grüß Gott, Tante. Wie geht's?

Gräfin *kühl:* Ich danke dir, gut.

Marko: Sie sehen auch gut aus, was mich freut. *Wendet sich zu Emma:* Und wie steht's mit dir, Kusine?

Emma *ruhig und freundlich:* Gleichfalls gut – was dich gleichfalls freut.

Marko: Vom Herzen. *Zu Rüdiger:* Guten Tag, Hermann.

Rüdiger *gespreizt:* Habe die Ehre.

Emma *wie oben:* Höre, Marko, das Vergnügen, zu erfahren, daß wir uns wohlbefinden, hättest du dir früher verschaffen können. Nimm Platz. *Sie nähert sich dem Sessel, den sie früher eingenommen hat. Rüdiger will denselben für sie zurecht-*

rücken, sie kommt ihm zuvor, ohne seine Absicht bemerkt zu haben. Tief verletzt kehrt er zum Kanapee zurück und setzt sich wieder neben die Gräfin.

Marko *vergebens nach einem unbesetzten Sessel suchend:* Alles vergriffen. Was bedeutet diese Ausstellung? Ist denn heute? … *Schlägt sich vor die Stirn.* Zwölfter Mai. Dein Geburtstag, Emma. Verzeih, ich hätte mich dessen erinnern sollen.

Gräfin: Warum denn auf einmal – da es in Jahren nicht geschah?

Marko: In Jahren – ganz richtig. Aber wenn ich auch nicht schrieb, ich erinnerte mich an jedem zwölften Mai, daß dieser Tag durch unsere ganze Jugendzeit der schönste im Jahre gewesen. *Er befreit einen Fauteuil von den darauf liegenden Gegenständen und läßt sich neben dem großen Tisch nieder, auf den er den Ellbogen stützt.*

Emma *wendet den Kopf nach ihm:* Weißt du noch? Das waren Feste! Weißt du noch den Ball der Dorfkinder im Garten, bei dem ich immer sitzenblieb, weil meine Tänzer vom Büfett nicht wegzubringen waren?

Marko: Ja, ja, und damals, wo ich an der Spitze eines Bauern-Banderiums in den Schloßhof geritten kam und mein Pferd vor den Fahnen auf dem Balkon scheute und mich abwarf angesichts der bestürzten Gäste und des lachenden Volkes.

Emma: Und du auf einen Jagdhund fielst, der mit verzweiflungsvollem Geheul entfloh.

Marko: Ich hegte Selbstmordgedanken nach dem Sturze – das Feuerwerk zerstreute sie.

Emma: Mir machte das Feuerwerk immer das geringste Vergnügen, denn sobald es abgebrannt war, hieß es: Das Fest ist aus, geh schlafen! … Aber vom Morgen des dreizehnten an begann ich mich auf den nächsten zwölften Mai zu freuen.

Marko *zur Gräfin:* Es ist merkwürdig, Tante; da sind wir so lange Zeit außer allem Verkehr gestanden – nun bin ich wieder bei Ihnen, und mir ist, als hätte ich Sie gestern verlassen.

Rüdiger: Merkwürdig.

Gräfin: In der Tat. Ich empfinde dir gegenüber anders. Lieber Marko, jemand, der seine ganze Kinder- und Jugendzeit hindurch in dem Hause einer entfernten Verwandten aufgenommen war wie ein Sohn …

Marko *durchdrungen:* Ja, ja, das war ich.

Gräfin *ohne sich unterbrechen zu lassen:* … aus Teilnahme mit seinen unglücklichen Verhältnissen, denn seine Mutter war tot und sein Stiefvater und zugleich Vormund ein harter, ein – unredlicher Mann. Die Verwandte nahm das Herz des Jünglings in ihre Obhut, sie wollte nicht, daß es verbittere.

Marko: In der Gefahr befand ich mich nie, weil nur die Schwachen verbittern.

Rüdiger *empfindlich:* Wenn das eine Anzüglichkeit sein soll … wenn vielleicht ich gemeint bin …

Emma *lacht auf.*

Marko *mit ehrlicher Verwunderung:* Du, Hochgelobter? Stolz und Glück der Deinen, wirst dich doch nicht getroffen fühlen, wenn man von verbitterten Menschen spricht? *Er steht auf und wendet sich an die Gräfin:* Fahre fort, Tante, in deiner Anklage, die ja berechtigt ist und lautet: Ich, deine entfernte Verwandte, war zugleich die einzige, welche dir Wohlwollen zeigte; die einzige, welche dein Vertrauen besaß. Warum entzogst du es mir in dem Augenblick, in welchem du dein eigenes Haus gegründet hast? Warum hörte ich seitdem nicht mehr von dir als jeder Fremde, dem du schicklichkeitshalber die Geburt einer Tochter und ein paar Jahre darauf den Tod deiner Frau anzeigtest? *Nachdenklich:* Ja, warum? …

Gräfin: Warum? – Sprich! Nun?

Marko *zögert.*

Emma: Lassen wir's bis später, bis …

Rüdiger: Bis wir en famille sind, wollen Sie sagen. Sagen Sie es doch! oder auch nicht – es wäre überflüssig – ich verstehe *erhebt sich* und empfehle mich.

Gräfin *seine Hand ergreifend:* Lieber Rüdiger, was fällt Ihnen ein? En famille heißt: in Ihrer Gegenwart.

Marko *unangenehm überrascht:* In seiner Gegenwart? … *Sieht erst Emma, die seinen Blick ruhig aushält, dann Rüdiger an. Nach einer Pause zu diesem:* Dir ist sehr zu gratulieren.

Emma: Darüber weiß man wirklich noch nichts Bestimmtes.

Rüdiger *beißt sich auf die Lippen:* Nein, denn die Gräfin ist nicht – wie soll ich sagen? … und ich bin nicht zudringlich.

Gräfin *ablenkend zu Marko:* Du gehst also nach Waldsee? – Endlich!

Marko: Was sollt ich dort, solange sich mein Vormund …

Rüdiger *fällt ihm ins Wort:* Ich würde sagen: mein Vater.

Marko: Mein Stiefvater, lieber Freund; solange sich also der, mit einem Schein von Recht, die Mitregentschaft anmaßen durfte. Dieser Schein ist zerstört …

Rüdiger *wie oben:* Auf Kosten des letzten Willens deiner Mutter. Man sagt, du habest ihr Testament angegriffen.

Marko *gelassen:* Es war nicht das ihre, war ihr nur zur Unterschrift vorgelegt worden, als sie schon halb bewußtlos … Aber lassen wir diese peinlichen Dinge. Meine Freunde werden keine Rechtfertigung in Ehrensachen von mir verlangen …

Emma *unwillkürlich:* Nein.

Marko: Ich erwarte vielmehr, daß sie für mich einstehen, wenn es etwa nötig wäre.

Rüdiger: Da kann ich dir nur wünschen, daß du in dieser Erwartung nicht getäuscht werdest. Ich an deiner Stelle, ich würde …

Marko *tritt an ihn heran. Mit unterdrücktem Zorn:* Was?

Rüdiger: Ich würde mich gefaßt machen …

Marko: Worauf?

Rüdiger: Nicht überall dem Wohlwollen zu begegnen, das dir soeben *er deutet auf Emma* entgegenkam. *Will aufstehen.*

Gräfin *zieht ihn am Arme auf seinen Platz zurück:* Ganz Ihrer Meinung, lieber Graf, aber setzen Sie sich. – Und jetzt bitte ich um eine andere Konversation. *Zu Marko:* Du hast ja eine Tochter, drei Jahre alt, wenn ich nicht irre.
Marko: Jawohl, erst drei Jahre.
Gräfin: Und wo ist die Kleine?
Marko: Wo sollte sie anders sein als bei mir?
Gräfin *lebhaft:* Bei dir, und du hast sie nicht mitgebracht? Das ist – verzeih! – wieder eine deiner Rücksichtslosigkeiten.
Marko *gutmütig:* Rücksichtslosigkeit nennst du das?
Gräfin: Wo seid ihr abgestiegen?
Marko: Im Hotel dir gegenüber.
Gräfin *immer lebhafter:* Im ersten Stock?
Marko: Jawohl.
Gräfin: Und die Kleine bewohnt das Erkerzimmer links?
Marko: Jawohl.
Emma: Sie ist es!
Gräfin: Ich kenne sie! Ich habe sie gestern am Fenster gesehen und eine Stunde lang mit ihr kokettiert. Ein Engel – aber zart –, und diesen zarten Engel legt man in ein Wirtshausbett, füttert man mit Wirtshaussuppe, während seine Großtante ihm gegenüber wohnt. Unverzeihlich! *Sie hat sich erhoben, geht auf Marko zu und bleibt vor ihm stehen.* Deine einzige Entschuldigung ist: du weißt nicht, was du tust.
Emma *lächelnd zu Marko:* Nimm das nicht übel. Meine Großmutter hat ein dreijähriges Kind am Fenster gesehen, meine Großmutter ist verliebt.
Gräfin: Unsinn! ... Ich will die Kleine hier haben, Marko, ich werde sie gesundpflegen.
Marko: Aber, Tante, es fehlt ihr nichts.
Gräfin: Nichts? Welche Blindheit, Gott im Himmel! Sie hat ihre Mutter verloren und – es fehlt ihr nichts. *Schellt erst ein-, dann zweimal.* Hole sie, in einer Viertelstunde ist alles zu ihrem Empfang bereit. Zwei Zimmer neben meinem Schlafzimmer stehen zur Verfügung.

Der Diener und eine Kammerjungfer sind durch die Mitteltür eingetreten. Gräfin erteilt hastig und leise ihre Befehle und entläßt die Leute.

Emma *indessen zu Marko:* Was zögerst du? Deine Kleine muß zu uns kommen.

Marko: Sie muß? *Etwas verlegen:* Ja, das ist so eine Sache … Ich weiß nicht, ob sie will.

Emma: Die Dreijährige hat schon einen Willen?

Gräfin *kommt in den Vordergrund zurück:* Nun geh, Marko. *Sie drängt ihm seinen Hut auf und geleitet ihn zur Tür.*

Marko: Ich geniere mich, Tante – meine Kleine – sie ist ein wenig schlimm.

Gräfin: Mag sie sein, wie sie will, ich gewähre ihr Gastfreundschaft.

Rüdiger *mitten im Zimmer, knöpft seinen Rock zu:* Das täte ich wieder nicht.

Der Salon ist leer. Aus dem Vorzimmer dringt lautes Kindergeschrei. Der Diener öffnet beide Flügel der Mitteltür. Zuerst stürzt die Kammerjungfer herein, läuft durch den Salon in das Zimmer links. Marko folgt. Er trägt Dorchen auf dem Arme, die sich an seinen Hals anklammert, den Kopf an seine Schulter preßt und aus allen Kräften schreit. Die Bonne eilt ihm, die Gräfin der Bonne nach.

Marko: Wo? – wohin? *Wendet sich links von der Eingangstür.*

Diener *vortretend, nach rechts weisend:* Hierher, Herr Graf.

Marko *schwenkt rasch nach rechts.*

Gräfin *zu der Kleinen:* Nicht weinen, mein Schatz, mein Herz, nicht weinen, mein Engel!

Bonne *ebenso:* Pas avoir peur, ma chérie, Élise est là, Élise est là.

Diener: Aber Komtesserl, Komtesserl!

Alle links ab. Die Beschwichtigungsversuche der Gräfin und der Bonne und das Geschrei des Kindes dauern fort.

Emma *aus ihrem Zimmer:* Was gibt es? – Ach! der Einzug

unseres Gastes. *Sie blickt ins Nebenzimmer durch die offengebliebene Tür und lacht.* Ein charmantes Kind, meiner Treu!
Marko *kommt halb verdrießlich, halb verlegen:* Ich habe es ja gesagt, daß man sie in Ruhe lassen soll. Man muß Kinder immer in Ruhe lassen. Die arme Kleine war ganz zufrieden mit ihrer Wirtshaussuppe.
Emma, *die ihn kopfschüttelnd angehört hat:* Sie wird auch bei uns zufrieden werden. *Sie geht in das Zimmer links. Einen Augenblick wird das Geschrei des Kindes lauter, dann hört es allmählich auf.*
Marko *hat sich gesetzt, stützt die Ellbogen auf die Knie, das Gesicht in die Hände. Als das Geschrei aufhört, hebt er den Kopf und beobachtet die Vorgänge im Nebenzimmer:* Sie beruhigt sich. Sieh da, sieh da, wie ernsthaft die Kusine mit ihr spricht. Den Ton ist sie freilich nicht gewöhnt Verzieht auch schon den Mund – es wird gleich wieder angehen, das Geschrei ... O Wunder! – sie gibt ihr die Hand, sie hört ihr zu und lacht ... Die arme Kleine, jetzt lacht sie gar. Das wird noch eine dicke Freundschaft werden zwischen den beiden.
Emma *tritt langsam ein und bleibt mit gekreuzten Händen vor Marko stehen:* Du hast ein schlimmes Kind, mein lieber Marko. Verstehst dich nicht auf Erziehung, scheint mir.
Marko *aufstehend:* Nein! – ich weiß nichts anzufangen mit gebrechlichen Wesen, ihre Schwäche imponiert mir, ich zittere vor ihrer Angst, ich halte es nicht aus vor Mitleid mit ihrem geringsten Schmerz ... und so erfülle ich dem Kind jeden Wunsch, ihre Launen regieren mich, *zornig:* und die Bonne sucht mich noch zu übertreffen, und die Dienerschaft folgt unserem Beispiel, alles kriecht vor der kleinen Tyrannin, *ausbrechend:* und wir bilden das Kind allmählich aus zu einem würdigen Mitglied der Gesellschaft der heiligen Affen von Benares.
Emma: Ein höchst erfreuliches Erziehungsresultat.
Marko: Aber so weit soll es nicht kommen. Mein Entschluß ist gefaßt, ich gebe das Kind demnächst ins Sacré-cœur.

Emma: Wo Fremde gutmachen sollen, was der Vater an ihm gesündigt hat. Ich weiß besseren Rat: Laß die Kleine bei uns.

Marko: Was dir einfällt!

Emma: Etwas sehr Praktisches. Ich verstehe mit Kindern umzugehen, ich habe das gut gelernt in unserem Kindergarten auf dem Lande.

Marko: Kindergarten? so? *Etwas spöttisch:* Du beschäftigst dich mit Volksbildung?

Emma: In ihren bescheidensten Anfängen.

Marko: Nun, ich werde in Waldsee eurem Beispiel folgen *mit einer leichten Verbeugung:* unter deiner Anleitung.

Emma: Ich bitte dich, bleiben wir bei der Stange. Gibst du uns die Kleine?

Marko: Ich denke nicht daran. Die Tante würde das bißchen Gute, das an dem Kind noch ist, bald ausgerottet haben.

Emma: Ich bin da, um dem Unfug zu steuern.

Marko: Wie lange noch? Rüdiger wird schwerlich warten, bis Dorchens Erziehung beendet ist.

Emma: Rüdiger wird vielleicht noch länger warten müssen, wenn er es überhaupt tun will.

Marko: Das heißt? ... Was heißt das?

Emma: Daß ich ihm schon mehrmals gesagt habe: Warten Sie lieber nicht, es ist am Ende doch umsonst.

Marko: Und er setzt trotzdem seine Bewerbung fort?

Emma: Trotzdem.

Marko: Nun, der hat eine gute Portion Geduld.

Emma: Und eine gute Portion Eigensinn. Und er hat noch etwas: eine mächtige Fürsprecherin, meine Großmutter, die ihn bewundert und das unbedingteste Vertrauen in die Bravheit seines Charakters hat.

Marko: Es ist auch nicht das geringste gegen ihn einzuwenden.

Emma: Doch! seine böse Laune, seine Übelnehmerei.

Marko: Die hat allerdings zugenommen mit den Jahren. Er wird eben verwöhnt.

Emma: Dafür dank ich, das kann ich nicht brauchen – verwöhnt bin ich selbst.

Marko: Dann werdet ihr euch um so besser verstehen.

Emma: Oder um so schlechter. Übrigens sind das nebensächliche Bedenken, wenn man von einem Menschen weiß, er ist ehrenhaft und treu – und hauptsächlich, wenn man ihn liebt. Ich aber liebe ihn nicht.

Marko: Das ist kein Ehehindernis.

Emma *sieht ihn aufmerksam und ernsthaft an:* Seltsam, was du da behauptest. – Seltsam, meiner Treu!

Marko *lacht:* Du sagst noch immer: meiner Treu?

Emma: Noch immer. Ich werde meine alten Gewohnheiten nicht los.

Gräfin *kommt triumphierend:* Jetzt hat sie die Biskote doch gegessen, denk dir, Marko! und sie ist überhaupt der herzigste Schatz, der mir je vorgekommen ist. Sie hat »Ghoßtante« zu mir gesagt, und Elise mußte Purzelbäume machen.

Marko *entrüstet zu Emma:* Purzelbäume!

Gräfin: Warum nicht? sie macht das sehr anständig. *Zu Emma:* Und nach dir hat sie dreimal gefragt.

Emma *freudig:* Wirklich? hat sie wirklich nach mir gefragt? *Zu Marko:* Siehst du, ich war streng, ich habe sie gezankt, das war ihr etwas Neues, und das Neue verfehlt bei Kindern seine Wirkung nie. *Ab nach links.*

Gräfin: Ach, Marko! Ich hätte eine so große Bitte: vertraue mir Dorchen an, für ein Jahr oder zwei. In kurzer Zeit reisen wir auf das Land, dann lebt sie in deiner Nachbarschaft, du kannst sie täglich besuchen … Erfülle mir die Bitte, Marko, eine liebreiche Umgebung tut dem Kinde not; ihr seid so hart, ihr Männer, ihr habt keinen Begriff von der Geduld, der Zärtlichkeit, die ein Kind braucht … Dorchen ist unvertraut, eingeschüchtert, *ärgerlich, weil er lacht:* verprügelt mit einem Wort.

Marko: Verprügelt, die?

Diener *kommt mit einem Briefe, den er der Gräfin überreicht:* Von Herrn Grafen Rüdiger. *Ab.*

Gräfin: Er schreibt mir? – *Liest.* Sieh nur – er ist gekränkt – hat auch alle Ursache, Emma und du, ihr wart unfreundlich gegen ihn. *Liest.* Er will nicht mehr kommen … Oh! … Er fürchtet zu genieren, oh! oh! – Emmas Wort en famille hat ihm zu weh getan.

Marko: Sie hat es nicht ausgesprochen, er legte es ihr in den Mund.

Gräfin: Gleichviel, wir werden trachten, ihn wieder gut zu machen. Aber jetzt lebe wohl. Das Essen der Kleinen wird wohl schon serviert sein. *Will gehen.*

Marko: Ist das eine schwere Aufgabe, Rüdiger wieder gut zu machen?

Gräfin: Eine ungemein leichte, weil ja Güte der Grundzug seines Charakters ist.

Marko: Schade, daß seine Laune und der Grundzug seines Charakters so wenig übereinstimmen.

Gräfin: Seine Laune? es ist die eines Verliebten, der sich einbildet, nicht völlige Erwiderung zu finden. *Zerstreut:* Das alles vergeht, das alles gibt sich in der Ehe. *Für sich:* Sie ist gewiß schon bei der Suppe.

Marko: Ja, ja, ich weiß, was sich in der Ehe gibt.

Diener *meldend:* Der Graf Rüdiger.

Gräfin, *die schon die Klinke der Tür links in der Hand hält, wendet sich:* Wer?

Diener: Graf Rüdiger.

Marko: Er wollte ja nicht mehr kommen.

Gräfin *eine kleine Regung der Ungeduld niederkämpfend:* Schön, sehr schön. *Zum Diener:* Lassen Sie ihn eintreten.

Diener: Der Herr Graf wünschen Frau Gräfin allein zu sprechen.

Gäfin: Ach was, allein! *Zu Marko:* Nach der Suppe kommt ein Hühnerfilet mit grünen Erbsen. Ich hätte mich so gern überzeugt, daß es ihr schmeckt.

Diener: Der Herr Graf warten.
Gräfin: Führen Sie ihn ins Kinderzimmer.
Marko: Aber, Tante, ich bitte dich *nimmt seinen Hut* – ich gehe.
Gräfin: Du bleibst, du rührst dich nicht von der Stelle. Wenn die Kleine nach dir riefe – was dann? *Zum Diener:* Führen Sie den Grafen in den gelben Salon. *Diener ab.*
Gräfin: Es ist ein Mißgeschick, daß der gute Rüdiger just in diesem Augenblick kommen muß. Bei Tische und vor dem Einschlafen sind Kinder am herzigsten. *Ab durch die Mitte.*
Marko allein.
Marko: Die Tante! sie übertrifft mich noch. Nein, kleines Dorchen, hier ist unseres Bleibens nicht. Wir reisen. – Wenn auch im Irrtum befangen, ich seh ihn ein, und das ist der erste, der wichtigste Schritt zur Befreiung.
Emma kommt von links, sie führt Dorchen an der Hand. Elise folgt mit unzufriedener Miene.
Emma: Dorchen kommt, um um Verzeihung zu bitten, daß sie so schlimm gewesen ist. Nun, du Kleine?
Dorchen: Pardon, Papa.
Marko: Pardon, das Kind sagt pardon? Das ist ja etwas Außerordentliches. *Streichelt ihre Haare.* Wir wollen aber auch andere Saiten aufziehen, von nun an. Mein Dorchen hat mir heute Schande gemacht.
Elise *pikiert:* Andere Saiten? Chande gemackt? qu'est-ce que cela veut dire?
Marko *zu Elise:* Ich bitte Sie, das Kind zu Bett zu bringen. Es schläft ja schon.
Elise: Viens ma chérie, viens mon petit ange.
Dorchen *hält Emmas Hand fest:* Avec toi, avec toi!
Emma: Brav sein, Dorchen. *Nimmt sie auf den Arm und trägt sie bis zur Türe, wo Elise sie übernimmt und mit ihr abgeht.*
Marko: Ich glaube wirklich, du würdest mit ihr fertigwerden.
Emma: Es wäre keine große Kunst.

Marko: Mir ist es nicht gelungen.

Emma: Ich seh's mit Staunen. Du, der schon als Jüngling die Seelenstärke eines Mannes hatte, du, der kühne Bekämpfer des Unrechts, Ritter der Vernunft – wie du dich nanntest –, du stehst unter einem *sie mißt an ihrer Hand* so langen Pantoffel; du hast dringend nötig, nach Hilfe zu rufen, wenn dir deine Tochter in die Nähe kommt.

Marko *erhebt den Kopf, sieht sie freundlich an:* Eine deiner wohlbekannten Übertreibungen. Wahrhaftig, du hast dich nicht verändert.

Emma: Semper idem. An mir erleben meine Freunde auch nach langer Trennung keine Überraschungen.

Marko: Um so besser, wenn du immer bist, wie du immer warst.

Emma: Weißt du was? – Sei nicht galant, es steht dir schlecht. *Nach einer Pause:* Marko – ich kann es nicht glauben, daß du wenig Rücksicht für deine arme kleine zarte Frau gehabt, daß du sie unglücklich gemacht hast.

Marko *sieht finster zu Boden:* Das letztere ist wahr.

Emma: Ein schlechter Dank für ihre große Liebe.

Marko *springt auf:* – Liebe! Liebe! ... Wenn ich nur dieses Wort nicht mehr hören müßte!

Elise *erscheint an der Tür:* Monsieur, la petite dort, le moindre bruit l'éveille.

Marko *leise:* Elle dort? C'est bien, c'est très bien! *Elise zieht sich zurück.*

Marko *wie oben, sieht auf die Uhr:* Das ist ihr Nachmittagsschläfchen. Es dauert meistens eine Stunde. Nur still, nur still! *Will mit äußerster Vorsicht den Sessel in Emmas Nähe rücken, erschrickt und horcht. Beruhigt sich.* Nein, es ist nichts.

Emma *mit unterdrückter Stimme:* Was sagtest du vorhin? Welches Wort soll man vor dir nicht aussprechen?

Marko: Eines, das ich gar zu oft nennen hörte als Entschuldigung, als Rechtfertigung von vielem, vielem mir zugefügten Unrecht, mir auferlegter Pein. Meine arme kleine, durch ihre

Schwäche gefeite Frau hat mir nicht nur das Wort, sondern auch die Empfindung, welche man damit zu bezeichnen pflegt, auf ewig verleidet … »Ja, mein Leben, meine Seele, ja Marko, ich quäle dich, aber – aus Liebe. Ja, ich möchte nicht eine Minute ohne dich sein, ich bin anspruchsvoll, aber – aus Liebe!«

Emma: Pst! du weckst das Kind.

Marko *dämpft die Stimme:* Und aus Liebe war sie eifersüchtig auf Zukunft, Gegenwart, Vergangenheit, besonders auf die Vergangenheit. Es war ein Verbrechen, daß ich nicht unerfahren wie ein Mondkalb in die Ehe getreten. Ein Mann, der das Leben kennt, der Abenteuer gehabt hat, wie leicht ist es dem, eine ahnungslose Frau zu betrügen. Und er denkt und sinnt nichts anderes als Betrug. *Laut und lauter:* Meine Feinde wissen, daß ich ein ehrlicher Mensch bin; diejenige, deren Abgott ich war, wußte es nicht.

Emma: Pst, pst!

Marko: Wenn ich das Haus auf ein paar Tage verließ, fühlte ich mich als eine Art Henker; ich wußte ja, meine Frau verzehrt sich daheim in Angst und Sehnsucht.

Emma: Das war krankhaft.

Marko: Krankhaft? Ja, die Liebe ist eine Krankheit.

Emma: Keine unheilbare wenigstens.

Marko: Bei meiner Frau hat sie sich als solche erwiesen.

Emma *erschrocken:* Marko, unheilbar – tödlich?

Marko: Nein, Gott sei Dank! so arg war es doch nicht … Sie starb an einem anderen Übel, sanft und ruhig, ihre Hand in der meinen.

Emma: Arme Frau!

Marko: Das habe ich immer gedacht, wenn Ungeduld mich übermannen wollte, und so lebte ich sechs Jahre hin, kämpfend zwischen Empörung und Mitleid. Und da nimmt die Tante es mir noch übel, daß ich nicht geschrieben habe. Was hätte ich schreiben sollen? Die Wahrheit – Verrat an meiner Frau. Die Unwahrheit – Verrat an euch.

Emma: Aber später, als du Witwer geworden.

Marko: Da war meine Seele betrübt. Man macht ein Wesen, von dem man geliebt wird, nicht ungestraft unglücklich. Es rächt sich, wirft einen Schatten auf das ganze Leben.

Emma: Du hast dir ja keinen Vorwurf zu machen.

Marko: Sei es, wie es sei, die Erinnerung bleibt. *Steht auf.* Eines, weißt du, eines wird mir immer unbegreiflich bleiben: so viele unglücklich Liebende sind durch die Kunst und die Poesie verewigt worden, *laut:* warum niemals die viel Bedauernswerteren – die unglücklich Geliebten?

Emma: Es ist merkwürdig; du brauchst aber deshalb nicht zu schreien.

Marko *nach einer Pause, wieder leise:* Daß ich niemals an euch schrieb, war kein Zeichen des Vergessens. Im Gegenteil, in meinen schlimmen Stunden gedachte ich deiner.

Emma *lacht:* Sehr schmeichelhaft.

Marko: In dem Sinn, in dem ich's meine, ohne Zweifel. Ich überlegte, ich sagte mir: Allein bleiben kann ich nicht. Mein Haus braucht eine Herrin, mein Kind braucht eine Mutter, mein Herz braucht einen guten Kameraden. So kam ich denn her, um dich zu fragen – ich gesteh dir's aufrichtig –, ob du die drei Ämter übernehmen willst.

Emma *ruhig:* Du schenkst mir viel Vertrauen.

Marko: Schenken? Du hast es von je und immer. Was meinst du, Emma, wenn ich mich vor sechs Jahren um dich beworben hätte, würdest du mich genommen haben?

Emma *wie oben:* Ganz gewiß.

Marko: Sehr schade, sehr schade! Wir hätten in guter Freundschaft eine friedliche Ehe geführt. Aber nein, die Freundschaft genügte mir nicht, es mußte Liebe sein. Ich mußte eine Leidenschaft fassen und einflößen. *Preßt beide Hände auf die Schläfen.* Vorbei! nicht mehr gutzumachen. Ich bin wieder frei, noch nicht alt, reich – ich mochte mich hinwenden, wohin ich wollte, ich fand keine, die mich nicht liebte. In Kroatien auf dem Gute ließ jedes heiratslustige

Fräulein in der Nachbarschaft mich merken: Ich trage dich im Herzen. Auf der Reise hierher, welche Entdeckung – Elise liebt mich.

Emma: Du bist ein moderner Orpheus.

Marko: Ohne Leier. Unterwegs erzählte sie mir in einem fort Geschichten von Grafen, die aus unwiderstehlicher Leidenschaft Bonnen geheiratet haben. *Wehmütig:* Bin ich nicht ein Pechvogel? – Als ich mich entschließe, bei der einzigen, von der ich sicher weiß, die liebt mich nicht, anzufragen: Willst du den Jugendfreund zum Manne nehmen? finde ich sie halb und halb verlobt.

Emma: Dieses Hindernis wird bald behoben sein.

Marko: Was sagst du?

Emma: Aber es ist ein anderes vorhanden, das nicht wegzuräumen ist.

Marko *rasch:* Welches?

Gräfin und Rüdiger kommen durch die Mitte. Sie befinden sich in lebhaftem Wortwechsel.

Gräfin: Ganz und gar nicht Ihrer Meinung, mein lieber Graf. *Halblaut zu Emma:* Was macht sie?

Emma *ebenso:* Sie schläft.

Rüdiger: Ich muß dennoch dabei bleiben.

Emma: Eine Meinungsverschiedenheit zwischen euch beiden? Die Welt steht nicht mehr lang.

Gräfin *zu Emma:* Er findet es unverträglich mit seiner Mannesehre, seine Bewerbung um dich fortzusetzen, er findet …

Emma *fällt ihr ins Wort. Zu Rüdiger:* Sie geben mir einen Korb, Graf Rüdiger?

Rüdiger: Den ich an Ihrer Stelle nicht annehmen würde.

Emma: Ich tu's trotzdem. Seien Sie mir nicht böse. *Reicht ihm die Hand, herzlich:* Sie geben mir einen Korb, ich bitte um Ihre Freundschaft.

Rüdiger: Die ich Ihnen nicht gewähren kann. Verlangen Sie Freundschaft von Ihrer Großmutter, von Ihrem Vetter. Was mich betrifft – ich empfehle mich.

Emma *wie früher:* Leben Sie wohl, Graf Rüdiger.

Rüdiger: Das wünsche ich Ihnen. Es tut mir leid, daß ich zur Erfüllung dieses Wunsches nichts beitragen kann. Mein Wille war der beste, meine Absicht ganz uneigennützig.

Gräfin *zerstreut nach der Tür links blickend:* Sie sind so edel, lieber Rüdiger, immer so edel …

Rüdiger: Ohne mir zu schmeicheln … in dieser Sache … *Zu Emma:* Ihr Glück lag mir am Herzen, nicht das meine. Ich an Ihrer Stelle hätte einen Mann, der einzig und allein mein Glück im Auge hat, besser zu schätzen gewußt.

Gräfin *wie oben:* Lieber, lieber Graf! *Zu Emma:* Mir ist, als hörte ich Stimmen, sie ist vielleicht schon wach.

Rüdiger: So bleibt mir denn nichts übrig, als …

Gräfin *wendet sich nach links:* Adieu, adieu, lieber Rüdiger: *Für sich:* Ich werde ihn schon wieder gut machen.

Rüdiger: … als Sie um eine letzte Unterredung zu bitten, Frau Gräfin.

Gräfin *mit Selbstüberwindung:* O natürlich – mit Vergnügen. *Rüdiger verbeugt sich gespreizt vor Emma und geht mit der Gräfin durch die Mitteltür ab.*

Emma: War der Mann nicht eigentlich etwas grob gegen mich?

Marko: Warum sollte er nicht grob gewesen sein, er liebt dich ja. *Emma nimmt Platz auf dem kleinen Kanapee rechts, Marko auf dem Sessel links neben ihr.*

Marko *drückt das Gesicht in die Hände:* Recht schade, recht schade!

Emma: Was meinst du?

Marko *nach der Tür deutend, durch welche Rüdiger abgegangen ist:* Daß nur ein Nebenhindernis weggeräumt wurde.

Emma: Ich kann's nicht ändern; das Haupthindernis bleibt.

Marko: Worin besteht es? sprich doch. Die Ungewißheit ist etwas sehr Unangenehmes.

Emma: Du bist im Irrtum über mich, Marko. Ich muß dir ein Geständnis tun: ich habe dich geliebt.

Marko *rückt von ihr weg:* Schrecklich! *Steht auf und geht sehr bekümmert mit großen Schritten im Zimmer auf und ab. Sooft er an Emma vorüberkommt, richtet er abgebrochene Reden an sie:* Aber nein. Lauter nachträgliche Einbildungen.

Emma *immer ganz ruhig:* Die reine Wahrheit, ich will dich nicht betrügen.

Marko: Wenn es gewesen wäre ... ich hätte auch etwas davon gemerkt.

Emma: Dazu gehören zwei. Einer, der es merkt, eine, die es merken läßt.

Marko *bleibt stehen:* Lieben und es nicht merken lassen? *Schüttelt den Kopf.* Kommt nicht vor.

Emma: Im allgemeinen nicht – aber bei mir. – Ich habe eine ganz gewaltige Liebe für dich gehabt.

Marko: Habe gehabt! – Vergangene Zeit.

Emma: Wenn es aber wiederkäme?

Marko: Fürchte nur das nicht. In den ersten besten verliebst du dich eher als in einen, in den du bereits verliebt *mit Nachdruck:* gewesen bist.

Emma: Und das Sprichwort: »Alte Liebe rostet nicht?«

Marko: Alte Liebe ist Freundschaft. *Wischt sich die Stirn.* Das war auch nötig, mich so zu erschrecken. *Er holt einen Sessel von dem großen Etablissement und setzt sich links, mit dem Rücken gegen die Wand.* Emma – Kusine – wollen wir aufrichtig miteinander reden?

Emma: Wie denn anders?

Marko: Nun, meine Freundin – die Hindernisse wären weggeräumt. – Kennenlernen brauchen wir zwei uns nicht mehr. Ich möchte nur eins wissen: Was empfindest du jetzt für mich?

Emma: Ich empfinde für dich eine herzliche Sympathie und ein herzliches Bedauern.

Marko: Warum das?

Emma: Weil deine schönsten Jahre dir vergällt worden sind.

Marko: Emma – und – die deinen?

Emma: Still! Es schickt sich nicht, eine Dame an schöne Jahre, die vergangen sind, zu erinnern. Also das Bedauern ist gegenseitig.

Marko: Die Sympathie gleichfalls.

Emma *erhebt sich ein wenig und neigt den Kopf.*

Marko: Überdies hab ich vor dir eine aufrichtige Hochachtung.

Emma *wie früher:* Ganz mein Fall dir gegenüber.

Marko *erhebt und verneigt sich:* Von einem Vertrauen ohne Grenzen sprach ich dir schon – auch von meiner Sehnsucht nach einem guten Kameraden. *Er hat sich wieder gesetzt, legt die gekreuzten Hände auf seine Knie und sieht Emma mit einem langen, innigen Blick an:* Willst du mein guter Kamerad werden?

Emma *stützt den Arm auf den Tisch und die Wange auf die Hand:* Unter Bedingungen.

Marko: Nenne sie.

Emma: Ich trenne mich nicht von meiner Großmutter.

Marko: Selbstverständlich, sie bleibt bei uns. Ferner?

Emma: Ich will deine gleichgestellte Lebensgefährtin und in allen Dingen, die meinen Horizont nicht übersteigen, deine erste Instanz sein.

Marko *nickt zustimmend:* Das sollst du sein.

Emma: Ich habe zur Demut ebensowenig Talent wie zur Lüge, ich bin nicht hilflos – *lächelnd:* besitze demnach kein Mittel, dir zu imponieren.

Marko: Du brauchst auch keins. Mein unbedingter Glauben an dich sichert dir deine unbedingte Selbstherrlichkeit.

Emma: Da wir ohne Liebe heiraten, wissen wir nichts von ihren Schmeicheleien.

Marko: Ich weiß leider genug von ihnen, um sie zu verabscheuen – aber, Verehrte! ich habe so oft ja gesagt, sage auch du einmal Ja. Nimmst du mich?

Emma: Ja.

Marko *freudig, aber ohne seinen Platz zu verlassen:* Das ist der segenbringendste Augenblick meines Lebens! Unser Bund ist geschlossen.

Emma: Eine Frau – ein Wort.

Gräfin kommt durch die Mitte. Emma und Marko erheben sich.

Gräfin: Der arme Rüdiger, jetzt ist er weggegangen. Er sagt eigentlich immer dasselbe, der arme Gute!

Marko: Er tut auch immer dasselbe, deshalb zweifle ich nicht, daß er wiederkommen wird.

Gräfin: Dann will ich suchen, ihn zu versöhnen.

Emma: Zu spät, Großmutter.

Elise *auf der Schwelle:* Monsieur, la petite vient de s'éveiller. *Ab.*

Gräfin: De s'éveiller! *Will ihr nach.*

Marko *stellt sich vor die Tür:* Verzeih! – Ich muß dir etwas sagen – Tante, *mit bebender Stimme:* beste Tante, ich habe die Ehre, dich um die Hand Emmas zu bitten.

Gräfin: Du? *Fassungslos zu Emma:* Und du?

Emma: Ich bin einverstanden.

Gräfin *wie oben:* Liebst du ihn denn noch?

Marko *rasch:* Wir heiraten nicht aus Liebe.

Gräfin: Sondern?

Marko: Aus Hochachtung.

Gräfin *zu Emma:* Und dein Grund?

Emma: Unüberwindliche Sympathie.

Elise *kommt mit der Kleinen, die sich von ihr losreißt und auf Emma zueilt.*

Dorchen: Ma cousine, ma cousine!

Emma *nimmt sie auf den Arm.*

Marko *zur Gräfin in bittendem Tone:* Deine Zustimmung, Tante.

Gräfin *zuckt die Achseln:* Emma hat viel um dich gelitten, du hast gutzumachen.

Marko: Unbewußte Schuld.

Gräfin: Übrigens bin ich eine gehorsame Großmutter.

Marko *stürzt auf sie zu und küßt stürmisch ihre Hand:* Tante!

Emma *küßt die Kleine:* Dorchen!

Elise, *die mit wachsender Entrüstung zugesehen hat, wendet sich nach links:* Et moi, je fais mes paquets! *Ab.*

Gräfin *blickt abwechselnd Emma und Marko an:* Ihr seid mir unheimlich, ihr zwei. Hochachtung? Und er steht links, und sie steht rechts. Gebt einander zu meiner Beruhigung doch wenigstens die Hände.

Marko: Dagegen erhebt sich kein Hindernis. *Ergreift Emmas Hand.* Sie wird ja nicht nur mein guter Kamerad, sondern auch meine gute Frau. *Er nimmt ihr das Kind vom Arm und stellt es auf den Boden.* Vertraute! Freundin! Getreue! – Gib mir den Verlobungskuß.

Emma *halb lachend, halb gerührt:* Ist denn das notwendig ohne Liebe?

Marko: Das ist unter allen Umständen notwendig.

Sie umarmen einander herzlich.

Marko *hält ihre beiden Hände fest in den seinen:* Die schönen Jahre sind vorbei, jetzt werden die guten kommen.

Aphorismen II

Alle historischen Rechte veralten.

Die Moral, die gut genug war für unsere Väter, ist nicht gut genug für unsere Kinder.

Das Recht des Stärkeren ist das stärkste Unrecht.

Der größte Feind des Rechtes ist das Vorrecht.

Ausnahmen sind nicht immer Bestätigung der alten Regel; sie können auch die Vorboten einer neuen Regel sein.

Was geschehen ist, solange die Welt steht, braucht deshalb nicht zu geschehen, solange sie noch stehen wird.

Der Gescheitere gibt nach! Eine traurige Wahrheit: sie begründet die Weltherrschaft der Dummheit.

Ein Urteil läßt sich widerlegen, aber niemals ein Vorurteil.

Jeder Mensch hat ein Brett vor dem Kopf – es kommt nur auf die Entfernung an.

Der Maßstab, den wir an die Dinge legen, ist das Maß unseres eigenen Geistes.

Der völlig vorurteilslos wäre, müßte es auch gegen das Vorurteil sein.

Die glücklichen Sklaven sind die erbittertsten Feinde der Freiheit.

Um in eine Versammlung feiner Leute treten zu dürfen, muß man den Frack tragen, die Uniform oder – die Livree.

Es gibt Fälle, in denen vernünftig sein, feige sein heißt.

Man muß das Gute tun, damit es in der Welt sei.

Haben und nichts geben, ist in manchen Fällen schlechter als stehlen.

So mancher meint ein gutes Herz zu haben und hat nur schwache Nerven.

Die Güte, die nicht grenzenlos ist, verdient den Namen nicht.

Bis zu einem gewissen Grade selbstlos sollte man schon aus Selbstsucht sein.

Menschen, die nach immer größerem Reichtum jagen, ohne sich jemals Zeit zu gönnen, ihn zu genießen, sind wie Hungrige, die immerfort kochen, sich aber nie zu Tische setzen.

Die Welt gehört denen, die sie haben wollen, und wird von jenen verschmäht, denen sie gehören sollte.

Der Arbeiter soll seine Pflicht tun, der Arbeitgeber soll mehr tun als seine Pflicht.

Es gäbe keine soziale Frage, wenn die Reichen von jeher Menschenfreunde gewesen wären.

Wir sind in Todesangst, daß die Nächstenliebe sich zu weit ausbreiten könnte, und richten Schranken gegen sie auf – die Nationalitäten.

Man kann nicht allen helfen! sagt der Engherzige und – hilft keinem.

Die jetzigen Menschen sind zum Tadeln geboren. Vom ganzen Achilles sehen sie nur die Ferse.

Er ist ein guter Mensch! sagen die Leute gedankenlos. Sie wären sparsamer mit diesem Lobe, wenn sie wüßten, daß sie kein höheres zu erteilen haben.

Schrittweises Zurückweichen ist oft schlimmer als ein Sturz.

Echte Propheten haben manchmal, falsche Propheten haben immer fanatische Anhänger.

Das Tüttelchen Wahrheit, das in mancher Lüge enthalten ist, das macht sie furchtbar.

Gebrannte Kinder fürchten das Feuer oder vernarren sich darein.

Jeder Weltmann verkehrt lieber mit einem wohlerzogenen Bösewicht als mit einem schlechterzogenen Heiligen.

Um ein öffentliches Amt glänzend zu verwalten, braucht man eine gewisse Anzahl guter und – schlechter Eigenschaften.

Theorie und Praxis sind eins wie Seele und Leib, und wie Seele und Leib liegen sie großenteils miteinander in Streit.

Die Sitte ist schon gerichtet, zu deren Gunsten wir kein anderes Argument vorzubringen wissen als das ihrer Allgemeinheit.

Man darf anders denken als seine Zeit, aber man darf sich nicht anders kleiden.

Je kleiner das Sandkörnlein ist, desto sicherer hält es sich für den Mittelpunkt der Welt.

Der kleinste Hügel vermag uns die Aussicht auf einen Chimborasso zu verdecken.

Wer sich an seine eigene Kindheit nicht mehr deutlich erinnert, ist ein schlechter Erzieher.

Das gibt sich, sagen schwache Eltern von den Fehlern ihrer Kinder. O nein, es gibt sich nicht, es entwickelt sich!

Eltern verzeihen ihren Kindern die Fehler am schwersten, die sie selbst ihnen anerzogen haben.

Es gibt leider nicht sehr viele Eltern, deren Umgang für ihre Kinder wirklich ein Segen ist.

Mehr noch als nach dem Glück unserer Jugend sehnen wir uns im Alter nach den Wünschen unserer Jugend zurück.

Man bleibt jung, solange man noch lernen, neue Gewohnheiten annehmen und einen Widerspruch ertragen kann.

Das Alter verklärt oder versteinert.

Wir werden vom Schicksal hart oder weich geklopft; es kommt auf das Material an.

Warten lernen wir gewöhnlich erst, wenn wir nichts mehr zu erwarten haben.

Wenn die Zeit kommt, in der man könnte, ist die vorüber, in der man kann.

Was Menschen und Dinge wert sind, kann man erst beurteilen, wenn sie alt geworden.

Eine stillstehende Uhr hat doch täglich zweimal richtig gezeigt und darf nach Jahren auf eine lange Reihe von Erfolgen zurückblicken.

Wenn wir die ersehnte Ruhe endlich haben werden, werden wir nichts mehr von ihr haben.

Im Alter sind wir der Schmeichelei viel zugänglicher als in der Jugend.

Alt werden, heißt sehend werden.

Überlege wohl, bevor du dich der Einsamkeit ergibst, ob du auch für dich selbst ein heilsamer Umgang bist.

Wir müssen immer lernen, zuletzt auch noch sterben lernen.

Die Spitzin

Zigeuner waren gekommen und hatten ihr Lager beim Kirchhof außerhalb des Dorfes aufgeschlagen. Die Weiber und Kinder trieben sich bettelnd in der Umgebung herum, die Männer verrichteten allerlei Flickarbeit an Ketten und Kesseln und bekamen die Erlaubnis, so lange da zu bleiben, als sie Beschäftigung finden konnten und einen kleinen Verdienst.

Diese Frist war noch nicht um, eines Sommermorgens aber fand man die Stätte, an der die Zigeuner gehaust hatten, leer. Sie waren fortgezogen in ihren mit zerfetzten Plachen überdeckten, von jämmerlichen Mähren geschleppten Leiterwagen. Von dem Aufbruch der Leute hatte niemand etwas gehört noch gesehen; er mußte des Nachts in aller Stille stattgefunden haben.

Die Bäuerinnen zählten ihr Geflügel, die Bauern hielten Umschau in den Scheunen und den Ställen. Jeder meinte, die Landstreicher hätten sich etwas von seinem Gute angeeignet und dann die Flucht ergriffen. Bald aber zeigte sich, daß die Verdächtigen nicht nur nichts entwendet, sondern sogar etwas dagelassen hatten. Im hohen Grase neben der Kirchhofmauer lag ein splitternacktes Knäblein und schlief. Es konnte kaum zwei Jahre alt sein und hatte eine sehr weiße Haut und spärliche hellblonde Haare. Die Witwe Wagner, die es entdeckte, als sie auf ihren Rübenacker ging, sagte gleich, das sei ein Kind, das die Zigeuner, Gott weiß wann, Gott weiß wo, gestohlen und jetzt weggelegt hätten, weil es elend und erbärmlich war und ihnen niemals nützlich werden konnte.

Sie hob das Bübchen vom Boden auf, drehte und wendete es und erklärte, es müsse gewiß irgendwo ein Merkmal haben, an dem seine Eltern, die ohne Zweifel in Qual und Herzensangst nach ihm suchten, es erkennen würden,

»wenn man das Merkmal in die Zeitung setze«. Doch ließ sich kein besonderes Merkmal entdecken und auch später, trotz aller Nachforschungen, Anzeigen und Kundmachungen weder von den Zigeunern noch von der Herkunft des Kindes eine Spur finden.

Die alte Wagnerin hatte es zu sich genommen und ihre Armut mit ihm geteilt, nicht nur aus Gutmütigkeit, sondern auch in der stillen Hoffnung, daß seine Eltern einmal kommen würden in Glanz und Herrlichkeit, es abzuholen und ihr hundertfach zu ersetzen, was sie für das Kindlein getan hatte. Aber sie starb nach mehreren Jahren, ohne den erwarteten Lohn eingeheimst zu haben, und jetzt wußte niemand, wohin mit ihrer Hinterlassenschaft – dem Findling. Ein Armenhaus gab es im Dorfe nicht, und die Barmherzigkeit war dort auch nicht zu Hause. Wen um Gottes willen ging das halbverhungerte Geschöpf etwas an, von dem man nicht einmal wußte, ob es getauft war? »Einen christlichen Namen darf man ihm durchaus nicht geben«, hatte der Küster von Anfang an unter allgemeiner Zustimmung erklärt, aber auf die Frage der Wagnerin: »Was denn für einen?« keine Antwort gewußt. »Geben S' ihm halt einen provisorischen«, war die Entscheidung gewesen, die endlich der Herr Lehrer getroffen, und die halb taube Alte hatte nur die zwei ersten Silben verstanden und den Jungen Provi und nach seinem Fundorte: Kirchhof genannt. Nach ihrem Tode waren alle darüber einig, daß dem Provi Kirchhof nichts besseres zu wünschen sei, als eine recht baldige Erlösung von seinem jämmerlichen Dasein. Der Armselige lebte vom Abhub, kleidete sich in Fetzen – abgelegtes Zeug, ob von kleinen Jungen, ob von kleinen Mädchen, galt gleich –, ging barhäuptig und barfüßig, wurde geprügelt, beschimpft, verachtet und gehaßt, und prügelte, beschimpfte, verachtete und haßte wieder. Als für ihn die Zeit kam, die Schule zu besuchen, erhielt er dort zu den zwei schönen Namen, die er schon hatte, einen dritten: »der Abschaum«, und tat, was in seinen Kräften lag, um ihn zu rechtfertigen.

Da war im Orte die brave Schoberwirtin. Im vergangenen Herbst hatte Provi in einem Winkel ihrer Scheuer eine Todeskrankheit durchgemacht, ohne Arzt und ohne Pflege. Nur die Schoberin war täglich nachsehen gekommen, ob es nicht schon vorbei sei mit ihm, und hatte ihm jeden Morgen ein Krüglein voll Milch hingestellt. Die Gewohnheit, ihm ein Frühstück zu spenden, behielt sie bei, auch nachdem er gesund geworden war. Pünktlich um fünf fand er sich ein, blieb auf der Schwelle der Wirtsstube stehen und rief: »Mei Müalch!« Er bekam das Verlangte und ging seiner Wege. Einmal aber ereignete sich etwas ganz Ungewöhnliches. Der Wirt, der sonst seinen Abendrausch regelmäßig im Bette ausschlief, hatte ihn diese Nacht auf der Bank in der Wirtsstube ausgeschlafen und erwachte in dem Augenblick, als Provi auf die Schwelle trat und rief: »Mei Müalch!«

Was sagte der Lackel? Was wollte er? Schober dehnte und reckte sich. Ein verflucht kantiges Lager hatte er gehabt, seine Glieder schmerzten ihn und seine Laune war schlecht. Der grobe Klotz Provi fand heute an ihm einen groben Keil. »Nicht zu verlangen, zu bitten hast, du Lump! Kannst nicht bitten?«

Der Junge riß die farblosen Augen auf, sein schmales Gesicht wurde noch länger als sonst, der große, blasse Mund verzog sich und sprach: »Na!«

Die Früchte, die ihm dieses Wort eintragen sollte, reiften sogleich. Schober sprang auf ihn zu, verabreichte ihm sein Frühstück in Gestalt einer tüchtigen Tracht Prügel und warf ihn zur Tür hinaus. Solche kleine Zwischenfälle machten aber keinen Eindruck auf den Jungen. Wie alltäglich fand er sich am nächsten Morgen wieder ein und forderte in gewohnter Weise »seine« Milch. Die Wirtin gab sie ihm, aber eine gute Lehre dazu:

»Du mußt bitten lernen, Bub, weißt? – bitten. Bist schon alt genug, bist g'wiß – ja, wenn man bei dir nur was g'wiß wüßt! –, g'wiß schon vierzehn. Also merk dir, von morgen an: Wenn's kein Bitten gibt, gibt's keine Milch.« Sie blieb dabei, ob es ihr auch schwer wurde. Wie schwer, sah Provi wohl, und es war ihm ein Genuß, eine Befriedigung seiner Lumpeneitelkeit. Ihm, dem Ausgestoßenen, dem Namenlosen, war Macht gegeben, der reichsten Frau im ganzen Orte Stunden zu trüben und die Laune zu verderben. Sie blickte ihm mit Bekümmernis nach, wenn er ohne Gruß an ihrer Tür vorüberging, zur Arbeit in den Steinbruch.

Dort taglöhnerte er jetzt beim Wegemacher, der ihn in Kost genommen und ihm ein Obdach im Ziegenstall gegeben hatte. Der Wegemacher brauchte nicht, wie die andern Leute, den Umgang mit Provi für seine Kinder zu fürchten. Die fünf Wegemacherbuben konnte der Auswürfling nichts Böses lehren, sie wußten ohnehin schon alles und waren besonders Meister in der Tierquälerei. Die Ziegen, Kaninchen, die Hühner, die ihnen untertan waren, und der Haushund, die unglückliche Spitzin, gaben Zeugnis davon, ihre Narben erzählten davon und ihre beschädigten Beine und ihre gebrochenen Flügel. Provi fand sein Ergötzen an dem Anblick der Roheit, den er jetzt stündlich genießen konnte. Er fing für die kleineren der Buben Vögel ein und gab sie ihnen »zum Spielen«, und diese Opfer konnten von Glück sagen, wenn sie kein allzu zähes Leben hatten.

Das ärmste von den armen Tieren der Wegemacherfamilie war aber die alte Spitzin. Sie lief nur noch auf drei Beinen und hatte nur noch ein Auge. Ein Fußtritt des erstgeborenen unter ihren Peinigern hatte sie krumm, ein Steinwurf sie halb blind gemacht. Trotz dieser Defekte trug sie ihr impertinentes Näschen hoch und ihr Schwänzchen aufrecht, bellte jeden fremden Hund, der sich blicken ließ, wütend an, und ihre Beschimpfungen gellten ihm auf seinem Rückzuge nach. Die Söhne des Wegemachers fürchtete, ihn selbst haßte sie, weil er ihr ihre kaum geborenen Jungen immer wegnahm und, bis auf ein einziges, in den See warf.

Zur Zeit, in der Provi beim Wegemacher Steine klopfte und Sand siebte, bekam die Spitzin noch im Greisenalter abermals Junge, ihrer vier, von denen drei gleich ins Wasser mußten. Sie konnte kaum eines mehr ernähren, sie war zu alt und zu schwach, und es sah ganz danach aus, als ob sie nicht mehr lange leben sollte. Das Geschäft des Ersäufens übertrug der Vater an jenem Tage seinem Ältesten, dem Anton, und dem machte etwas, das einem anderen Geschöpfe wehtat, dieses Mal kein Vergnügen. Die Spitzin war bissig wie ein Wolf, wenn sie Junge hatte.

»Der Vater fürcht si vor ihr«, sagte Anton zu Provi, »drum schickt er mi. Komm mit, halt sie, wenn ich ihr die Jungen nimm, halt ihr's Maul zu, daß s' mi nit beißen kann.«

Im Holzverschlag neben dem Ziegenstalle auf einer Handvoll Stroh lag zusammengeringelt die schwarze Spitzin und unter ihr und um sie herum krabbelten ihre Kleinen und winselten und suchten mit blinden Augen und tasteten mit weichen hilflosen Pfötchen.

Die Spitzin hob den Kopf, als die Knaben sich ihr näherten, ließ ein feindseliges Knurren vernehmen, fletschte die Zähne.

»Dummes Viech, grausliches!« schrie Anton und streckte halb zornig, halb ängstlich die Hand nach einem der Hündchen aus. »Halt sie! halt sie! daß s' mi nit beißt!«

Schon recht, wenn s' di beißt, dachte Provi. Es fiel ihm nicht ein, sich um Antons willen in einen gefährlichen Kampf mit der Hündin einzulassen; nur um die eigene Sicherheit war ihm zu tun, und so nahm er seine Zuflucht zu einer Kriegslist, kauerte auf den Boden nieder und hob mit kläglicher Stimme an: »O die orme Spitzin, no jo, no jo! Ruhig, orme Spitzin, so, so … ma tut ihr jo nix, ma nimmt ihr jo nur ihre Jungen, no jo, no jo!«

Die Spitzin zauderte, knurrte noch ein wenig, doch mehr behaglich jetzt als bösartig. Die Worte, die Provi zu ihr sprach, verstand sie nicht, aber ihren sanften, beschwichtigenden Ton verstand sie und dem glaubte sie. Was wußte die Spitzin von Arglist und Heuchelei? Ein Mensch sprach einmal gütig zu ihr, so war auch seine Meinung gütig. Sie legte sich wieder hin, ließ sich streicheln, schloß bei der ungewohnt wohltuenden Berührung wie zu wonnigem Schlafe ihr Auge. Die Schnauze steckte sie in Provis hohle Hand und leckte sie ihm dankbar und zärtlich.

»No – also no!« rief er den Kameraden an: »Pack s' z'amm. Mach g'schwind!«

Anton griff zu, und im nächsten Augenblicke sprang er auch schon mit drei Hündchen in den Armen aus dem Verschlag, in großen, fröhlichen Sätzen über die Straße, die Uferböschung zum See hinab. Provi folgte ihm eiligst nach; den Hauptspaß, mit anzusehen, wie die Hündchen ertränkt wurden, konnte er sich nicht entgehen lassen.

Es war merkwürdig, daß von nun an die Nachbarschaft der Spitzin dem Provi völlig widerwärtig zu werden begann. Nur schlecht gefügte Bretter trennten seine Schlafstätte von der ihren, und jede Nacht störte sie ihn mit ihrem Gewinsel. Im Kopfe der Alten war ein »Radel laufet« worden, sonst hätte sie doch nach einiger Zeit begriffen: Die Jungen sind fort und nie, nie mehr zu finden und man muß endlich aufhören, nach ihnen zu suchen. Dieses Mal hörte sie nicht auf. Sie mußte von einem Tag zum andern immer wieder vergessen, daß sie gestern schon alle Winkel umsonst durchsucht hatte. Sie schnüffelte, sie kratzte an der Tür, scharrte ihr bißchen Stroh auseinander und wieder zusammen, kroch hinter den Holzstoß, drängte sich in die Ecke, in der die Werkzeuge lehnten, warf einmal ein paar Schaufeln um und flüchtete voll Entsetzen. Eine Zeitlang war Ruhe, dann trippelte sie wieder herum und suchte und suchte! Und ihr Trippeln weckte ihn, an dem früher die brüllenden Rinderherden vorübergezogen waren, ohne ihn im Schlafe zu stören. Wenn er schlief, schlief er, verschlief Hunger und Müdigkeit; dazu vor allem brauchte er den bombenfesten Schlaf, um den er plötzlich gekommen war, denn jetzt schrak er auf beim Herumgehen und Schnüffeln der Alten. Und kalte Schweißtropfen liefen ihm über die Stirn in der »Baracken«, der den ganzen Tag die Sonne aufs Dach schien und in der es so heiß war, daß es in der Hölle nicht heißer sein kann ... Ob das auch mit rechten Dingen zuging, ob nicht etwas Übernatürliches dahinter steckte? Freilich, der Anton sagt, es gibt nix Übernatürliches. Aber der Allergescheiteste ist der Anton am Ende doch nicht, und dem Provi ist manchmal sogar vorgekommen, daß er ein großer Esel ist; was man allerdings nicht sagen darf, ohne furchtbar gedroschen zu werden von ihm und von seinem Vater; Provi weiß das aus Erfahrung.

An den Wegmacherleuten hatte er seine Meister gefunden, die bändigten ihn mit Schlägen und mit Hunger. »Sticht dich der Hafer?« hieß es bei der geringsten Widersetzlichkeit, und von der elenden und ungenügenden Ration zog ihm sein Herr die Hälfte ab.

Jeder andere wäre schon draufgegangen, sagte er sich selbst; er jedoch wollte nicht draufgehen, er wollte noch viel Zeit haben, um den Menschen alles Böse, das sie ihm getan hatten, mit Bösem zu vergelten. Daß es auch einige gab, die ihm Gutes getan hatten, war längst vergessen; und was die Schoberwirtin betraf, die alte Hex, gegen die hegte er einen unversöhnlichen Groll. Warum schenkte sie ihm nichts mehr, sie, die so vieles Geld hatte und so viele Sachen? Sie wußte gewiß nicht, wohin mit ihrem Reichtum und gab doch nichts umsonst, wollte gebeten werden; um ein paar armselige Tropfen Milch. Wie sie ihn ansah, wenn er vorüberging ... Förmlich herausfordernd: So bitt doch! – Die Krot, die! die konnte warten. Einmal hatte sie ihn gar angesprochen: »Du schaust aus! Wie der leibhaftige Hunger schaust aus! Hast noch nicht bitten g'lernt?« Er rief ihr ein freches Schimpfwort zu und schritt weiter.

Eine Woche verging. Immer noch hatte die Spitzin sich nicht ganz beruhigt, suchte und schnüffelte immer noch, besonders bei Nacht, in ihrem Verschlage herum. So geschah es, daß sie den Provi einst zu besonders unglücklicher Stunde weckte. Er hatte sich so spät erst auf seiner Lagerstätte aus Hobelspänen und schmutzigem Heu hinstrecken können, weil er noch, nach beendetem Arbeitstage, die Ziegen, die der Wegemacher ins nächste Dorf verkauft, dorthin hatte treiben müssen. Und auch jetzt kein Ende der verfluchten Plackerei, nicht wenigstens ein paar Stunden ungestörten Schlafes? Die Spitzin scharrte und suchte und suchte, und Provi drohte und polterte mit den Füßen gegen die Bretterwand. Sie gab nach, ein Stück von ihr fiel krachend hinüber ins Bereich der Spitzin. Sie stieß ein erschrockenes Gebell hervor, das Kleine winselte, dann war alles still. »Teixel überananader, wirst jetzt an Fried geben, Rabenviech?« murmelte Provi und legte sich zurecht und zog die Knie bis zum Kinn herauf, denn so »schlief es sich ihm am besten«. Aber just jetzt wollte es mit dem Einschlafen nicht gehen, trotz der Stille und trotz seiner Erschöpfung und trotz seiner Schlaftrunkenheit! Allerlei Gedanken kamen einhergeschlichen, ganz neue Gedanken, nie von ihm gedachte. Ja, die Spitzin war ein Rabenviech mit ihrer Sucherei; wenn aber seine Mutter auch so gewesen wäre wie sie und so rastlos nach ihm gesucht hätte, sie hätte ihn gewiß gefunden; er hatte ja in der Zeitung gestanden, er war angeschlagen gewesen auf dem Bezirksamt. Am End hat sie sich's gar nicht verlangt, ihn zu finden. Die Zigeuner haben ihn am End gar nicht gestohlen, seine Mutter – »die Miserabliche!« – hat ihn ihnen am End geschenkt, noch draufgezahlt vielleicht, daß sie ihn nehmen … No jo! vielleicht wird sie sich seiner geschämt haben, war vielleicht was Hohes, eine Bauerstochter oder eine Wirtstochter … Verfluchter Kuckuck! wenn sie so eine Wirtstochter gewesen wäre und ihn behalten hätte … Alle Sonntag würde er sich seinen Rausch angetrunken haben und den Montag hätte er immer blau gemacht und im Wirtshaus und auf der Kegelbahn geraucht, getrunken, gerauft. Ein Götterleben malte er sich aus, als – verfluchtes Rabenviech! die Spitzin nebenan wieder anfing zu stöhnen und zu kratzen und ihn aus seinen

Träumen riß, die so wonnig gewesen waren. Voll Zorn richtete er sich auf, nahm ein Scheit Holz, trat über die niedergeworfenen Bretter in den Verschlag des Hundes und führte knirschend wuchtige Schläge gegen den Boden, auf dem die Spitzin im Dunkeln ängstlich umherschoß. Er sah nicht, wohin er traf, er drosch zu nach rechts und nach links, vorwärts und rückwärts, und endlich – da hatte er sie erwischt, da zuckte etwas Weiches, Lebendiges unter seinem wütend geführten Hieb. Ein kurzes, klägliches – ein anklagendes Geheul ertönte, gellte grell und förmlich schmerzhaft an Provis Ohr. Es überrieselte ihn. Was für ein seltsames Geheul das gewesen war … No jo – das »Rabenviech« hat jetzt genug, wird Ruh geben, eine Weile wenigstens.

Er kehrte zu seiner Lagerstätte zurück, kauerte sich zusammen und schlief gleich ein.

Nach ein paar Stunden erwachte er plötzlich. Die aufgehende Sonne sandte einen feurigen Strahl aus, der ihm durch eine Luke in der Tür des Verschlages und durch die Bresche in der Wand leuchtend rot ins Gesicht blitzte. Er öffnete die Augen und stand auf. Die Spitzin kam ihm plötzlich und recht unbehaglich ins Gedächtnis. Wenn er sie »so« totgeschlagen haben sollte heute nachts, würde der Wegemacher, der keinen Eingriff in sein Eigentum duldete, schwerlich versäumen, ihn selbst halbtot zu schlagen. No jo! dachte er und fuhr mit den zehn Fingern durch seine staubigen Haare, um die Heustengel zu entfernen, die sich in ihnen verfangen hatten.

Da rührte sich etwas zwischen den Brettern, da kroch es langsam heran. Die Spitzin kroch heran und schleppte ihr Junges im Maul herbei. Sie hatte es an der Nackenhaut gefaßt und benetzte es mit ihrem Blute; denn es floß Blut aus ihrem Maule, ein dünner Faden, die Brust entlang. Zu Provi schleppte sie ihr Junges, legte es vor ihn nieder, drückte es mit ihrer Schnauze an seine nackten Füße und sah zu ihm hinauf.

Und ihr Auge hatte eine Sprache, beredter als jede Sprache, die die schönsten Worte bilden kann. Sie äußerte ein grenzenloses Vertrauen, eine flehentliche Bitte und man *mußte* sie verstehen. Wie das Sonnenlicht durch die geschlossenen Lider Provis gedrungen war, so drang der Ausdruck dieses Auges durch den Panzer, der bisher jede gute Regung von der Seele des Buben ferngehalten hatte.

– »Jo! jo!« stahl es sich von seinen Lippen. Er antwortete ihr, die nun hinfiel, zuckte, sich streckte … die er erschlagen hatte und die gekommen war, ihm sterbend ihr Kleines anzuvertrauen.

Provi zitterte. Eine fremde, unwiderstehliche Macht ergriff ihn, umwirbelte ihn wie ein Sturm. Sie warf ihn nieder, sie zwang ihn, sein Gesicht auf das Gesicht des toten Hundes zu pressen und ihn zu küssen und zu liebkosen. Sie war's, die aus ihm schrie: »Jo du! Jo du! – du bist a Muatta g'west!« Sein Herz wollte ihm zerspringen, ein Strom von wildem Leid, von quälender Pein durchtobte es und erschütterte es bis auf den Grund. Ein vom himmlischen Schmerze des Mitleids erfülltes Kind wand sich schluchzend auf dem Boden und weinte um die alte Spitzin und weinte über ihr Kleines, das sich an seine Mutter drängte und sie anwinselte und Nahrung suchte an dem früher schon so spärlich fließenden und jetzt gänzlich versiegten Quell.

»'s is aus, da kriegst nix mehr«, sagte Provi, nahm das Hündchen in seine Hände, legte es an seine Wange und hauchte es an; es zitterte und winselte gar so kläglich. »Hunger hast, Hunger hast, no jo! no jo!« – Was anfangen mit dem anvertrauten Gut? »Verfluchter Kuckuck«, wenn doch noch die Ziegen da wären! Er würde eine melken, er tät's, trotz der schrecklichen Strafe, die drauf steht. Aber die Ziegen sind fort, und bis ihm jemand im Wegemacherhaus einen Tropfen Milch für einen Hund schenkt, da kann er lang warten. »Ins Wasser dermit!« wird's heißen, sobald sie hören, daß die Spitzin tot ist.

»Ins Wasser kummst«, sagte er zum Hündchen, das etwas von dem guten Glauben der Mutter an ihn geerbt haben mußte; es schmiegte sich an seinen Hals, saugte an seinem Ohrläppchen und klagte ihm seinen Hunger mit Stöhnen und Wimmern.

»No jo! –« er wußte schon, nur wie zu helfen wäre, wußte er nicht. Was soll er ihm zu essen geben? Um zu vertragen, was er hinunterschlingt, dazu gehört ein anderer Magen, als so ein Kleines hat ... Aber – verfluchte Krot! – jetzt kam ihm eine Eingebung, jetzt wußte er auf einmal doch, wie zu helfen wäre. Aber – verfluchte Krot! Dieses Mittel konnte er nicht ergreifen – lieber verhungern. Der Entschluß saß eisenfest in seinem oberösterreichischen Dickschädel ... Freilich dämmerte ihm eine Erkenntnis auf, von der er gestern keine Ahnung gehabt hatte – verhungern lassen ist noch etwas ganz anderes, als verhungern. Das Kleine gab das Saugen am Ohrläppchen auf; davon wurde es ja doch nicht satt. In stiller Verzweiflung schlossen sich seine kaum dem Lichte geöffneten Augen, und Provi fühlte es nur noch ganz leise zittern.

Gequält und scheu blickte er zur toten Spitzin nieder. Ja, wenn das Junge leben soll, darf man ihm die Mutter nicht erschlagen.

»No, so kumm!« stieß er plötzlich hervor und sprang aus dem Stall in den Verschlag und schritt resolut vorwärts und dem Dorfe zu, biß die Zähne zusammen, daß sie knirschten, sah nicht rechts noch links und ging unaufhaltsam weiter.

Noch rührte sich nichts auf den Feldern, erst in der Nähe der Häuser fing es an ein wenig lebendig zu werden. Ein schlaftrunkener Bäckerjunge schritt über die Straße zum Brunnen, der Knecht des Lohbauers spannte einen dicken Rotschimmel vor den Streifwagen. Aus dem Tor des Wirtshauses kam die alte Magd, von jeher Provis erklärte Feindin. Voll Mißtrauen beobachtete sie sein Herannahen, erhob die Faust und befahl ihm, sich zu packen. Ihn störte das nicht, er ging an ihr vorbei wie einer, der mit dem Kopfe durch die

Wand will. Finster und entschlossen, das Kinn auf die Brust gepreßt, trat er durch die offene Küchentür. Die Wirtin, die am Herde stand, wandte sich … »Grad zum Fürchten« sah der Bub aus, und seine Stimme klang so rauh und hatte etwas so Schmerzhaftes, als ob ihr Ton die Kehle zerrisse, durch die er gepreßt wurde:

»Schoberwirtin, Frau Schoberwirtin, i bitt um a Müalch.«

Das war die Wendung in einem Menschenherzen und in einem Menschenschicksal.

Die Großmutter

Zum zehntenmal an diesem Vormittage wurde gepocht an der Tür des Laboratoriums, in dem der Assistent der pathologischen Anatomie arbeitete.

Ungeduldig über die neue Störung, rief er dem eintretenden Diener zu: »Was wollen Sie denn wieder? Habe ich Ihnen nicht befohlen, mich in Ruhe zu lassen?«

»Freilich«, bestätigte der Diener gleichmütig, »aber es ist ein altes Weib draußen, mit dem Sie sprechen werden.«

»Ich werde? – So?« fragte der Doktor, »und warum?«

»Weil sie anders nicht wegzubringen ist«, fuhr der Diener fort, »weil sie sich einmal nicht abweisen läßt.«

»Versuchen Sie's doch; seien Sie so gut. Hören Sie?«

Die letzten Worte, mit Strenge gesprochen, taten ihre Wirkung. Der Diener, obwohl achselzuckend, schickte sich an, das Zimmer zu verlassen, als die Tür von außen plötzlich geöffnet wurde.

Auf der Schwelle stand ein hochgewachsenes Weib, dessen kräftige Gestalt das Alter und die Arbeit nur wenig gebeugt hatten.

»Was untersteht Sie sich?« herrschte der Diener sie an und suchte sie zu verhindern, näher zu treten. Doch sie, ohne Notiz von den Schmähungen zu nehmen, in die er nun ausbrach, schob ihn mit einer einzigen Bewegung ihres Armes zur Seite und ging rasch auf den Doktor zu, der dem zudringlichen Besuche mit einem zornigen Ausrufe entgegentrat.

Die Frau blieb stehen und faltete die harten Hände. Ihr Blick richtete sich mit dem Ausdrucke so folternder Seelenqual und so inbrünstigen Flehens auf ihn, daß er es nicht über sich gewann, seine Drohung, sie hinausschaffen zu lassen, wenn sie nicht augenblicklich ginge, zu wiederholen. Das Mitleid, in das seine Entrüstung sich verwandelt hatte, wurde durch den halb bittenden, halb gebieterischen Ton nicht vermindert, in dem die Alte ausrief: »In dieses Haus werden die Leichen der Verunglückten gebracht, nicht wahr?«

Der Doktor bejahte es.

»So lassen Sie mich hinführen, wo die Toten liegen, gleich, Herr! – gleich!« sagte sie mit keuchendem Atem.

Es war schwer, ihr begreiflich zu machen, das sei unmöglich, sie müsse bis zur Einlaßzeit warten.

Dieses Wort brachte sie außer sich.

»Warten?« schrie sie mit schneidender Verzweiflung – »ich kann nicht mehr warten – ich warte seit zwei Tagen … Seit zwei Tagen ist er nicht nach Hause gekommen!«

»Wer?« fragte der Assistent, »von wem sprechen Sie?«

»Von wem, – mein Gott! von meinem Lukas – von meinem Enkel. Er dient bei einem Flößer an der Donau, – seine Leute wissen nichts von ihm. Er ist vielleicht ertrunken, Herr!«

Sie beugte sich vor, ihre Augen ruhten forschend auf dem Gesichte des Doktors und ihre Finger legten sich wie Eisenklammern um seinen Arm.

Ihr Jammer erschütterte den jungen Mann, wie gewöhnt er auch an den Anblick menschlicher Leiden war, und wie entschlossen, ihnen mit Gleichmut entgegenzutreten.

»Gehen Sie hinab«, sprach er zum Diener, »und sobald die Herren fertig sind, melden Sie mir's.«

Der Diener entfernte sich, die Frau wollte ihm nachstürzen, mit Mühe gelang es dem Doktor, sie davon abzuhalten. Er wies ihr einen Stuhl an, und mit kurzem Dankeswort ließ sie sich darauf nieder.

Er indes begann von neuem sich mit seinem Mikroskope zu beschäftigen. Allein über das Instrument hinweg wanderte sein Blick, mächtig angezogen, immer wieder zu seinem traurigen Gaste hinüber.

Das Weib hielt die Arme über der Brust verschränkt und regte sich nicht. Unverwandt und trotzig starrte sie die Tür an und horchte mit leidenschaftlicher Spannung nach dem Gange hin.

Sie saß da, ein Bild des Schmerzes, der Armut und der Not. Nicht jener Not jedoch, die sich dem Elend unterwirft, nein, der, die mutig mit ihm kämpft, die ihm immer ins Auge blickt und es immer besiegt, die nicht durch das Mitleid mit sich selbst entnervt, nicht von der Sorge um die Zukunft niedergebeugt wird.

Wie es war, so wird es sein, es gibt keinen Wechsel, nur der Tod kann ihn bringen, und den ruft sie nicht herbei. Der tätigen Kraft, der ringenden Stärke graut vor seiner ewigen, ohnmächtigen Ruhe.

Eine peinliche Viertelstunde verging. Der Doktor unterbrach endlich das Schweigen. Er fragte nach der Beschäftigung der Greisin, nach ihren Verhältnissen, er wollte wissen, ob der Enkel, den zu suchen sie hierher gekommen war, ihr einziger sei.

Sie sah ihn verwundert an.

»Hab' ich's denn nicht schon gesagt? – Mein einziger! Ich hab' niemanden als ihn. Mein Mann, Gott sei gelobt! ist tot. Von den Kindern –« setzte sie dumpf und wie zu sich selbst redend hinzu – »hoff' ich, daß sie's sind.«

»Wie?« rief der Doktor. »Sie hoffen es?«

»Alle sind ihm nachgeraten, die Söhne Trunkenbolde, die Töchter nichtsnutzig. Natürlich. Der Vater war beides. Mit ihm hielten es die Kinder, nicht mit der Mutter, die Fleiß verlangte und Ehrbarkeit. So ging eins nach dem andern. Die Jüngste ließ mir noch zuvor das Kind. Am Anfang hab' ich ihr deshalb geflucht, dann sie dafür gesegnet. Der Junge wurde, was ich mir nicht hätte träumen lassen – brav; und ich hab' meine Freude an ihm gehabt.«

Sie hatte ohne Bitterkeit und ohne Wehmut gesprochen, so ruhig, als erzähle sie eine fremde Geschichte. Doch lag etwas in ihrem Tone, das tiefer ergriff, als die Klage ergreifen kann, eine stille, schlichte Größe. Den jungen, stolzen Gelehrten, dessen kurze Laufbahn schon so mancher Triumph bezeichnete, überkam's wie Ehrfurcht vor dem alten, armen, unwissenden Weibe.

Der Diener erschien und machte dem Assistenten eine kurze Meldung.

Die Greisin schnellte von ihrem Sitze auf.

»Darf ich nun gehen?« fragte sie rasch und hastig und warf einen erwartungsvollen Blick auf den Diener, der sich anschickte, ihr den Weg zu weisen.

Allein der Doktor hatte sich schon erhoben. »Ich werde Sie führen«, sagte er.

Sie stiegen einige Treppen hinab und standen vor einem gewölbten Gemache, aus dem ihnen ein eigentümlicher, naßkalter Hauch entgegendrang.

Vor Aufregung zitternd, drängte sich das Weib voran.

In dem weitläufigen Raume lagen teils bedeckt, teils unbedeckt die Leichen der in den letzten vierundzwanzig Stunden Verunglückten. Ohne ein Zeichen von Grauen oder Scheu ging die Frau von einer zur andern und blickte teilnahmslos in ihre starren Gesichter. Manchmal murmelte sie ein Gebet, machte dem und jenem das Zeichen des Kreuzes auf die Stirn.

Plötzlich hielt sie inne in ihrer trostlosen Wanderung.

Sie hatte in einer Ecke des Saales den Körper eines etwa vierzehnjährigen Knaben entdeckt, auf den stürzte sie mit herzzerreißendem Aufschrei zu, und vor ihm auf die Knie nieder.

So blieb sie mit gerungenen, an den Mund gepreßten Händen, wie versteinert.

Sie berührte die Leiche nicht, keine Träne quoll aus ihren weitgeöffneten Augen, kein Laut drang aus ihrer Kehle. Dem Doktor schauderte vor der Gewalt dieses Schmerzes, dem die Wohltat der Äußerung versagt war.

Er näherte sich der Greisin, erfaßte sie beim Arm und versuchte sie aufzurichten.

Bei seiner Berührung zuckte sie zusammen, erhob und wendete sich.

Wie gejagt eilte sie nach dem Ausgange hin. Dort aber blieb sie stehen und kehrte wieder zu dem entseelten Kinde zurück. Noch einmal betrachtete sie es stumm und lange. Endlich entschloß sie sich zu scheiden, und ihr Begleiter atmete auf.

Da sah er, daß sich ihr Blick von der Leiche weg und mit großer Spannung auf einige Gegenstände, die an der Wand hingen, gerichtet hatte.

Es waren die Kleider des Ertrunkenen.

»Den guten Rock«, sagte die Alte, »den ich ihm erst habe machen lassen, den geben Sie mir mit. Der Junge braucht ihn nicht mehr und ich kann ihn verkaufen.«

Der Doktor sah sie an. Die Teilnahme, die ihn eben erfüllt hatte, wich einer Empfindung des Widerwillens.

»O die Armut«, dachte er, »die bittere, häßliche Not!«

Ohne ein Wort zu sagen, nahm er den Rock des Knaben und reichte ihn der Großmutter.

Sie streckte beide Hände danach aus, empfing ihn mit leisem, aufschluchzendem Wimmern und drückte ihn an ihre Brust.

Sie bedeckte das Kleid des Enkels mit Küssen, sie sprach zu ihm, sie drückte ihr Gesicht in seine Falten.

Ihr Schmerz hatte einen Ausdruck gefunden, sie weinte.

Der Muff

Die Generalin kam aus der Nachmittagsgesellschaft, an welcher mehrere ausgezeichnete Persönlichkeiten teilgenommen hatten. Sie befand sich in gehobener Stimmung. Man war sehr freundlich gegen sie gewesen, *sehr*, hatte sie dringend aufgefordert, eine ihrer kleinen Novellen, wenn auch nur die kleinste, vorzulesen.

Für ihr Leben gern wäre sie der Einladung gefolgt, trug jedoch gerade an dem Nachmittag nicht das geringste Manuskriptlein bei sich, und so hatten die Gäste mit liebenswürdiger Resignation auf den Genuß verzichtet. Aber schon die Berücksichtigung, die dem bisher wenig aufgemunterten Talent der Generalin geschenkt worden, tat ihr unendlich wohl.

Man lasse mich mit frühen Triumphen ungeschoren, sie sind nicht selten die Vorboten späterer Niederlagen, dachte sie. Wer vermag sich von der im raschen, glücklichen Schwung der Jugend erreichten Höhe noch höher emporzuschnellen? Meistens bleibt es bei dem glorreichen Anfang, und was nachkommt, ist ein Sinken, wenn's nicht gar ein Stürzen ist. Da lob ich mir mein bescheidenes Streben, das mich allerdings nicht auf die Höhe, aber doch auf eine Anhöhe geführt hat.

Von den heitersten Vorstellungen umgaukelt, schreitet die große, schmächtige Dame rasch und rüstig dahin; das Gehen wird ihr heute so leicht, als ob die Trottoirs mit Kautschuk gepflastert wären.

Herrliches Wetter! ein kernig kalter Märztag. Merklich früher steht schon die Sonne auf und geht merklich später schlafen. O wie gern sieht der die Tage wachsen, dessen eigener Lebenstag sich bereits zur Neige gewendet hat!

Die Generalin verschränkt behaglich die Hände in ihrem großen Muff – ein wenn auch nicht mehr modernes, doch sehr kostbares und gediegenes Garderobestück – und wandert wohlgemut dahin. Sie hat noch eine gute Strecke Weges vor sich, eilt aber nicht, schlendert vielmehr gemächlich weiter, sieht sich die Vorübergehenden an, möchte jedem bis auf den Grund der Seele schauen, und den Armen, besonders solchen, die nicht betteln, schenkt sie etwas. Sie tut es trotz der Gewissensbisse, die sie dabei empfindet. Geld verschenken auf der Straße ist ein Unsinn und national-ökonomisch ein Verbrechen. Das ist der Generalin hundertmal und unwiderleglich bewiesen worden, sie hat das Bewußtsein ihres Unrechts und – begeht es dennoch. Das Mitleid, diese, wie in neuester Zeit festgestellt worden, verwerflichste Form des Egoismus, ist zu mächtig in ihr; es überwältigt sie immer wieder von neuem.

Mit dem unvernünftigen Almosenspenden ist es aber auch eine so eigene Sache! Unendlich schwer wird diese üble Gewohnheit ablegen, der einmal ihre ganze Süßigkeit gekostet hat. Du gehst durch die Straßen der großen Stadt, und wenn deine Augen nur offen sind, siehst du in kurzer Zeit das Elend in jeder denkbaren Gestalt; von dem geistigen und moralischen Elend an, das hinter äußerem Glanz verborgen vorbeistolziert, bis herab zu dem Elend des hungernden, vom Tode schon gezeichneten Lasters. Und wenn es dich nun da plötzlich mitten heraus aus der rettungslosen Verkommenheit ansieht mit Augen, die von einer noch unschuldigen Seele erzählen oder von einer im schwersten Kampf geläuterten, oder von einer noch hoffenden, noch ringenden, und du antwortest ihrer scheuen Bitte und greifst in deinen Säckel, greifst ziemlich tief und reichst eine Gabe dar, welche den Armen auf das äußerste überrascht – o des wunderbaren Eindrucks! o der stummen seligen Frage: Das schenkst du mir? Du ganz fremder Mensch schenkst mir so viel? und ein unvergeßlicher Blick trifft den Wundertäter, der dem Kinde der Not für ganze Tage die Sorge aus dem Leben nimmt.

Nun, dieses Staunen mit anzusehen, die Freude aufblitzen zu sehen auf dem Antlitz des Kummers, das ist Glück; und wer es einige Male genossen hat, und auf den Geschmack gekommen ist und sich's trotzdem aus Überzeugung und aus Tugend versagt, den nenn ich – so schloß die Generalin ihre Betrachtungen – einen Cato vom Standpunkt der Nationalökonomie!

Sie selbst hat nicht das Zeug zu solcher Größe, überhaupt nicht, am wenigsten aber dann, wenn sie sich durch und durch zufrieden fühlt und im Grunde jeden anderen bemitleidet, weil er schwerlich so gut dran sein kann wie sie, der arme andere!

Widerstandslos läßt sie ihrer Torheit den Zügel schießen, bis ihr eine natürliche Grenze gesetzt wird, und das Portemonnaie nichts mehr enthält als eine Visitenkarte.

Nachgerade ist es auch Zeit geworden, einen rascheren Schritt einzuschlagen; denn plötzlich hat der Wind sich scharf erhoben und jagt große Schneeflocken durch die Luft. Die gelblichen Flämmchen, die man in den Straßenlaternen wahrzunehmen beginnt, machen darauf aufmerksam, daß die Dunkelheit demnächst einbrechen wird, und daß es ihnen nicht einfällt, sie daran zu hindern. Unter solchen Umständen hat die Nebenstraße des Wiener Grabens, in welche die Generalin eben einlenkt, etwas entschieden Unheimliches, und die Dame wäre gar nicht böse gewesen, wieder draußen zu sein.

So eilte sie denn, ohne sich aufzuhalten, an einer Bettlerin vorüber, die auf der steinernen Stufe vor einem geschlossenen Kaufladen saß und sich frierend in den Winkel der Mauer drückte. Der Schnee umwirbelte sie und zerrann auf ihrem tiefgebeugten Haupt, das von einem durchlöcherten Tuch bedeckt war. Ihre Knie hatte sie bis zur Brust heraufgezogen, der dünne Rock reichte kaum bis zu den Knöcheln, die Füße waren mit Fetzen umwickelt und ruhten fest aneinandergepreßt auf einem bißchen Stroh. Ein Ding, das früher ein Muff aus Hasenfell gewesen, jetzt aber nur noch eine zerfetzte Röhre aus Hasenhaut war, sollte den Händen zum Schutze dienen, versah sein Amt aber schlecht; denn diese alten Hände kamen an manchen Stellen vor Kälte zitternd zum Vorschein, und man sah es ihnen wohl an, wie hart sie gearbeitet, bevor sie zu unerwünschter und unerquicklicher Ruhe in den Schoß gelegt worden.

Die Generalin war schon ein Stück Weges weiter gegangen, als ihr die ganze Kläglichkeit des im raschen Vorüberschreiten empfangenen Eindrucks vor die Seele trat. Sie kehrte zu der Alten zurück, blieb eine Weile vor ihr stehen, verfolgte mit immer trauriger werdenden Blicken die seltsam zuckenden Bewegungen des zusammengekrümmten Körpers und sagte endlich: »Es ist spät, liebe Frau, gehen Sie doch nach Hause.«

Das Weib blickte empor und erwiderte, sie müsse auf ihre Tochter warten, die erst in einer Stunde von der Arbeit kommen und sie abholen werde.

In einer Stunde! dachte die Generalin – und die Alte macht jetzt schon so verdächtig schläfrige Augen; die ist imstande und erfriert bei drei Grad Wärme. Was anfangen? was anfangen, du lieber Gott! Ein Wachmann, den man rufen und bitten könnte, auf die Arme achtzugeben, ist nicht in der Nähe, und wäre er's, die Generalin würde sich genieren, ihn darum anzusprechen. Die Leute schauen einen bei derartigen Zumutungen meistens so kurios an. Und noch länger dastehen und die Bettlerin betrachten hat auch keinen Sinn. Überdies beginnt die Alte beunruhigt zu werden, und fragt sich mit Angst, was denn diese Person will, die sich da vor ihr aufgepflanzt hat und ihr nichts schenkt.

»Geh'n S' weg!« sagt sie, »geh'n S' weiter!« und die Bangigkeit, das Mißtrauen, die sich dabei in ihren Mienen kundgeben, versetzen die Generalin in eine große Verwirrung. Es kommt ihr auch vor, als ob die Vorübergehenden in sonderbarer Weise nach ihr schielten. Die Situation wird immer peinlicher, und in der Verlegenheit, in der Ratlosigkeit, in dem dringenden Wunsch, sich einen anständigen Rückzug zu sichern, legt die Dame plötzlich ihren Muff der Alten auf die Knie. »Ich hab kein Geld, aber nehmen Sie das und wärmen Sie sich«, sagt sie.

»O Jesus! Jesus! …« Das Weib bringt anfangs nur diese Worte heraus; aber als sie aus der ersten Verzückung zu sich kommt, läßt sie auch eine Beredsamkeit los, die mit lautem Geschrei einen Platzregen von Segnungen und Wonnen vom Himmel herunter auf das Haupt der edlen Spenderin beschwört.

Die Generalin entflieht, so schnell sie kann, dem Wortschwall und den Lobpreisungen, die ihr noch von weitem nachgerufen werden, und langt kurze Zeit später glücklich daheim an.

So ganz wohl zumute ist ihr nicht; sie besinnt sich, daß sie ihr Portemonnaie in dem verschenkten Muff gelassen hat, und ärgert sich auch im voraus über das Verhör, dem sie der beiden Dinge wegen von der Kammerfrau unterzogen werden wird.

Die Kammerfrau ist es auch, die auf ihr Schellen öffnet und sie mit der Nachricht begrüßt: »Der Herr General sind schon lange zu Hause.«

»Da geh ich gleich zu ihm hinüber«, antwortete die Gebieterin, gibt rasch Hut und Mantel ab und tritt in das Zimmer ihres Mannes.

Der alte Herr erhebt sich beim Erscheinen der alten Frau. Er ist um ein weniges kleiner als sie, hat aber etwas ungemein Energisches; Gang und Haltung verraten den ehemaligen Kavalleristen.

»Kommst du endlich!« ruft er der Eintretenden entgegen, »hat heute wieder schön lange gedauert, die Urschlerei.« Mit diesem Namen pflegt der General die Gesellschaften zu bezeichnen, die lediglich aus Damen bestehen.

»Es waren auch Herren da«, entgegnet die Generalin.

»Beneide sie nicht«, murmelt der Gatte und zieht den Tisch, auf dem eine Patience aufgelegt ist, zurück, damit seine Frau auf dem Sofa Platz nehmen könne. Er setzt sich ihr gegenüber, stemmt die linke Faust auf den Schenkel und die rechte auf den Tisch und betrachtet die Karten mit scharfen Feldherrnblicken.

»Ist wieder boshaft!« brummt er, »ist ein rechter Bosnikkel, nein, was das für ein Bosnickel ist!«

Auch die Generalin vertieft sich in die Betrachtung der Karten und sagt nach längerem Nachsinnen: »Der Sechser geht.«

»Wo ist der Sechser?« fragt der General.

»Rechts, in der zweiten Reihe.«

»Der? ja der! ja den – den leg ich nicht aus.«

»Warum denn nicht?«

»Will nicht.«

»Schöner Grund!«

»Warte auf einen schwarzen Fünfer.«

»Deine schreckliche Methode! Auf die Art kann die Patience nie ausgehen, nie!«

»Liebes Kind«, entgegnet der General mit männlichem Ernst, »nimm mir's nicht übel, du hast unrecht. Hier handelt es sich nicht um das Einzelne, sondern um das Ganze.«

»Wenn aber das Einzelne den Knotenpunkt des Ganzen bildet?«

»Knotenpunkt! Wie du doch bist! wie du doch kindisch bist! Liebe, ich habe allen Respekt vor deiner Schriftstellerei, aber von Knotenpunkten verstehst du nichts.«

»Wer weiß, vielleicht doch ... warum sollt ich nicht im Grunde ...?«

Die Generalin sprach unsicher und zerstreut, ihre Wangen röteten sich leicht. Zu ihrem Schrecken war die Kammerfrau hereingetreten, durchforschte das Zimmer mit spähenden Blicken und nahm von dem eifrigen Abwinken ihrer Herrin keine Notiz.

»Laß es gut sein, Adele, laß es nur gut sein«, sagte diese

endlich in einem Tone, in welchem die dringende Bitte wie ein kühler Befehl klingen sollte.

Und der General, der längst überlebten Mode huldigend, in Gegenwart der Dienstleute ein ihm nicht ganz geläufiges Idiom zu gebrauchen, fragte:

»*Qu'est-ce que veut-elle donc?*«

»Ich suche den Muff«, sprach Adele, »die gnädige Frau haben den Muff nicht mitgebracht, und hier ist er auch nicht.«

»Nun, wenn ich ihn nicht mitgebracht habe, kann er auch nicht hier sein«, versetzte die Generalin. »Gehen Sie nur, Adele.«

Der treuen Dienerin war diese wiederholte Abweisung ein Stich ins Herz, und ihre tiefe Verletztheit äußerte sich in der Miene, mit der sie hervorstieß:

»Aber der Muff ist weg!«

Der General wandte rasch den Kopf und fragte kurz: »Was Muff? wer ist Muff?«

»Der große, der schwarze, der schöne Muff«, entgegnete Adele, und die Generalin bemerkte krampfhaft lächelnd:

»Groß und schwarz allerdings, aber schön … daß er schön war, hat ihm wirklich schon lange niemand mehr nachsagen können.«

»Mag er nun sein, wie er will«, erklärte der Mann, »da muß er sein!«

»Man muß ihn halt wieder abholen«, sprach Adele, »die gnädige Frau haben ihn halt liegen lassen in der Gesellschaft, wo Sie gewesen sind.«

»Ich habe ihn dort nicht liegen lassen.«

»Euer Gnaden haben das neulich auch gesagt, wie Euer Gnaden aus dem Theater gekommen sind, und wie ich gesagt habe, das Taschentuch ist nicht da. Und am andern Tage hat's der Logenmeister gebracht.«

»So? hat er's gebracht? … Aber, Adele, warum verschweigen Sie mir das?«

»Dergleichen haben Sie sogleich zu melden«, rief der General, und Adele jammerte:

»Wie soll ich's denn melden? Wann denn? Man darf ja nichts reden, weil ja die gnädige Frau immer dichtet beim Ankleiden.«

Die Generalin biß sich auf die Lippen; es war ihr stets beschämend, wenn ihre Dienerin ihr die Schriftstellerei vorwarf. Der General runzelte die Stirn, richtete sich steif auf und sagte zu seiner Frau: »*Voyez-vous?*« zur Kammerfrau jedoch: »Besorgen Sie jetzt den Tee.«

Adele entfernte sich mit dem Schritt einer gefangenen Königin vor dem Wagen eines römischen Triumphators. Der General kreuzte die Arme, beugte sich vor, blickte seiner Frau in die Augen und fragte: »Klotilde, was ist's mit dem Muff?«

Sie senkte den Kopf und nach einem um Vergebung bittenden Blick auch die Augen und sprach:

»Fritz – ich habe ihn verschenkt.«

Er fuhr heftig zusammen, sein Gesicht drückte Gram aus. »Verschenkt! … Hast du vergessen, daß er von meiner verstorbenen Tante herstammt?«

»Fritz – ja! in dem Augenblick, in dem ich ihn verschenkte, habe ich das vergessen.«

»Dann«, versetzte der General wehmütig, »wäre es zwecklos, dich jetzt daran zu erinnern. Aber sagen will ich dir doch, Klotilde: Ich habe im stillen seit langer Zeit auf den Muff spekuliert. Ich hätte mir gern einen Fußsack für meinen Jagdschlitten daraus machen lassen; ich habe es dir aber verschwiegen aus Delikatesse … Das habe ich getan, du aber …«

Die Generalin fiel ihm ins Wort: »Mach mir keine Vorwürfe, Bester; ich bin genug gestraft.«

Sie war's; er sah es deutlich ausgesprochen auf ihrem Antlitz, in dem er seit vierzig Jahren zu lesen gewohnt war, und so erfüllte er denn großmütig ihre Bitte und fragte nur mild:

»Ich möchte aber wissen, an wen du ihn verschenkt hast.«

»An eine Greisin, lieber Fritz, eine unglückliche, hilflose, die vielleicht erfroren wäre ohne ihn ...«

»Papperlapapp!«

»Und für die der alte Muff eine Wohltat ist, die vorhalten wird bis ans Ende ihrer Tage, ein wahres Lebensgut. So verzeih denn, bester Mann, und wenn du mir noch etwas zuliebe tun willst ...« Klotilde ging aus ihrer elegischen Weise in eine muntere über, griff nach der Hand ihres Mannes, zog sie rasch an sich und drückte, bevor er's wehren konnte, einen Kuß darauf: »So lege den Sechser aus.«

Seufzend fügte sich der General dem Wunsche seiner Frau; aber es geschah zum Unheil, denn wie die scharfsinnigen Kombinationen, die er später anstellte, erwiesen, konnte die Patience vom Moment an, in dem die verhängnisvolle Karte ausgelegt worden war, nicht mehr gelingen. Den Mann verstimmte das ein wenig, für die Frau gab es an dem Tage nichts, das imstande gewesen wäre, ihre Heiterkeit zu stören. Und als sie zur Ruhe gegangen war und die Augen schloß, da schwebte das Bild eines welken Greisengesichts, von heller Freude verklärt, vor ihr empor, und sie schlief ein, gewiegt von Empfindungen, um die die Landgräfin Elisabeth von Thüringen Ursache gehabt hätte, sie zu beneiden.

Am nächsten Morgen würde die Generalin ihres gestrigen kleinen Abenteuers nicht mehr gedacht haben ohne die schroffe Einsilbigkeit, die Adele der Herrin gegenüber beobachtete. – Das wird nicht gut, dachte diese, wird nicht gut, bevor ein umfassendes Geständnis abgelegt ist. Und ich bin es ihr ja schuldig; habe ich doch eigenmächtig über einen Gegenstand verfügt, auf den sie sich durch die treue Hut, in welcher sie ihn mehr als ein Menschenalter hindurch gehalten, einigermaßen Rechte erworben hat.

Die Generalin war eben im Begriff, ihre Beichte zu beginnen, als die Hausglocke, mit unerhörter Heftigkeit in Bewegung gesetzt, ertönte. Man hörte die Tür öffnen und zuschlagen, und aus dem Vorzimmer herüber gellte Weibergeschrei, kreischend, durchdringend; der Generalin war die Stimme, wie ihr schien, nicht ganz fremd. Dazwischen donnerte ein ihr unbekannter kräftiger Baß.

Einige bange Sekunden, dann sagte die Gebieterin: »Sehen Sie doch nach, was es gibt, Adele.« Aber bevor Adele, bei der sich zugleich mit akuter Stummheit auch immer Schwerhörigkeit einstellte, dem Wunsche nachgekommen war, trat der General ein, in aller Gottesfrühe schon sorgfältig gekleidet, stramm, militärisch. Seine Brauen waren zusammengezogen, sein Adlergesicht hatte einen drohenden Ausdruck.

»*Voyez dans l'antichambre!*« sprach er zu seiner Frau, und sie, mit versagendem Atem, von unbestimmten, aber schrecklichen Ahnungen erfüllt, ging ins Vorzimmer.

Da stand das Unheil in zweifacher Gestalt: in lärmender – derjenigen der Bettlerin von gestern; in würdevoll stummer – derjenigen eines ungeheuer langen, pfahlgeraden Wachmannes, der den Muff und das Portemonnaie der Generalin in seinen Händen hielt.

Der Diener, die Dienerin, das Stubenmädchen waren auch zur Stelle, ohne Zweifel einem unbewußten künstlerischen Triebe gehorchend, um das Tableau durch Ausfüllung des Hintergrundes zu vervollständigen.

Sobald die Generalin sich zeigte, wurde sie von dem alten Weibe mit ohrenzerreißendem Siegesgeschrei begrüßt.

»Da is sie! da is sie ja – jetzt können Sie s' selber fragen!« rief die Bettlerin dem Wachmann zu, stürzte der Generalin entgegen und faßte sie beim Arm: »Und Sie, Sie sagen ihm's jetzt gleich auf der Stell: bin i a Diebin? Hab i gestohl'n? Hab'n Sie mir die verdammte Grenadiermützen g'schenkt oder nit?«

»Geschenkt«, sagte die Generalin, »jawohl, ganz gewiß. Ich habe der armen Frau diesen Muff geschenkt.«

»Haben Euer Exzellenz ihr auch dieses Portemonnaie geschenkt?« fragte der Wachmann und hob das vermeinte *corpus delicti* in die Höhe.

»Eigentlich – nein … eigentlich habe ich vergessen, es aus dem Muff zu nehmen«, lautete die Antwort, die der Diener der Gerechtigkeit mit dem frohlockenden Ausruf begrüßte:

»Und sie – hat's ausgeleert!«

Die Alte stieß ein Hohngelächter hervor, und die Generalin rief:

»Nein, nein! es war schon leer.«

»Leer? das Portemonnaie Eurer Exzellenz leer?« versetzte der Wachmann mit leisem und ehrerbietigem Zweifel.

»Bis auf eine Visitenkarte – ja.«

Der Wachmann ist betroffen, und die Bettlerin bricht in eine leidenschaftlich wilde Anklage gegen ihn aus. Aber auch die Generalin bleibt nicht verschont:

»I hab nix g'stohl'n«, wettert die Alte ihr zu, »aber mir kann was g'stohl'n wer'n – Ihnere Wohltaten! Auf d' Polizei haben mi Ihnere Wohltaten g'führt: Fünfundsechzig bin i alt, aber dös is mir noch nit g'schegn, daß i a ganze Nacht auf der Polizei hätt übernachten missen mit allerhand G'sindel, und wenn der Herr Kommissar mi nit kennt hätt, weil i amol Kohlen bei ihm trogen hob, i sitzet no und könnt sitzen, bis die gnädige Frau ihre Vorladung kriegt.«

»Meine Vorladung?« stammelte die Generalin mit trockenen Lippen.

»Ganz natirli, zur Konfrottierung. Nur weil er mi kennt und der gnädigen Frau ihren Herrn a, hat er mi herg'lassen mit'n Wachmann. Aber was nutzt dös all's? G'sessen bin i doch. Und was mei Tochter wird g'sagt hab'n, wie s' kommen is gestern und mi nit g'funden hat auf mei'm Platzl – was die sich wird denkt hab'n, dös z' hören steht mir noch aus.« Sie wurde weich, ein Tränenstrom rann über ihre Wangen.

»Ach ja, Ihre Tochter!« sagte die Generalin. »Ihre Tochter müssen Sie mir jedenfalls bringen, damit ich mich bei ihr entschuldigen kann.«

»Entschuldingen war schon recht«, sagte die Alte schluchzend, wenn auch bereits etwas besänftigt, »aber mit'n Entschuldingen alleinich wird s' es nit tun. Da wer mer um a bissel an Nachguß bitten, um a bissel a Schmerzensgeld für die ausg'standenen Wohltaten, mei Tochter und i.«

Die Generalin freute sich, die Bekanntschaft der Tochter zu machen, und entließ unter Assistenz des Generals, der sich von dem Stand der Verhandlungen zu überzeugen kam, den Wachmann und die Bettlerin – nicht unbeschenkt, wie sich von selbst versteht.

Das Weib nahm dankbar alle gespendeten Gaben an, nur den Muff wollte sie sich nicht aufnötigen lassen. »Den schwarzen Bären«, erklärte sie, »können S' wem andern anhängen – ich hab genug von ihm.«

»Nun, Liebe?« sagte eine Stunde darauf der General zu seiner Frau, die er in ihrem Zimmer aufsuchte und recht traurig fand.

Sie nickte ihm zu. »Was, lieber Fritz?«

»Ich werde von nun an ein schärferes Auge auf dich haben, Gattin, sonst kommst du mir einmal noch mit einem entzweigeschnittenen Mantel nach Hause wie der heilige Martin.«

»Martin? Sei ruhig, den nehm ich mir nicht zum Muster.«

»Gott sei Lob und Dank. Ich brauche also nicht zu fürchten, daß du ihm die Mantelteilung nachmachst?«

»Gewiß nicht.«

Die Generalin schüttelte ernst und mißbilligend den Kopf: »Diese Tat war mir immer rätselhaft. Ich hoffe nur, der Heilige hatte vorher schon sein Wams verschenkt, sonst schiene es mir unbegreiflich, daß er einem armen Unglücklichen nicht einmal einen ganzen Mantel gegönnt haben sollte.«

»Du bist unverbesserlich, Gattin«, rief der General, streckte ihr aber plötzlich die Hand entgegen und setzte freundlich hinzu:

»Gottlob!«

Eine dumme Geschichte

1

Vor langer Zeit lebte in einem deutschen Gau ein gewaltiger Ritter. Er hatte eine herrliche Burg; er hatte kühne und wehrhafte Knechte; er hatte weite Ländereien, die er alle selbst erobert, und große Reichtümer, die er alle selbst zusammengeraubt. Er hatte auch eine schöne und tugendsame Frau. Sie hieß Dina, die Erhabene, hätte aber eigentlich die Demütige heißen sollen. Still und fleißig waltete sie tagsüber am Herde und am Webstuhl, und wenn der Abend einbrach, stieg sie zum Söller empor und lugte aus nach ihrem reisigen Herrn.

Sobald sie ihn erblickte, ließ sie ihr goldgesticktes Taschenfähnlein wehen und eilte ihm entgegen in den Burghof. Dann geleiteten sie und ihr Page den Ritter in sein Gemach, wo er sich auf das mit einem Bärenfell bedeckte Lager warf, seinem holden Weibe die Beine entgegenstreckte und sprach: »Stiefel!«

Und sie nahte in liebevoller Dienstbeflissenheit und zog ihrem Gemahl die, je nach der Jahreszeit, mit Staub, Kot oder Schnee bedeckten Stiefel aus.

Müßig (bis auf einiges Zähneknirschen) stand der Page, ein Jüngling, voll zarter Empfindung daneben und dachte: des sollt' sie sich doch nicht unterwinden, trotz aller Weibesgüte und Tugend, des doch nicht! Und mehrmals, hingerissen von seinen Gefühlen, wagte er's und erhob seine Stimme zu wohlgesetzter Rede:

»Überlasse mir, o Herrin, hochgemute, des Stiefel-Ausziehens unrühmlich Bemühen.«

Aber sein Flehen verhallte unbeachtet, und was er darüber empfand, war ein tiefer Gram. Seine Heiterkeit verschwand;

er wandelte dahin, wie er nie geahnt hatte, daß man wandeln könne – in Gedanken.

Und sein Sinnen war kein totes, vielmehr ein mit reichen Keimen belebtes, die nach Entfaltung rangen, wuchsen und endlich aus ihrem Schattenreiche heraus in die wirkliche Welt gelangten, als die gereifte Frucht eines erfinderischen Geistes, als ein Werk!

Man hatte ihn gesehen, kleine Klötze zuhauen und in den sogenannten Pagenturm hinauftragen, und hatte ihn die Nächte hindurch bis zum frühen Morgen sägen, hobeln, raspeln gehört. Sein Tun blieb ein geheimnisvolles; er verweigerte jeglich Auskunft darüber, wurde sehr mager, und aus seinen Augen leuchtete jene Seligkeit, die durch das Bewußtsein eines von Erfolg gekrönten Strebens hervorgerufen wird.

Ein schöner Sommertag ging zur Rüste; schon brach der Abend herein, als Hörnerklang ertönte; der Herr an der Spitze seiner Mannen kehrte heim. Er hatte sich erkältet, war ganz heiser und sprach, vom Pferde springend, zu der ihm Willkomm bietenden Gattin: »Würzwein!«

Sie eilte, das Verlangte zu bereiten; er, von dem Pagen allein gefolgt, ging auf sein Zimmer. Als er sich dem Lager näherte, fiel ein seltsames Ding ihm auf, das vor demselben stand. Wie eine kleine Bucht zwischen vorgestreckten Landzungen war es gestaltet und ruhte schräg, aber fest, auf kurzen Füßen.

»Wer hat mir das gebracht, was ist das?« fragte er.

»Ich habe es gebracht und gemacht«, erwiderte der Page, und seine Wangen erglühten in freudigem Schöpferstolz: »O Herr, es ist ein Stiefelknecht.«

Er unterwies den Ritter im Gebrauche des neuen Hausgerätes, und der Ritter freute sich sehr darüber und zog zum puren Vergnügen die Stiefel gleich zweimal nacheinander aus und an.

Er war eben im Begriff, die Vortrefflichkeit der Erfindung zum dritten Male zu erproben, als seine Hausfrau eintrat, den Würzwein in goldenem Becher auf silberner Platte tragend. Beinahe wär ihr beides entsunken.

»Was tut mein Herr?« fragte sie, und ihre schönen Augen füllten sich mit Tränen, »sind meine Dienste meinem Herrn entbehrlich geworden? Vermag ein Stück Holz mich bei meinem Herrn zu ersetzen?«

Der Ritter entgegnete: »Nicht alleweil, nur in dem einen Fall.«

Aber dieser Trost tröstete sie keineswegs. »Wer hat die frevelige Erfindung ausgeheckt, die mich in irgendeinem Falle meinem Herrn entbehrlich macht?« forschte sie mit Bangen.

»Der treueste Diener dein, – ich!« stammelte der Page und warf sich ihr zu Füßen. Er bat um Gnade und Verzeihung und beteuerte die Lauterkeit seiner Absicht. Habe sie ihren Zweck verfehlt, so trage daran einzig und allein der Begriff schuld, den er von Frauenwürde hege.

Half alles nichts. Die Herrin blieb dabei, er habe sie um die Ausübung eines ihr werten Rechtes betrügen wollen und befahl ihm, das Werkzeug, welches arglistig dazu hatte dienen sollen, ins Feuer zu werfen.

Dieser Befehl war von einem Blick begleitet, der dem armen Jüngling das Herz zerschnitt und ihm verkündete, daß er die Huld seiner Herrin unwiederbringlich verloren hatte. Der bittere Schmerz, von dem nur die grausam Verkannten wissen, ergriff ihn, zugleich aber auch eine mächtige Liebe für sein Werk. Er trug es empor in seine Turmkammer, schrieb dem guten Stiefelknecht eine genaue Gebrauchs-Anweisung auf den Rücken und verbarg ihn in einer Vertiefung der Mauer, die er mit Steinen verlegte. Dann weihte er ihn tiefbewegt dem Verständnis kommender Geschlechter und entfloh beim ersten Morgengrauen.

Nie wieder hat man von ihm gehört; er ist vergessen und verschollen, ein Märtyrer seiner Erfindung.

2

Hundert Jahre später hauste der Urenkel des gewaltigen Ritters auf der Burg. Er war ein friedfertiger Herr, der sich der Gelehrsamkeit befliß, und besaß eine kleine lebhafte Frau und zwei schöne Kinder. Diese spielten dereinst Verstecken im halb verfallenen Pagenturm, fanden dort im Schutte den Stiefelknecht und brachten ihn ihrer Mutter.

Die kleine Frau wunderte sich über das seltsame Ding, und da sie vor lauter Neugier lesen gelernt hatte, machte sie sich gleich daran, die Schriftzüge, mit denen es bedeckt war, zu entziffern. Dabei wurde ihr Gesicht immer freundlicher; plötzlich lachte sie laut auf, und ihre Kinder lachten mit; sie hüpfte und tanzte mit dem Stiefelknecht im Zimmer herum, und die Kinder tanzten und sprangen wie Böcklein und jubelten über den Jubel ihrer Mutter.

Der Freudentaumel hatte seinen höchsten Grad erreicht, da kam der Herr Vater von der Gesundheits-Promenade, die er täglich zu unternehmen pflegte, nach Hause. Er steckte den Kopf zur Tür herein und sagte:

»Unziemlich ist es zu jubeln und zu tanzen am Wochentage. Weichet hinweg zur Schulstube, ihr Kinder, und du, Thusnelda, Geliebte, zieh' mir die Stiefel aus.«

»Schwerlich, schwerlich«, sprach die kleine Frau und machte dazu einen komplizierten mittelalterlichen Knicks, »für die Stiefel meines Herrn hat sich ein Knecht gefunden, die Magd kündigt den Dienst«, und sie stellte den Stiefelknecht dem Gatten vor die Füße.

»Thuschen, wonnevoll«, war alles, was er im ersten Augenblick hervorbrachte.

Er mußte sich auf einen Sessel niederlassen, denn ihm schwindelte.

Vor seinem ahnungsvollen Geiste stieg ein neues Kapitel der damals noch völlig unbekannten Kulturgeschichte auf. Er sah alle Frauen dem Beispiel der seinen folgen, und alle

Männer darauf angewiesen, sich ihrer Stiefel von einem fühllosen Instrumente entledigen zu lassen statt von liebender Hand.

»Mein armer Sproß«, sprach er nach einer langen Pause und legte die Rechte auf seines siebenjährigen Söhnleins Haupt. »Die gefüge Magd kündigt den Dienst. Hast du's gehört und wird dir schlimm wie mir? Unfroher Zukunft reist mein Sproß entgegen; verschoben zwischen Mann und Frau ist das Verhältnis.«

»Nur ein wenig zurechtgerückt«, versetzte Thusnelda und streichelte ihres Töchterchens Locken.

»Mich jammert deines Irrwahns«, klagte der Gatte, »hinweggetilgt mit der minniglichen Frauen Demut wird des Hauses Eintracht sein.«

»Ja, ja«, erwiderte sie, »die Eintracht zwischen Unterwürfigkeit und Gewalthaberei wird wohl hinweggetilgt sein.«

Er sah sie mit großen, runden, bestürzten Augen an.

»Sollen wir hinkünftig auch die Kindlein in die Welt setzen und ihrer warten?« fragte er.

Die Frau schlug die Hände zusammen: »Gott steh mir bei! von den Lippen meines Hochgelahrten entfleucht Unsinn.«

Und er wurde böse und sprach: »Wer hat dir solche Rede zu mir erlaubet? Meine Zornwut weckst du. Törichte Weiber! Preis zu erjagen gedenket ihr, und werdet sinken im Preise und sitzen bleiben alle! Kein mannlicher Mann wird werben um ein Gespons, das sein nicht magdlich pflegen will. Unweise und untergeordnet in allen Stücken dem Manne seid ihr Weiber. Was an euch ehren soll er, wenn nicht die Ehre, so ihr ihm bietet; was lieben an euch, wenn nicht die Liebe, so ihr zu ihm traget? …«

Er wollte noch weiter reden, aber Thusnelda unterbrach ihn durch ein lautes Gelächter. »Schön Dank für dieses Geständnis, o du mein trauter, aufrichtiger Geselle!« sagte sie und schlang ihre Arme um seinen Hals.

Die Ehegatten umarmten einander, während ihre Kinder sich in der entgegengesetzten Ecke des Gemaches prügelten, weil das Bübchen gesagt hatte, es werde nie eine Frau nehmen, die sich weigere, ihm die Stiefel auszuziehen, und das Schwesterchen ihm dafür eine Ohrfeige versetzt hatte.

»Laßt ab vom Kampfe, ihr Kinder«, befahl der Vater. »Vernunft angenommen hat die reine Süße, Eure Mutter.«

»O weh!« jammerte sie, ihr hübsches Köpfchen zur Achsel neigend. »Wie tut das Herz mir weh, daß ich eine Frau nur bin, und demnach unweise, demnach unfähig, Vernunft anzunehmen. So hat mein gelahrter Herr gesagt, und seinem Worte darf ich nicht zuwider handeln.«

»Nicht zuwider handeln«, murmelte der Gatte und versank in tiefes Sinnen. »O liebe Frau, die Folgen sind unabsehbar«, sprach er endlich, seufzte und – bediente sich des Stiefelknechts.

Die Kapitalistinnen

Im vierten Stock eines der ältesten Häuser des alten Wien wohnen seit vielen Jahren die Schwestern Elise und Johanna Moser. Das Haus befindet sich in der Singerstraße und hat einen geräumigen Hof, und auf diesen herab sehen die immer spiegelblanken Fenster, durch die Licht und Luft in das Quartier der Fräulein dringen. Es besteht aus einer Küche und aus zwei Zimmern und wird so nett gehalten, als ob es nicht von menschlichen Wesen, sondern von puren Geistern bewohnt würde. Die Küche ist nur mit einer Puppenküche zu vergleichen, mit der Kinder noch nicht gespielt haben. In hellen, bunten Farben und in schneeigem Weiß schimmert das Geschirr auf den Stellbrettern; wie eitel Gold und Silber prunken die Pfännchen und Kasserollen; die Knöpfe der Herdtüren aber übertreffen alles andre an Geblinkel und Funkelglanz.

So groß indessen die Reinlichkeit in der Küche ist, durch diejenige in den Zimmern wird sie noch beschämt.

Fußbodenlack kann jeder kaufen und die Dielen damit bestreichen. Ihn jedoch monatelang auf einem Punkt fast indiskret blendender Hochpolitur zu erhalten, – diese Kunst versteht Fräulein Elise ganz allein. Sie ist es, die jüngere der Schwestern, die sich um die berühmte und ruhmwürdige Sauberkeit des Haushaltes die größeren Verdienste erwirbt. Ihr Ordnungs- und Schönheitssinn macht sich manchmal in einer Weise geltend, die von Fräulein Johanna als Übertreibung bezeichnet wird. Dies geschieht zum Beispiel, wenn Elise noch am Nachmittage mit Flanellen unter den Füßen im Zimmer herumgleitet, angeblich um sich eine gesunde Bewegung zu machen, in der Tat aber, um einige nur ihr wahrnehmbare Trübungen des Bodenfirnisses durch sanft liebkosendes Streicheln wieder in lauter Glanz zu verwandeln. Oder wenn sie die Polster des Kanapees, auf dem Johanna sich niedergelassen hat, um friedlich ihren Abendtee zu trinken, mit einem Stäbchen zu klopfen beginnt. Sie tut es ganz leicht, sie weiß im voraus, daß kein Staub auffliegen wird, aber – sicher ist sicher! – sie fragt doch an und führt Schlag um Schlag gegen die dünnen, alten Kissen.

Johanna duldet und schweigt. Ihre Märtyrermiene jedoch, die sanfte Art, in der sie mit der Hand über ihre eisgrauen, gescheitelten Haare streicht, und besonders die Sehnsucht, mit der sie in das aufgeschlagene, auf dem Tische liegende Buch blickt, verfehlen ihre Wirkung auf Elise nicht. Sie überwindet den Putzteufel, der ihr in allen Fingern prickelt, legt das Stäbchen weg und sagt: »So, jetzt lesen wir!«

Das edle Gesicht Johannas hellt sich auf. Vorlesen ist ihre Wonne, und sie behauptet, daß die Werke ihrer Lieblingsdichter ihr immer neue, schöne Überraschungen bereiten.

Elise hört zu und würde es noch viel aufmerksamer tun, wenn die Photographie des seligen Onkels Moser nicht gerade ihrem Platze gegenüber hinge. Die ist leider mit einem Glas bedeckt, von dem man nie recht weiß: ist's geputzt oder nicht. Und Elise unterbricht die vorlesende Schwester an einer ergreifenden Stelle der Dichtung, um auszurufen: »Mit Wasser hab ich's umsonst versucht; ich will's morgen mit Spiritus probieren!«

Dieselbe Genauigkeit, deren sich Elise im Punkte des Reinhaltens der Wohnung befliß, wurde von Fräulein Johanna in einem andern, im Geldpunkte beobachtet.

Die Schwestern hatten nach dem Verlaufe von mehr als drei Dezennien, in denen Elise einer Mädchenschule vorgestanden, Johanna Lehrerin in wohlhabenden Häusern gewesen war, eine hübsche Summe zurücklegen können. Das Glück, das ihnen für redliche Arbeit redliche Entlohnung bescherte, zeigte sich auch darin, daß es sie in der Person ihres Onkels Christian Moser einen tüchtigen Schatzmeister finden ließ, dem sie ihre Ersparnisse anvertraut, und der mit ihnen geschickt manipuliert hatte. Als der alte Herr starb, fand sich bei ihm in einem großen Umschlag, auf dem geschrieben stand: »Depot, Eigentum meiner Nichten, der Fräulein Elise und Johanna Moser«, ein Kapital von nicht weniger als zwanzigtausend Gulden in Wertpapieren. Dabei ein Zettel, an die Schwestern gerichtet, des Inhalts: »Rate euch, nach meinem Tode die Verwaltung eures Vermögens meinem Sohne, eurem Vetter Julius, zu übergeben, denn was Geldangelegenheiten betrifft, seid ihr wie die neugeborenen Kinder.«

Elise stimmte dieser Behauptung mit vielen freundlich-demütigen Bücklingen zu; Johanna war nicht so ganz von ihrer Richtigkeit durchdrungen, ersuchte aber dennoch, im Vereine mit der Schwester, Herrn Julius Moser, das Kapital in seiner Verwahrung zu behalten. Er wollte jedoch nichts davon wissen; er war ein mürrischer, mit Geschäften überhäufter Mann.

»Kauft euch eine kleine Wertheimische Kasse und legt euer Geld hinein«, sagte er. »Alle Jahr zweimal will ich kommen, die Kupons abschneiden und einlösen. Ihr habt euch um nichts, als nur darum zu kümmern, daß ihr mit eurem *Ein*kommen *aus*kommt«, er lächelte über seinen Wortwitz, »und die Kassenschlüssel nicht verliert.«

Als er ihnen dann die Papiere ausgeliefert hatte, waren die Schwestern nach Hause gewandert, und der Weg, den sie von der Hohenbrücke bis in die Singerstraße zurücklegen mußten, war ihnen lang und gefahrvoll erschienen. Johanna hatte das Paket unter den Arm genommen, und dicht neben ihr, an der Kapitalienseite, marschierte Elise. Mehrmals ermahnte diese ihre Schwester: »Nimm dich zusammen; mach's nicht so auffällig, mach kein so verstörtes Gesicht.« Sie selbst aber, die Mutigere, fühlte ihr Innerstes erbeben, als zwei Arbeiter vorbeikamen und einer den andern anstieß und fragte: »Was tragen denn die?«

Die Frage bezog sich auf einige hinter den Fräulein einherschreitende Marktweiber, ließ diese gleichgültig und versetzte jene in einen fieberhaften Zustand. Die arglose Johanna, die sonst auch den Fremdesten das Beste zutraute, immer in Erwartung von etwas Angenehmen, besonders von angenehmen Überraschungen lebte, war heute eitel Sorge und Verdacht. Bei der Heimkehr empfand sie sogar Mißtrauen gegen den biederen Hausmeister, als er sie an der Treppe begrüßte, und bildete sich ein, er habe das Paket in ihren Armen mit sonderbar verlangenden Blicken angesehen.

Den Nachmittag und Abend brachten die Damen mit Beratungen über den Ankauf der Wertheimischen Kasse zu, die auf Wunsch des Vetters angeschafft werden sollte. Provisorisch legte man das Geld in den Wäschekasten zwischen die Leintücher, nachdem Elise diese Gelegenheit benützt hatte, um den Schrank von oben bis unten auszuräumen und durchzufegen. Spät kamen die Schwestern zur Ruhe, und kaum eingeschlafen, erwachte Johanna mit Herzklopfen, weil ihr träumte, die Wohnungstür, die Elise vor ihren Augen versperrt und verriegelt hatte, sei von selbst aufgesprungen, und herein sei der Hausmeister getreten, im Kostüm Rinaldo Rinaldinis und mit einer Kanone in jeder Hand.

In aller Gottesfrüh begann am nächsten Tage die Beratung von neuem. »Eine Kasse anschaffen, – leicht gesagt; aber wie bringt man sie herein, ohne daß die Leute es merken?« meinte Elise. »Und wenn die Leute merken, daß man eine Kasse hat, vermuten sie gleich, daß etwas drin ist. Und das ist sehr gefährlich.«

Dagegen wendete Johanna ein, daß es doch strafbarer Leichtsinn wäre, die Kapitalien dem Wäscheschrank bleibend anzuvertrauen.

Man war noch zu keinem Resultat gelangt, als die in Rede stehende Kasse von selbst erschien. Herr Julius Moser schickte sie seinen Basen zum Präsent, durch zwei kurz angebundene, sehr resolute Männer. Rasch hatten die beiden Zyklopen den besten Platz für die Kasse ausgemittelt: in der Ecke des zweiten Zimmers, zu Füßen von Johannas Bett.

Ohne viel zu fragen, stellten sie das schlanke, eiserne Ding dort auf, unterrichteten die Damen im Gebrauch der Schlüssel, überreichten sie samt den Dubletten, nahmen ihr Trinkgeld in Empfang und entfernten sich.

Elise hatte nichts Eiligeres zu tun, als die Spuren wegzutilgen, die die staubigen Stiefel des unerwarteten Besuches auf dem Fußboden hinterlassen hatten. Johanna holte die Kapitalien aus dem Schrank. Sie befreite die Obligationen von ihrer groben Umhüllung, und als sie bemerkte, daß dieselben nachlässig gefaltet waren, ergriff sie das Falzbein. Mit einem Mute, den Elise nur anstaunen konnte, handhabte Johanna die großen, prächtigen Bogen, glättete sie und legte sie wieder vierfach, jetzt aber Kante auf Kante, zusammen. Dann holte sie aus ihrem Vorrat an Schreibpapier das stärkste herbei und verlegte sich auf die Fabrikation von Kuverts, wie sie, so zierlich ausgeschnitten, so fest geklebt, nirgends und um keinen Preis zu kaufen gewesen wären. Jedes derselben hatte eine Aufschrift erhalten: Obligation Nummer Eins, hieß es auf der ersten; Obligation Nummer Zwanzig auf der letzten. Sie bildeten einen erfreulichen Anblick, so lange sie auf dem Tische zum Trocknen ausgelegt blieben, und eine stattliche Reihe im Tresor, in dem Johanna sie endlich aufstellte.

Danach hatte sie das Tabernakel verschlossen und die Schlüssel an sich genommen, mit dem Vorsatze, sich in keiner Stunde des Lebens von ihnen zu trennen. Als sie sich zur Ruhe begab, legte sie das kleine Bund unter ihr Kissen, und konnte in dieser Nacht, wie schon in der vorigen, lange nicht einschlafen. Die Worte des Vetters: »Verliert die Schlüssel nicht!« summten ihr im Ohre; das Gefühl der übernommenen Verantwortlichkeit lag ihr schwer auf dem Herzen.

Am Morgen erwachte sie später als gewöhnlich. Die Bedienerin, die täglich kam, um Elise bei der Hausarbeit zu unterstützen, war seit geraumer Weile da und machte sich am Ofen in Johannas Zimmer zu schaffen, als diese die Augen aufschlug.

Sie fuhr empor, – ihr erster Blick fiel auf die Kasse, ihr erster Gedanke war: Wo sind die Schlüssel? … »Elise«, rief sie plötzlich, »Elise!«

Die Schwester kam herbei geeilt, und Johanna, die Stimme zum Geflüster senkend, fragte:

»Die Schlüssel? … Hast du sie genommen?«

»Gott bewahre!« erwiderte Elise. »Du hast sie, – unter deinem Kopfpolster hast du sie.«

»Nein!« hauchte Johanna, »ich habe schon gesucht …«

Elise überlief's, aber sie faßte sich. »Wir wollen noch einmal suchen, besser suchen.«

Es geschah, die Schlüssel wurden gefunden, man lachte, man neckte einander wegen des ausgestandenen Schreckens.

Auf einmal rief's aus der Gegend des Ofens: »Fräul'n, haben Sie mir das zum Unterzünden herg'richt?« … Eine kohlengeschwärzte Hand hob sich in die Höhe und schwenkte Papiere in der Luft.

»Was denn, Resi? Was ist's denn?« fragte Elise, von einer unbestimmten Bangigkeit durchzittert.

Resi erhob sich aus ihrer kauernden Stellung, kam auf die Damen zugetrampelt und präsentierte eine Anzahl durcheinander geworfener Papierbogen, bei deren Anblick den Schwestern der Atem stillstand.

»Johanna!« rief Elise.

»Elise!« rief Johanna.

»Wo haben Sie das hergenommen?« preßte Elise, zur Bedienerin gewendet, hervor.

Die Frau wunderte sich über die Frage und besonders über die Art, in der sie gestellt wurde. Wo sollte sie »das« hergenommen haben? Vom Sessel halt, auf dem »das« gelegen, vom Sessel beim Ofen, neben dem Kanapee.

»Gut«, murmelte Elise, »gehen Sie jetzt nur in die Küche.« Resi gehorchte.

Regungslos bis zur Unheimlichkeit starrte Johanna vor sich hin: »Sessel! … Dort habe ich sie hingelegt«, sprach sie abgebrochen und tonlos, »hingelegt, – um sie dann hineinzulegen in die … Du weißt.«

»Hast du's denn nicht getan?« fragte Elise.

»Es scheint, – nein«, erwiderte Johanna und drückte das Haupt in die Kissen.

Elise setzte sich; ein kalter Schauer nach dem andern lief ihr über den Rücken. »Schwester«, sagte sie, »so hätten wir denn vergessen, die Kapitalien in die Kuverts zu tun, bevor wir die Kuverts in die Kasse taten.«

Johanna sah die Schwester dankbar an für dieses großmütige »Wir«. »Es scheint so, – obwohl ich es mir nicht denken kann. Viel eher schiene es mir möglich, liebe Schwester …« Die tiefe Zerknirschung, unter deren Last sie eben noch geseufzt hatte, machte einer freundlichen Ahnung Platz, »daß unsre Obligationen im Tresor liegen, und daß diese hier andre sind, mit denen uns jemand«, – ihre Augen begannen zu leuchten, und sie schloß innigst gerührt, – »eine angenehme Überraschung gemacht hat.«

Elise fuhr zürnend empor: »Mit deinen Überraschungen, – das ist eine fixe Idee! Überraschung – ja! Die Resi war nahe d'ran, uns eine Überraschung zu machen, – aber eine, von der wir uns unser Lebtag nicht mehr erholt hätten.«

»Du hast recht«, versetzte Johanna, »und wir sind diesem Weibe zu ewigem Danke verpflichtet. Wenn die Klugheit uns auch rät, ihr zu verschweigen, wie groß der Dienst ist, den sie uns geleistet hat, – weil sie sonst allen Respekt vor uns verlieren könnte, – wollen wir sie doch belohnen. Wir wollen ihren Gehalt erhöhen.« –

So aufregend waren für die Schwestern die ersten Tage nach dem Antritt der Selbstverwaltung ihres Vermögens gewesen. Und noch gar manche böse Stunde folgte. Den Kassenschlüsseln schien eine eigene satanische Kunst innezuwohnen, sich unsichtbar machen zu können; sie verschwanden einem unter der Hand, – aus der Hand. Und die Raubattentate, die Einbruchsdiebstähle, von denen man täglich hörte, die waren auch nicht danach angetan, viel beizutragen zur Seelenruhe alleinstehender Kapitalistinnen.

Indessen, man gewöhnt sich an die Nähe von Kaisern und Königen; die Fräulein gewöhnten sich an die Anwesenheit des großen Herrschers Mammon in ihrem einfachen Haushalte.

Für Elise blieb der Gedanke an den Staub, der sich im Winkel zwischen der Kasse und der Wand angesammelt haben mußte, und dem auf keine Weise beizukommen war, freilich ein sehr peinlicher. Für Johanna waren die zwei schlimmsten Tage im Jahre die, an denen Vetter Julius kam, um die Kupons abzuschneiden.

Er setzte sich schon so verdrießlich und mit einer so höhnischen Miene an den Tisch, trieb zur Eile, ärgerte sich über die Kuverts und riß die Obligationen mit einer Rücksichtslosigkeit heraus, deren nur Männer fähig sind. Die Aufschriften verspottete er: »Obligation Nummer Fünf? Was heißt das? Ich bitte euch, gebt euch mit dem Nummerschreiben nicht ab. Es wäre fatal, wenn wir uns auf *die* Nummern verlassen müßten, bei einer allenfallsigen Amortisation.«

»Was meinst du damit, lieber Vetter?« fragte Johanna; »wann wird die stattfinden?«

Er wendete seinen großen Kopf nach ihr und glotzte sie bös an mit seinen runden, vorquellenden Augen: »Wenn euch die Papiere gestohlen würden«, erwiderte er barsch.

»Gestohlen!« rief Elise. Johanna bedeutete ihr, zu schweigen. »Ich bitte dich, erkläre mir das, lieber Vetter; was bedeutet Amortisation?«

Er lachte tückisch und sprach: »Ein andres Mal, heute habe ich keine Zeit.« Und das sagte er jedesmal, stopfte die Kupons in seine alte, schmutzige Brieftasche und empfahl sich dann, – vorausgesetzt, daß er Muße dazu fand. Oft ging er auch, ohne sich zu empfehlen, und Johanna hatte nachher lange Zeit mit dem Ordnen der Papiere, Elise mit dem Klopfen des Kanapees und dem Reinigen des Teppichs unter dem Tische zu tun.

»Es ist doch etwas Schreckliches um so einen Mann ... Nein, wenn man denkt, daß man das ganze Jahr neben so einem existieren müßte!« meinten die Schwestern, drückten einander die Hände und freuten sich, daß sie nicht geheiratet hatten.

»Was das nur heißt mit der Amortisation?« sprach einmal Elise.

»Amor heißt Liebe«, versetzte Johanna nachdenklich.

»Was kann aber die Liebe mit gestohlenen Obligationen zu tun haben?« forschte Elise weiter. »Bedeutet es vielleicht: Diebstahl aus Liebe zum Gelde?«

Johanna entgegnete, nach dem Rate Kants, das Bequeme und zumeist Vernünftige: »Ich weiß nicht«, und fügte aus eigenen Mitteln hinzu: »Es scheint ein Börsenausdruck zu sein, und ich bin nie in andern als in spezifisch weiblichen Denkdisziplinen unterrichtet worden.«

Am 27. Oktober 1884 wurden die Schwestern durch einen Zettel, den Vetter Julius ihnen sandte, in einer Weise überrascht, die Johanna mit dem besten Willen nicht angenehm finden konnte. Julius schrieb, er verreise auf vier bis sechs Wochen und könne die Einlösung der Kupons dieses Mal nicht besorgen; seine Basen mögen das selbst tun oder auf seine Rückkehr warten.

Nun, von dem letzteren konnte nicht die Rede sein. Auf den Kreuzer ging's bei den Fräulein immer aus. Sie hatten keine Schulden, aber auch keine Ersparnisse; sie brauchten ihr Geld und brauchten es zur rechten Zeit. So rief denn Elise: »Was sein muß, muß sein!« Und Johanna ging mit großem Bedacht und mit einer Sorgfalt, an der sich Julius ein Beispiel hätte nehmen können, an die feierliche Handlung des Kuponabschneidens.

Eine halbe Stunde später stand Elise schon gerüstet zur abenteuerlichen Fahrt nach der Wechselstube. Johanna wollte sie begleiten, sie verbat es; sie ersparte der älteren die Aufregung, die ein solcher Gang mit sich bringt, und zog ab, allein und hochgemut. Ihr Stumpfnäschen war leicht gerötet, ihre braunen Äuglein blitzten. Während sie die Treppe hinabging, gaben die stählernen Ketten der Handtasche, in der die Kupons lagen, einen Ton von sich, – beinahe wie Sporengeklirr.

Johanna erwartete die Rückkehr der Schwester in großer Sehnsucht. Anfangs im Zimmer, später in der Küche, wo Resi mit nachempfindender Gründlichkeit scheuerte, zuletzt auf dem Gange.

Eine Stunde verfloß. Endlich erschien Elise, aber – welch ein Anblick! – im Zustande vollständiger Fassungslosigkeit. Mit bebenden Knien wankte sie in die Küche, ließ sich auf den Sessel neben dem Anrichtetisch sinken und vermochte nur zu sagen: »In sechs Jahren …«

Johanna labte sie, suchte sie zu beruhigen, brach aber selbst in Tränen aus, als die Tapfere ihr weinend in die Arme fiel.

Elise hatte furchtbar gelitten in der Wechselstube, in der ein entsetzliches Gewühl geherrscht hatte. Sie war gedrängt, gestoßen und schließlich verhöhnt worden. Als es ihr nach unsagbarem Bemühen gelungen war, einem Kassierer ihre Kupons einzuhändigen, hatte der, – flegelhaft, wie sie heute sind, die jungen Leute, – die Papierchen angesehen und sie Elisen schmunzelnd und unter dem Gelächter der Umstehenden mit den Worten zurückgegeben: »Kommen Sie in sechs Jahren wieder.«

»In sechs Jahren?« sprach Johanna erbleichend.

Resi jedoch, die dem Bericht des Fräuleins aufmerksam und mit einem sehr klugen Ausdruck in ihrem derben Gesicht zugehört hatte, stemmte den Arm in die Seite und sagte: »Ja, – Schnecken!«

»Wie?« riefen die beiden Schwestern, »was meinen Sie?«

»Die Fräul'n wer'n halt die böhmischen Papiere haben, die Bodenkredit.«

»Böhmische? Das sind die unsern!« sprach Elise, und Johanna hauchte tonlos: »Ja!«

Beide erstarrten, während ihnen Resi versicherte, weder in sechs Jahren noch je würden sie für ihre Kupons auch nur einen Groschen bekommen. Die ganze Stadt sei voll von der Geschichte mit dem böhmischen Bodenkredit, im Extrablatt könne man sie lesen. Damit zog Resi die letzte Nummer ihres weltlichen Evangeliums aus der Tasche und präsentierte sie den Damen. Und diese, die geschworenen Feindinnen der Journalistik, überwanden ihren Abscheu gegen jede, irgendeinen Namen habende Zeitung und lasen, Wange an Wange gepreßt, und vor Erschütterung bebend bis ins Mark, die trostlosen Berichte über die Entwertung der Papiere der Böhmischen Bodenkreditanstalt.

»Wenn nur Vetter Julius da wäre!« sprach Johanna plötzlich mit einem trockenen Schluchzen.

»Der?« rief Elise, von Mißtrauen ergriffen. »O Gott, wenn seine plötzliche Abreise nur nicht im Zusammenhange steht mit dieser miserablen Kridakatastrophe.«

»Dergleichen«, entgegnete Johanna, »dergleichen wollen wir nicht annehmen, – nie. Wir wollen vielmehr …« Sie stockte, sie konnte nicht gleich sagen, was sie wollte; sie fühlte nur, daß man sich regen, daß man etwas tun müsse. Elise war von derselben Empfindung durchdrungen, und so beschlossen die Schwestern, zu dem Grafen Linden, dem Präsidenten einer großen Bank, in dessen Hause Johanna vormals Unterricht erteilt hatte, zu gehen und ihn um seinen Rat anzuflehen.

Gesagt, getan, sie führten den Vorsatz aus und waren eben daran, sich mit gebührender Umständlichkeit beim Grafen melden zu lassen, als er ihnen, zum Ausgehen gerüstet, im Vorzimmer entgegentrat.

Der vielbeschäftigte Herr schien auch heute große Eile zu haben, gab aber nicht zu, daß die Fräulein, wie sie es in edler Diskretion durchaus wollten, sich unverrichteter Dinge wieder entfernten. Sie mußten sagen, was sie herbeigeführt, und hatten kaum die Worte: »Böhmische Bodenkredit«, verlauten lassen, als er ausrief: »Was? Sie haben auch Böhmische Bodenkreditaktien?«

»Nur solche, Herr Graf!«

»Ei, ei, das ist bös!« Er machte ein finsteres Gesicht, nagte ein wenig am Schnurrbart, überlegte und sprach: »Da muß etwas geschehen. Ich bitte Sie, zu warten. Meine Frau und meine Töchter sind leider nicht zu Hause.«

Damit öffnete er, ehe der Diener ihm zuvorkommen konnte, die Tür des Salons und ließ die Schwestern ein; er selbst aber entfernte sich wieder durch das Vorzimmer.

Johanna und Elise hatten sich noch nicht über die Art geeinigt, in welcher sie dem Grafen, der die Weitschweifigkeit haßte, ihre Angelegenheit vortragen sollten, und schon war er wieder da, mit einem Briefe in der Hand, den er Johanna überreichte. Ihren Dank und ihre Fragen schnitt er kurz ab, indem er sagte: »Diesen Brief werden Sie die Güte haben, an seine Adresse zu befördern«, der älteren Schwester den Arm reichte und die jüngere mit einem einladenden Wink zu folgen ersuchte. Am Fuße der Treppe angelangt, pfiff er dem Fiaker, der im Hofe stand, hob die Schwestern in dessen elegantes »Zeugerl«, rief: »In die Bank!« und sausend rollte das Gefährt über das Pflaster.

Johanna versuchte nun zu sprechen: »Da fahren wir! Das ist eine Überraschung!« Elise sagte nichts. Der Wagen hielt vor dem Tore der Bank, der Portier stürzte ihm entgegen. Alle Türen öffneten sich vor den Überbringerinnen eines Schreibens des Herrn Präsidenten an den Herrn Direktor.

Dieser, Herr Eduard Plößl, ein kleiner, breiter, feierlicher Mann mit langem, braunem Bart und einer Glatze, die sogleich Elisens Vertrauen und Sympathie erregte, weil sie so schön glänzte, empfing die Schwestern in seinem Büro und bot ihnen Sitze an, auf die sie sich niederließen, während er den Brief seines Chefs aufmerksam durchstudierte. Nach einer Weile sprach er: »Der Graf empfiehlt mir dringend, mich Ihrer Sache anzunehmen, meine Damen. Mein Rat soll Ihnen bestens zugehen, – bedaure nur den geringen reellen Nutzen. Sie haben böhmische Bodenkreditaktien?«

»Ja wohl«, erwiderte Johanna, »Böhmische Bodenobligationen, Herr Direktor.«

Er sah die Schwestern eine Weile prüfend an. Der Anteil, den er ihnen anfangs nur pflichtgemäß geschenkt hatte, steigerte sich und bekam allmählich etwas Inniges, etwas Väterliches.

In der Verhandlung, die sich nun entspann, legte Herr Plößl eine unerschöpfliche Geduld an den Tag; er gab auf zehnmal wiederholte Erkundigungen zehnmal dieselben Auskünfte und machte es den Damen endlich klar, daß es nur zwei Möglichkeiten für sie gab: ihre Papiere zu behalten und den Verlust des ganzen Vermögens auf die Hoffnung hin zu wagen, daß die Liquidation hintangehalten werden könne, oder sich rasch zum Verkauf zu entschließen und ein kleines, aber sicheres Kapital zu retten. »Ich rate dringend zum letzteren«, sagte er Geschäftsmann, »und zwar rate ich zum allerdings verlustvollen Umtausch Ihrer Papiere gegen Grundentlastungsobligationen.«

»Was Sie uns raten, das werden wir tun«, versicherte Johanna.

»Überlegen Sie's heute noch, und für morgen bitte ich wieder um Ihren Besuch, – mit den Papieren, – wenn Sie sich zum Verkauf entschließen.«

»Und unsere Renten in dem Falle?« fragte Elise. »Wie würden sie sich zu den bisher genossenen verhalten?«

»Kaum wie ein Drittel zu einem Ganzen«, erwiderte Herr Plößl.

Im Laufe des Nachmittags kamen die Schwestern heim.

»Es war ein trauriger, aber ein stolzer Tag«, sprach Johanna. »Mein Glaube an die Güte der Menschen ist neuerdings befestigt worden ... Dieser Graf! ... Hast du bemerkt, wie sein

Benehmen gegen uns sogleich viel freundlicher und ordentlich respektvoll wurde, als er vernahm, daß wir in Unglück geraten sind? Und dieser Herr Direktor, ist das ein gewiegter, scharfsinniger Geschäftsmann, und dabei wie teilnehmend und fürsorglich ... Er hat ein goldenes Herz.«

»Und seine Glatze glänzt wie Silber«, versetzte Elise.

»Wir haben unser Geld verloren, aber einen alten Gönner erprobt und einen neuen Freund gewonnen«, fuhr Johanna fort; »solche Erfahrungen kann man nicht teuer genug bezahlen.«

»Besonders, wenn man's hat«, meinte die praktische Elise. »Wir haben es aber eigentlich nicht. Wir sind jetzt arm.«

»Tut nichts«, entgegnete Johanna, völlig verzückt vor Hoheit der Gesinnung. »Der fromme Maler, Fra Angelico de Fiesole, nennt arm sein den Schatz, der vor vielen unnützen Bedürfnissen sicher stellt.«

»Er wird vermutlich in seinem Kloster mit Kost und Kleidung versorgt worden sein und dort auch freies Quartier gehabt haben ...« Elise sah sich traurig um in der blanken Stube. »Wir – werden unsere liebe Wohnung verlassen müssen.«

»Wer weiß!« sprach Johanna. »Es sollte mich nicht wundern, wenn die Hausfrau uns einen Teil des Mietzinses erließe, sobald sie von unserm Mißgeschick erfährt.«

»Wie bringen wir aber das Übrige herein?«

»Wir fangen wieder an, Lektionen zu geben.«

»Wenn wir jemand finden, der sie nimmt.«

»Der Herr Direktor empfiehlt uns seiner Familie.«

»Wenn er eine hat.«

»Der Herr Graf verwendet sich zu unsern Gunsten bei seinen zahlreichen Konnexionen; es wird uns an Beschäftigung nicht fehlen.«

»Aber vielleicht an der Kraft, sie auszuüben. Wir sind nicht mehr jung; wo ist die Zeit, in der wir noch Fünfzigerinnen waren?« warf Elise ein.

Alle ihre Bedenken jedoch vermochten nicht, Johannas Hoffnungsfreudigkeit und Zuversicht zu erschüttern. Den ganzen Abend baute sie an ihren Luftschlössern fort.

Am folgenden Morgen allerdings, als sie die Kuverts mit den Obligationen aus der Kasse nahm und, der Ordnung wegen, auch noch die erst in sechs Jahren fälligen Kupons dazulegte, da wurde sie sehr betrübt und weich, und die Schwestern getrauten sich nicht, einander anzusehen auf dem dornenvollen Wege zur Bank.

Dort angelangt, erhielten sie sogleich Audienz bei ihrem huldreichen Beschützer. Johanna überreichte ihm die Wertpapiere und bat ihn, mit denselben nach seinem Gutdünken zu verfahren, während Elise mit nervösem Kopfnicken ihre Zustimmung erteilte.

»Das heißt so viel, als Sie sind entschlossen zum Verkaufe?«

»Entschlossen«, – »Entschlossen«, sprachen die Schwestern nacheinander.

Herr Plößl gab seinen Beifall zu erkennen, setzte sich, öffnete das erste Kuvert, zog Obligation Nummer Eins hervor, – stutzte, sagte lebhaft: »Nu!« und griff nach Obligation Nummer Zwei. Das Verfahren erneute sich bei dieser und bei der dritten, nur daß die Miene des Herrn Direktors immer erstaunter, immer heiterer wurde, bis sein Gesicht im Reflex des goldenen Herzens strahlte, gleich einer Sonne in Taschenformat.

»Ja, was wollen Sie denn?« rief er. »Sie haben ja vortreffliche Papiere! … Sie haben ja die, die ich für Sie kaufen wollte! … Aber bitte, – nehmen Sie Platz«, fügte er ganz erschrocken hinzu, als er die Damen erbeben und wanken sah unter dem Eindrucke der unerwarteten Nachricht.

»Vortreffliche Papie…« die letzte Silbe erstarb auf Elisens zitternden Lippen.

»Wie ich Ihnen sage.«

»Ist's möglich! O Gott!« stammelte Elise, und Johanna,

die bisher sprachlos geblieben, legte die flache Hand auf die Brust, hob die Augen zum Himmel und seufzte selig: »Nein, diese Überraschung … nein, – die wäre zu groß!«

»Sie werden sich dennoch mit ihr befreunden müssen«, sprach der Herr Direktor, war bereit, einen Eid auf seine Behauptung zu leisten, und sagte endlich, indem er nach der Uhr sah und sich leicht verbeugte: »Sie haben böhmische Papiere, aber nicht die entwerteten, sondern gute, nämlich böhmische Grundentlastungsobligationen. Und somit empfehle ich mich Ihnen bestens, meine Damen.«

Die sonst so überaus feinfühligen Fräulein verstanden diesen Wink trotz seiner Deutlichkeit nicht. Ihr Jubel hatte sich durch die Zweifelsnacht an den Tag gerungen und verlangte sein Recht. Die Schwestern fielen dem Herrn Direktor beinahe zu Füßen; sie nannten ihn im Taumel einer Dankbarkeit, die er vergeblich als gegenstandslos bezeichnete, ihren Wohltäter, ihre Vorsehung. Unter Tränen der Begeisterung stellten sie fest, daß er einer der ersten lebenden Geschäftsmänner und der scharfsinnigste Kenner in seinem Fache sei.

Herr Plößl vermochte kaum sich Gehör zu verschaffen, um den Damen den Antrag zu stellen, die verfallenen halbjährigen Kupons ihrer Obligationen einlösen zu lassen. »Diese sind nämlich noch nicht abgetrennt«, sagte er.

»O, o, – wie so?« fragten die Fräulein.

»Hingegen fehlen die Kupons vom Mai 1890«, bemerkte der Herr Direktor, und offenbar bestrebt, die gute Meinung, welche die Damen von seinem Scharfsinne hegten, zu rechtfertigen, äußerte er die Vermutung, jene Kupons dürften wohl irrtümlicherweise abgeschnitten worden sein.

Die Betroffenheit, in die Johanna durch die Aufstellung dieser, nur zu bald als richtig erkannten Hypothese versetzt wurde, war groß, wich aber bald neuen Ausbrüchen des reinsten Entzückens. Ein Weilchen wisperten die Schwestern miteinander, dann traten sie an den Direktor heran und trugen ihm die Bitte vor, die von ihm entdeckten Kupons zugunsten seiner Armen einzulösen. Er protestierte auf das ernstlichste, aber da wurden sie höchst aufgeregt, fochten mit den Händen in der Luft herum, hielten sich die Ohren zu und wollten davonhuschen.

»Ihre Obligationen!« rief Plößl, »meine Damen, was geschieht mit Ihren Obligationen?«

»Bleiben in Ihrer Verwahrung!« – »Sind gut aufgehoben«, erwiderten die Fräulein, und – fort waren sie. Sie fühlten das Bedürfnis, zum Grafen zu stürzen, um auch ihm ihren Dank und ihr Glück, besonders aber den Ruhm seines Direktors zu verkündigen. Unterwegs in der freien Luft verflog ihr Wonnerausch ein wenig, und als sie an der Tür des Grafen anlangten, tippte Johanna zagend an den Schellendrücker, und beide Fräulein atmeten erleichtert auf, als es hieß: Niemand zu Hause.

Eine gewisse Verlegenheit, eine Art Beschämung lastete einige Tage lang auf den Schwestern, doch machte sie einem wahren Hochgefühle Platz, da ein großer Brief aus der Bank eintraf, der nichts Geringeres enthielt, als – nebst den, leider doch ausbezahlten halbjährigen Interessen ihres Kapitals – einen Depotschein. Einen Depotschein, den Damen direkt zugestellt und im reinsten Geschäftsstil abgefaßt. Die Schwestern lasen, und eine versicherte der andern, sie verstehe jedes Wort. Triumphierend hob Elise das werte Schriftstück empor und schwenkte es wie eine Fahne. Johanna sah verklärten Angesichts zu ihm hinan:

»Die Bank anerkennt unser Guthaben, da steht's!« sprach sie, »was wird Vetter Julius dazu sagen? – wir erfahren Anerkennung von einer Bank!«

Aphorismen III

Eine gescheite Frau hat Millionen geborener Feinde: – alle dummen Männer.

Ehen werden im Himmel geschlossen, aber daß sie gut geraten, darauf wird dort nicht gesehen.

Eine Vernunftehe schließen, heißt in den meisten Fällen, alle seine Vernunft zusammennehmen, um die wahnsinnigste Handlung zu begehen, die ein Mensch begehen kann.

Die Liebe hat nicht nur Rechte, sie hat auch immer recht.

Es gibt Frauen, die ihre Männer mit einer ebenso blinden, schwärmerischen und rätselhaften Liebe lieben wie Nonnen ihr Kloster.

Es findet nicht nur jeder Odysseus seinen Homer, sondern auch jeder Mohammed seine Chadidscha.

Nicht jene, die streiten, sind zu fürchten, sondern jene, die ausweichen.

Man fordere nicht Wahrhaftigkeit von den Frauen, solange man sie in dem Glauben erzieht, ihr vornehmster Lebenszweck sei – zu gefallen.

Wo wäre die Macht der Frauen, wenn die Eitelkeit der Männer nicht wäre?

So mancher meint ein Don Juan zu sein und ist nur ein Faun.

Weh der Frau, die nicht im Falle der Not ihren Mann zu stellen vermag.

Erstritten ist besser als erbettelt.

Ein Mann, der sich im Gespräche mit seiner Frau widerlegt fühlt, fängt sogleich an, sie zu überschreien. Er will und kann beweisen, daß ihm immer, auch wenn er falsch singt, die erste Stimme gebührt.

Grobheit – geistige Unbeholfenheit.

Die Frau verliert in der Liebe zu einem ausgezeichneten Manne das Bewußtsein ihres eigenen Wertes; der Mann kommt erst recht zum Bewußtsein des seinen durch die Liebe einer edlen Frau.

An Rheumatismen und an wahre Liebe glaubt man erst, wenn man davon befallen wird.

Mitleid ist Liebe im Negligé.

Treue Liebe kann zwischen Menschen von sehr verschiedenem, dauernde Freundschaft nur zwischen Menschen von gleichem Werte bestehen. Aus diesem Grunde ist die zweite viel seltener als die erste.

Manche Ehen sind ein Zustand, in dem zwei Leute es weder mit noch ohne einander durch längere Zeit aushalten können.

Es ist schlimm, wenn zwei Eheleute einander langweilen; viel schlimmer jedoch ist es, wenn nur einer von ihnen den andern langweilt.

Gemeinsame geistige Tätigkeit verbindet enger als das Band der Ehe.

Die einzigen von der Welt unbestrittenen Ehren, die einer Frau zuteil werden können, sind diejenigen, die sie im Reflex der Ehren ihres Mannes genießt.

Wenn der Mann das Amt hat und die Frau den Verstand, dann gibt es eine gute Ehe.

Wenn eine Frau sagt »Jeder«, meint sie: jedermann. Wenn ein Mann sagt »Jeder«, meint er: jeder Mann.

Die Männer sind auf allen Gebieten die Führenden, nur auf dem Wege zum Himmel überlassen sie den Frauen den Vortritt.

Die glücklichen Pessimisten! Welche Freude empfinden sie, sooft sie bewiesen haben, daß es keine Freude gibt.

Eingebildete Übel gehören zu den unheilbaren.

Was du zu müssen glaubst, ist, was du willst.

Die Herrschaft über den Augenblick ist die Herrschaft über das Leben.

Ein fauler und ein fleißiger Mensch können nicht gut miteinander leben, der faule verachtet den fleißigen gar zu sehr.

Alberne Leute sagen Dummheiten, gescheite Leute machen sie.

Über das Kommen mancher Leute tröstet uns nichts als – die Hoffnung auf ihr Gehen.

Wieviel Bewegung wird hervorgebracht durch das Streben nach Ruhe!

Wir können uns nicht genug darüber wundern, wie so wichtig den andern ihre eigenen Angelegenheiten sind.

Wohlerzogene Menschen sprechen in Gesellschaft weder vom Wetter noch von der Religion.*

Die Gleichgültigkeit, der innere Tod, ist manchmal ein Zeichen von Erschöpfung, meistens ein Zeichen von geistiger Impotenz und immer – guter Ton.

Daß soviel Ungezogenheit gut durch die Welt kommt, daran ist die Wohlerzogenheit schuld.

Nur die allergescheitesten Leute benützen ihren Scharfsinn nicht bloß zur Beurteilung anderer, sondern auch ihrer selbst.

Es gibt wenig aufrichtige Freunde – die Nachfrage ist auch gering.

Die Wunden, die unserer Eitelkeit geschlagen werden, sind halb geheilt, wenn es uns gelingt, sie zu verbergen.

Selbst der bescheidenste Mensch hält mehr von sich, als sein bester Freund von ihm hält.

Auch die Tugend ist eine Kunst, und auch ihre Anhänger teilen sich in Ausübende und in bloße Liebhaber.

Viele Leute glauben, wenn sie einen Fehler erst eingestanden haben, brauchen sie ihn nicht mehr abzulegen.

Wir sind leicht bereit, uns selbst zu tadeln, unter der Bedingung – daß niemand einstimmt.

Unsere Fehler bleiben uns immer treu, unsere guten Eigenschaften machen alle Augenblicke kleine Seitensprünge.

Dafür, daß uns am Lobe nichts liegt, wollen wir besonders gelobt sein.

Die kleinen Miseren des Lebens helfen uns manchmal über sein großes Elend hinweg.

Der Haß ist ein fruchtbares, der Neid ein steriles Laster.

Feuer läutert, verdeckte Glut frißt an.

Die Laster sind untereinander näher verwandt als die Tugenden.

Wir entschuldigen nichts so leicht als Torheiten, die uns zuliebe begangen wurden.

Dem, der uns Gutes tut, sind wir nie so dankbar wie dem, der uns Böses tun könnte, es aber unterläßt.

Der ans Ziel getragen wurde, darf nicht glauben, es erreicht zu haben.

Läufer sind schlechte Geher.

Was ist Reue? Eine große Trauer darüber, daß wir sind, wie wir sind.

Das Meiste haben wir gewöhnlich in der Zeit getan, in der wir meinten, zu wenig zu tun.

Nichts wird so oft unwiederbringlich versäumt wie eine Gelegenheit, die sich täglich bietet.

Mašlans Frau

Michael Vanka, der alte Doktor von Raudnowitz, saß auf der Bank vor seinem kleinen, ebenerdigen Hause, las eine tschechische Kampfzeitung und kränkte sich. Soviel Haß, Verdächtigung, Verleumdung! Wer nicht zu meiner Partei gehört, ist ein Schuft, sprach mehr oder weniger deutlich aus jeder Zeile.

Seufzend legte der Doktor das Blatt zusammen, schob es auf das Fenstergesimse und überließ sich der Betrachtung seines Gärtchens und des anstoßenden Hühnerhofes. Vanka war stark im Auffinden überraschender Vergleiche und verglich denn jetzt den edlen Frieden, der zwischen den verschiedenen Nationalitäten der Tauben, Enten, Gänse, der Kotschinchina- und der gemeinen Haushühner herrschte, mit dem tollwütigen Kampf, den die vielerlei Volksstämme in seinem Vaterlande gegeneinander führten.

»Da nehmt euch ein Beispiel«, murmelte er, schon halb im Schlafe. Er war müde, hatte bis zum Morgengrauen beim Müller Matěj Mašlan gewacht. Wenn einer Pflege so dringend braucht wie der Mann und keine hat, bleibt dem Arzt nichts übrig, als den Krankenwärter zu machen.

»Armer Teufel! dummer Teufel!« Der Alte lehnte sich zurück und schloß seine kleinen, blauen Augen, die immer in Tränen zu schwimmen schienen. Seine eingesunkene Brust begann sich in tieferen Atemzügen zu heben, seine Hände verschränkten sich im Schoße, sein faltenbedecktes, juchtenfarbiges Gesicht nahm den traurigen Ausdruck an, den alte Leute meistens im Schlafe haben.

Plötzlich fuhr er auf. Jemand war an den Gartenzaun getreten und hatte gerufen: »Guten Nachmittag, Herr Doktor!«

»Guten Nachmittag«, erwiderte er mechanisch, fügte aber rasch hinzu: »Ah, der neue Herr Pfarrer sind's!« und sah gleich wieder so würdevoll freundlich aus, wie es sich für einen Mann seines Standes gehört. »Belieben einzutreten. Woher, wohin?«

Der »neue« Pfarrer, ein noch junger, großer, breitschultriger Herr im langen Priesterrocke, öffnete das Gitterpförtchen. Ein paar Schritte nur, und er stand in seiner ganzen energischen und imponierenden Erscheinung vor dem kleinen, verschlafenen Doktor: »Woher, fragen Sie? Aus der Waldmühle. Wohin? Ins Dorf. Unterwegs wollte ich mich aber bei Ihnen aufhalten. Es ist mir lieb, daß ich Sie finde, Herr Doktor. Sagen Sie mir, wie steht's mit Ihrem Patienten, dem Müller Matěj Mašlan?«

»Schlecht, Hochwürden.«

»Ist Gefahr? dringende Gefahr?«

»Je nun, wissen«, er zog die Augenbrauen in die Höhe, daß sie beinahe an die Wurzeln der starken, stahlgrauen Haare stießen, die ihm tief in die niedere Stirn wuchsen, »das ist, wie wenn einer auf einer geborstenen Planke über den Abgrund geht. Trägt sie ihn, werd ich mich wundern; trägt sie ihn nicht, werd ich mich nicht wundern. Aber vielleicht trägt sie ihn.«

»Der Mann ist verheiratet, wie ich höre«, versetzte der Priester, »und in seiner schweren Krankheit auf fremde Leute angewiesen. Wie kommt das? Orientieren Sie mich. Warum ist seine Frau nicht bei ihm?«

»Sind Hochwürden über die Sachlage nicht in Kenntnis gesetzt worden, bevor der alte Herr Kanonikus sich von uns verabschiedete? Er war noch da, wie ich zum Kranken gerufen wurde, gleich nach Ihrer Ankunft hier im Orte. Aber, aber – kann's mir denken; er wird nichts gesagt haben, er hat von der Geschichte so ungern gesprochen wie der Kaiser Napoleon von der Schlacht bei Aspern.«

»So? dann bitte ich Sie um Aufklärung. Hat die Frau nicht hier im Orte ein großes Bauerngut?«

»Das größte nach dem vom Bürgermeister; doch das ihre

ist mir lieber. Wegen der Bewirtschaftung. Wer ihre Felder nicht gesehen hat, hat nichts gesehen. Die Stallungen, und dann das Haus … Das Haus wäre mir sogar lieber als das gräfliche, zugige Schloß!«

»So«, unterbrach ihn der Geistliche. »Warum lassen Sie also den Mann nicht hierherbringen, fort aus der kalten, feuchten Mühle?«

»Hierherbringen? Das geht nicht, Hochwürden.«

»Warum?« Dieses Wort fuhr ziemlich barsch heraus, und Doktor Vanka gab sich einen Ruck, saß jetzt gerade aufgerichtet, und sein dunkles Gesicht nahm etwas Wehmütig-Trotziges an.

»Das kann nicht sein«, sagte er noch einmal.

Der Pfarrer stimmte den Ton herab: »Er ist wohl nicht transportabel? Dann soll also seine Frau ihn pflegen kommen.«

»Das kann sie nicht tun, Hochwürden.«

»Kann nicht? Will nicht. Die Leute leben schlecht, mögen einander nicht.«

»Ich glaube eher, daß sie einander noch gern haben, besonders sie ihn.«

»So? Sie geben mir Rätsel auf. Das ist mir völlig unbegreiflich.«

»Natürlich, kann nicht anders sein«, sagte Vanka mit einer Art schonender Überlegenheit. »Ist auch vertrackt, verrückt, wie heutzutage alles. Ja, ja, wenn man die Lampe zu hoch hinaufschraubt, raucht sie.«

»Da heißt's also zurückschrauben.«

»Das ist nicht immer möglich. Beim Müller Mašlan und seiner Frau ist's nicht möglich. Herr Pfarrer lächeln, meinen: Wird doch möglich sein.«

»Sie erraten meine Gedanken. Ich aber kann nicht erraten, wie eine Frau, die ihren Mann lieb hat, es übers Herz bringen kann, ihn sterben zu lassen, ohne sich um ihn zu kümmern.«

»Was das Kümmern betrifft, Hochwürden, da fehlt nichts. An Kummer fehlt's der Frau so wenig wie dem Büßer an Geißelhieben. Dürfen sie nicht für eine ordinäre Person halten, o weit davon! Ihre Eltern schon waren brave, tüchtige, sehr wohlhabende Leute und die Evi das einzige Kind. Was das heißt bei reichen Bauern, ich weiß nicht, ob Hochwürden das wissen.«

»Nehmen Sie's an, Herr Doktor.«

»Dann brauch ich Hochwürden nicht zu versichern: keine Prinzessin wird so verwöhnt. Bei den hohen Herrschaften gibt's freilich alles, schöne Kleider, gutes Essen, prächtiges Wohnen, aber – das eiserne Komment, die vielen Zierlichkeiten und Amabilitäten, zu denen sie angehalten werden – lauter Kappzäume. Die Evi hat nie etwas von einem Kappzaum gewußt; es ist immer alles nach ihrem Kopf gegangen. Es war im Grund ein ganz guter Kopf, sie ist in der Schule immer die Erste gewesen; daß sie's auf dem Tanzplatz war, versteht sich von selbst. Bei der Arbeit brauchte sie nur anzufassen, wenn es ihr beliebte, ich muß aber sagen, daß es ihr immer beliebt hat. Freilich wußte sie: Wohin ich schau, gehört einmal alles mir, und dem, was ihr gehörte, sollte nichts anderes gleichkommen können.«

»Hochmut«, murmelte der Pfarrer.

»Und was für einer! Ihr Vater – die Mutter ist früh gestorben –, dem war das recht. So will ich sie, sie kann gar nicht genug auf sich halten.«

»Auf sich halten ist doch etwas anderes.«

»Gewiß, Hochwürden, gewiß; ich sag auch nur, wie er zu sagen pflegte. Als der Mašlan angefangen hat, sich um sie zu bewerben, da hat der Alte gewettert: Der soll mir kommen, ich schmeiß ihn zur Tür hinaus! Und der Mašlan, das war auch so ein Verwöhnter und auch ein einziges Kind, der Sohn des Schloßgärtners, wissen, und auch bei ihm hat in der frühen Jugend die heilsame Massage gefehlt.« Der Doktor streckte den Arm aus und machte langsam und bedächtig die Gebärde des Prügelns: »Diese Massage da, richtig angewendet: ein Prachtmittel, die Gesundheit eines ganzen Lebens, das ganze Glück der Zukunft bekommt dadurch ein tüchtiges Fundament. Wenn die Eltern das nur glauben wollten – aber die verstehen gewöhnlich vom Erziehen soviel wie die Kuh vom Seiltanzen. Übrigens hat auch der Mašlan sein Gutes gehabt; in seinem Dienst – er war Büchsenspanner beim alten Grafen – soll er unvergleichlich gewesen sein, und die Equipage hat er aufgeputzt …«

»Was hat der Büchsenspanner mit der Equipage zu tun?« unterbrach ihn der Pfarrer.

»Oben zu sitzen, Hochwürden, auf dem Bock neben dem Kutscher. Ich hab ihn einmal in Wien gesehen bei einer feierlichen Auffahrt der Toisonisten, in seiner reichen, grünen Uniform, mit dem Bandelier, dem Hirschfänger, den goldenen Epauletten, dem goldbordierten Dreispitz, auf dem der schneeweiße Federbusch bei jeder Bewegung des Wagens ein wenig geflattert und geatmet hat, wie eine Lunge. Darunter sein schönes, braunes Gesicht … und die Haltung von dem Menschen, die prächtige Gestalt … Die Weiber haben alle zu ihm hinaufgeguckt, und er – die Arme gekreuzt und getan, als ob er dächte: Guckt ihr, ich scher mich den Teufel um euer Gucken!

In Wirklichkeit hat er sich aber nur viel zu sehr um die Weiber geschoren, um nichts so sehr wie um sie. Und war ihnen gegenüber ganz gewissenlos und hat sich damit eine miserable Berühmtheit gemacht. Werden ja wissen, daß Unmoralität bei uns nicht gang und gäbe ist, wie in den Gebirgsländern; man kennt's den Leuten an den Gesichtern an; sieht einmal einer vertiert aus, ist der Branntwein schuld, nicht die Unzucht. Die Leute heiraten früh, bekommen eine Menge Kinder und bleiben einander treu. Matěj Mašlan war eine Ausnahme mit seiner Nichtsnutzigkeit und ist auch immer bei uns als ein Halbfremder betrachtet worden. Mit Recht. Die Mutter war aus Welschtirol, von der hat er das heiße Blut und vom slawischen Vater den Stützkopf.«

»So? Also wird seine Frau den ihren von Vater und Mutter haben?«

»Jawohl, Hochwürden.«

»Stützköpfe bringt man zurecht, Herr Doktor.«

Vanka strich mit der Hand über den heute sehr unvollkommen rasierten unteren Teil seines Gesichtes, um das Lächeln zu verbergen, das ihm diese Bemerkung entlockte: »Ja, Hochwürden, so hat damals der Vater der Evi gesprochen. Nachdem er zwanzig Jahre lang ihren Willen getan hat, versuchte der Mann auf einmal, seinen eigenen durchzusetzen. Das hat sie empört, und sie hat ...«

»Ich kann mir denken, was sie hat«, fiel ihm der Pfarrer mit Entrüstung ins Wort. »Sie hat den Vater dahin gebracht, ihren Geliebten noch bitten zu müssen: Nimm sie!«

»O nein, nein! entschuldigen Hochwürden, da irren. Die Evi – da hat's nur einer probieren sollen, die ist wie Hermelin gewesen, o die! Hat sich eine ganz andre Art ausgedacht, den Vater für seine Weigerung zu strafen. Eine viel ärgere. Sterben wollte sie, und der Mašlan mit ihr. Da sie nicht miteinander leben durften ...«

Abermals unterbrach ihn der Pfarrer: »Wollten sie miteinander sterben. Nur so ohne weiteres. Was liegt an der Todsünde, an der ewigen Verdammnis!«

Der Doktor schüttelte mit leiser Mißbilligung den Kopf: »Alles, Hochwürden, alles liegt daran. Aber so junges Blut ist wie Brausepulver ... Der Allmächtige muß Veranlassung zur Gnade gefunden haben; sie hat sichtbarlich über den beiden gewaltet. Sie hatten alles klug eingerichtet und geheim gehalten. Ein Wunder muß man es nennen, daß ihnen das Verbrechen erspart blieb. Ein Wunder hat den Herrn Grafen an die Stelle im Wald geführt, die sie sich zum Schauplatz ihres aberwitzigen Entschlusses ausgesucht hatten. Er ist gerade noch zurechtgekommen, um dem Mašlan die Pistole aus der Hand zu schlagen, mit der er zuerst die Evi und dann sich erschießen wollte. Er hatte schon den Finger am Drükker, der Schuß ist losgegangen, und die Kugel hat der Evi die Stirnhaut aufgerissen. Der rote Streifen war noch deutlich unter dem Brautkranz zu sehen, wie sie am Altar gestanden ist. Dem Herrn Grafen ist es nämlich nachher gelungen, die Heirat seiner Geretteten, wie er die jungen Leute nannte, beim Vater durchzusetzen. Das hat sich 1867 begeben, ein Jahr, nachdem die beiden Söhne des Grafen im Feld geblieben waren; der eine am 24. Juni in Italien, der andere am 3. Juli in Böhmen. Ihre Mutter ist ihnen bald nachgestorben. Im Schloß herrschte eine unbeschreibliche Traurigkeit. Den Herrn Grafen hat nach dem Tod seiner Kinder und seiner Frau rein nichts mehr gefreut, nicht einmal die Jagd. So war der Büchsenspanner immerwährend auf Ferien. Hat sich zu Haus gehalten bei seiner Evi und, besonders nachdem ihr Vater das Zeitliche gesegnet hatte und sie unumschränkte Herrin des Hofes geworden war, sich fleißig in der Wirtschaft umgetan. Hat auf dem besten Weg geschienen, ein tüchtiger Landwirt zu werden.

Ein Kindlein ist auch gekommen, freilich nur ein Mädchen. Und er hatte die ganze Zeit über renommiert: ›Mein Bub soll‹ … ›Mein Bub muß‹ … ›Mašlan‹, sagte ich einmal, ›wenn's aber ein Mädel wird?‹ – ›Dann ist's nicht das meine‹, schreit er, ›dann verleugn' ich's.‹

Nur ein Spaß, ein dummer. Seine Frau ist aber doch bös geworden und hat ihm zugerufen: ›Versündig dich nicht.‹ – Das sind kleine Wolken gewesen, solche, die einen schönen blauen Himmel nur noch schöner machen. Bei der Geburt des Kindes war die Frau einen halben Tag lang zwischen Leben und Tod und Matěj vor Verzweiflung völlig außer sich. Dann wieder, als das Kind endlich erschien, außer sich – vor Glück. Fragte nicht einmal, ob Bub oder Mädel. Daß er's nur hatte, daß es da war, bildhübsch, frisch und gesund. Und trieb's mit der Kleinen mehr als die Mutter. Leider ist das Kind, kaum ein Jahr alt, gestorben. Schlimm für die Leute, ein erster Nagel zum Sarg ihres Glückes. Wer weiß, ob nicht alles anders gekommen wäre, wenn das herzige Dirnlein gelebt hätte.

Im Spätherbst 1869 ist etwas Unerwartetes geschehen. Der Herr Graf hat den Bitten der Verwandten nachgegeben und sich entschlossen, den Winter einmal wieder in Wien zuzubringen. Daß der Büchsenspanner ihn begleiten würde, haben Herr und Diener selbstverständlich gefunden. Beileibe aber nicht die Frau des Büchsenspanners. Sie hat nicht anders gedacht, als daß der alte Herr sich von Raudnowitz nie wieder fortrühren werde. Geschieht es aber, dann muß er ihren Mann beurlauben. Ihr Mann bleibt bei ihr. Mašlan wieder sagt: ›Umgekehrt ist auch gefahren: meine Frau bleibt bei mir. Ich bin kein freier Mensch, ich steh im Dienst des Grafen und kann meinen Herrn nicht verlassen.‹

Hochwürden, ich bin just dazugekommen, wie der Streit losgebrochen ist. Das Vorspiel zu dem, was sich später ereignen sollte. Es war mir arg fatal. Helfen konnt ich nicht, nur zusehen, wie die zwei immer mehr in Zorn gerieten, er in heftigen, sie in stillen. ›Seinen Herrn kann er nicht verlassen‹, sprach Evi mit einer furchtbaren Bitterkeit an ihm vorüber zu mir. ›Aber seine Frau, die wohl. Was liegt ihm an der? Was liegt ihm daran, daß sie wieder ein Kind erwartet, daß sie wieder einer schweren Stunde entgegengeht?‹

Mir blieb nichts übrig, als mich einzumischen, und ich gab eigentlich ihr recht und meinte, er hätte dazubleiben. Es schien mir auch geraten, einen kleinen Scherz einzuflechten. Ein Scherz beschwichtigt manchmal erregte Gemüter, wirkt wie ein kühles Lüftchen an heißen Tagen. So droht ich ihm: ›Sie sehnen sich halt danach, wieder zu paradieren auf dem Bocke bei den Auffahrten.‹ Er wurde rot und brach aus: ›Komm mit, Evi! Du bist in der Stadt besser dran als hier; ich kann meinen Herrn nicht verlassen, aber ich kann auch nicht ohne dich sein.‹ Mit ausgebreiteten Armen ist er auf sie zugegangen und sie ihm ausgewichen, förmlich scheu, wie einem Irrsinnigen. Hat er denn gänzlich den Kopf verloren? Sie mit ihm gehen, fort von ihrer Wirtschaft, wo man sie nicht einen Tag entbehren kann; betrunken oder verrückt muß sein, der ihr so etwas zumutet. Aber sie weiß sich zu helfen, sie geht zum Grafen. Er natürlich der Frau auf dem Fuße nach, und so stehen sie vor dem alten Herrn. In früherer Zeit hätte der gleich ein Machtwort erlassen: Das geschieht! Jetzt sucht er nur zu beschwichtigen und es soviel wie möglich den andern und – sich selbst recht zu tun.

›Kinder, Kinder, das hättet ihr früher miteinander ausmachen müssen‹, so beiläufig soll er gesprochen haben. ›Als ich dem Mašlan erlaubt habe zu heiraten, hat es sich mir von selbst verstanden, daß er bei seiner Frau bleibt. Wenn er aber durchaus mit will nach Wien … Meine liebe Evi, ich bin alt, ich gewöhne mich nicht leicht an ein neues Gesicht, und um meinetwillen werden Sie sich von Ihrem Mann nicht mehr oft zu trennen brauchen. Sehr bald tret ich eine Reise an, auf der mich niemand begleiten wird – dahin.‹ Er deutete nach der Richtung, in der die Gruft liegt … ›Also tut, was ihr wollt.‹

An dem Tag muß noch ein heftiger Auftritt zwischen den Eheleuten stattgefunden haben, denn am Abend, da ich Mašlan im Gasthaus traf, das er seit seiner Verheiratung nur in Gesellschaft seiner Frau betreten hatte, glühte er noch wie ein angeblasener Hochofen. Ausgesprochen hat er sich mir gegenüber nicht, obwohl wir allein waren im Honoratiorenzimmer, nur im allgemeinen gewettert über den Eigensinn der Weiber und über Bauernstolz.

Sie hingegen ist auch damals immer die Ruhe, die Würde selbst geblieben, und mit ihm war sie freundlich; freilich nur, sozusagen – beiläufig, wie die Wintersonne um vier Uhr nachmittags, und zu den Leuten hat sie gesprochen: ›Mein Mann geht ungern fort; es bleibt ihm aber nichts anderes übrig. Was soll er tun? Der arme, alte Herr entbehrt ihn gar zu schwer, er möcht sich völlig verlassen vorkommen ohne den Matěj.‹

Knapp vor der Abfahrt ist der noch zu mir gelaufen und hat mich gebeten, ihn zu avisieren, sobald es ernst werden sollte bei seiner Frau. Lieber natürlich wäre es ihm, erst zur Taufe gerufen zu werden. Wenn seine Anwesenheit seiner Evi aber ein Trost ist – na! dann soll ich halt schreiben oder telegraphieren.

Nicht drei Wochen sind vergangen, und schon war ein Brief von ihm da. Sie hat mir ein paar Stellen daraus vorgelesen. Lauter Liebe und Sehnsucht – eine fressende Sehnsucht. Ungeschickt ausgedrückt, sogar ungern, ist einem vorgekommen, wie wenn sich einer schämt, nicht eingestehen möchte, was ihm in der Seele brennt, und sich doch verrät, widerwillig verrät!

›Wenn ich ihn besuchen ginge für einige Tage, was wär's?‹ fragte sie.

›Ein Unsinn‹, mußt ich ihr antworten, ich konnte sie nicht reisen lassen. Es ist ihr ja durchaus nicht gut gegangen. Der hinuntergeschluckte Kummer und Zorn – so was rächt sich. Was sie im stillen durchgemacht haben mag, hat wohl nicht einmal ihr Beichtvater erfahren. Ihr Zustand dazu … Ich machte ihr einen Vorschlag: ›Ich weiß was, Mašlan soll sich für eine kurze Zeit Urlaub ausbitten beim Herrn Grafen.‹ Aber damit bin ich abgeblitzt. Das ging nicht, daran war nicht zu denken. Sollte sie sich Lügen strafen? Hatte sie doch selbst den Leuten versichert, der Herr Graf könne nicht sein ohne den Matěj, nicht einen Tag! Das also nicht. Und wie sie ihn kennt, täte Matěj es auch nicht, aber – und dabei hat sie mich seltsam angesehen: ›Wer weiß, ob es nicht ein größeres Unglück ist, daß ich jetzt nicht zu ihm darf, als wenn ich ums Kind käme.‹

Bald darauf ist, trotz aller Vorsicht, was ich fürchtete, doch eingetreten. Ich habe dem Mašlan schreiben müssen, daß seine Frau eine Fehlgeburt getan hat (diesmal wär's ein Bub gewesen), konnte ihm aber zugleich versichern, daß er keine Sorge um sie zu haben brauche. Sie hat sich rasch und vollständig erholt, war wieder so tätig wie je in der Wirtschaft und ist beim Herannahen des Frühlings im schönsten Flor gestanden; ein bißchen blaß noch – wissen: eine gesunde Maiglockenblässe, und auch sonst ganz Maiglocke, so frisch und hold und ernst. Ich mußt oft denken, ob das ein Unglück wäre, wenn ihrem Mann etwas zustieße. Es wäre kein Unglück, nur ein Schmerz. Sie würde ihn betrauern, ihn im besten Andenken behalten und sich vielleicht mit der Zeit entschließen, einen andern zu nehmen, der besser für sie gepaßt hätte.«

Der Doktor seufzte, und über das energische Gesicht des Geistlichen blitzte ein Lächeln. Er sah zu dem kleinen Alten, der in sich zusammengesunken neben ihm kauerte und eben von neuem das bunte Taschentuch zog und bedächtig entfaltete, mitleidig erstaunt nieder und sagte nur:

»So, so?«

»Statt Ende April, wie bestimmt war«, fuhr Vanka fort, »ist der Herr Graf schon anfangs März zurückgekommen. Die ganze Beamtenschaft und Dienerschaft war im Hof versammelt, um ihn zu erwarten; auch Frau Evi war da. Als der Wagen vor dem Schloßtor hielt, stürzten ihm die Lakaien entgegen, um den Schlag zu öffnen, und Mašlan sprang mit einem Satz vom Kutschbock herunter und eilte auf Evi zu. Sprechen konnte er nicht, aber die Augen funkelten ihm – ach Gott, was für ein schöner Mensch war er! Und sie, stehengeblieben und ihn erwartet und ihn angesehen, so freudig, so selig, so stolz und so bescheiden, Hochwürden – wie eine Braut. Jedem ist's aufgefallen – wie eine Braut.«

Vanka rieb sich die Nase mit dem Zeigefinger, den ein breiter goldener Siegelring schmückte. »Die Freude hat nicht lang gedauert«, sprach er nachdenklich. »Viel länger die Mißstimmung, die nachher eingetreten ist, von der keines der beiden etwas merken lassen wollte und die sich doch verraten hat, wie sich das Fieber durch die Hitze verrät. – Das kam so: Eine von der Dienerschaft konnt es nicht unterlassen, die Evi zu necken, zu fragen, ob sie den Mašlan auch tüchtig ins Gebet genommen, sich erkundigt habe, ob er ihr treu gewesen sei den ganzen Winter? Evi lachte dazu, war ihres Mannes sicher! Aber die andre gab so lang keine Ruhe mit ihren Sticheleien, bis die Frau endlich stutzig wurde. Jetzt war's aus. Sie wollte wissen, wie's steht, sie hat in ihn gedrungen, ihr die Wahrheit zu sagen. Und er, ein Gemisch von Ehrlichkeit und Falschheit, wie er von jeher war, hat gestanden. Was für eine Demütigung das gewesen ist für das stolze Weib, können Hochwürden sich vorstellen. Da ist also dann die lange Zeit der Mißstimmung eingetreten. Aber auch die hat ein Ende genommen, und dann war's, als ob die gestaute Liebe mit verzehnfachter Gewalt wieder hervorbräche. Zu viel, zu heftig, mir ist die Sache gleich nicht geheuer vorgekommen. Die Frau hat, um nur ganz ihm zu Gefallen zu leben, ihren eigenen Geschmack verleugnet, ihre zweite Natur – ihre Solidität. Sie hat sogar die Wirtschaft vernachlässigt. Und Mašlan die Freiheit, die der Graf ihm spendierte, ausgenützt, zeigen wollen, wie gut es ihm geht und wie glücklich er ist. Die größte Gastfreundlichkeit ausgeübt, eingeladen, traktiert und auch mit seiner jungen Frau alle Unterhaltungen mitgemacht, die es in der Gegend gegeben hat. Sie wird wohl gehofft haben, daß sie ihn auf die Art herumkriegt und daß er sie nicht mehr verlassen wird. Weit gefehlt! Im Spätherbst ist es genauso gegangen wie im vorigen Jahr. Er wieder: ›Komm mit! wenn ich dich hab, denk ich an keine andre.‹ Und sie: ›Ich kann nicht; es ist ohnehin die höchste Zeit für uns beide, zum Rechten zu sehen.‹

Verzeihen, Hochwürden, daß ich so ausführlich bin«, unterbrach sich Doktor Vanka, als der Pfarrer unwillkürlich ein Zeichen der Ungeduld gegeben hatte. »Mit der Geschichte dieses einen Jahres erzähl ich zugleich die der folgenden Jahre. Es war immer dasselbe, nur – verstehen Hochwürden, die Dimension ist gewachsen. Nach jeder Trennung hat Mašlan seiner Frau Schwereres abzubitten gehabt, und so wurde ihr denn natürlich auch das Verzeihen immer schwerer.« Er hielt inne, seine Brust hob sich zu einem langen, tiefen Atemzuge. »Nun, ihre Liebe hat auch das Schwerste aufgewogen; es war eine magnifique Liebe; sie ist gewachsen mit dem Kummer, den sie um den Taugenichts erdulden mußte, und glorreich aus jeder Prüfung hervorgegangen.

Arme Evi!

Zuletzt machte der liebe Mašlan gar keinen Anspruch mehr auf ihre Begleitung. Das Leben, das er sich eingerichtet hatte, paßte ihm ja wie auf den Leib geschnitten. Im Winter lustig in Wien, in der schönen Uniform glänzen und prunken, im Sommer wieder lustig im Hause der Frau, den Herrn spielen und Gnaden austeilen. Beim letzten Abschied hatte er ihr ganz heiter zugerufen: ›Auf Wiedersehen im Frühjahr!‹

Das war im Schloßhof bei der Abfahrt des alten Herrn. Alles voll Leut und alle sich um den Wagen gedrängt. Ich habe mich hinter Frau Evi gestellt, weil ich dachte, sie könnt zusammenbrechen. Wirklich ganz danach hat sie ausgeschaut. Wie der Mann ihr denn sagt: ›Auf Wiedersehen im Frühjahr!‹ gibt sie eine herbe Antwort: ›Oder auch nicht; es kommt auf dich an.‹ Er ist förmlich zurückgefahren und hat mit großer Zärtlichkeit, ja, ja, ich muß es sagen, und völlig schmerzlichem Vorwurf ausgerufen: ›Evi! …‹ Da erblickt er aber mich und merkt, daß ich ihre Worte gehört habe, wirft sogleich den Kopf in den Nacken, lacht auf, küßt sie und springt auf den Bock.

Ein paar Monate sind vergangen; mit Schreiben hat sich Mašlan in der Zeit nicht angestrengt, wie ich glaube. Alle Sonntage, wenn ich seine Frau am Ausgang der Kirche traf, nach der heiligen Messe, sprach ich sie an: ›Gute Nachrichten aus Wien, Frau Mašlan? Was schreibt Ihr Mann?‹ – und immer dieselbe Antwort: ›Jetzt eine Weile nichts. Morgen erwarte ich einen Brief von ihm.‹ Wie oft so ein erwarteter Brief gekommen ist, weiß ich nicht; daß auf einmal einer da war, den sie nicht erwartet hatte, haben nachträglich nur zuviel Leute erfahren. Es war ein Brief von einem Frauenzimmer, Hochwürden, von einem jungen Mädchen, das der Mašlan niederträchtig betrogen hatte. Es scheint, daß die Person bis dahin brav und unschuldig gewesen ist. Aber dem Mašlan widerstand nicht leicht eine. In diesem Falle wendete er überdies eine falsche Vorspiegelung an, gab sich für ledig aus und versprach seiner Geliebten das Heiraten. Wie sie hinter den Betrug gekommen ist, war schon alles hin, Ehr' und Reputation und ihre Stelle in einem guten Haus. Eingestellt aber haben sich die Folgen von dem Verhältnis. Was hat die Unglückliche anfangen sollen? Mašlan war der letzte, bei dem sie Rat und Hilfe gefunden hätte. In ihrer Verzweiflung, was tut sie? Sie schreibt an die Frau – eben den Brief, von dem ich Hochwürden sagte. Am Tag drauf, das hab ich vom Postboten erkundschaftet ...«

»Erkundschaftet? So, so«, fiel hier der geistliche Herr etwas wegwerfend ein, und der Doktor seufzte einmal wieder tief auf.

»Ja, Hochwürden, die Sache hat mich interessiert. Und auch andre als ich dürften gewußt haben, daß einen Tag nach der Ankunft des Briefes aus Wien mit der fremden Schrift ein dicker, mit viel Geld beschwerter von Frau Evi dem Boten übergeben worden ist. An diesem Tag war sie nirgends zu sehen, nicht auf einem ihrer Felder, nicht im Hof, nirgends. Der nächstfolgende dann war ein Sonntag, und sie ist in die Kirche gekommen. Mir wäre nichts an ihr aufgefallen; nur größer hat sie mir geschienen. Sie muß sich ganz besonders gerade gehalten haben. Nach der heiligen Messe sprach ich sie an, stellte meine gewöhnliche Frage, erhalte aber nicht die gewöhnliche Antwort, vielmehr die: ›Ich erwarte keinen Brief von ihm‹, wendet sich und läßt mich ganz verblüfft stehen.

Einen Frühling haben wir in dem Jahr in unserer Gegend gehabt, ich denk keinen schönern. Auch war der März noch nicht zu Ende, und schon ist die Rückkehr des Herrn Grafen angekündigt worden. Er wußte, wie es mit ihm stand, und wollte in seinem Raudnowitz sterben. Ich habe geholfen, ihn aus dem Wagen zu heben, und mir gleich gedacht: Zur nächsten Ausfahrt heben wir ihn im Sarg auf den Leichenwagen.

Verzeihen, Hochwürden, wenn ich eine Reflexion mitteile, die ich um die Zeit herum und auch später mehrmals gemacht habe. Die Menschen sterben – der eine zu früh, der andere zu spät und nur die wenigsten im richtigen Moment, so denn auch unser Herr Graf. Wäre der Tod, nach dem er sich aufs innigste sehnte, statt im Frühjahr 1874 im Herbst 1873 bei ihm eingetreten, viel Unglück wäre verhütet worden. Mašlan hätte keinen Grund oder keine Ausrede mehr gehabt, nach Wien zu fahren, wäre bei seiner Frau geblieben, und, das muß man ihm lassen, solang er bei ihr gewesen ist, hat er keine andre angeschaut. Die Ehe hätte sich mit der Zeit ganz glücklich gestalten können, und die arme Person in Wien wäre vielleicht heute noch auf ihrem Platz oder hätte einen braven Mann gefunden …«

»Hätte! hätte! Die Menschen sterben, wann es dem Herrn gefällt, sie abzurufen«, versetzte der Pfarrer. »Sie möchten Vorsehung spielen, Herr Doktor, scheint mir.«

»Gott soll mich behüten, Hochwürden – eine Reflexion habe ich mir erlaubt mitzuteilen, ohne jeden Neben- und Hintergedanken. Nun, es kam, wie es mußte: Zum erstenmal war Evi nicht unter denen, die das Hereinfahren der gräflichen Equipage vor dem Schloß erwarteten. Mašlan guckte, guckte, wandte sich an mich: ›Ist ihr was, Herr Doktor?‹ – ›Meines Wissens nicht.‹ Er zuckte die Achseln und lächelte hochmütig und kümmerte sich um nichts mehr als um seinen alten Herrn. Wieder – alles, was recht ist: Ein liebreicher Sohn kann seinen Vater nicht sorgfältiger betreuen, als er den Greis betreut hat. Der litt ihn aber nicht lang da. ›Geh zu deiner Frau‹, befahl er und entließ uns beide; er wollte allein sein. Mašlan und ich hatten denselben Weg. Der meine führte am Hause seiner Frau vorbei. Im Anfang des Dorfes begegnete uns der Herr Kanonikus, der von dem, was sich begeben hatte, mehr wußte als wir, und zwar aus der ersten Quelle. ›Ihr! Ihr!‹ sagte er zu dem Ankömmling, ›Ihr habt wieder schöne Sachen getrieben!‹ Mašlan lächelte ihn an wie früher mich; nicht so hochmütig vielleicht. Ich weiß nicht, mir hat manchmal geschienen, als ob er so wenig Gewissen hätte und die Reue so wenig kennen würde wie ein Tier. Das hat ihm denn auch eine Art Unschuld gegeben, eine Tierunschuld. Ihm ahnte nichts Böses, er dem geistlichen Herrn die Hand geküßt und weitergeeilt, immer schneller, immer ungeduldiger, und als wir ankommen, was finden wir? – Die Tür versperrt.

Er klopft: ›Evi, Evi, mach auf, ich bin's.‹ Keine Antwort. ›Ich bin's, der Matěj! ich, dein Mann!‹ Ein paar Kinder sind ihm nachgelaufen, andre kommen dazu, er ist ja die populärste Persönlichkeit bei der Dorfjugend, wird immer sehnsüchtig erwartet und jubelnd begrüßt. ›Ist meine Frau nicht da?‹ fragt er einen der Buben. ›Habt ihr meine Frau nicht gesehen?‹ Doch, der eine hat sie gesehen, den Augenblick ist sie aus dem Garten herübergekommen und ins Haus gegangen. Nun fängt die Sache an, ihm befremdlich zu werden, er tritt an eines der Fenster, blickt hinein, und richtig, er sieht sie – mitten im Zimmer stehen.

Nun hat er ans Fenster geklopft und gerufen: ›Evi, Evi! Bist taub? bist blind? … Oder am End gar bös? Ich glaub's nicht, Evi, ich frag nur … Evi, Evi, ich mach dich wieder gut, hör mich nur an …‹ So sagt er und dergleichen noch vieles und hat dann angefangen, zornig zu werden, sich zur Tür zurückbegeben und an ihr gerüttelt. Es waren nach und nach eine Menge Leute zusammengekommen, sie haben ihn angesprochen, wollten wissen, was es gibt. Er niemanden angeschaut, niemandem geantwortet, sich an die Tür gepreßt, als ob er mit ihr verwachsen wollte, und gerufen, geschrien, zuletzt geweint: ›Evi, Evi, so bös bist du, daß du mir nicht einmal erlauben willst, dich zu bitten: Verzeih mir, Evi, meine Evi!‹

Vor dem halben Dorfe hat er sich so gedemütigt, der eitle Mensch, sich in der Raserei seiner Verzweiflung auf die Knie geworfen und mit der Stirn an die Tür geschlagen.

Allerlei Stimmen haben sich erhoben, der kleine Schuhmachermeister zu singen angefangen:

Bauer, steh auf,
Futter dein' Schimmel,
Prügel dein Weib,
So kommst in' Himmel.

Ein Gemeinderat stopft seine Pfeife und sagt: ›Das könnt mir einfalln, und wenn ich in Wien fünfe ausgehalten hätt, vor meiner eigenen Tür zu betteln und zu flennen.‹ Der Schmied schaut herunter zu seinen Riesenfüßen und flucht: ›Der Teufel soll mich holen, wenn ich die Tür nicht eintreten tät und die durchwichsen, die dahinter steht.‹

All das Gerede war dem Mašlan wie Blätterrauschen. Aber plötzlich ist er aufgesprungen, hat sich neuerdings an die Tür gelehnt, den Mund an den Spalt gedrückt und gerufen, gar nicht sehr laut, aber durch Mark und Bein ist's einem gegangen: ›Evi, hör zu, du hörst mich, ich weiß, daß du mich hörst. Wenn du nicht aufmachst, *gleich* – verstehst mich, *gleich*? –, komm ich über diese Schwelle nimmer, und wenn du auf den Knien liegen tätest, wie ich vorhin gelegen bin, und wenn du mich mit ausgebreiteten Armen bitten tätest: Komm! Das schwör ich, Evi, bei Gott dem Allmächtigen, und mög er mich in meiner letzten Stund verlassen, wenn ich den Schwur breche.‹

In dem Augenblick hat man den Riegel zurückschieben gehört, ganz langsam ist die Tür aufgegangen, daß Mašlan

Zeit hatte, auszuweichen. Da wurde gelacht: ›Aha, aha, die Evi! sie gibt nach, so muß man ihr kommen!‹

Mašlan stößt einen Freuden- und Triumphschrei aus – zu früh. Die auf die Schwelle getreten ist, die Frau, denkt nicht dran, klein beizugeben. Statt ihr entgegenzustürzen, erschrickt er und taumelt vor ihr zurück. Sie hat ausgesehen wie eine Leiche mit lebendigen Augen; und entsetzlich war, wie sie mit einer erloschenen, aber sehr festen Stimme gesprochen hat: ›Schwur gegen Schwur. So heilig wie du, im Angesicht Gottes wie du, schwör ich, daß ich mein Haus lieber mit eigener Hand anzünden werde, als zu dir sagen: Tritt ein.‹

Da waren viele Männer entrüstet: ›Hoho!‹ hat man durcheinanderrufen gehört, ›du hast nicht zu schwören, du hast zu gehorchen, und der Mann hat zu befehlen, so steht's im Gesetz.‹

Mašlan achtete nicht auf die Einmischung, und, ich bitte Hochwürden, das Gesetz war doch wohl das letzte, auf das sich der berufen hat, wenn er Weibern gegenüber seinen Willen durchsetzen wollte. So höhnte er auch jetzt: ›O du! davor keine Angst! von mir aus bist du assekuriert. Bleib du allein in deiner Bauernbaracken. Und wenn die Reu dich packt, schluck sie! Untersteh dich nie, zu mir aufs Schloß zu kommen. Bei mir gibt's kein Verzeihen; ich tät dich jagen wie einen bissigen Hund!‹

Wer sie kennt, weiß, daß jedes Wort ihr eine giftige Wunde ins Herz gerissen hat. Sie verriet sich aber nicht, sie kreuzte die Arme, sah ihn an und sprach: ›Matěj, Matěj, vielleicht kehrt die Reu früher bei dir ein als bei mir, dann wirst du mich schon rufen.‹

Er, rot geworden wie glühendes Eisen und getobt und gewettert: ›Ich dich rufen? lieber in die Hölle fahren! … Ich ruf dich nicht … und wenn der Satan die Hand nach mir ausstrecken tät und niemand als du mich retten könnt – ich ruf dich nicht! …‹«

»Was für Reden! was für Reden!« murmelte der Priester unwillig.

»Der bare Aberwitz, Hochwürden. Auch Evi scheint das gefunden zu haben und ist immer ruhiger geworden, und als er wie ein Toller noch einmal schrie: ›Gott ist mein Zeuge, ich ruf dich nicht!‹ hat sie langsam und feierlich den Arm erhoben, die Schwurfinger ausgestreckt und so laut gesprochen, daß der letzte, der da gestanden ist, es hören mußte: ›So wahr Gott lebt, ich komm nicht ungerufen.‹

Kalt ist es einem über den Rücken gelaufen, und die Worte haben mehr Eindruck gemacht als alles Toben Mašlans. Er wollte noch etwas sagen, konnt nicht, die Wut würgte ihn, hatte ihn am Hals gepackt wie eine Beißzange. Von dem Tag an haben die Eheleute nicht mehr miteinander geredet.«

»Nicht mehr? und müssen einander doch sehen, begegnen.«

Der Doktor setzte eine neuerliche Entfaltung des karierten Taschentuches ins Werk, bediente sich seiner umständlich und lärmend und erwiderte: »Sehen und begegnen einander, ganz recht, Hochwürden. Zum Beispiel waren sie schon bald nach dem großen Auftritt beide zugleich in der Gruftkapelle bei der Beerdigung des Herrn Grafen. Mašlan derart in Schmerz aufgelöst, daß er sogar denen leid tat, die ihn am wenigsten mögen. Evi eiskalt und eher trotzig dreingeschaut. Sie wird wohl gedacht haben: Um mich würdest du nicht weinen wie um deinen toten Herrn. Zehn Jahre sind seitdem vergangen. In seinem Testamente bestimmte der Herr Graf, daß Mašlan die herrschaftliche Mühle in Pacht haben soll, unter Bedingungen, bei denen er leicht ein wohlhabender Mann hätte werden können. Er hat sich aber seiner Sach im Anfang wenig angenommen. Erst in letzter Zeit ist er ordentlicher geworden. Wer weiß warum – vielleicht die Jahre, vielleicht, weil seine Gesundheit ausspannt …«

»Warum sagen Sie nicht einfach: durch die Gnade Gottes?« fragte der geistliche Herr.

Der Doktor reagierte nicht darauf. »Ich betrachte mir die zwei Leute, wenn sie am Sonntag in die Kirche kommen«, fuhr er fort. »Er in der ersten Bank rechts, sie in der ersten Bank links. Früher haben sie vermieden, einander zu treffen, beim Eingang oder beim Ausgang; jetzt nicht einmal mehr das ...«

»Und wohnen dem heiligen Liebes- und Versöhnungsopfer unversöhnten Herzens bei?«

»Äußerlich unversöhnt wohl, aber wer weiß, was in ihren Herzen vorgeht!«

»Ich will suchen, es zu erforschen«, versetzte der Priester und erhob sich. »Wenn die Frau wirklich noch einen Funken Liebe für ihren Mann übrig hat, wird sie auch Erbarmen mit ihm haben. Ich werde ihr Erbarmen mit dem Sterbenden anrufen, und hoffentlich nicht umsonst ... Sie zweifeln?« unterbrach er sich mit einem mißbilligenden Blick auf Vanka, der die Achseln zuckte.

»Leider kann ich nicht zweifeln, Hochwürden, weil ich weiß, daß hier nichts mehr zu hoffen ist.«

»Davon will ich mich selbst überzeugen.«

Er verabschiedete sich, und der Doktor sah dem stattlichen Herrn nach, der, rasch und energisch ausschreitend, den Weg ins Dorf einschlug.

Das Haus der Frau Mašlans lag auf dem ziemlich großen und ziemlich gut gehaltenen Dorfplatze, dem Teiche gegenüber, zu dem hin das Terrain sich senkte. Als Seitenstück zum siebenhügeligen Rom durfte Raudnowitz sich die Ortschaft der sieben Buckel nennen, denn nicht weniger Erhöhungen bildete der Boden, auf dem sie erbaut war. Den höchsten von allen krönte das stattlichste Gehöft. Sein mit Schieferplatten gedecktes Dach überragte alle, sogar die ansehnlichsten Bauernhäuser, die den Platz nach rechts und links im unregelmäßigen Halbkreis umschlossen.

Der Pfarrer trat in das Vorgärtchen. Es war von einem

grün angestrichenen Lattenzaun umgeben, und am Eingang standen zwei riesige Sonnenblumenstauden wie ein Paar Wächter. Ein breiter, gut besandeter Weg führte zwischen Gemüsebeeten geradehin zu den gemauerten Stufen der Haustür, teilte sich dort und lief dem Garten hinter dem Hause zu. Junge Birn- und Aprikosenbäume, an hölzernem Gitterwerk gezogen, breiteten ihre mit Früchten behangenen Zweige zwischen den sechs Fenstern der Fronte aus. Große Fenster mit blinkenden Scheiben und vorspringenden Simsen, auf denen ein farbenheiterer Flor von Rosen, Geranien und Nelken duftete und prangte.

Eine kleine, alte Person, die, mit Unkrautjäten beschäftigt, auf dem Boden gekauert hatte, wendete beim Eintreten des Geistlichen den Kopf, schob das Tuch, das ihr über das halbe Gesicht gefallen war, zurück und kam auf den Besucher zu mit einem freundlich-demütigen: »Gelobt sei Jesus Christus!«

»In Ewigkeit, Amen«, erwiderte er, und sie legte die schmutzigen Hände auf den Rücken, streckte den Hals und küßte, ohne sich bücken zu müssen, die herabhängende Hand des Priesters.

»Ich möchte mit der Frau sprechen«, sagte er. »Ist sie da?«

»Zu dienen, hochwürdiger Herr, die Bäuerin ist da; wo sollte sie sein? Im Garten ist sie, in den Erbsen. Ich werd sie gleich rufen.«

Der Pfarrer wehrte ab: »Nein, führen Sie mich zu ihr.«

»Wie befehlen – wie der hochwürdige Herr befehlen«, und die Kleine lief vor ihm her um das Haus, in den Garten, und rief aus allen ihren Kräften: »Bäuerin! Bäuerin! der hochwürdige Herr Pfarrer will Euch besuchen!«

Er folgte ihr und war bald von Bienen umschwärmt, von Tauben umflogen, von Hühnern umgackert; Schafe, die auf den Wiesenplätzen weideten, blökten ihn offenbar fragend an; schöne, weiße Ziegen hoben die Köpfe über die Einfassung ihres Pferches und betrachteten ihn mit ihren großen, friedlichen Augen. Drei ganz junge Hündlein trotteten ihm entgegen, schnüffelten, erhoben ein schrilles, törichtes Gebell, in dem sich Neugier und Verwunderung, aber nicht die geringste Böswilligkeit kundgab.

Der Pfarrer ging zwischen den Obstbäumen, über das Gras, einem kleinen Wald von Stangen zu, an denen schlanke Erbsenstauden ihre zierlichen, hellgrünen Ranken emportrieben. Auf dem schmalen Wege, der sie von einer ansehnlichen Baumschule trennte, kam die Hausfrau geschritten. Eine hohe, harmonische, ebensowenig zur Fülle wie zur Hagerkeit neigende Gestalt. Sie trug halbstädtische Kleidung. Eine schwarze, eng anliegende Jacke mit weißem Umschlagkragen, einen dunklen, faltigen Rock und eine blaue Arbeitsschürze, die sie im Gehen abnahm und über den Arm hängte. Von der bäuerlichen Tracht hatte sie nichts beibehalten als die Schaftstiefel an den schlanken Füßen und das künstlich geknüpfte Kopftuch. Es war aus schwarzer Seide mit bunten Bändern und Fransen, schloß sich eng um den Hinterkopf, bildete einen schmalen Wulst um die dunkelblonden, dichten Scheitel und einen reichen Knoten im Nacken.

Dem Priester fiel die tiefe Ruhe auf, die über der Erscheinung dieses Weibes lag, die Festigkeit, mit der die klaren, blauen Augen sich auf ihn hefteten, der sanfte Ernst, den die regelmäßigen, fast klassischen Züge atmeten. Eine im vollkommenen Gleichgewicht, in völliger Einigkeit mit sich selbst hinlebende Frau kam da heran, langsam, als ob sie ihm und sich Zeit lassen wollte zur Vorbereitung auf eine erste, wie sie voraussah, bedeutungsvolle Zusammenkunft.

»Euer Hochwürden erweisen mir eine große Ehre mit Ihrem Besuch«, sprach sie den Geistlichen an, der seinen Hut leicht vor ihr lüpfte. »Belieben Euer Hochwürden ins Haus zu treten?«

»Wir wollen da bleiben«, erwiderte er, »im Freien, unter Ihren Schützlingen. Ein hübscher Anblick, all dieses Getier; es scheint sich seines Lebens zu freuen und ist so zutraulich.«

»Jawohl, zutraulich sind sie schon; warum sollen sie's nicht sein? Es tut ihnen ja niemand nichts.«

Sie geleitete ihn zu einem Birnbaum von seltener Größe und Schönheit, in dessen Schatten ein länglicher Tisch zwischen zwei Bänken in den Boden eingerammt war, lud den Gast ein, sich zu setzen, und nahm Platz ihm gegenüber, nachdem sie der Magd, die in respektvoller Entfernung gefolgt war, einen kurzen Befehl gegeben hatte.

Eine kleine Pause entstand. Der Priester bemerkte wohl, daß die äußere Gelassenheit Frau Evis eine wachsende Erregung verbarg. Ihre schmale, gerade Nase, ihre Stirn hatten sich mit kalkiger Blässe bedeckt, den Mund umspielte ein kaum merkliches Beben, als sie gedämpften Tones und mit einer Stimme, die etwas eigentümlich Einschmeichelndes hatte, begann: »Hochwürden sind schon bei meinem Mann gewesen?«

Aha, dachte der Pfarrer, sie kommt dem Angriff zuvor! »Ich bin am Tag nach meiner Ankunft hier im Orte zu ihm gerufen worden«, sprach er, »und habe ihm die letzten Tröstungen der Kirche gespendet.«

»Ja, ich weiß, er ist krank.«

»Vielleicht sterbend; wissen Sie das auch? Der Doktor gibt wenig Hoffnung.«

Sie fuhr mit der Hand über ihr Gesicht und schloß einen Moment die Augen: »Es wird nicht so arg sein. Der Herr Doktor muß es nur ärger machen, als es ist; das ist so der Brauch, er muß es tun wegen der anderen Doktoren.«

»So – wieso? Das versteh ich nicht.«

»Nicht? O, ich bitte untertänig, Hochwürden haben mich zum besten; Sie wissen schon selbst, daß die Doktoren übertreiben müssen; das ist unter ihnen ausgemacht. Warum, kann man sich an den Fingern abzählen. Unser Herr Doktor ist ja sehr brav, aber – Klappern gehört zum Handwerk, hat er mir ins Gesicht gesagt ...«

»Im Scherz, nun ja, im Spaße ...«

»Im Spaß, Hochwürden, da verrät sich der Mensch, geradesogut wie im Rausch und im Zorn.«

Der Pfarrer war erstaunt – ein seltsames Gemisch von Vorurteil und von Vernunft in der Frau. Aber, sagte er sich, die hält was aus, und war entschlossen, sie ohne Schonung zu behandeln: »Ich bin auch heute bei Ihrem Manne gewesen«, sprach er, »und habe ihn viel elender gefunden als vorgestern. Er selbst, das darf ich Ihnen nicht verhehlen – er fühlt sich sterben.«

Frau Evi machte genau dieselbe Bewegung wie früher: »Ach er! er ist immer kindisch ängstlich gewesen, wenn ihm das geringste gefehlt hat. Alle Leute, die ihr Lebtag gesund waren, sind so. Beim kleinsten Übel meinen sie schon, es bringt sie ins Grab.«

Der Pfarrer richtete einen festen und strengen Blick auf sie: »Sie weichen aus. Wenn Sie dem Arzt nicht glauben und nicht dem Kranken, glauben Sie doch mir. Ich sage Ihnen: Ihr Mann ist übel dran, braucht Pflege, und Sie, seine Frau, gehören an sein Krankenbett.«

Sie erwiderte nichts, sie stand auf. Die kleine Magd war herangekommen, einen Korb am Arme, und die Bäuerin half ihr, seinen Inhalt auf dem Tisch ordnen: blanke Teller und Gläser, eine Flasche mit Wein, ein Laib Brot, ein schönes Stück Butter und herrlichen Lindenhonig in hellgelber Wabe. Die Magd entglitt wie ein fliehender Schatten, die Bäuerin nahm ihren früheren Platz wieder ein und sprach, das Aufgetragene gleichsam vorstellend: »Eine kleine Jause, Hochwürden. Was so aus der Wirtschaft kommt. Geruhen Sie, vorliebzunehmen, obwohl Sie's zu Hause besser haben.«

Der Geistliche ließ das ohne innere Überzeugung vorgebrachte Kompliment unberücksichtigt; er betrachtete den tauklaren, goldgelben Wein, den seine Wirtin ihm ins Glas schenkte, und fragte lächelnd: »Kommt der auch aus Ihrer Wirtschaft?«

»Nein, Hochwürden, es ist Vöslauer. Mein Mann hat ihn gern getrunken, so halt ich ihn bis heut im Keller.«

Ein langgedehntes: »Deshalb?« kam von den Lippen des Pfarrers. »Und Sie selbst? Es ist kein Glas für Sie da, Sie tun mir nicht Bescheid?«

»Entschuldigen Hochwürden, ich mag den Wein von jeher nicht. Früher hab ich manchmal einen Schluck getan, meinem Mann zulieb, wenn er's durchaus wollte. Seitdem es aus ist zwischen uns, nie mehr.«

»Aus?« rief der Geistliche, »das sollten Sie nicht sagen. Sie haben Ihrem Manne Liebe, Treue, Gehorsam gelobt bis in den Tod, Sie sind durch ein heiliges Sakrament mit ihm verbunden …«

»Gewesen, Hochwürden«, unterbrach sie ihn leise, aber mit großer Entschiedenheit.

Er bemeisterte seinen Unwillen und sah ihr zu, wie sie das Laib Brot vom Tische nahm und rasch und mechanisch, bevor sie es zu schneiden begann, mit der Messerspitze das Zeichen des Kreuzes über die untere Fläche machte. »Sie befolgen da einen ehrwürdigen Brauch«, sprach der Pfarrer, und als sie einen fragenden Blick auf ihn richtete: »Ja so, Sie tun's gedankenlos. Frau Mašlan! Frau Mašlan! ich fürchte, Sie führen Ihre religiösen Übungen vielleicht überhaupt gedankenlos aus.«

»Was meinen Sie damit, Hochwürden?«

Der Priester steigerte sich: »Ich meine, Sie beten, Sie besuchen die heilige Messe, Sie verrichten Ihre Andacht zur vorgeschriebenen Zeit, alles gedankenlos.«

Mit stolzem Erstaunen wies Frau Evi diese Anklage zurück: »Sie kennen mich nicht, Hochwürden.«

»Ich kenne Ihre Geschichte und habe offene Augen«, fiel er rasch ein. »Sie waren heute in der Frühmesse. Haben Sie andächtig gebetet, Bäuerin?«

Die Frage kam ihr seltsam vor. »Ich habe für meinen Mann gebetet«, erwiderte sie.

»So, so – und nicht für sich? nicht darum, daß der Herr Mitleid und Erbarmen in Ihrer Seele erwecke? Ihr Mann hat schwer an Ihnen gesündigt. Ich weiß. Ist aber Verzeihen nicht Christenpflicht, vor allem Pflicht des christlichen Weibes? Was soll Ihr Gebet, was sollen Ihre guten Werke, wenn Sie mitleidslos bleiben gegen einen Sterbenden? … Ein großer Heiliger lehrt, daß keine Andachtsübung und kein gutes Werk uns am Tage des Gerichts vom geringsten Nutzen sein wird, wenn wir die Erinnerung an die erlittene Unbill nicht aus unserem Herzen getilgt haben … ›Erst gehe hin und versöhne dich mit deinem Feinde‹ … spricht unser göttlicher Heiland …« Er stockte, er fühlte, daß die Ungeduld ihn hingerissen und daß er nicht so gesprochen hatte und nicht in dem Zusammenhang, wie er sprechen wollte.

»Mein Mann ist nicht mein Feind, Hochwürden«, nahm sie mit ihrer unerschütterlichen, verwirrenden Gelassenheit das Wort, »und – versöhnen … ich trag ihm nichts nach, ich habe ihm alles verziehen.«

»Sie ihm? und er Ihnen? Hat er Ihnen nichts zu verzeihen?«

Sie schüttelte langsam und sinnend das Haupt: »Daß ich nicht wüßte, Hochwürden.«

»Haben Sie sich keine Härte gegen ihn vorzuwerfen, keinen Mangel an Nachsicht mit seinen Schwächen, seiner Fehlbarkeit?«

»Nein, Hochwürden.«

»Sie fühlen sich ihm gegenüber schuldlos?«

»Ja, Hochwürden.«

Die Züge des Priesters verfinsterten sich. Welche Hoffart! dachte er, sprach es aber nicht aus. Er rief in eindringlicher Rede die Langmut der Gerechten für den armen Sünder an und schloß: »Soviel Barmherzigkeit wir geübt haben, soviel werden wir erfahren. Glauben Sie der Barmherzigkeit Gottes nicht zu bedürfen?«

»O Hochwürden, wie sollt ich? … so frevelhaft, das zu glauben, ist kein Mensch.«

»Gut also. Geben Sie also, was Sie empfangen wollen. Gehen Sie hin zu Ihrem Kranken, reichen Sie, die Beleidigte, zuerst die Hand zur Versöhnung. Tun Sie's aus Liebe zu Gott, in seinem allerheiligsten Namen.«

Evi hatte die Augen gesenkt gehalten und erhob nun ihren sanften Blick zu dem geistlichen Herrn: »Hochwürden kennen meine Geschichte, sagen Sie, dann müssen Sie auch wissen, daß ich nur darauf warte, daß mein Mann mir sagen läßt: Komm. Will er lieber selbst kommen – mir ist es auch recht. Zu jeder Stund ist alles für ihn bereit. Alles ganz so, wie er's gern hat.«

Der Pfarrer betrachtete sie aufmerksam. Sie hatte mit dem vollen Nachdruck der Wahrhaftigkeit gesprochen, und doch erweckten ihre Worte ihm nicht die rechte Zuversicht: »Ich seh Ihren Mann heute noch; soll ich ihm das alles sagen?«

»Wenn Sie die Gnade haben wollen, Hochwürden.«

»Soll ich es ihm als von Ihnen kommend, als Ihre Botschaft sagen?«

Sie zögerte, sie hatte einen Kampf mit sich zu bestehen, sprach aber: »Wenn Hochwürden es wünschen, und weil er jetzt so krank sein soll – auch das.«

»So! – Ihr tut recht, Bäuerin«, rief er freudig, zum ersten Male ihr gegenüber das feierliche »Sie« mit dem gebräuchlichen »Ihr« vertauschend. Er stand auf und sah um sich: »Ich will ihm erzählen, wie gut er's hier hätte. Es ist schön bei Euch, Bäuerin. Und eine große Tierfreundin scheint Ihr zu sein.«

Die drei Hündlein, die im Grase geschlafen hatten, kamen heran, als der Pfarrer sich erhob, beschnüffelten seine Schnallenschuhe und machten Abschiedskapriolen.

»Ich möcht mir nicht soviel aus Tieren machen«, erwiderte Frau Evi, »aber Matěj hat sie so gern, besonders Hunde. Die drei hab ich aus dem Teich gezogen, der Halter wollte sie ertränken. ›Sind Hunde genug im Dorf‹, meinte er. Ja, Hochwürden, zweibeinige. Aber – ich bitte! …« Sie blickte plötzlich erschrocken zum Tische nieder. »Hochwürden haben keinen Tropfen getrunken, keinen Bissen gegessen. Das ist eine Schande für mich, Hochwürden.«

»So sollt Ihr's nicht nehmen; ich komme wieder, und wenn ich das Haus nicht mehr ohne seinen Herrn finde, will ich von Eurem Weine trinken und von Eurem Brote essen.«

Sie erwiderte nichts, sie hatte bei seinen Worten traurig zur Seite geblickt und ging nun mit ihrem Gast durch den Garten. Er lobte und bewunderte die Ordnung, die überall herrschte, den guten Stand der Gebäude, die tadellose Reinlichkeit.

»Ja, Hochwürden, meine Wirtschaft ist mein Leben«, sagte Evi. »Gut halten würd ich sie immer, aber so schön doch nicht, wenn es nur für mich allein wäre. Aber dem Matěj ist ja nie etwas schön genug.«

»Das sind lauter gute Worte, und die soll er alle hören«, sprach der Geistliche.

Sie waren beim Hause angelangt, und er wollte sich verabschieden; sie gab ihm aber noch ein Stück Weges das Geleite. Sie hatte noch etwas auf dem Herzen.

»Wenn er mir also nicht sagen lassen will, daß ich kommen soll – er ist ja stützig, Hochwürden –, braucht nur er zu kommen. Und wenn er nicht gehen kann – eingespannt ist gleich, und Polster und Decken sind auch gleich in den Wagen gelegt … Also, Hochwürden, ich warte und danke Ihnen, Hochwürden.«

»Ich danke *Euch*, Frau Mašlan. Ich habe Euch anders gefunden, als ich erwartete, viel besser.« Er reichte ihr die Hand, die sie küßte. Dann wandte sie sich wieder ihrer Behausung zu.

In ihren Augen war ein stilles, freudiges Leuchten, ihre Züge hatten sich wunderhell belebt: »Vielleicht, vielleicht doch!« flüsterte sie vor sich hin.

Die Mühle lag am Ausgang des Waldes, in einer breiten, grünen Schlucht, die der wasserreiche Bach munter durchrauschte. Heute hatte er's gut, brauchte das schwere Rad nicht zu treiben, die Arbeit war eingestellt. Am Himmel neigte die Sonne sich zum Untergang und hauchte einen rosigen Schimmer über das einsame Haus mit den kahlen Mauern und den dicht geschlossenen Fenstern. Auf einer Bank neben dem Tor lag der Länge nach ausgestreckt ein feister Müllerbursche. Er hatte das Gesicht mit dem Hute bedeckt, schlief sanft in den Abend hinein. Der Pfarrer war im Begriff, ihn zu wecken, um ihn nach seinem Herrn zu fragen, als das Tor geöffnet wurde und eine hinkende Alte heraushumpelte. Sie gab sich als eine Verwandte Mašlans zu erkennen, sie hatte den Herrn Pfarrer kommen gesehen und war ihm entgegengeeilt. Kriechend freundlich empfing sie ihn und führte ihn die stöhnende hölzerne Freitreppe hinauf, durch den mit Ziegeln gepflasterten Flur, ins Krankenzimmer. Ein weißgetünchter, unwohnlicher Raum.

Das Bett stand mit dem Kopfende gegen das Fenster an einer feuchtfleckigen Wand, an der zwei Jagdgewehre, eine Waidtasche und ein schöner Hirschfänger – Erinnerungen an glänzende Tage! – hingen. Unter diesen Trophäen war ein kleines Kruzifix zwischen dem Bilde des verstorbenen Grafen und einer verblaßten Photographie Evis als junges Mädchen befestigt. Die halb geöffnete Tür eines Schrankes gewährte den Einblick in ein wirres Durcheinander von Kleidern, Wäschestücken und Schuhzeug. Es waren auch noch ein paar Sessel vorhanden und zwei Tische; einer trug das Waschzeug, ein zweiter, den man in die Nähe des Bettes gerückt hatte, eine Wasserflasche, ein Glas und eine Tasse voll Suppe, neben der ein paar Zigarrenstummel lagen. Es roch nach kalt gewordenem Tabakrauch und nach Feuchtigkeit; dumpfe Luft erfüllte die Stube.

Der Pfarrer öffnete eines der Fenster und trat an das Bett Matějs, der mit dem Gesicht gegen die Wand gelegen hatte und sich nun jäh emporrichtete. Schlaftrunken starrte er den Besucher an und murmelte: »Herr Doktor … Grüß Gott, Herr Doktor.«

»Ich bin's, Mašlan, ich, der Pfarrer.«

»Der Pfarrer und – wer?« Sein düsterer, zuckender Blick glitt an dem Geistlichen vorbei und blieb erwartungsvoll an der Tür haften.

Der Priester betrachtete ihn mitleidig. Soviel Kraft und Schönheit vorzeitig aufgezehrt und verwelkt. Armes, verpfuschtes Leben, armes, verwüstetes Menschenkind! dachte er und nahm Platz auf dem Sessel, den die alte Frau an das Bett gerückt hatte. »Es ist niemand da als Ihre Verwandte und ich. Ich bin allein gekommen.«

Jetzt erst schien Matěj aus seiner Betäubung völlig erwacht, legte sich aufs Kissen zurück und brummte halblaut: »Wozu? Was wünschen Sie noch, geistlicher Herr? Versehen bin ich schon.«

»Ich will Euch Trost bringen, Mašlan.«

»Brauch keinen, kränke mich nicht.«

»So? Gut also, keinen Trost. Aber einen Vorschlag möcht ich Euch machen. Ihr seid hier nicht gut dran, habt auch keine rechte Pflege, ich möchte Euch besser versorgt haben.«

»O, ich weiß schon«, erwiderte Mašlan wegwerfend, »ich weiß schon, was das heißt: ins Spital möchten Sie mich schikken.«

»Durchaus nicht. In einem guten, netten Haus säh ich Euch gern, einem schönen, hellen Hause mit einem großen Garten …«

»Ich versteh – Sie meinen den Himmel.«

»Nicht doch! nicht doch! Seht, Mašlan …«

Die schwerhörige Alte hatte den Pfarrer nicht aus den Augen gelassen, mit wahrer Gier beobachtete sie jede seiner Mienen, jede seiner Bewegungen und mischte sich nun auf einmal ins Gespräch: »O, Hochwürden, er ist hier so gut aufgehoben, der Matěj; besser aufgehoben als hier kann er nirgends sein. Tag und Nacht geb ich acht auf ihn, und was er sich wünscht, bekommt er. Grad früher hat er Suppe haben wollen, da steht sie. Zigarren hat er auch verlangt.«

»Ihr raucht, Mašlan?« fragte der Pfarrer vorwurfsvoll, »ein Unsinn bei Eurem Zustand! Der Doktor sagt, daß Ihr knapp an einer Lungenentzündung vorbeigekommen seid.«

»Sie sind kein Raucher, geistlicher Herr, sonst wüßten Sie: einem Raucher schadet das Rauchen nicht, und solang der Tabak ihm schmeckt, ist noch alles gut.«

»Sprecht nicht, vor allem widersprecht nicht! Auf diese Art kommen wir nicht weiter. Ohne Umschweife also, Mašlan, Ihr sollt zu Eurer Frau. Sie wartet auf Euch, mit offenen Armen wartet sie, hat alles zu Eurem Empfang vorbereitet, und wie vorbereitet! Eine Freude, es zu sehen.« – Er machte die lockendste Beschreibung des Hauses, des Gartens, der Wirtschaft und schloß: »Ich will Euch nicht mehr verraten, will Euch die Überraschung nicht verderben, ich sage bloß: wie Ihr's gern habt, so ist es, und was Ihr gern habt, ist alles da – Tauben, Schafe, Hunde ...«

»Ja, Hunde, freilich«, wiederholte Mašlan.

»Da ist ein so gescheiter, kleiner, weißer und hat ein braunes Ohr ...«

»Wie der Bili«, sagte Mašlan, und der Schimmer eines Kinderlächelns glitt über sein abgemagertes Gesicht, sofort aber verzerrte es sich im Zorne: »Die alte Hex dort leidet keinen Hund – mag nur Katzen, vergiftet mir die Hunde, die Hex!«

Er ballte die Faust gegen sie, und sie beeilte sich, dem Pfarrer zuzuflüstern: »Er ist nicht recht im Kopf, wissen. Es kommt vom Fieber. Was ich oft von dem anhören muß!« –

In die Stille, die nun eintrat, tönte das Getrappel von Pferden – ein Wagen war herangerollt, hielt vor dem Hause, und man vernahm ein ankündigendes, dreimaliges Peitschenknallen.

Mašlan horchte auf, der Pfarrer begab sich an das Fenster, die Alte folgte, beugte sich hinaus und kreischte in hellem Schrecken: »Herr Jesus Christus – das Wägelchen vom Hof. Es ist schon leer, sind schon ausgestiegen. Herr Jesus Christus, am End sind es gar die Bäuerin!«

Aus der Brust des Kranken rang sich ein fast tierischer Laut, ein Winseln, ein Stöhnen wonniger Erwartung, an Schmerz grenzenden Entzückens. Freudig bewegt, Worte des Willkomms auf den Lippen, schritt der Pfarrer aus dem Zimmer auf den Flur.

Aber die zu begrüßen er gehofft hatte, war nicht gekommen; der Knecht allein trampelte in seinen schweren Stiefeln die Treppe herauf und meldete: Die Frau schicke das Wägelchen. Für alle Fälle, lasse sie sagen, wenn der Herr vielleicht fahren möcht.

Der Geistliche befahl ihm zu warten und kehrte in die Stube zurück, seine Enttäuschung so gut wie möglich hinter einer freundlichen Miene verbergend.

»Seht nur, seht«, sagte er, »jetzt schickt Eure Frau gar das Wägelchen um Euch. Ja, da hilft nichts, da müßt Ihr fahren. Wir bringen Euch hinunter, der Knecht und ich, wickeln Euch gut in Decken ein; es wird Euch nicht schaden, es ist ein so schöner, warmer Sommerabend. Nun, Matěj, nun rafft Euch auf.«

Aber Mašlan hatte sich steif auf den Rücken gelegt, die Arme über der Decke fest an den Leib geschlossen. »Es kann nicht sein«, sagte er, »ich kann nicht zu ihr, ich hab's verschworen.«

»Mit Eurem Schwur, Matěj, was Ihr nur denkt! Ein Schwur, der keine Geltung hat. Keine Geltung!« wiederholte er lauter, als Mašlan ihn unterbrechen wollte, »denn Ihr habt ihn getan in sinnloser Wut … Mit Eurem Schwur! … Als ob wir Gott zum Zeugen einer ungerechten Handlung anrufen dürften! … Ein Frevel – betet zu Gott, daß er Euch Euren Frevel verzeihe!«

»Das hat der Herr Kanonikus mir alles schon gesagt«, versetzte Mašlan trotzig, »nicht einmal, hundertmal, das hilft alles nichts bei mir, ich kann's nicht tun, ich hab's verschworen. Und wenn ich's nicht verschworen hätte« – er erhob die Stimme und schrie zwischen zwei Hustenanfällen und kläglich mit Atemnot ringend: »ich tät's doch nicht. Ich bin der Herr!«

Der Priester betrachtete ihn von neuem mit einem langen, wehmütigen Blick und dachte: Ich habe dich ernst genommen, ich hatte unrecht. Dein bißchen Geist ist umnachtet, du armer »Herr«, du Knecht deiner Launen und Triebe. Und so bat er denn, besänftigte, gab zu: »Ja, ja, Ihr seid der Herr; und weil Ihr es seid und durchaus nicht zu Eurer Frau gehen wollt, so laßt sie denn herkommen. Wenn sie nur einen Tag da wäre, es würde anders aussehen bei Euch.«

»Freilich«, sagte Mašlan.

»Ihr seid der Herr – befehlt ihr zu kommen.«

»Befehlen? … Freilich könnt ich, wenn ich wollt.«

»So, Matěj, also so! Laßt ihr durch mich befehlen, daß sie kommen soll. Ich übernehme die Botschaft.«

»Botschaft?« wiederholte der Kranke mißtrauisch, und der Pfarrer beeilte sich zu berichtigen: »Den Befehl. Sie würde so gern gehorchen. Sie sorgt sich um Euch, sehnt sich nach Euch.«

»Wirklich?« Wieder flog über seine Züge der verjüngende Glanz.

»Wahr und wirklich, und so geh ich zu ihr oder fahre vielmehr. Ich will den Wagen benützen, den Eure Frau geschickt hat.«

Er erhob sich mit kurzem Abschiedsgruß und schritt der Tür zu, entschlossen, keinen Einwand mehr anzuhören. Ein in Zorn und Angst ausgestoßener Schrei gellte ihm nach, seufzend blieb er stehen und sah sich um. Mašlan, auf den Ellbogen gestützt, halb sitzend in seinem Bette, das Gesicht verzerrt, rief ihn an: »Halt! Halt! Was wollen Sie ihr sagen?

Wie soll's heißen? Wenn es heißen soll: Komm! sag ich's nicht! Ich nicht. Sie soll von selbst kommen. Ich ruf sie nicht – ich lasse sie nicht rufen, ich hab's verschworen, ich käm in die Höll!«

Einem Kranken gegenüber kannte des Pfarrers Langmut keine Grenzen. Er ging wieder auf ihn zu, beschwichtigend, beruhigend. Mašlan streckte die Hand abwehrend aus und schrie aus allen seinen Kräften immer von neuem: »Ich sag es nicht, nie, nie, nie! Ich hab's verschworen.«

Inzwischen war jemand langsam und bedächtig die Treppe heraufgestiegen und nun eingetreten. Der Doktor stand da und schüttelte in seiner sanft mißbilligenden Art den Kopf: »Mašlan, ich fürchte, Ihr seid übergeschnappt, kullert wie ein beleidigter Truthahn. Wenn Ihr's so treibt, steh ich für nichts. Wollt Ihr Euch töten?«

Mašlan hatte gar nicht zugehört. Er lag jetzt still und erschöpft mit geschlossenen Augen. Plötzlich schlug er sie zu dem Priester auf und sprach, als ob zwischen seinen letzten Worten und diesen keine Unterbrechung stattgefunden hätte: »Aber – daß ihr Bild noch da hängt, das können Sie ihr sagen, hochwürdiger Herr.«

Bis zum grauenden Morgen hatte der Pfarrer keine Ruhe gefunden, in rastloser Aufregung gewacht, gebetet. Wie Dornen im Fleische saßen ihm die Worte Mašlans: »Das hat der Herr Kanonikus mir alles schon gesagt.« Er hatte die Empfindung eines Arztes, der ein neues Heilmittel gereicht zu haben meint und entdeckt, daß er zu einem verbrauchten griff, gegen das der Organismus des Kranken längst abgestumpft ist. Was tun? Um was handelte es sich denn? – Zwei Eheleute, die einander liebten, sich nacheinander sehnten, waren getrennt durch ein Hirngespinst. Es war nur ein Hirngespinst. Nicht Hochmut, nicht Unversöhnlichkeit von seiten der Frau, wie er anfangs gedacht hatte, nicht Gleichgültigkeit von seiten des Mannes. *Wirklich nur ein Hirngespinst.*

Und das sollte er nicht zerreißen können? Die Aufgabe, die so leicht schien, sollte unlösbar sein?

Je länger er darüber nachsann, desto mehr wuchs seine Zuversicht. Es mußte gelingen, sich selbst gab er schuld an seinem ersten Mißerfolg. Wenn er sein Gespräch mit Frau Evi überdachte, kam ihm vor, daß er ihr nicht warm genug zum Herzen gesprochen, nichts wahrhaft Gewichtiges und Ergreifendes zu ihr gesagt hatte. Er hatte ja nicht gewußt, wie glühend sie ersehnt wurde. Nun wollte er es ihr sagen und ihre schlummernde Liebe und Zärtlichkeit wecken.

Bei der Frühmesse sah er sie an ihrem gewohnten Platz in der Kirche, versunken in inbrünstiges Gebet. Und als er eine Stunde später in das Gärtchen vor ihrem Hause trat, kam sie ihm entgegen, und in ihren Augen, in ihrem ganzen Wesen lag etwas wie eine bange Frage, die auszusprechen sie zögerte.

»Das ist ein Tag, Frau Mašlan«, sagte der Priester nach der ersten Begrüßung, »ein Gottesgeschenk. Auch Euch muß die Sonne bis ins tiefste Herz hinein scheinen und jede Härte darin schmelzen.«

Sie bat ihn, ihr die Ehre eines Besuches in ihrem Hause zu schenken, und führte ihn in eine geräumige, für bäuerliche Verhältnisse ungewöhnlich reich eingerichtete Stube. Der Boden gedielt, die Wände bemalt und mit drei großen Farbendrucken geschmückt, ein Muttergottesbild, vor dem ein Flämmchen in einer Lampe aus rotem Glase flackerte, die Bildnisse des Kaisers und der Kaiserin. Ein mächtiger Schrank mit gewundenen Säulen nahm die Tiefe, ein Tisch, auf dem eine buntgestickte Decke lag, die Mitte des Zimmers ein. Dunkle, geschnitzte Holzsessel waren längs der Wände und in den Fenstervertiefungen aufgestellt. Auf einen von diesen deutete Frau Evi.

»Ist's gefällig, Platz zu nehmen, Hochwürden?« fragte sie gepreßt, und es war, als ob sie hervorbrechende Tränen niederzukämpfen suche. Schon als er ihrer Aufforderung, ins Haus zu treten, entsprochen, hatte eine schmerzliche Enttäuschung sich ihrer zu bemächtigen geschienen; die wurde herber und herber, steigerte sich zu einem Ausdruck frostiger Trostlosigkeit in der Miene des stolzen Weibes. Der Priester verstand sie, und was sie niederbeugte, erhöhte seine Siegeszuversicht.

»Ich will Euch nur den Schlaf nicht forttragen«, sagte er, ihrem einladenden Wink folgend, »Euch nicht etwa einen so langen Besuch machen wie gestern. Ich bin da, um Euch abzuholen nach der Mühle.«

»Sie waren dort«, versetzte sie und sah ihn fest und forschend an. Der Pfarrer überlegte einen Moment und sprach dann entschlossen: »Gebt jeden Zweifel auf, Euer Mann ist sterbend.«

»Ich hab es durch den Herrn Doktor erfahren«, erwiderte sie leise.

»So? Nun also, folgt mir, kommt!«

»Hat er mich rufen lassen?« brachte sie stockend und mühsam hervor.

»Er hat Euch nicht rufen lassen, und trotzdem werdet Ihr zu ihm gehen, weil Ihr sollt, weil es Eure Pflicht ist, weil Ihr nie wiedergutmachen könntet, was Ihr heute versäumt.«

Er erzählte, wie schlecht versorgt und lässig betreut er den Kranken gefunden hatte, er berichtete den kleinsten Umstand seiner Unterredung mit ihm, freute sich über den erschütternden Eindruck, den seine Schilderung auf die Bäuerin machte. Als er von dem Entzücken Mašlans sprach, da ihm die Hoffnung auf einen Besuch seiner Frau aufleuchtete, von seiner schmerzvollen Erbitterung bei dem Schwinden dieser Hoffnung, stöhnte Evi, beugte sich vor und vergrub ihr Gesicht in ihre Hände.

Der Pfarrer stand auf. »Kommt«, sagte er, ihren Scheitel mit der Rechten sanft berührend, »und wenn noch ein Zweifel in Euch lebt, ob Ihr dürft, so wisset, ich löse Euren Schwur, er besteht nicht, er hat nie bestanden. Gott hat ihn nicht gehört.«

Sie hob den Kopf, ihr Gesicht war weiß bis auf die Lippen; die Augen blickten erschreckend starr: »*Er hat ihn gehört*«, sprach sie mit schwacher, aber klarer Stimme. »Ich weiß es, denn ich hab es gefühlt. Ich werde nie vergessen, Hochwürden, *wie* ich's gefühlt habe: Gott ist nah und hört dich. Matěj hat im Zorn geschworen; sein Schwur ist vielleicht nicht hinauf bis zu Gott gedrungen, barmherzige Engel haben ihn unterwegs vielleicht abgelenkt, wie sie den Blitzstrahl ablenken oder eine andere Gefahr. Ich, Hochwürden« – sie machte eine kleine Pause und fuhr dann fort mit ihrer weichen, klangvollen Stimme, aus der eine eiserne Überzeugung sprach: »Ich, Hochwürden, ich war ganz bei mir, ich war wie jetzt. Fragen Sie ihn, ob er sich besinnt, was er gesprochen hat, ob er noch jedes Wort weiß – er weiß es nicht. Ich kann jedes Wort, das ich gesagt habe, wiederholen. Und wenn ich dran denke und es mir recht vorstelle, wie ich damals meine Hand aufgehoben und Gott angerufen habe, läuft es mir wieder aus den Spitzen meiner Finger durch alle meine Glieder: Gott hört dich. Und deshalb ...« Sie richtete sich empor, ein seltsamer, fremdartiger Zug, etwas wie ein weltverschmähendes Lächeln prägte sich in den strengen Linien ihres Mundes aus. »Wenn mein Mann stirbt – wie Gott will. Ich bin eine Witfrau seit vielen Jahren. Dieses Leben haben wir uns verdorben, aber es gibt ein andres, ein besseres, das wollen wir uns nicht verderben. Ich hoffe darauf, und ich weiß – auch er hofft darauf.«

»Frau! Frau!« rief der Priester ihr zu. »Seid Ihr mit Blindheit geschlagen? Seht Ihr nicht, daß Ihr Euch von dem Wege abkehrt, den Ihr zu wandeln meint? Frau! Frau! der Tag der Reue wird kommen, und er wird furchtbar sein ... Und dennoch bet ich zu Gott um diesen Tag, denn das furchtbarste wäre, wenn er zu spät käme!« Seine Augen ruhten drohend auf ihr: das Unüberwindliche blickte ihm aus ihren starren, wie vereisten Zügen entgegen. Ja, dieses Weib hätte man foltern können, sie in ihrer Überzeugung erschüttern – nimmermehr.

Er hatte einige Schritte dem Ausgange zu gemacht, blieb

plötzlich stehen und sprach: »Euer Bild hängt noch immer über seinem Bette. Das läßt Euch der Sterbende sagen.«

»Hochwürden!« Sie schrie es fast, sie bebte am ganzen Leibe. »Aber: Komm! – hat er mir doch nicht sagen lassen!«

Oft noch wanderte der Seelsorger von der Mühle zum Hof, vom Hof zur Mühle. Er ruhte nicht, er kämpfte seinen aufreibenden und nutzlosen Kampf mit den Verblendeten treulich bis ans Ende. Und eines Sommerabends gellte der klangarme Schall des Zügenglöckleins durchs Dorf. Die Frauen blieben aufhorchend stehen, die Männer lupften die Hüte, jeder sprach ein Gebet für die scheidende Seele. Alle wußten, Matěj Mašlan liegt im Sterben. Matěj Mašlan, dem so viele viel zu verzeihen haben. Der Matěj, dem keine widerstand, um die er sich ernstlich bemühte, dem die Kinder zuliefen, den die bissigsten Hunde anwedelten. Der Matěj stirbt, geht hinüber, Rechenschaft abzulegen vor Gott dem Herrn und Richter. Seit Morgengrauen waren der Pfarrer und der Doktor bei ihm, und im schönsten Hause des Ortes lag ein Weib auf den Knien und rang die Hände, und der Angstschweiß floß über ihre Stirn und netzte ihre trockenen, glühenden Augen.

Sie betete und horchte dazwischen auf jeden Laut, auf jeden Schritt, der von der Straße herübertönte. Keiner hielt vor ihrem Hause, niemand verlangte Einlaß; und als endlich gegen Mitternacht an die Tür gepocht und nach der Bäuerin gefragt wurde, da war's ein vom Arzte Abgesandter, der die Todesbotschaft brachte.

In aller Frühe war Bewegung im Hause, herrschte ein geschäftiges Regen. Vorbereitungen zum Empfang des toten Herrn wurden so leise getroffen, als ob er schon daläge in der Stille gebietenden Ruhe des Todes.

Die Dorfbasen männlichen und weiblichen Geschlechtes liefen zusammen. Die Neugierigen litten Folterqualen. »Was geschieht? Was wird sie jetzt tun, die Evi?« Und als es hieß: »Sie läßt ihn einholen!« da bemächtigte sich der meisten

Leute eine unerklärliche Begeisterung. Die Kinder liefen in Scharen zur Mühle, um die Leiche ihres Freundes zu sehen und dabeizusein, wenn sie auf den Schragen gelegt und fortgetragen wurde. Auch Erwachsene schlossen sich an, und als die irdische Hülle Mašlans beim Dorfteich anlangte, hatte sie ein großes Geleite. Langsam kam der Zug die Anhöhe herauf, und durch die Menge, die sich, immer anwachsend, um den Hof versammelt hatte, lief ein Geflüster: »Sie bringen ihn! Sie bringen ihn!«

Aus dem Innern des Hauses aber drang ein gellender Schrei, von einer alten, zitternden Stimme ausgestoßen: »Frau! sie bringen ihn!«

Eine Sekunde atemloser Spannung, Evi war auf die Schwelle getreten, ging auf die Gartentür zu und öffnete beide Flügel. Die schwarz behangene Bahre kam immer näher, und die bleiche Frau am Gittertor breitete ihr die Arme entgegen, ihre zuckenden Lippen murmelten einen Namen. Nun – glaubten alle –, nun wird sie ihm entgegenstürzen, sich über ihn werfen und weinen und sich die Haare raufen.

Nichts von alledem geschah. Der Blick Evis war über die Menge geglitten, über neugierige, teilnehmende, schadenfrohe und traurige Gesichter. An ihr Ohr war leises Gekicher, lautes Stöhnen gedrungen. Sie nahm sich zusammen, stand gerade aufgerichtet und blickte zu der Bahre, die an ihr vorbei ins Haus getragen wurde, stumm und tränenlos nieder. Erst als man den Toten hingestellt unter das Muttergottesbild in der großen Stube und sie mit ihm allein gelassen hatte, zog sie das Bahrtuch herab, sank auf die Knie, küßte seinen Mund und die Hand, die noch den Trauring trug, und sprach zärtlich und liebevoll zu ihm: »Hast mich nicht gerufen, hast deinen Schwur halten wollen. Hast recht gehabt. Es war kein so heiliger Schwur wie der meine, aber ein Schwur! Mein Matěj, hast dich nach mir gesehnt? Nicht so, wie ich mich nach dir, o lang, lang nicht, aber doch gesehnt; und jetzt bin ich dein und bist du mein für die Ewigkeit.«

Die Poesie des Unbewußten

Novellchen in Korrespondenzkarten

1

Liebe Mama!

7. Juli

Das Schloß liegt auf einem Berge, der für unsere Gegend ein Montblanc wäre, hier aber neben diesen Riesen nur ein Kind von einem Berg ist. Gegen Osten hin öffnet sich ein grünes Tal; ein Bächlein durchrennt es, weiß wie gepeitschter Seifenschaum. Wenn ich auf den Balkon trete, rauscht ein Meer von grünen Wipfeln zu meinen Füßen. – Hör ihnen zu, sie begrüßen dich, sagte Albrecht. War das nicht nett? Mein Mann ist überhaupt so gut! Ich mache jetzt erst seine Bekanntschaft. Eigentlich hast Du mich mit einem fremden Herrn in die weite Welt reisen lassen.

Ich küsse Deine Hände, ich möchte Dir tausend zärtliche Dinge sagen, aber Du liebst das nicht, so sage ich denn nur: Lebe wohl!

Deine Tochter

2

10. Juli

Dank für Deinen teuren Brief; es ist doch grausam, daß ich, um ihn zu beantworten, nur eines der schönen Kärtchen benützen darf, die Du mir mitgegeben hast. Viel zu tun habe ich allerdings. Ich will auch eine Schloßfrau werden, wie meine Mutter, eine Stütze und ein Hort für meine ganze

Umgebung. Freilich, Du bist schon lange die Gebieterin Deines Hauses, und ich muß mich erst an die Herrschaft gewöhnen. Albrecht mahnt mich oft: Laß doch das Bitten weg! Der Oberst sagt zu seinen Soldaten: Vorwärts! Wenn er sagen würde: Ich bitte vorwärts zu marschieren, bliebe wohl mancher zurück. – Aber das ist doch nicht ganz dasselbe, nicht, meine geliebte Mama? – Ich umarme Dich, ich lege mein ganzes Herz in – oder soll ich sagen: *auf* diese Karte?

3

13. Juli

Mein teures Kind, lasse es nur bei den Kärtchen bewenden, murre nicht gegen meine Anordnungen. Daß ich im ersten Jahre Deiner Ehe durchaus keine langen Briefe von Dir erhalten will, das hat seine guten Gründe, die Dein Mann, der »fremde Herr«, der mir ein so gut bekannter ist, sicherlich würdigen wird, Du brauchst ihn nur danach zu fragen.
Mit treuer Liebe

Deine Mutter

4

17. Juli

Ich habe Albrecht Deine Karte gezeigt und ihn gefragt: Weißt du sie zu würdigen, diese Gründe? – Nun, Mama, er hat mich so ernsthaft angesehen, daß ich ganz bestürzt wurde. – Natürlich, war seine Antwort. O Mutter, ich fürchte, mein Mann versteht Dich besser als ich! Ich wagte nicht, ihn um eine Erklärung zu bitten, ich bin ihm gegenüber noch sehr befangen. Er spricht so wenig, er ist ein verschlossener Mensch; das Kennenlernen geht nicht so rasch, als ich anfangs dachte. Es ist doch etwas außerordentlich Imposantes um solch einen großen, schweigsamen Mann. Haben wir es denn genug erwogen, ob ich nicht zu gering für ihn bin, ich armes Ding, das in der Welt und von der Welt nichts weiß?

5

22. Juli

Ich soll trachten, ihn zu unterhalten! Ach, er hat sich mit mir noch nie so gelangweilt, als seitdem ich ihn zu unterhalten trachte. Tagsüber sehe ich ihn nicht, da ist er im Wald oder in der Fabrik. Er kommt erst zu Tisch um sieben Uhr. Nach Tische raucht er und liest Zeitungen, und sodann beginnt das große Schweigen. Ein paarmal befolgte ich Deinen Rat und brachte allerlei vor – von Büchern und solchen Sachen. Er hört mir geduldig zu, aber auf mein Geschwätz zu antworten ist ihm nicht der Mühe wert. Kein Wunder auch. Ein Mann wie er! Ein Kind wie ich!

6

26. Juli

Vor drei Tagen dachte ich: Willst doch suchen, ihn ins Gespräch zu ziehen, und fragte ganz direkt: Wallenstein oder Götz, welchen stellst du höher? – Schwer zu bestimmen, sagte er, machte sein strenges Gesicht und sah aus wie einer, der sich mit Gewalt auf etwas besinnen will. Endlich sprach er: Ein Buch, das ich sehr gern habe, ist der »Siebenjährige Krieg« von Schiller. Kennst du's? – Ich nicht, und niemand kennt es. – Warum? – Weil es nicht existiert. – So? … Seine braunen Wangen wurden noch dunkler; das ist seine Art zu erröten. Hat es ihn verdrossen, daß ich auf seinen Scherz nicht einging? Habe ich eine andere Albernheit begangen? Genug, er stand auf, machte eine Bemerkung über das Wetter und ging sogleich fort. Und seitdem geht er alle Abende fort, und ich sehe ihn fast gar nicht mehr. O hätte ich geschwiegen!

7

Liebe Schwester!

26. Juli

Es geht nicht, wie es gehen sollte. Meine Frau ist eine Vollkommenheit an Güte, an Verstand, an Gelehrsamkeit, in allem und jedem – viel zu hoch für mich, und ihre Meinung von mir auch viel zu hoch! …

Die Augen werden ihr aufgehen, und dann werde ich alles verloren haben; ihre Liebe, die sie mir auf Treu und Glauben geschenkt hat, ist mir alles.

Es ist jeder zu bedauern, der es mit seiner Frau schlecht getroffen hat; ich habe es zu gut getroffen und bin am allermeisten zu bedauern.

Albrecht

8

28. Juli

Gestern machten Albrecht und ich einen Ritt durch das Tal. Es zieht sich lang schmal hin, breitet sich dann plötzlich aus und umfängt samtne Wiesen und einen kleinen See, den unser Waldbach tränkt; am Ufer des Sees liegt ein Garten und in diesem ein allerliebstes Schlößchen. – Wem gehört das? Wer wohnt da? fragte ich.– Ein Graf Wiesenburg hat es bewohnt. – Hat? – Ja. Er starb vor kurzem in Ems. – Unverheiratet? – Nein. – Und seine Witwe? – Nimmt ihren Aufenthalt im Auslande. – Und dieser reizende Besitz? – Steht leer;

soll verkauft werden. – Steht *nicht* leer! Die Fahne weht vom Dache, die Gräfin wird angekommen sein … Da sah ich es, wie sehr man sich in acht nehmen muß, ihm zu widersprechen, besonders – – Verzeih, ich lasse mir's heute Wohlsein und nehme eine zweite Karte.

9
(Fortsetzung)

Besonders wenn er unrecht behält wie gestern, denn gar bald bestätigte ein Bäuerlein, das des Weges kam, meine Vermutung: die Gräfin Blanka von Wiesenburg ist zurückgekehrt. – Siehst du? rief ich. Albrecht schwieg, biß seinen Schnurrbart und peinigte sein Pferd. Ich konnte es endlich nicht mehr mit ansehen und sagte: Aber, Albrecht, der arme Fuchs! … Wäre diese Gräfin doch dort, wo das bekannteste aller Gewürze wächst.

Er warf mir einen Blick zu – – Mama, hört eine Frau jemals ganz auf, sich vor ihrem Manne zu fürchten?

10

Teure Mutter!

29. Juli

Ich habe erfahren, daß mein Vetter Hans wieder in M. ist und nach wie vor in den Fesseln der Frau von F. liegt. Willst Du ihn nicht zu Dir kommen lassen und ihm ins Gewissen reden? Du verstehst das. Du kannst ihm auch sagen, daß wir uns seiner schämen, Albrecht und ich. Albrecht *begreift* es nicht, wie ein Mann so ehrlos sein kann, der Frau eines andern den Hof zu machen. Du hättest die Entrüstung sehen sollen, mit welcher er auf meine Frage: Begreifst du's? entgegnete: Was würdest du zu einem Manne sagen, der das getan hätte? Ich konnte mich nicht genug beeilen, ihn zu beruhigen: Verachten würd ich ihn! Er ist ja ein Dieb und Betrüger und in allen Stunden ein Lügner!

So ist es! So ist es! sprach Albrecht mit einem Ausdruck, den ich Dir nicht schildern kann. O Gott, wie edel muß man sein, um solchen Schmerz zu empfinden über die Schlechtigkeit der andern. Ich stand auf, trat zu ihm und drückte einen Kuß auf seine ehrliche Stirn. Er kann aber Zärtlichkeitsausbrüche so wenig leiden wie Du, und auch das gefällt mir im Grunde. – Laß, laß, sagte er und wandte sich ab.

11

Liebe Schwester!

29. Juli

Ich kann nicht fort, sonst hätte ich Dir schon meine Frau gebracht, es würde mich sehr freuen, wenn Du sie kennenlernen würdest, aber ich bin jetzt mein eigener Fabriksdirektor, und dabei wird es noch eine Weile bleiben müssen. Schrecklich ist gewirtschaftet worden in den letzten verwünschten Jahren, das wäre aber alles nichts, damit werde ich allein fertig, es ist etwas anderes.

Daß Blanka im Schlößchen eingetroffen ist!!!

So hält die ihr Wort, und so ist alles aus, wenn meine Frau das erfährt, alles aus, und damit werde ich allein nicht fertig.

Liebe Schwester, laß den Reisewagen einspannen, setz Dich hinein und komm.

Albrecht

12

Liebe Mama!

1. August

Die Schwester Albrechts hat uns mit ihrem Besuche überrascht. Sie ist um zehn Jahre älter als er und ein Fräulein und wird wohl auch nichts andres mehr werden. Sie ist groß und mager, sehr liebenswürdig, außerordentlich gescheit. Vor Zeiten muß sie wunderschön gewesen sein. Ihre Augen sind es noch, die sehen einen durch und durch. Sie macht gar nichts aus sich, ihre Haltung hat gewöhnlich etwas Nachlässiges; aber manchmal, plötzlich, scheint sie zum Bewußtsein ihres Selbst zu kommen, und da richtet sie sich auf ... In solchen Augenblicken fühle ich mich neben ihr – eine Mücke. Meinem Albrecht ist wohl in ihrer Nähe. Nun ja, ein Mann wie er kann leicht aufrecht stehen neben jeder Superiorität.

13

3. August

Mein Mann spricht jetzt mehr als früher, und Emilie weiß immer, was er gemeint hat, wenn er auch etwas ganz andres sagt. (Denn er ist sehr zerstreut.) Er hat zum Beispiel in eigentümlichem Zusammenhang den Orinoco genannt oder Karl den Großen. Sie läßt sich dadurch nicht irremachen – wie ich mich neulich durch den »Siebenjährigen Krieg« –, sie nickt zustimmend: Ganz recht, du meinst den Mississippi, oder: Ganz recht, du meinst Karl V. Und er sagt: Natürlich, und freut sich, daß man ihn so gut verstanden hat.

Ja, so mit ihm umzugehen, das muß ich eben lernen!

14

4. August

Meine Schwägerin ist noch am Tage ihrer Ankunft zur Gräfin Wiesenburg gefahren. Es war ihr darum zu tun, ein kleines Versäumnis Albrechts gutzumachen. Er vergaß nämlich, der Gräfin seine Heirat anzuzeigen, was sie übelgenommen hat, wie es scheint. Emilie blieb lange aus, und mein Mann erwartete sie mit außerordentlicher Bangigkeit. Ich möchte mich einmal in Gefahr befinden, damit er sich auch um mich ängstige.

Als Emilie endlich zurückkam, merkte ich ihm viel weniger Freude an, als ich ihm früher Unruhe angemerkt hatte. Er fragte nur: Etwas ausgerichtet? – Eigentlich nein; du mußt hinüber. Albrecht protestierte, und das freute mich; ein so außerordentliches Wesen seine Schwester auch ist, sie hat ihm doch nicht zu sagen: Du mußt!

15

6. August

Gräfin Blanka hat uns besucht. Denke Dir ein Schneewittchen mit blauen, melancholischen Augen, mit gewellten, seidenen, aschblonden Haaren. Mein alter Musiklehrer (ich lasse ihn herzlichst grüßen) würde sagen: Eine harmonische Erscheinung. Ich war beim ersten Blick von ihr bezaubert, und sie – o Himmel, solang ich lebe, ist mir noch niemand mit solcher Wärme entgegengekommen! Sie ist eine ebenso ausgezeichnete Person wie Emilie, und auch ihr Dasein war reich an Prüfungen; sie war unglücklich verheiratet, sie sagt es selbst, sie ist zutraulich wie ein Kind, obwohl sie schon dreißig Jahre alt sein soll. Wie traurig, daß ich die kaum gewonnene Freundin so bald wieder verlieren werde! Das

Schlößchen ist verkauft und Blanka nur hierhergekommen, um ihre Zelte abzubrechen.

16

8. August

Es ist merkwürdig bei uns seit der Anwesenheit Blankas. Sie kommt oft zu mir, möchte mit mir allein sprechen. Ja! ob Albrecht und Emilie uns auch nur einen Augenblick verließen! Ich werde bewacht und behütet … man könnte es nicht anders treiben, wenn Blanka der böse Feind wäre, der auf mein Verderben sinnt. Ich bin nicht mißtrauisch, es geschieht aber alles, um mich dazu zu machen.

17

10. August

Blanka muß einmal eine große Enttäuschung erlitten haben, sie spielt oft darauf an. – Es gibt keine Treue in der Welt! sagte sie heute, und Emilie erwiderte: Das Gegenteil zu beweisen steht jedem frei. Er übe Treue, und sie wird in der Welt sein. Dabei leuchteten ihre Augen. Aber Blanka hielt den Blick aus (der mich blinzeln macht wie ein Blitz) und lächelte nur und sprach: Die Lehre mache ich mir zunutze. Ich führe meine Vorsätze treulich aus. Sie glauben doch nicht, daß ich hergekommen bin, um Gerümpel einpacken zu lassen? Ich bin gekommen, um Gericht zu halten, und das wird geschehen. – Nun lächelte auch Emilie, aber etwas säuerlich. – Gericht halten oder denunzieren? – Wie Sie wollen. – Bei derlei Affären erweist der Denunziant sich oft als Mitschuldiger. – Wer weiß, vielleicht ist ihm alles, sogar die Begeisterung der Unschuldigen und Reinen, feil um die Wollust der Rache …

Das sind kindische Reden, aber die Damen führen sie mit einem Nachdruck, als ob hinter jedem Wort eine Armee von Gedanken versteckt wäre.

18

12. August

Habe ich Dir schon erzählt, daß Blanka ein Vergnügen darin findet, meinen Mann zu necken? Mich wundert nur, daß sie den Mut dazu hat. Ja, sie neckt ihn mit seiner ... seiner zeitweiligen kleinen Gedächtnisschwäche. Sie behauptet auch, er hätte eine neue Orthographie erfunden. Beim Ordnen verschiedener Papiere (vermutlich ihres Mannes) ist sie auf merkwürdige Schriftstücke gekommen, die sie mir zeigen will – wegen der Orthographie. Sie sagte das so sonderbar, ihre Art und Weise war so herausfordernd – schien Albrecht so peinlich zu berühren, daß es mich verdroß und ich ausrief: Nur her mit diesen Elaboraten! Ich will sie sehen! Ich habe ohnehin keine Ahnung von dem Stil meines Mannes, wir waren nicht getrennt während unseres kurzen Brautstandes, er schrieb mir also nicht. Nur her also! nur her! – Da fuhr er aber auf mit einer unbegreiflichen Heftigkeit ... Und diese Heftigkeit, und seine finstern, lauernden Mienen ... Ich liebe ihn ja unaussprechlich, wenn das aber so fortgeht, werde ich ihn noch mehr fürchten als lieben, und das, Mama – das wird ein Unglück sein.

19

Verehrte Schwiegermutter!

15. August

Ich bestätige mit ehrerbietigem Dank den richtigen Empfang der Korrespondenzkarten meiner lieben Frau und habe Ihre gute Meinung daraus ersehen. Es ist sehr schlimm, denn ich weiß nicht, was ich tun soll, damit sie nicht so vor mir erschrickt, wenn ich vor ihr erschrecke. Das Gewitter steht über meinem Hause, der Blitz wird gleich einschlagen. Sie wissen alles, ich habe Ihnen pflichtgemäß alles eingestanden, bevor ich um Ihre Tochter, meine liebe Frau, bei Ihnen geworben habe ... Meine Situation ist auf das höchste gespannt – soll ich nicht abspannen? – auch ihr alles eingestehen?!

Sie wird mich verachten; raten Sie mir! Es wird alles geschehen, nur mit Worten kann ich meine liebe Frau nicht täuschen, genug schon, zuviel, daß es mit Vertuschen geschieht.

Raten Sie mir!!

20

Lieber Schwiegersohn!

18. August

Die Frage, ob Sie alles gestehen sollen, haben Sie wohl nicht im Ernst gestellt, deshalb erspare ich mir die Antwort darauf; und was das Täuschen anbetrifft, so muß ich sagen, wenn Sie es nicht können, so trachten Sie es zu lernen, denn wie wollen Sie regieren, wenn Sie nicht täuschen können? Und eine Frau nehmen, hat doch geheißen regieren wollen, seit die Welt steht.

21

Verehrte Schwiegermutter!

20. August

Verzeihen Sie, Sie irren sich. Ich habe es ernst gemeint, das mit dem Gestehen. Es ist nicht so kurios, wie es aussieht, weil ich weiß, daß »man« nicht ruhen wird, bevor »man« mich verraten hat. Aber weil Sie es so nehmen, werde ich schweigen. Möge ich es nie bereuen, aber ich werde es bereuen.

Die Reue ist etwas Schreckliches.

Ich bin in ihren Krallen zum Feigling geworden. Könnte übrigens auch auf einmal andere Saiten aufziehen; meine Schwester hält mich ab, sonst hätte ich schon energische Maßregeln ergriffen.

22

Lieber Schwiegersohn!

22. August

Ihre Schwester hat recht, energische Maßregeln sollen Sie nicht ergreifen, sondern in Gottes Namen, wenn man Sie verrät – sonderbar! ich meine eher *sich* –, zugeben, daß Sie das Unglück gehabt haben, bei einer Kokette Glück zu haben, sogleich jedoch hinzusetzen, daß der Mann Rechenschaft zu verlangen hat von der Vergangenheit seiner Frau, diese aber nicht von der seinen, in bezug auf Herzensangelegenheiten. Auf Argumente lassen Sie sich, wenn ich Ihnen raten darf, nicht ein, das einzige: »Es war von jeher so« ausgenommen, das allerdings schwach ist; aber in dieser Sache gibt es wenig starke, und solange die schwachen gelten … Wir wissen von den meisten Münzen, daß sie den Wert, den sie anzeigen, nicht besitzen – da sie jedoch allenthalben für denselben angenommen werden … Sie verstehen mich.

23

22. August

Alles gut, mehr als gut. Wir waren im Schlößchen, um Abschied zu nehmen, Emilie und ich. Albrecht hatte versprochen, uns nachzukommen, erschien aber nicht. Er hat wieder furchtbar viel zu tun, dachte ich, und entschuldigte ihn auch damit bei Blanka. Statt dessen – wir sind noch gar nicht lange auf der Rückfahrt begriffen, und wen erblicke ich? … Niemand anders als meinen Herrn Gemahl, der am Wege steht und nach uns (wäre ich ganz aufrichtig, ich sagte: nach mir) auslugt, hoffend und harrend, wie eine männliche »Spinnerin am Kreuz«. Wir kommen in seine Nähe, er springt in den Wagen, sieht erst Emilie an, die ihm wie beruhigend zunickt, und dann mich und sagt so freudig: Also wieder da! Also glücklich wieder da! als ob ich unversehrt aus der Schlacht oder von einem Ausflug zu den Menschenfressern heimgekehrt wäre. Was hast du denn gefürchtet? fragte ich, der Weg ist ja gut, und die Pferde sind sicher.

Da nahm er meine Hände in die seinen und sprach das geflügelte Wort: O mein Herz – lieben heißt fürchten!

24

23. August

Sie ist fort, leider fort, wie eine liebliche Erscheinung aufgetaucht und wieder verschwunden. In der zwölften Stunde erwachte Albrechts Gewissen, und er fuhr nach der Eisenbahnstation, um Blanka ins Coupé ein Lebewohl nachzurufen. Er hat einen weiten Weg und kann vor Abend nicht zurück sein. Emilie ist zu Hause geblieben.

Ach, liebe Mama, sie glauben, ich merke nichts, während ich mich im stillen königlich ergötze an allen ihren Schlichen! Albrecht ist nicht nach der Station gefahren, weil ihn danach verlangt, sich bei Blanka zu empfehlen, sondern weil er sich überzeugen will, ob sie auch wirklich fortreist. Emilie spaziert nicht zu ihrem Vergnügen längs der Terrasse auf und nieder, sondern um wie eine Schildwache zu patrouillieren – – – Und während alle diese weisen Vorsichtsmaßregeln getroffen werden, ist das, was sie verhüten sollen – geschehen. Die Briefe Albrechts sind in meinen Händen. Ich habe sie! Ich habe sie!

Emilie ruft, ich will zu ihr. Lebe wohl für jetzt. Mit der Nachmittagspost schicke ich noch eine Karte.

25

23. August, nachmittags

Wie ich zu den Briefen kam, mußt Du hören. Ein kleiner Junge brachte mir ein Körbchen, gefüllt mit herrlichen Rosen. – Wer schickt das? fragte Emilie. – Der geistliche Herr. – Ja so! Nichts einleuchtender. Wir waren neulich vor dem Garten des Pfarrers stehengeblieben und hatten seine Zentifolien bewundert, und lauter Zentifolien waren es, die, nachlässig hineingeworfen, das Körbchen füllten. Ich freue mich, trage die Blumen in mein Zimmer, um sie in Wasser zu setzen, und siehe da, unter ihnen verborgen liegt ein Zettel und ein versiegeltes Päckchen. Den Zettel schreibe ich Dir ab:

Die Auslieferung dieser Briefe an Sie kostet mich viel – Ihre gute Meinung. Je nun – ich bezahle den Preis, heimsen Sie den Vorteil ein. Das Leben überhaupt, die Ehe insbesondere, ist ein Kampf. Hier sind Waffen.

Blanka

Im Augenblick, in dem sie für immer von uns scheidet, findet sie noch die Stimmung zu einem etwas boshaften Scherz. Er beweist allerdings eine starke Seele, und was sie da schreibt, ist ja recht geistreich; aber ein einfaches warmes Abschiedswort wäre mir doch lieber gewesen.

26

Meine geliebte Mutter!

24. August

Heute muß es ein Brief sein, und heute mußt Du es mir verzeihen.

Ich erzähle von Anfang an, obwohl nur das Ende interessant ist.

Albrecht kam gestern erst nach neun Uhr zurück. Er hatte den Wagen vor dem Hoftor halten lassen und war schon ins Haus geeilt, während ich am Fenster stand und mich fürchtete, weil ein schweres Gewitter aufstieg. Da öffnet sich die Tür, und Albrecht stürzt herein. Ich erschrecke, stoße einen Schrei aus, und – er schreit auch: Was ist? Was gibt's? Was hast du? … Sieht sich im Zimmer um, sieht alles mit einem Blick, auch die Rosen, die neben der Lampe auf dem Tische stehen, und ich, weil sein verstörtes Wesen mich ängstlich macht, plumpse sogleich heraus: Blanka hat sie geschickt, deine Briefe lagen dabei.

Er zuckte zusammen wie ein verwundeter Hirsch, sprach kein Wort und fuhr mit beiden geballten Fäusten nach dem Kopf.

Albrecht! Albrecht! rief ich, wie unrecht von dir, wie schrecklich unrecht! – Nicht wahr? … Er stöhnte nur so, und ich weiß selbst nicht, wie es kam, daß ich nicht in Tränen ausbrach über seinen Schmerz, sondern – freilich mit sehr beklommener Stimme – sagen konnte: Wie unrecht, daß du Geheimnisse vor mir haben, dich mir nicht zeigen willst, wie du bist, mit deinem guten und braven Charakter und mit deiner mangelhaften Orthographie!

Du spottest, preßte er mühsam hervor, und ich entgegnete: Dich verspotten, weil du nicht Zeit hattest, hinter den Büchern zu hocken? Ein Mann wie du, der Besseres zu tun hat! O Lieber! warum mich täuschen wollen? Was liegt denn mir daran, ob du glaubst, daß die Inster im Nassauischen entspringt und daß Katharina von Medici die Frau Peters des Großen war? Wenn du nur das sicher und gewiß weißt und festhältst und nie vergissest, daß ich deine einzige Freundin und Vertraute bin und sein muß … – Auch sein willst? unterbrach er mich und schnappte nach Luft. – Willst? … Hab ich da noch zu wollen? Bin ich nicht deine Frau? Und er: Das jetzt? Jetzt – nachdem du gelesen hast –, er deutete nach dem Päckchen und zitterte, wahrlich, der ganze Mann zitterte, und es war sein Glück, sonst wäre ich ernstlich und unbarmherzig böse geworden. Aber weil er gar so beschämt und reuig aussah, sagte ich nur ein wenig vorwurfvoll: Gelesen? … Albrecht! wie kannst du das glauben?

So hast du nicht? … hast nicht? …

Überzeuge dich, ob das Siegel unversehrt ist, gab ich, und diesmal recht trocken, zur Antwort und steckte ihm die Briefe in seine Brusttasche. – Und in Zukunft halte es nie mehr für möglich, daß ich wissentlich etwas tue, das dir unlieb ist …

Nun kommt das Interessante! und daran werde ich denken, solang ich lebe. Statt aufzufahren über meine harten Worte, wie ich erwarten mußte, statt dessen – – liebe Mutter, nie hat er vor mir gekniet, nicht als Bräutigam, nicht in der ersten Flitterwoche … In dem Augenblick aber – bevor ich mich besann, bevor ich's hindern konnte – da lag er zu meinen Füßen, mein bester Mann, mein teurer Herr, und faltete seine Hände wie ein Betender. In seinen Augen glänzten große Tränen, und er rief, und er flüsterte mit lautem Jubel, mit stillem Entzücken: O mein Weib! mein Kind!

Die Totenwacht

Es war am Ende eines kleinen Dorfes im Marchfeld das letzte, das ärmlichste Haus. Seine niedrigen Lehmmauern schienen jeden Augenblick aus Scham über ihre Blöße und all ihre zutage gekommenen Gebrechen in sich zusammensinken zu wollen. Das schiefe Strohdach bot nur noch einen sehr mangelhaften Schutz gegen Hitze und Kälte, Sturm und Schnee. Die Eingangstür, die des Schlosses entbehrte, war mit Stricken an den verrosteten Angeln befestigt, klaffte von allen Seiten und hatte längst aufgehört, eine feste Schranke zu bilden zwischen der Straße und dem einzigen Wohnraume der Hütte. Durch eine seiner Fensterluken drang ein schwach flackernder Lichtschein in das Dunkel der Oktobernacht. Er ging von einer Talgkerze aus, die am Fußende eines Sarges brannte. Der Sarg stand noch offen auf einem Schragen mitten in der Stube, und in ihm ruhte die Leiche einer kleinen alten Frau. Sorgfältig angetan, mit dem Ausdruck seligen Friedens auf dem greisen Gesichte, nahm sie sich fast zierlich aus in ihrem letzten Bette. Ein weißes Tüchlein war um ihren Kopf gewunden und unter dem Kinn zusammengesteckt; die grauen Haare waren glatt gescheitelt, die Hände über der Brust gekreuzt und mit einem Rosenkranz umwickelt.

Die Wacht am Sarge hielt die Tochter der Verstorbenen, ein nach dörflichen Begriffen altes Mädchen. Dreißig Jahre der Entbehrung und der Arbeit wägen schwer; aber sie schien ihre Last nicht zu fühlen. Eine trotzige Leidensfreudigkeit sprach aus ihrem dunklen, noch schönen Gesichte; ihre Gestalt war schlank und geschmeidig geblieben.

Die Arme um die Knie gespannt, saß sie auf einem Bänkchen neben der Toten, legte von Zeit zu Zeit den Kopf auf die Kante des Sarges, schloß die heißen, trockenen Augen und murmelte ein Gebet.

Aus der Ferne drangen zwölf schwache Pfiffe; der Nachtwächter zeigte die Mitternachtsstunde an. Im Stalle des nächsten Nachbars meckerte äußerst kläglich eine junge Ziege, und gleich darauf erhob sich ein lautes Brüllen, setzte tief und gewaltig ein und endete mit einem schrillen, sägenden Laut. Das war die Kuh des andern Nachbars, drüben jenseits der Straße, des Huber Georg, die braune, die er um schweres Geld und doch nicht zu teuer gekauft hatte. Sie lag in frischem Stroh bis über die Ohren und ließ sich's Wohlsein. »Die Kuh des Huber Georg hat einen guten Pfühl«, dachte das Mädchen und sah über den Sarg hinweg nach der elenden Lagerstätte, auf der ihre Mutter gestorben war.

»Meine arme Mutter«, flüsterte sie leise, streichelte die wachsgelbe Wange der Toten und vertiefte sich in die Erinnerung an all das Leid, das in wenig Stunden mit der alten Frau ins Grab versenkt werden sollte. Für immer versenkt. Amen.

Eine letzte, schwerste Trennung noch und dann: Leb wohl, Heimat! Grüß Gott, liebe Fremde, in der es keinen Huber Georg gibt, in der man ihm nie begegnen, in der sein blankes Haus einem nicht entgegenprunken kann und man seine verwöhnte Kuh nicht brüllen zu hören braucht.

Alles war wieder still geworden, nicht ein Lüftchen regte sich; die alte Frau im Sarge lag da, jetzt schon von Grabesruhe umgeben.

Plötzlich wurde das Geräusch einer vorsichtig geöffneten und wieder geschlossenen Tür hörbar, und von der Straße her näherten sich, öfters innehaltend, schwere, zögernde Schritte. Nun hielten sie vor dem Hause an, und im nächsten Augenblick trat Georg Huber über die Schwelle.

Er war groß und breitschulterig und hatte einen kleinen Kopf und ein hübsches Gesicht mit niedriger Stirn und schlanker gerader Nase. Seine blauen, ein wenig vorstehenden Augen schauten unsicher und betroffen drein; trotzdem aber nahm er sich aus recht wie ein Herr in seinen städtischen Kleidern, und seine neuen Stiefel knarrten gar vornehm.

Die Pelzmütze lüftend, grüßte er die Tote, vermied jedoch, sie anzusehen, und brachte ein halb unverständliches: »Wünsch guten Abend, Anna« hervor. Die Zunge schien ihm schwer im Munde zu liegen, seine Oberlippe zuckte unter dem Schnurrbärtchen, seine Rechte schob die Mütze weit zurück ins Genick. »Guten Abend, Anna«, wiederholte er.

Sie runzelte die Stirn, warf einen Blick voll feindseligen Erstaunens auf ihn und blieb stumm.

Der wenig Beredsame mußte von neuem beginnen: »Dich wundert's, daß ich komm'. Ich komm', weil ich gehört hab, daß sie« – er deutete auf die Tote – »mir verziehn hat, eh' sie g'storben ist.«

»Wer hat dir das g'sagt?« fragte Anna; heiß aufwallender Unwille trieb ihr das Blut in die Wangen.

»Der Herr Pfarrer hat mir's g'sagt, und dir kann's recht sein«, antwortete Georg und nahm, ohne ihre abwehrende Bewegung zu beachten, Platz auf dem Bette, das unter seiner Wucht erzitterte und stöhnte. »Ich komm' auch«, begann er wieder, da sie in ihrem düsteren Schweigen verharrte, »weil du ganz allein die Totenwacht halt'st. Die alten Weiber lassen sich nicht sehn, wenn man keinen Branntwein zahl'n kann.«

»Wenn ich sie eing'laden hätt, wären ihrer gekommen mehr als g'nug. Aber ich hab die letzte Nacht allein bleiben wollen mit meiner Mutter. In ein paar Stunden kommen s' ohnehin und tragen sie mir weg.«

Er verstand den Wink nicht, er blieb sitzen. Nach einer Weile mahnte ihn das Mädchen: »Bet ein Vaterunser und geh.« Er verschränkte die Finger, betete halblaut und sagte am Schlusse: »Gott hab euch selig, Mutter Theres'.«

Der Nachtwächter kam jetzt auf seiner Runde in die Nähe des Hauses, entlockte seinem Pfeifchen einen langgezogenen Ton, ging vorbei und pfiff wieder: ein Uhr.

Georg traf noch immer keine Anstalt zum Aufbruch. Er

hatte sich tief gekrümmt, die Ellbogen auf die ausgespreizten Knie, das Gesicht in die gefalteten Hände gelegt, und rührte sich nicht.

»Du schlafst!« rief das Mädchen ihn endlich an. »Geh nach Haus schlafen.«

»Ich schlaf nicht«, sagte er, ohne seine Stellung zu verändern; »ich denk an deine Mutter. Ich denk, wie sie mir gedroht hat: ›Wenn ich vorm lieben Herrgott stehen werd, werd ich dich bei ihm verklagen.‹ Sie tut's aber nicht.«

»Sie hätt Wort halten sollen, sie hätt dir nicht verzeihen sollen; sie war zu gut, viel zu gut, übergut!« sprach Anna dumpfen Tones.

Georg hob ein wenig den Kopf und warf einen halb kekken, halb scheuen Blick auf sie: »Du meinst halt, grad sowenig hätt' sie mir verzeihen sollen, wie du mir verzeihst. Wirst aber schon, wenn du hörst, mit was für Gedanken ich herkomm'.«

Sie verzog den Mund zu einem verächtlichen Lächeln; auf eine andere Antwort wartete Georg umsonst und mußte, um das Gespräch nicht ganz fallen zu lassen, wieder beginnen: »Der Herr Pfarrer meint; wenn er's aber auch nicht meinen möcht, ich mein's von selbst.«

»Ich mein auch was«, unterbrach sie ihn: »Daß du daher nicht g'hörst; auch wenn sie dir zehnmal verzieh'n hätt', hätt'st nicht dazusitzen. Geh.«

»Weil ich jetzt bleiben möcht«, erwiderte er grollend, »heißt's: Geh! Und so warst immer. Alle Schuld liegt auch nicht an mir; du bist bös g'nug.«

»Du hast mir's nicht vorzuwerfen, du nicht! War ich's denn? Nein. Ich bin's durch dich worden.«

»Natürli!« höhnte er. »Alle Schuld wird immer auf mich g'wälzt. Durch mich allein bist bös worden, durch andre nicht; am wenigsten schon durch dein' Vatern.«

Sie war wild aufgefahren, warf einen Blick auf die stille Frau im Sarg und bezwang sich. – »Ausg'standen hab ich g'nug durch ihn, bös bin ich durch ihn nicht g'worden«, sagte sie. »Was dein Vater tut, muß dir recht sein, hab ich immer von der Mutter g'hört, und vom Herrn Pfarrer: Was der liebe Gott tut, muß uns recht sein. Ob also der Vater dreing'schlagen hat oder der Blitz, etwas anderes als: duck' dich! ist mir zuletzt dabei nicht mehr eing'fallen. Eine Heimsuchung vom lieben Gott ist das, einen Lumpen zum Vater zu haben, der alles vertut, einem das Dach überm Kopf verspielt und die Kleider vom Leib ...«

»Ehnder noch, weißt noch damaln«, fiel ihr Georg mit naiver Schadenfreude ins Wort, »das Kleid mit die roten Tupfen?«

»Mit die roten Tupfen ... das war was! Und dazu dein ewig's Frotzeln: ›Du hast ja so ein schönes Kleid kriegt, wo is's denn? Hebst dir's auf, auf den Sonntag?‹ Ich hätt' von selbst nicht mehr dran gedacht, du hast mich immer g'mahnt ... Auch jetzt mahnst mich wieder ...« Sie schwieg, sie ließ den Kopf auf die Brust sinken. Die Erinnerung an eine der kläglichsten Begebenheiten in ihrem kläglichen Kinderleben tauchte wieder auf. Bild an Bild zog vorüber, deutlich zum Greifen.

Da stand sie eines Winterabends mit anderen armen Kindern in einem großen, herrlichen Saale. Unzählige Kerzen brannten, es war hell und warm wie im Himmel. Und Sachen gab es auf einem Tisch ausgebreitet und aufgestellt, daß einem die Augen übergingen und das Wasser im Munde zusammenlief. Annas Blicke wanderten verzückt umher und blieben plötzlich wie gebannt auf einem Kleide haften – ein Bild von einem Kleide, heute noch hätte sie's malen können. Es war grau und ganz besät mit roten Tupfen, nicht größer als Grießkörner, und das Leibchen hatte eine schmale, kirschrote Einfassung und die Schürze einen kirschroten Saum und wirkliche Taschen, und aus der einen guckte ein Tüchlein heraus mit roten Tupfen, und *die* waren linsengroß.

»Du lieber Gott, was bliebe einem noch zu wünschen übrig auf der Welt, wenn man dieses Kleid hätte, diese

Schürze, dieses Tüchlein?« fragte sich das Kind und geriet vor lauter Nachdenken, Staunen, Bewundern in einen Zustand des wachen, wonnigen Traumes. Jedes Wunder paßte in den hinein, und das lieblichste begab sich. Eine feine Hand legte sich unter Annas Kinn und bog ihren Kopf sanft zurück, und die Augen des kleinen Mädchens erhoben sich und begegneten einem Paar großer, tiefdunkler Augen voll unsagbarer Güte und unendlicher Traurigkeit. Das waren die Augen der einsamen Schloßbewohnerin, der vielverehrten und vielbedauerten »Komteß«, der armen Reichen, die so schweres Herzeleid erfahren hatte und langsam hinschwand und sich zu Tode kränkte.

»Du Kleine«, sagte sie, und ihre liebreiche, etwas verschleierte Stimme klang wie gedämpfte Musik, »dieses Kleid gefällt dir. Schau nur, wie gut sich das trifft, ich hab's für dich genäht. Nimm, es ist dein, nimm auch die Stiefelchen und das Tuch. – Nun, Annerl, so nimm!«

Aber Annerl rührte sich nicht; sie fürchtete, durch ein Wort, eine Gebärde den holden Traum zu zerstören, von dem sie sich befangen wähnte.

Da nahm die Komteß ein großes, weiches Umhängetuch vom Tische und wickelte das ganze Kind vom Kopf bis zu den Füßen hinein. Sie zog seine Ärmchen unter dem Tuche hervor und belud sie mit einem Paar warmer, rot gefütterter Stiefel und mit dem von Annerl eben noch gleich einem Märchenbilde angestaunten Kleide. Die Kleine hatte alles geschehen lassen und war stumm geblieben. Jetzt brachen zwei Worte voll des Jubels über ihre Lippen: »Die Mutter!«

Was wird sie sagen, die Mutter, die immer stopft und flickt an des Töchterleins altem »G'wandl« und gestern erst bitterlich geweint hat, weil ihr das morsche Zeug unter der Nadel zerfiel – was wird sie sagen? Die Kleine war blaß gewesen vor innerster Erregung; auf einmal schoß ihr das Blut ins Gesicht, sie wandte sich und lief davon. Vergeblich wurde ihr nachgerufen: »Warte, du bekommst noch mehr!« Sie lief und lief. Hinter ihr schallte das Gelächter und Geschrei der anderen Kinder. Der Lichterglanz des beleuchteten Schlosses, der sie noch eine Weile begleitet hatte, erlosch; sie preßte ihren Schatz an die Brust und gar oft an den Mund und rannte weiter in die Nacht hinein, längs der Gartenmauer ins Dorf, von dem Gedanken an die Mutter getragen wie von Flügeln.

Der kürzeste Weg führte am Wirtshause vorbei; den schlug sie ein. Wüster Lärm schallte ihr entgegen; es gab wieder Streit in der Schenke. Ein Raufbold oder ein Lump mit leerer Tasche wurde hinausgeworfen. Jetzt stand er unter der Laterne vor der Tür, und voll Schrecken erkannte die Kleine: »Das ist der Vater!«

Es überrieselte sie bei dem Gedanken an die Gefahr, der sie sich mit jedem Schritte näherte, und doch lief sie weiter; ihr fiel gar nicht ein, daß sie guttäte, die Dorfstraße zu vermeiden, um die Ecke zu biegen und auf dem Feldwege nach Hause zu eilen. Nur vorbeihuschen an dem Schimpfenden, Fluchenden, bereits sehr Angetrunkenen wollte sie. Sie lief nicht mehr, sie schlich langsam und leise, drückte sich an die der Schenke gegenüberstehenden Häuser, hoffte schon glücklich zu entkommen im Schutze der Dunkelheit. Fast auch wäre es gelungen, wenn nicht ihr Freund, der Spitz des Wirtes, die Nähe seiner Spielgefährtin witternd, mit lautem Freudengebell auf sie zugesprungen wäre. Sie wich zurück, sie flüsterte ihm zu: »Still, Spitzerl! still, du liebes dummes Tier!« – Der Spitz trieb es je toller, je ängstlicher sie ihn abwehrte, und nun rief auch schon der Vater herüber, streitlustig wie immer bei halb gelöschtem Durste: »Wer geht da, wer hat da zu gehen?«

Sie gab keine Antwort, sie ergriff die Flucht, und der Hund bellte und sprang, und der Vater stolperte ihr nach und hatte sie bald eingeholt mit seinen langen Beinen. Das Tuch war ihr vom Kopfe herabgerutscht, er erwischte und zerrte sie an ihrem dicken Zopfe.

»Ich bin's, Vater, um Gottes willen, laßt mich«, schrie sie auf und wehrte sich, als er an dem Pack, den sie trug, gierig herumtastete.

»Was hast da? Hast was g'stohlen?«

»Bekommen hab ich's! mein ist's, mein!«

»Her damit! Ich leid nicht, daß was g'stohlen wird. Ich bin ein ehrlicher Mensch. Her mit dem G'stohlenen!«

Er wollte alles auf einmal nehmen, aber das gelang ihm nicht. Sie kratzte und biß und verteidigte jedes einzelne Stück ihres köstlichen Eigentums mit verzweifeltem Mute. Aus den Händen, aus den Zähnen mußte der Vater es ihr reißen und tat's, und als sie sich an das letzte, das er ihr abrang, das große Tuch, festklammerte und im Kampfe niederfiel, schleifte er sie unbarmherzig hinter sich her, bis ihre Kraft versagte und sie das Tuch fahrenließ. Blutend und zerschlagen richtete sie sich auf die Knie auf, streckte den Hals und schaute. Der Vater stand wieder unter der Laterne vor dem Wirtshause, klopfte an und rief mit dem Selbstbewußtsein eines Kapitalisten: »Heda, Jud, abrechnen! Ich bring was! Ich bezahl!«

Man öffnete, man ließ ihn ein, den Dieb und Räuber! Annerl stürzte ihm nach, sie schrie sich heiser, stieß dem Vater abgelernte Flüche hervor, polterte in sinnloser Wut mit ihren kleinen Fäusten an die Tür, bis sie endlich aufging und ein Fußtritt, gut gezielt, einer von der wohlbekannten Art, das Kind zum Schweigen brachte. Aber nicht zum Weichen. Annerl blieb auf der Schwelle sitzen, an der Unglücksstätte, wo ihr höchstes, noch kaum genossenes Gut verschachert wurde. Empörung kochte in ihrem Herzen; ihr verzweiflungsvoller Schmerz schrie zum Himmel aus ihrem leisen Weinen, ihrem unterdrückten Schluchzen und wurde nicht gehört, nicht damals – und nie!

Erinnerungen ohne Zahl brachen über sie herein in dunkel wogenden Fluten. Sie preßte die Hände an ihre Stirn und an ihre Schläfen.

»Du hast's anders gehabt, Herr Jesus, wie gut hast du's gehabt«, sprach sie tief aufseufzend, »und wie hast du mich drum veracht't!«

Er protestierte ziemlich lau: »Was dir einfallt – veracht't ... Warum denn?«

»Frag nicht, was du weißt. Weil du reich warst und weil ich arm war, darum. Weil du in Stiefeln gegangen bist von klein auf und ich bloßfüßig gelaufen bin. Weil deine Kleider ganz waren und die meinen zerlumpt. Weil du immer satt warst bis daher« – sie legte den Rücken der flachen Hand an den Hals – »und ich immer ausg'hungert ... so ausg'hungert, daß ich ... Heut noch, wenn ich's denk, schäm ich mich in die Haut hinein ...«

Sie lächelte mit zuckenden, schmerzvoll verzogenen Lippen: »Daß ich aufgepaßt hab jeden Nachmittag, ob du herauskommst mit deiner Jausen. Du richtig gekommen, und ich gewartet und gehofft, jetzt und jetzt krieg ich einen Brocken; und du hineingebissen in dein Butterbrot, das dick beschmierte, und g'schmatzt und herumg'schaut, wer dich bewundert, daß du so reich bist und essen kannst, solang dir's schmeckt. Wenn ich das denk! Ich aber bin g'standen und hab mich nicht g'rührt, bis du g'nug und überg'nug g'habt hast und den lumpigen letzten Bissen übern Zaun hing'worfen hast auf die Straß'n. Der war für mich! über den bin ich herg'fallen wie ein hungriger Hund ... Weißt noch?« fragte sie und maß ihn mit ruhigen Augen, in denen es blinkte, kalt wie Eis und unerbittlich wie Haß. »Ich weiß, und wenn ich mich drauf b'sinn, gibt's auf der weiten Welt unter die vielen schlechten Leut nicht zwei, die mir so völlig z'wider sind wie du und wie ich mir selber.«

Er war ein wenig verlegen geworden und versetzte: »No ja, wir sind halt Kinder g'west. Kinder sind alleweil ungut.«

»Daß ich nicht wüßt. Und du hast zur Ungutheit schon gar keine Ursach g'habt. Aber grad wenn ein'm zuviel Gut's g'schieht, tut man nix Gut's. Deine Eltern waren brav und haben sich geplagt von früh bis abends für dich. Meine Mutter hat sich freilich auch geplagt, aber was hat's g'nutzt. Wenn sie fünfzig Kreuzer verdient hat, hat der Vater sechzig vertrunken …«

Sie hielt inne, sann nach und fuhr dann eifriger und rascher fort: »Wie unsere Eltern sich da angebaut haben an der Straß'n, da war, so heißt's, unser Haus das schönere, und das Feld war dabei, das meiner Mutter g'hört hat – g'hört und nicht g'hört, denn was g'hört einer, die einen Lumpen zum Mann hat? – das Feld, auf das dein Vater immer neidisch war.«

»Neidisch?« rief Georg, »nit im Traum.«

»Warum denn nicht? Er hat's sein dürfen; das Feld is dernach. Du weißt am besten, was's wert is.«

»Was's wert is, is wert, und das hat mein Vater dafür 'geben und hat's auszahlt bei Heller und Pfennig.«

»Ich sag's auch nicht anders. Ich sag dein Vatern nix Schlecht's nach. Ich hab ihn gern g'habt, er hat mich oft in Schutz g'nommen, wenn du gedroht hast, du wirst mir's schon zeigen, ich soll nur probieren, zu raufen mit einem, der so is wie du, der so eine Kraft hat wie du.«

»Ja, Schläg g'nug hab ich deinetwegen kriegt.«

»Hast auch alleweil mit Steinen nach mir g'worfen.«

»Und du vielleicht nicht nach mir?«

»Schon auch. Aber ich hab g'fehlt, und du hast getroffen. Das war der Unterschied.«

Georg schmunzelte wohlgefällig: »Schon gar damal'n«, sprach er, mit dem Zeigefinger eine Stelle an seiner Stirn bezeichnend, an der die ihre ein Mal trug, rötlich und spitz zulaufend wie ein Flämmchen.

»Grad das hat nix g'macht«, entgegnete sie. »Nur was vorhergegangen is, deine Bosheit, garstiger Bub, der du g'wesen bist. Nix hast mir gegönnt. Die liebe Sonn hättst mir verhängt mit einem Kotzen, wenn du gekonnt hättst. Dein weißes Katzerl, nicht einmal anschau'n hab ich's dürfen, wie wenn ich ihm was wegschau'n könnt, so hast du's g'trieben.«

Auch diese Erinnerung an seine kindlichen Großtaten ergötzte ihn: »So hab ich's trieben?« fragte er.

»Da hat sie einmal mit einer Nuß g'spielt; das war zum Lachen. Immer drauf mit der Pfoten, und die Nuß weggekugelt, und das Katzerl einen Satz g'macht, ihr nach, und ein G'sicht, wie wenn sich's denken möcht: Was bist denn? bist am End lebendig? bist am End gar eine Maus? – Ich g'lacht, daß ich mich g'wunden hab, und höher hinaufgekraxelt auf unsern Zaun und mich g'streckt, daß ich nur gut seh. – Herr Jesus! da stehst auf einmal du hinter dein'm Zaun und schreist mich ganz pamstig an: ›Was schaust? Hast nit zu schau'n! Schau nit!‹ und ich ärger' mich: ›Dummer Bub, jetzt just!‹ und seh noch, daß du den Arm hebst, und dann seh ich nix mehr, fühl nur, daß mir was Warmes über mein G'sicht lauft und daß ich hinfall wie ein recht Müdes in sein Bett.«

Georg strich sich ein paarmal über den Kopf mit seiner flachen Hand. Er erinnerte sich noch recht gut, wie ihm damals zumute gewesen war nach jenem Steinwurf, als es drüben unheimlich still wurde und er gerufen und keine Antwort bekommen und nichts anderes geglaubt hatte, als daß sie etwas besonders Tückisches gegen ihn aushecke. Er war auf dem Bauche über die Straße gerutscht und hatte durch eines der vielen Löcher im Zaune des Nachbars unten durchgeguckt. Da hatte er die kleine Anna liegen gesehen, regungslos, blutüberströmt, und vor Entsetzen über den Anblick den Kopf verloren und ein Geschrei erhoben, daß die Leute zusammenliefen: »Sie is tot! Anna is tot, ich hab sie totg'macht!«

»Das war weiter kein Schrocken«, schloß er, und sie sprach: »Wenn's nur wirklich so g'wesen wär, wenn du mich nur wirklich totg'macht hättst damal'n, du hättst mir später das viel Ärgere nicht antun können ...« Die Stimme wollte ihr versagen, schwer atmend fuhr sie fort: »Wenn das meine

Mutter g'wußt hätt! … Aber sie hat's nicht g'wußt, ich hab ihr's nicht sagen können, die Scham hat mir's Wort in der Kehl'n zusammeng'würgt … So is's auf mir sitzenblieben wie ein Mühlstein. Ich hab's g'schleppt durch mein ganzes Leben. Wie mich jemand ein bissel lang ang'schaut hat, is mir's wie Feuer zum Kopf g'stieg'n: Meinst vielleicht *das*? Aufschrei'n hätt ich mögen: Menschen, Menschen, glaubt's nix Schlecht's von mir, ich bin nicht schlecht! … Verkriechen hätt ich mich mögen, so tief, so weit, daß keine Seel mir hätt nachkommen können … Was hätt ich nicht alles anfangen mögen? O mein Heiland, der du für uns g'litten hast, mir hast nix wegg'litten, mein Teil is ganz übrigblieb'n!«

»Was für ein G'red, dös g'hört si nit, so ein G'red«, ermahnte Georg, und das Mädchen brach aus: »Dir war's freilich recht, daß ich g'schwiegen hab, und am liebsten wär's dir, ich schweiget noch. Aber nein! Einmal sag ich's, jetzt sag ich's meinem alten, lieben, kleinen Mutterl, weil sich's drüber nicht mehr zu Tod kränken kann und mich doch hört vom Himmel aus, in den's aufg'fahren is! … Hör mir zu, Mutter, und klag's dem allgerechten Herrgott, bei dem du bist.«

»Gib Ruh mit die alten G'schicht'n!« rief Georg; sie aber legte die Hand auf das Haupt der Toten: »Ihr sind's nicht alt und mir auch nicht. Immer neu, immer brechen die versteckten Wunden auf, und einmal solln s' ausbluten!«

Halb flehend, halb befehlend stieß er hervor: »Sei still!«

»Aha, jetzt wird dir bang! – Wär dir lieber damal'n bang worden. Aber vor der Sünd fürchtst dich nicht, nur vor der Straf, und das is so gar dumm, denn die Sünd muß nicht sein, aber die Straf muß sein und is! Da verlaß dich drauf!«

»Gib Ruh!« wiederholte er. Seine Augen, die bisher die Tote scheu gemieden hatten, richteten sich flüchtig auf sie; ihm war, als runzle sie die Brauen. – »Was ich g'fehlt hab, mach ich wieder gut«, murmelte er.

»Meinst denn, das geht? 's geht nicht! B'sinn dich und dann sag, ob so was zum Gutmachen is. B'sinn dich, wie du mir in den Weg getreten bist droben im Wald auf dem einsamen Fußsteig ...« Sie beugte sich, sie suchte seinen Blick, der dem ihren auswich, festzuhalten. – »Abend is g'wesen und doch noch schwül zum Ersticken, und ich bin aus der Arbeit gegangen und war müd. Auf einmal stehst du da. Hast mir g'wiß aufgepaßt.«

»Nein!« unterbrach er sie, »das is mir bei Gott nit eing'fallen.«

»Du bist von einer Hochzeit gekommen und warst lustig und aufg'legt zu jeder Nixnutzigkeit und hast mich so freundlich ang'schaut und ang'redt wie dein Lebtag nicht.«

»Wirst mir das auch noch vorwerfen? Ich hab dich ang'schaut, weil ich mir denkt hab: So arm ang'legt, wie's is, is schöner als andre im größten Putz.«

Sie schüttelte den Kopf: »Angetrunken wärst g'wesen, wenn du so was g'funden hättst. Du warst aber nicht angetrunken, und auch ich hab meine fünf Sinn beieinander g'habt und weiß heut noch jeden Gedanken, der mir damal'n durch den Kopf gegangen is. Daß d' ja im Grund kein übler Bursch bist, daß ich dich nur noch nie drauf ang'schaut hab und daß d' auch nicht bös bist gegen wen andern, außer gegen mich. Allerhand, was ich dir angetan hab, hat mich g'reut. Sogar leid hast mir getan, weil ich schon als Kind g'lernt hab: Eher geht ein Kamel durch ein Nadelohr als ein Reicher durchs Himmelstor. Und wie du so gut und herzlich mit mir g'sprochen hast, ist mir ganz merkwürdig worden – völlig mit dir ausg'söhnt. Was liegt dran, wenn man als Kind noch soviel miteinander g'rauft hat? hab ich mich g'fragt. Später kann man doch gut werden. Wer weiß, vielleicht erst recht. So bin ich halt stehnblieben und hab dir zug'hört und mir erzählen lassen von der Hochzeit. Ein Reicher hat eine Arme g'heirat, sie haben einander gern gehabt und waren glücklich und froh. Und haben's nicht erwarten können, daß die Gäst fortgehn, damit sie allein bleiben und sich in die Arm fallen und küssen können nach Herzenslust, und hast mir zeigen wollen wie. Im Spaß nur hast mir's zeigen wollen … O Herr Jesus, das war ein Spaß! … Was du wirklich im Sinn g'habt hast, bei Gott und der allerheiligsten Jungfrau Maria, is mir nicht eing'fallen. Wie hätt ich mir vorstellen sollen, daß du willst, was sich nur einer verlangt, der einen gern hat?«

»Ich hab dich auch gern g'habt, schon lang, schon immer, ich hab dir's nur nicht zeigen wollen, daß du dir nix einbild'st«, erwiderte er. »Du warst mir lieber, wenn du noch so fuchtig g'wesen bist, als die andern, wenn s' mir schöng'tan haben.«

»Geh! Geh!« rief sie aus und ballte die Faust gegen ihn. »Damal'n hast dich an mir versündigt, schrecklich, fürchterlich … nicht zum Sagen! Just wie ich Vertrauen g'faßt hab, just wie ich g'meint hab: So arg bös is er doch nicht, bist über mich herg'fallen wie ein wildes Tier, daß ich mir nicht hab helfen können, mich nicht hab retten können vor dir und deiner Kraft, deiner verfluchten Kraft, Verfluchter!«

»Hör auf, hör auf!« murmelte er, sie ließ sich aber nicht unterbrechen: »Schandbub du, mit deiner Kraft! O Jesus! daß eins sich wehren kann, wie ich mich g'wehrt hab, und doch … Is das eine Gerechtigkeit? – Herr, mein Gott, für welche Sünd hast mich so g'straft? Warum hast du das zug'lassen?«

Georg wetzte auf seinem Platze hin und her, machte einen immer runderen Rücken und blickte zur Seite, indes sie fortfuhr: »Weißt noch, wie du mir am nächsten Tag wieder nachg'stiegen bist und auch später die ganze Zeit und wie ich mich hab einsperren müssen vor dir, wenn ich allein war im Haus? Und wie ich mein Unglück erkannt hab, weißt noch, wie ich da gekommen bin und dir's g'sagt hab und wie du mich ausg'lacht hast und mir ausg'wichen bist von dem Tag? Und wie ich mir am End keinen Rat mehr g'wußt und deinen Vater um Hilf ang'rufen hab, da hat er gleich ungläubig g'schmunzelt, und du hast alles g'leugnet mir ins G'sicht!«

Er griff sich an den Kopf: »Ich hab halt soviel Angst g'habt vor mein' Vatern, er war gar streng.«

»Angst? Das gibt's, daß einer so eine Kraft hat und doch Angst? Aus Angst hat der Schandbub g'sagt: ›Ich weiß nix von ihr!‹ ...«

Sie preßte die Wange auf die Brust der Mutter: »Hörst du mich, ich schwör dir's, meine Hand liegt auf dein'm Kopf, mein G'sicht liegt auf dein'm Herzen. Ich bin ganz unschuldig g'wesen; du kannst auf mich herabschau'n vom Himmel und brauchst dich nicht kränken. Tu's nur, schau auf mich herab. Jetzt kann ich zu dir sprechen und werd nicht einmal mehr rot. Wie du g'lebt hast, konnt ich nur sagen: ›'s is g'schehn, und der Georg hat's getan.‹ – Mehr konnt ich nicht sagen, und du hast g'sehn, wie ich mich herunterkränk, und warst voll Angst, daß ich mir was antu, wenn d' viel fragst ... Und der Vater, der ...« Sie hob den Kopf, verbiß ein Schimpfwort und sprach mit bitterem Hohne: »Dem war's eher recht, er hat einmal einen ordentlichen Grund g'habt, mich durchzupeitschen, und is dann gar nimmer aus'm Wirtshaus gekommen, wo er sich Trost g'holt hat für *mein* Unglück ... Mein Unglück, das der da verschuldet hat ... O Mutter!« brach sie leidenschaftlich aus: »Einmal, ein einzig's Mal noch mach deine Augen auf und schau den an. Sieht er nicht aus wie's böse G'wissen? Nimm deine Verzeihung z'ruck und fluch ihm, wie er's verdient!«

Er bückte sich unwillkürlich unter der Verdammnis, die sie auf ihn niederrief.

»Schweig einmal«, sprach er. »Warum mußt mich so niederdonnern? Ich will alles gutmachen, wie g'sagt. Ich nehm dich. Ich hätt dich schon lang g'nommen, aber hatt's denn sein können? Ich hab warten müssen, bis dein Vater nimmer is. Wie der war, hätt er uns an den Bettelstab 'bracht. Dein Vater hat halt zu lang g'lebt.«

Ganz versunken in ihre Gedanken, hatte sie ihn reden lassen, ohne hinzuhören. Bei den letzten Worten wurde sie aufmerksam und nickte zustimmend: »Zu lang g'lebt, wie alle bösen Leut. *Dein* Vater, der hat's g'schwinder g'macht, der hat sich ganz stat wegg'stohlen, wie du das Alter g'habt hast, Herr zu sein im Haus. O!« begann sie nach kurzem Schweigen wieder, »nur ein paar Jahr früher, wenn der meine g'storben wär, wir hätten uns hinaufgebracht, meine Mutter und ich. Wir waren fleißige Arbeiterinnen, um uns is immer ein G'riß g'wesen. Aber Elend und Not und die letzte schwere Pfleg! An der is die Mutter zugrund gangen. Den ganzen Tag schaffen, die ganze Nacht wachen, das hat sie nicht ausg'halten.«

Georg räusperte sich so gewiß ablehnend und überlegen: »No ja, freili. Jetztunter aber sein s' beide tot, und ich nehm dich also. Der Herr Pfarrer verkündigt uns am nächsten Sonntag zum ersten Mal, und in drei Wochen hol ich dich zur Trauung. 's is höchste Zeit, daß d' fortkommst. Der Gerst/hofer, der den Krempel« – er sah sich geringschätzig um – »gekauft hat, kann's eh nit erwarten, daß er leer wird und daß er ihn niederreißen kann.«

»Ich weiß ohnehin«, erwiderte sie. »Ich werd ihm auch nit lang zur Last fallen. Meinem Mutterl geb ich noch's G'leit, wenn sie's hinaustragen – dann geh ich; gleich vom Friedhof weg.«

Ein Geflunker und eine Drohung erschienen ihm diese Worte, und er brummte verdrießlich: »Such dir einen andern, den d' zum Narren halten kannst. Gehn wirst? Wohin denn? Hast keine Seel auf der Welt, hast nix und niemanden.«

»Da irrst. Zwei gute Freund hab ich – die da!« Stolz und selbstbewußt streckte sie ihre kräftigen Arme aus. »Solang mich die nicht verlassen, bin ich nicht verlassen. Bei uns kommt, Gott sei Dank, noch jeder durch, der nix will und verlangt als Arbeit.«

Er zuckte die Achseln: »Was wirst anfangen? In Taglohn gehn? Oder suchst dir 'en Dienst?«

»Hab schon einen. Heut nacht schlaf ich schon drüben in St. Egyden. Die Weberbäuerin, bei der ich im Sommer in Schnitt g'wesen bin, hat erst gestern wieder um mich g'schickt.«

»Und bei der stehst ein?«

»Bei der steh ich ein.«

»Ich gratulier!« rief Georg, »bei der wirst's gut haben.«

»Wie ich's schon einmal g'habt hab. Streng is sie, das is wahr: was liegt mir d'ran? Ich bin selber streng, und grad deswegen haben wir uns so gut vertragen miteinander. Die Weberbäuerin is nur verschrie'n wie heutzutag jedes, das verlangt, daß seine Dienstleut ihre Schuldigkeit tun.«

Georg hörte ihr aufmerksam zu. Was sie da sagte, gefiel ihm über die Maßen; er ging ja seit einiger Zeit ganz im stillen mit dem Gedanken um, einen Knecht aufzunehmen. Aber nicht nur, was sie sagte, sie selbst, das schöne, tüchtige, kreuzbrave Weib, gefiel ihm, hatte ihm von jeher gefallen. Er hatte sie einmal gern, lieber als alle anderen zusammen, die sich um seine Gunst bemühten; er war sich's nie so deutlich bewußt gewesen wie in diesem Augenblick, nie auch hatte ihre verächtlich herbe Art ihn so bitter beleidigt und gereizt. Aus diesem Aneinanderprallen widerstreitender Empfindungen entwickelte sich in ihm ein heißes, heftiges Verlangen nach dem Besitze der – doch wohl nur zum Schein – seiner Bewerbung Widerstrebenden.

»Mach ein End!« herrschte er sie an. »Dich zu bedanken hast, nix andres. Ich nehm dich, wie d' bist, Schulden wirst ja keine haben«, fügte er vorsichtshalber bei, beruhigte sich aber selbst: »Und wenn auch, viel wird's nit austrag'n. Was kriegt denn ein Arm's z' leihn?«

»Hast recht«, sprach sie. »Ob's aber jetzt ein Guldenzettel is oder ein Kreuzer, dich trifft's nicht; ich nehm *dich* nicht und nehm dein Geld nicht.«

»Du nimmst mich nicht? Für so dumm wirst mich doch nicht halten, daß ich dir das glaub!«

»Ich seh schon, du hast nit g'nug an mein'm einfachen Nein«, erwiderte sie, wurde leichenblaß, und ihre Augen funkelten. Sie brachte die Worte anfangs entsetzlich mühsam hervor, dann sprach sie rasch und leise, mit gewaltig niedergehaltenem und dennoch auflodemdem Zorn, und warf dabei einen ehrfurchtsvollen, um Verzeihung bittenden Blick auf die Tote.

»Weißt was? Wie das Kind gekommen is, das arme, unglückselige, hab ich, trotz Schand und allen, eine Freud an ihm gehabt. Ich hab nix, hab ich mir gedacht, aber dich hab ich, und dir zulieb will ich leben und mich plagen, und meine Plag soll von jetzt an meine Freud sein. Und mit jedem Tag is meine Lieb zu dem armen Wurm g'wachsen und g'stiegen. Aber es hat schon zuviel g'litten g'habt, bevor's noch g'wußt hat, was leiden heißt. Eh's Jahr um war, is's g'storben ... Da liegt mein Mutterl auf dem Schragen, mein altes, liebes Mutterl, mein ganzes Inwendige is nur eine Wunden, und doch sag ich – wie mein Kind g'storben is, war mir ärger, und ich hab Gott verklagt: Hast mir's gegeben gegen meinen Willen in Not und Verzweiflung, und jetzt, nachdem's mein einzig's Glück worden is, reißt mir's weg. Unbarmherzig hab ich ihn g'scholten, den Höchsten, vor dem ich heut auf die Knie fall und zu dem ich ruf: Barmherziger! Allgütiger, du weißt, was du tust! Sei gelobt und gepriesen! ... Du hast mein Kind zu dir g'nommen, es ist ein Engel im Himmel, und ich darf – Gott sei Lob und Dank! –, ich darf zu dem Menschen dort sagen: Ich nehm dich nicht; lieber in die Höll als in dein schönes Haus!«

Georg starrte zu ihr hinüber, es lief ihm kalt über den Rücken. Sie saß vor ihm so ruhig wie aus Stein, und doch lebte alles an ihr. Ihre Brust hob und senkte sich, ihre Lippen glühten, es ging eine Macht von ihr aus, die ihn, den sie verwarf, unwiderstehlich anzog: ihn, den Starken, beugte, seinen Willen brach und seinen Hochmut überwand.

»Verschwör's nit!« rief er. »Schau, Annerl, grad deswegen, weil ich immer g'meint hab, heiraten wer'n wir doch einmal, hab ich g'meint, ich muß dir beizeiten den Herrn zeigen.

Verzeih mir's, Annerl, und gib mir ein gutes Wort und sei wieder gut.«

»So? – So?« Sie riß die Augen auf und betrachtete ihn mit einem Staunen, wie wenn er das größte Wunder wäre.

»Wieder gut?« sprach sie kaum hörbar. »Nach all'm, was ich ihm g'sagt hab, sagt der Mensch: Sei wieder gut! Merkst denn nicht, daß ich nicht könnt, auch wenn ich wollt? ... Verzeihn tu ich dir – in Gottes Namen. Ich bin ja fertig mit'm Leben hier daheim; was vorbei is, is vorbei. Wie wenn eins die Tür von sein'm Haus absperrt, eh's in die Fremd geht, so mach ich's. Abg'sperrt! Aus is mit jeder Lieb und Freundschaft, und mit unsrer Feindschaft auch. Du hast's g'hört, jetzt steh auf und geh.«

Georg stieß einen wilden Schrei aus. »Fangst schon wieder an mit dein'm ›Geh‹! ... Sei g'scheit, ich rat dir's, sonst gibt's ein Unglück!«

»Droh du nur!« Sie zuckte verächtlich die Achseln. »Totg'macht werden bei der Leich meiner Mutter, das wär mir grad recht.«

Er griff sich in die Haare, stöhnte und schnaubte: »Ich hab dich aber lieb über alles! Ich wär glücklich, wenn ich dich hätt. Ich bitt dich, kniefällig bitt ich dich: Werd wieder gut und werd mein Weib!«

»Ich kann nicht«, sprach sie. »Jeder Bissen, den ich aus einer Schüssel mit dir essen müßt, schwellet' mir im Mund; ich könnt nicht schnaufen neben dir, und viel tausendmal lieber sterben tät ich als dulden, daß d' mir in die Näh kommst.«

»Wird sich schon geben, da is mir nit bang«, erwiderte der Mann, und ein häßliches Lächeln bog seine Lippen.

Anna warf ihm einen Blick voll Verachtung und kühner Herausforderung zu: »Sie haben Ohren und hören nicht, hat der Herr Pfarrer neulich gepredigt. So einer bist du. Geh! Wie oft soll ich's noch sagen? Geh!«

Georg sprang auf. Lichterloh flammte Wut ihm aus den

Augen. Mit hocherhobenen Fäusten stürzte er auf die Närrin zu, die es wagte, ihn so zu reizen, und die jetzt, ohne ein Zucken, ohne einen Laut, seine drohende Gebärde mit einer kalt abwehrenden beantwortete.

Er ließ die Arme sinken. In ihm war ein schwerer Kampf, ein Auf- und Abwogen der widersprechendsten Gefühle. Plötzlich stürmten sie über ihn herein und ergriffen ihn alle mit der gleichen Kraft. Dicht neben dem Sarge war er stehengeblieben, sein Blick glitt unwillkürlich über die Tote. Ein Schauer durchrieselte ihn, aber er wandte die Augen nicht ab. Es war kein Bild des Schreckens, zu dem er niedersah, es war ein verklärtes Bild der Duldung und Versöhnung. Ein tiefes Rühren erwachte in ihm.

»Mutter Theres'!« schrie er auf.

Alle seine Härte war verschwunden, zerschmolzen, sein ganzes starres Wesen in Fluß geraten. Wie niedergeworfen stürzte er auf seine Knie und rief die Tote an.

»Mutter Theres', bitt's für mich! Ihr seid's so gut g'wesen und habt's mir, was Ihr g'wußt habt, verziehn. Verzeiht's mir auch das andre. Ihr wißt's jetzt alles, Ihr wißt's auch, wie gern ich die Anna hab. Bitt's für mich, daß sie mich nimmt.

Ein Totes kann sich melden, meld't Euch, Mutter Theres', gebt's ein Zeichen von Euch, daß sie weiß, 's is Euch recht, wenn sie mich nimmt.«

Er beugte sich über die Leiche, er horchte, er blickte mit unaussprechlicher Spannung in ihr stilles Angesicht. Aber das Zeichen, das er erflehte, blieb aus.

»Sie antwortet dir nicht«, sprach Anna mit ernstem Triumphe. »Sie rührt sich nicht. Schau, wie sich's nicht rührt, mein armes Mutterl, horch zu, wie's still is, es weiß schon, was gut is für mich. – Und jetzt –.« Sie hielt einen Augenblick inne, dann setzte sie gelassen hinzu: »Jetzt zwing mich nicht, daß ich noch einmal sagen muß, was du nicht hören willst. Ich möcht die letzten Stunden allein bleib'n mit meinem Mutterl.«

Georg erhob sich langsam; er begriff endlich, daß alles aus und vorbei war.

Ein rasendes Schluchzen brach aus seiner Brust. Unsicher und fragend streckte er dem Weibe seine Rechte entgegen. Mit abgewandtem Gesichte legte sie die ihre hinein.

»B'hüt dich Gott«, sagte er, und sie antwortete: »B'hüt dich Gott!« so unwiderruflich abschließend, mit einem solchen Ausdruck seliger Erlösung, daß dem hartnäckigen Werber der letzte Hoffnungsschimmer erlosch.

Er entschloß sich denn, er ging; sie hörte ihn über die Straße schreiten, die Tür des Gartengitters öffnen und ins Schloß werfen. Da atmete sie auf und stieß ein freudiges »So!« aus befreiter Brust hervor.

Der Nachtwächter war schlafen gegangen und hatte den Hunden die weitere Sorge für die Sicherheit des Dorfes überlassen. Fahl und kalt drang die Morgendämmerung durch die Fensterluke, die Kerze erlosch und mit ihr der rötliche Schimmer und der letzte Schein von Leben auf dem Gesichte der Entschlafenen. Anna blickte lange in die teuren Züge. Unauslöschlich sollte die Erinnerung an sie sich ihr einprägen.

»So, mein Mutterl, so, jetzt haben wir beide Frieden«, flüsterte sie und küßte die Stirn der erlösten Dulderin und küßte die heiligen Hände, die nur geruht hatten, um sich zum Gebet zu falten oder um sich zum Segen auf das Haupt der Tochter zu legen.

Uneröffnet zu verbrennen

Er war um zwei Uhr morgens heimgekommen und hatte das Haus noch erleuchtet und die Dienerschaft auf den Beinen gefunden. Der Portier, der den Schlag des Coupés öffnete, starrte seinen imponierenden Herrn mit aufgerissenen Augen wie blödsinnig an und murmelte etwas Unverständliches. Auf dem Treppenabsatz erschien die Kammerfrau.

»Herr Doktor! sind Sie's, Herr Doktor?« rief sie laut und angstvoll herab.

Lothar biß die Zähne zusammen. Die schrille Stimme, das aufgeregte Wesen dieser alten Mattle reizten ihn immer von neuem zur Ungeduld. Als Mann der Selbstbeherrschung verriet er es nicht und ging mit nachdrücklicher Langsamkeit die Stiege hinauf.

»Was gibt's denn?« fragte er obenhin, sehr unbekümmert um die Antwort, abweisende Strenge in seiner Miene.

Die Alte blickte ihm nach voll Haß und brach in leidenschaftliches Schluchzen aus.

Lothar betrat das Schlafzimmer seiner Frau. Seit Monaten schon ihr Krankenzimmer. Es war durch eine dicht verhangene Lampe matt erleuchtet. So tiefe Stille herrschte, daß man das zeitweise Knistern der Kerze auf dem Bettische vernahm. In ihrem Lichtkreise kniete eine barmherzige Schwester ganz versunken im Gebete. Das große, reichgeschnitzte Bett stand mit dem Kopfende an der Wand unter einem mächtigen seidenen Baldachin. Ein breites, prunkvolles Lager, und die Gestalt, die auf ihm ruhte, schmal und mädchenhaft zart. Eine gleichförmige, gelbliche Blässe überzog das Gesicht, um die Lippen schien eben noch ein Lächeln gespielt zu haben. Im Schmuck ihrer blonden Haare, die, in zwei schwere, dichte Zöpfe geflochten, ihr bis zu den Knien reichten, lag sie da. Ihre Hände waren leicht ineinander gefaltet. Wundervolle Hände …

Lothar blieb regungslos, mit angehaltenem Atem, in der Mitte des Zimmers stehen. Seine Augen richteten sich wieder auf das feine Gesicht der Schlafenden. War es der mit dem grünlichen Schimmer der verhangenen Lampe vermischte Kerzenglanz, der die Züge so leichenhaft fahl erscheinen, den Schatten längs der Nase bis herab zum Mundwinkel so scharf hervortreten ließ?

Das Gerassel eines rasch herbeirollenden Wagens drang von der Straße herauf. Die Klosterschwester erwachte aus ihrer andächtigen Versunkenheit, stand auf, und Lothar erblickend, grüßte sie ihn mit einem sanften und traurigen Neigen des Hauptes. Sie war jung, sie war schön, und die aller Daseinsfreude entsagt hatte, sah mit ihren rosigen Wangen neben der bleichen Frau, bei der sie wachte, wie das blühende Leben aus.

Der rasselnde Wagen hielt vor dem Hause; auf der Treppe, im Gang wurde es laut. Man hörte Schluchzen und Klagen und wieder Mattles gellende Stimme und verstand nun schon, was sie sprach: »Kommen Sie! sehen Sie! … Ist das Schlaf – Ohnmacht – oder … Herrgott im Himmel! oder –«

Der Doktor öffnete die Tür und ging schweigend voraus. Er hätte gern auch jetzt sein joviales Wesen zur Schau getragen – es gelang ihm nicht. Den athletisch gebauten Mann mit den Nerven von Stahl überschlich eine weiche Regung beim Anblick der tiefen Ruhe seiner geduldigen und lieblichen Patientin. Er griff nicht nach ihrem Pulse, er legte nicht die Hand auf ihr Herz, er sah sie nur an und wußte: Es ist aus.

Mattle beobachtete ihn mit bebender Angst und stieß jammernd hervor: »Kaum waren Sie fort, ist sie eingeschlafen. Hat zwei Stunden geschlafen wie ein Kind. Dann ist sie aufgewacht, hat sich ein wenig gestreckt: ›Mattle, ist der Graf zu Haus?‹ fragt sie. – ›Noch nicht? Ich lasse ihm gute Nacht sagen. Ach, Mattle, wie gut schlaf ich. So schlafen, das ist gut …‹ Und so schläft sie wieder ein … Und schläft … und schläft …« Sie konnte nicht weiterreden, sie sank neben dem Bette nieder.

Lothar näherte sich. »Tot?« fragte er leise und beklommen.

»Tot.«

»Doktor, haben Sie das erwartet?«

»Fast gehofft. Ihr ist Schweres erspart worden. Ich habe Ihnen ja gesagt: Es kann noch monatelang dauern, es kann in der nächsten Stunde vorüber sein.«

In seinem Tone lag nicht der Schatten eines Vorwurfs, und Lothar würde einen Vorwurf sehr entschieden zurückgewiesen haben. »Es kann in der nächsten Stunde vorüber sein«, das galt auch von dem, der die Worte sprach, und von dem, der sie hörte, und von allen Menschen. Die arme Frau war schon so lang leidend … Unheilbar, und er – alles eher als ein Krankenwärter. So änderte er denn nichts an seinen Lebensgewohnheiten. Heute war er im Klub gewesen wie allabendlich, und dann auf dem Frühlingsballe bei Fanchette, wo er sich unterhalten hatte. Nicht mehr so gut wie früher, wie noch vor wenigen Jahren bei solchen »Künstlerfesten«, aber immerhin unterhalten. Ein grausamer Zufall, daß seine Frau gerade zu derselben Stunde gestorben war. Scheinbar grausam. Sie wußte nichts davon, sie lebte und starb in dem Glauben an die unverbrüchliche Liebe und Treue ihres Gatten. Nun ja, sie war ein Kind! Ein Mann seines Schlages, eine überzarte, kränkelnde Frau und – eheliche Treue?

Aber wie gut, daß sie's für möglich gehalten und ihn immer innigst bedauert und sich angeklagt hatte, daß sie nicht stark und gesund werden konnte, und nie auch nur eine Frage gestellt, auf die er mit einer Lüge hätte antworten müssen, und in keiner Art seine Kreise gestört. Sie war die Anspruchslosigkeit selbst gewesen, und trotzdem hatte er ihr Dasein wie eine Kette an seinem Fuß empfunden.

Der Gedanke: Ein Glück für sie wäre der Tod, da ja doch auf Genesung nicht zu hoffen ist, hatte ihn oft heimgesucht.

Nun war eingetroffen, was er ihr Glück genannt, und die Erlösung da für ihn und für sie.

Er ging zu Bette und schlief noch fest, als sein Sekretär ihn wecken ließ und vorgelassen zu werden verlangte. Der Leiter der »Unternehmung« hatte sich gemeldet und bat um Weisungen. Lothar mußte sich einen Augenblick besinnen, welche »Unternehmung« gemeint war.

»Bestimmen Sie nur alles selbst, Burkert. Sie wissen ja immer am besten, was sich gehört, Sie Zeremonienmeister«, sprach er mürrisch. Der kleine, feierliche Burkert lächelte abwehrend. »Eines müssen der Herr Graf doch selbst tun«, sagte er, »bevor ich weitere Bestimmungen treffen kann.«

»Was denn?«

»Nachsehen, ob die selige Gräfin nicht einen Wunsch in bezug auf ihre Beerdigung hinterlassen hat.«

»Unsinn, Burkert, Unsinn. Sie hat an den Tod nicht gedacht.«

»Die selige Gräfin ist doch erst kürzlich mit den Tröstungen der Kirche versehen worden.«

»Weil ihre Freundinnen ihr das als ein Heilmittel rühmten und weil sie fromm war und lieber zuviel tat als zuwenig, nicht weil sie sich sterben fühlte.«

Diese Einwendungen halfen schließlich doch nichts. Es handelte sich gewiß nur um eine Formsache. Aber da, wo Burkert mittat, mußte die Form beobachtet werden. Der Sekretär hatte schon das vergoldete Schlüsselchen zum Schreibtisch der Gräfin von der Kammerfrau übernommen und reichte es seinem Herrn. Mißlaunig schlüpfte Lothar in seinen Morgenanzug. Eine lange Reihe von Gemächern trennte seine Wohnung von der seiner Frau. Rasch und eilig durchschritt er sie. Das Schreibzimmer, so genannt, weil sich unter anderen kostbaren Einrichtungsstücken und Erzeugnissen der Kunsttischlerei auch ein zierlicher Schreibtisch da befand, lag neben dem Sterbezimmer. In dem sprachen sie mit gedämpften Stimmen, schlichen umher mit leisen

Schritten, rückten Schränke und Tische, trafen alle Vorbereitungen zur Aufbahrung der Toten.

Mit widerstrebendem Gefühl öffnete Lothar die Schreibtischlade. Es lagen darin viele, zum Teil noch uneröffnete Briefe, Vereinskarten, Konzertbillette und Einladungen zu Wohltätigkeitsfesten, auch allerlei Schmucksachen, aber nichts, das einer letztwilligen Verfügung glich. Schon wollte Lothar die Lade wieder schließen, als ihm ein großes Kuvert, das sich an die rückwärtige Wand geschoben hatte, auffiel. Er zog es hervor. Es war versiegelt und schien Briefschaften oder andere Schriften zu enthalten. Auf der Adreßseite stand von Stella geschrieben: »Nach meinem Tode uneröffnet zu verbrennen.«

Die Arme! So hatte sie denn auch ihre kindischen Geheimnisse gehabt. Mitleidig zuckte er die Achseln, entnahm dem Feuerzeug ein Wachskerzchen, zündete es an und mit ihm die vier leeren Ecken des Kuverts. Es brannte lichterloh in seiner Hand, und er warf es als eine kleine Fackel in den Kamin.

»Nichts zu finden«, sagte er, in sein Zimmer zurückgekehrt, zu dem Sekretär. »Treffen Sie alle Anordnungen, benachrichtigen Sie die Verwandten in Wien, telegraphieren Sie an die übrigen.«

»Der Frau Schwägerin, Frau Gräfin Alice, sollte zuerst Mitteilung gemacht werden.«

»Sollte – jawohl. Es geht nur nicht. Sie hat zum letztenmal aus Yellowstone Park geschrieben; wird jetzt eingeschifft sein.«

»Herr Graf befehlen natürlich feierliche Einsegnung im Palais, feierliche Beisetzung in der Familiengruft …«

»Wenn es natürlich ist, daß ich's befehle, befehle ich's«, unterbrach ihn Lothar.

Burkert verneigte sich: »Ich telegraphiere sofort nach Waldhoven wegen der Vorbereitungen in der Gruft. Auch im Schlosse müssen Anstalten getroffen werden zum Empfang der Trauergäste. Die Herren bleiben vermutlich nur über Nacht, Herr Graf vielleicht etwas länger?«

»Vielleicht ja.«

»Es wäre gut. Die Rechnungen, die der neue Förster einschickt, gefallen mir nicht, und was die Wirtschaftsbeamten betrifft – –«

»Die denken an ihr eigenes Bestes. Was wollen Sie, Burkert? Waldhoven wurde von jeher als Stiefkind behandelt. Ist auch nicht heiter, die Gruftherrschaft … Übrigens haben Sie recht. Wenn ich jetzt einige Tage dort zubrächte, es wäre gut für Waldhoven und für mich.«

»Inzwischen besorge ich die Dankkarten für Kondolenzen und Kranzspenden.«

»Schön, Burkert, schön, tun Sie das.« Er entließ seinen verwöhnend bequemen Diener. Ja, dem fiel immer das Vernünftigste ein. Die nächste Zeit in Wien wäre grauenvoll gewesen. Mitten unter den trauernden Verwandten seiner Frau und den Freundinnen und den zahllosen Bekannten, die alle ihr Beileid an den Mann bringen wollen. In Waldhoven gibt's Ruh vor gesellschaftlichen Verpflichtungen und zu tun genug und Nahrung genug für den nie rastenden Tätigkeitstrieb.

Lothar nahm sein Bad, frühstückte, ließ sich ankleiden und verließ das Haus. Er wollte einen Gang ins Freie machen, eine landwirtschaftliche Versammlung, die er einberufen hatte, absagen lassen, sein Nichterscheinen im Parlamente für einige Zeit entschuldigen. Im Vorhause drängten sich die Diener der Leichenbestattungs-Anstalt. Der Sarg wurde eben hereingetragen und allerlei Gerüst und schwarze Stoffe, und als Lothar sich blicken ließ, blieben die Träger und die Werkleute stehen, zogen die Mützen und grüßten mit aufdringlicher Höflichkeit. Er machte ihnen offenbar den Eindruck eines Mannes, der an Trinkgeldern nicht spart. Angewidert beschleunigte er seine Schritte. Als er auf die Straße trat, wurde er angerufen. Ein junger, elegant gekleideter Mann kam auf ihn zu. Es war sein Freund Albrecht

Steinberg, ein großer, auffallend hübscher Mensch, der Kopf klein und edel geformt, das Gesicht länglich, der Teint fast weiblich zart und von feiner gesunder Blässe. Die blaugrauen Augen hatten einen ernsten und gütigen Ausdruck, und eigentümlich und sehr anziehend war der Kontrast, den diese ernsten Augen zu dem Mund bildeten, um den ein heiterer Zug lag, ein Mund, der gewiß gern lachte. »Nun ja! Da bist du ja! … es ist also nicht wahr …« sprach er, auf Lothar zueilend – »oder – doch?« Forschend und bang blickte er dem Freund ins Gesicht und murmelte leise: »Tot? tot?«

»Wünsche dir und mir, so zu sterben. Im Schlaf ist sie hinübergegangen.«

»Wann?«

»Heute nachts.«

»Ah! … während wir auf dem Balle waren?«

»Ja.«

»Und du bist noch zurechtgekommen?«

»Nicht mehr.«

Sie hatten denselben Weg eingeschlagen.

»Wohin gehst du eigentlich?« fragte Lothar.

»In die Tretmühle natürlich, ins Büro.«

»Nimm Urlaub für acht Tage, weißt du. Komm mit nach Waldhoven. Kannst ein paar Auerhähne schießen. Den Sturz deines Ministers hältst du hier doch nicht auf. Komm mit, Albrecht, ja?«

»Weiß nicht. Weiß noch nicht.« Er wandte sich plötzlich, faßte den Freund scharf ins Auge und sprach: »Warum hast du gestern und vorgestern und sooft ich fragte: Wie geht es ihr? immer geantwortet: – Es geht besser?« Er hatte es ruhig gesprochen, mit gewollter Gelassenheit, hinter der ein zurückgedrängter Groll sich mühsam verbarg.

»Warum? … Ich habe es gesagt, weil ich es geglaubt habe«, erwiderte Lothar in versöhnlichem Tone. Dem Freunde gab er Rechenschaft, wenn der sie forderte. Von dem Freunde ließ er sich viel gefallen. Er behandelte ihn wie ein nachsichtiger, älterer Bruder den noch nicht zur vollen Reife gelangten jüngeren.

Albrecht war in Gedanken versunken, sprach nicht mehr. Vor dem Ministerium trennten sie sich.

Auf *den* machte ihr Tod einen tiefen Eindruck. Für ihre Zwillingsschwester und für *den* ist er ein großer Schmerz. Die arme Stella fand Albrecht so sympathisch, sie schätzte seinen Gleichmut und liebte seinen Frohsinn. »Seine Augen verurteilen die Torheiten der Menschen, sein Mund entschuldigt sie«, sagte sie von ihm. Er war ihr immer willkommen, auch als sie niemanden mehr sehen wollte, nicht einmal ihre nächsten Verwandten: »Weil die Gelegenheitsgesichter machen, wenn sie finden, daß ich schlecht aussehe.« Albrecht machte nie »Gelegenheitsgesichter«, quälte sie nie mit seinem Bedauern, sprach nicht von seiner Teilnahme, er bewies sie. Er leistete ihr Gesellschaft, wenn alle übrigen ihren Unterhaltungen nachgegangen waren, las ihr vor, aus ihren harmlosen Lieblingsautoren, die ihn unmöglich interessieren konnten. Er war immer bereit, ein Vergnügen zu opfern, um bei ihr zu bleiben und der Dritte im Bunde der barmherzigen Schwester und der Kammerfrau zu sein. Und wenn er einmal eine Verabredung nicht einhalten konnte, weil der Dienst ihn daran hinderte, oder wohl auch – ein Asket war er ja nicht – etwas anderes als der Dienst, entschuldigte er sich jedesmal persönlich oder schriftlich. Seine Briefe waren komisch und originell, er schrieb voll Laune, mit entsetzlicher Schrift. Die Zielscheibe von Stellas Spöttereien, diese Schrift! Sie paßte gar nicht zu ihm, sie war so unelegant: »Ist es nicht, wie wenn eine Spinne ein Fußbad in Tinte genommen hätte und dann übers Papier gelaufen wäre?«

Wie oft hatte sie herzlich lachend ihrem Manne die Briefe Albrechts gezeigt ... Alle? Wirklich alle? ... »Nach meinem Tode uneröffnet zu verbrennen«, flog ihm durch den Kopf ...

Als er nach ein paar Stunden heimkehrte, fand er die ganze Familie versammelt. Seine Schwäger und Schwägerinnen und einige entfernte Verwandte. Lauter vernünftige und wohlerzogene Leute, die nicht laut herausschluchzten, ihm nur stumm die Hand drückten. Mit Mattle jedoch wurde ein wahrer Kultus getrieben. Nie wollte man ihr vergessen, was sie für die geliebte Kranke getan hatte, immer sollte das Haus jedes der beiden Brüder ihr offenstehen. Sie dankte für alle Anerbietungen. Nach dem Tode »ihrer« Stella konnte sie nirgends mehr heimisch werden als bei »ihrer« Alice, der Zwillingsschwester der Verstorbenen. *Auch* ihr Kind. Sie hatte die zwei frühverwaisten Mädchen aufgezogen und »ihrer« Stella nur deshalb von jeher mehr Sorgfalt gewidmet und mehr Liebe gezeigt, weil sie die Schwächere, das Sorgenkind war.

Als Mattle den Namen Alice nannte, verzog die ältere der Schwägerinnen den kleinen, hochmütigen Mund. Die jüngere blickte ihren Mann etwas ängstlich an; es ist ihm unangenehm, von Alice sprechen zu hören. Die Frauen in der Familie sind alle tadellos. Eine Hellborn, man weiß, was das heißt. Und nun gab es eine aus diesem Geschlechte, die sich nach kurzer unglücklicher Ehe von ihrem Manne hatte scheiden lassen, ihrem Glauben abgeschworen und eine neue Heirat geschlossen hatte. Gegen den ersten Gatten war viel einzuwenden gewesen, gegen den zweiten gar nichts. Aber eine geschiedene Hellborn hatte es in der Familie nicht gegeben, solang sie bestand, und sie bestand sehr lang. Ein Frevel an der Tradition durfte nicht straflos verübt werden. Unmittelbar nach der Scheidung Alicens hatten ihre Brüder sich von ihr losgesagt, und alle Verwandten waren diesem Beispiel gefolgt – Stella und Lothar ausgenommen. Die blieben der Verfemten treu, beherbergten sie und ihren Gatten, als sie auf der Hochzeitsreise Wien berührten; Stella brachte nicht einmal den leisen Tadel über die Lippen, mit dem sie ihre Schwester hatte empfangen wollen. Alice war früher so unaussprechlich elend gewesen und sah jetzt so ganz glücklich, so brav glücklich aus. Und den neuen Schwager kannte man als einen ungewöhnlichen, einen vorzüglichen Menschen, dem man am Ende doch verzeihen mußte, daß er sich in eine verheiratete Frau verliebt und sie errungen hatte.

Entsetzlich schwer hatten sich die Schwestern nach diesem letzten Wiedersehen getrennt; es galt einen Abschied für lange Zeit. Sie war nun zum größten Teil verstrichen. In kurzem betraten die Reisenden europäischen Boden. Alice hatte die nächsten Briefe postlagernd nach London erbeten. Sie hoffte dort von guten Nachrichten begrüßt zu werden und sollte die Todesbotschaft finden.

Die schöne Leiche lag im Sarge in Seide und Spitzen gehüllt; Blumenkränze bedeckten die Stufen des Katafalks und die schwarz verhangenen Wände des Saales bis tief herab auf den Fußboden. Die Luft war schwer vom Dunst der Kerzen und von Blumendüften. Lothar betrat das Trauergemach kurz vor Beginn der kirchlichen Feier.

Es kostete ihn Überwindung. Nicht wegen des Wiedersehens der Toten, sondern wegen des Prunkes, von dem er sie umgeben finden sollte. Er haßte den Leichenkultus mit seinem herausfordernden Gepränge und die Zuzüge der Leidtragenden, der echten und der ostensiblen, und die Kranzspenden mit ihren banalen oder läppischen Widmungen. Aber das alles muß ja sein, es schickt sich, und so ruhte denn Stella in einem Hain von Blumen und Palmen, und man hatte die schlichte, herzige Frau für den Weg zur Verwesung wie zu einem Balle geschmückt.

Unter der Fülle von herrlichen Kränzen fiel einer ihm auf: der einfachste, der kostbarste von allen. Nur Blüten, nicht ein Blatt, Orangenblüten, Stellas Lieblinge. Er lag zu ihren Füßen, berührte ihre Atlasschuhe. Die Schleifen aus Silberbrokat trugen keine Inschrift.

»Von wem der Kranz?« fragte Lothar einen der Diener.

»Vom Grafen Steinberg, er hat ihn selbst gebracht.«

Selbst gebracht hatte er ihn, ihr ihn zu Füßen gelegt. Eine sehr anspruchsvolle Bescheidenheit. Mehr als Freundesrecht? … Doch kaum. »Nach meinem Tode uneröffnet zu verbrennen« – da fiel es ihm wieder ein ... Er erschrak, daß es ihm wieder einfallen konnte. Ja, das Leben, das er führte, veredelte nicht. Politik, die große Spekulantin, harte, kalte Verstandesarbeit und leichte Liebschaften füllten es aus. Ein tugendsames Streben nach Vervollkommnung war nie seine Sache gewesen. Seine Moral war Herrenmoral, längst schon ehe das Wort für den Begriff gefunden wurde. Aber mit der Ehre nahm er's genau, und den Freund verdächtigen und im Tode die unschuldige Frau, erschien ihm ehrlos.

Alle Anwesenden fanden ihn während der Zeremonien der Einsegnung doch außerordentlich ergriffen. Er verwandte kein Auge von dem sanften Angesicht der Entschlafenen, und seltsam gequält, prüfend und forschend war dabei der Ausdruck seiner Züge.

»Wie merkwürdig der Lothar gewesen ist«, sagte nach Beendigung der Feier die ältere Schwägerin zu der jüngeren, »wie er sie die ganze Zeit angesehen hat. Als ob er sie etwas fragen wollte, recht streng fragen.«

»Ach nein, nicht streng. Als ob er fragen würde: Ist's wahr, hast du mich wirklich verlassen? So ist es mir vorgekommen.«

»Was du dir einbildest! Er hat sie ja lang nicht mehr geliebt und war ihr untreu.«

»Nun, vielleicht macht er sich jetzt Vorwürfe.«

»Fällt ihm nicht ein. Er hat Frauen gegenüber gar kein Gewissen.«

Abermals nahm die jüngere ihn in Schutz: »Er hat Stella nicht unglücklich gemacht, er ist immer voll Rücksicht gegen sie gewesen. Daß er nicht stundenlang an ihrem Bett gesessen – welcher Mann tut das, und welcher Frau fällt's ein, es zu verlangen? – Daß er ihr untreu gewesen ist – ich bitte dich! Davon hat sie nichts gewußt, aber stolz war sie auf ihn, und schön und leicht hat er ihr das Leben gemacht.« Sie seufzte. Sie hätte ihrem unbedeutenden Ehemann manches Abenteuer gern verziehen, wenn er im täglichen Verkehr weniger beschwerlich gewesen wäre.

Die ältere wieder dachte: Mag der Meine sein, wie er will, wenn er mir nur treu bleibt.

Ein letzter Abschied, und der Sarg wurde geschlossen, auf den Leichenwagen gehoben und nach dem Bahnhof geführt. Mattle, die so lang als möglich in der Nähe »ihres Kindes« bleiben wollte, reihte sich der Begleitung der Toten an. Am Abend fuhr der Separatzug ab, der die Herren der Familie und die Trauergäste nach Waldhoven bringen sollte.

Die Stimmung der Gesellschaft im Waggon, anfangs etwas gedrückt, hob sich allmählich und stieg – niemand wußte warum – bis zur hellen Fröhlichkeit. Einige wärmten alte Späße auf, über die man längst nicht mehr gelacht hatte und die jetzt zündeten. Allerhand Vieldeutigkeiten kamen an die Reihe, und endlich wurde eine Partie Poker vorgeschlagen.

Lothar und seine Schwäger hatten in einer Ecke des Salonwagens, von der übrigen Gesellschaft etwas abgesondert, Platz genommen, Albrecht, ihnen gegenüber, am andern Ende des Waggons. Er bewahrte ein hartnäckiges Schweigen und sah, nervös gemacht durch die Lustigkeit der Reisegefährten, finster drein. An einem Tischchen in seiner Nähe etablierte sich die Spielpartie, und man forderte ihn auf mitzuhalten. Das erste Mal lehnte er die Einladung dankend, als sie wiederholt wurde, kurz und bündig ab. Da rief Lothar plötzlich herüber: »So spiel! Spiel doch!«

Albrecht richtete sich aus seiner halb liegenden Stellung auf und warf ihm einen erstaunten Blick zu, gab aber keine Antwort.

»Spiel!« wiederholte Lothar dringender.

Der andere zuckte die Achseln: »Du weißt ja, daß ich nicht spiele.«

Das war richtig, er konnte es wissen, und auch seit wann und warum.

Vor zwei Jahren hatte Albrecht eine Zeitlang die hohe Partie im Klub mitgespielt, viel Geld verloren und sich bei

Lothar und Stella angeklagt: »Es freut mich nicht einmal, ich bin kein Spieler, ich habe mir schon oft vorgenommen, nie mehr eine Karte zu berühren – hilft nichts, die guten Vorsätze helfen nicht.«

»Sie sollen aber, sie müssen«, war ihm Stella voll Eifer ins Wort gefallen. »Und wenn die Vorsätze für sich allein zu schwach sind, gibt man ihnen eine Unterstützung – einen Zeugen. Machen Sie mich zum Zeugen Ihrer guten Vorsätze, Albrecht. Mir halten Sie Wort.«

Lothar erinnerte sich, über die Kühnheit dieser Zuversicht gelächelt zu haben. Und wie berechtigt sie gewesen war, zeigte sie sich noch jetzt über das Grab hinaus. »Mir halten Sie Wort.« Baut eine Bekannte, eine Freundin so fest auf ihre Macht über einen Mann? fragte er sich. Schämte sich der Frage und stellte sie trotzdem und trotzdem! … Albrecht richtete sich in seiner Ecke zum Schlafen ein, und auch Lothar versuchte zu schlafen. Umsonst, erst mußte er Gemütsruhe haben. Durch Überlegung kommt man zur Ruhe. Überlegen also bis in die kleinste Kleinigkeit, wie es gekommen sein konnte oder – nicht gekommen. Es scheint im Grunde unmöglich. Sein bester Freund … Da packte es ihn. War nicht *er* der beste Freund jenes braven, getreuen Gebhard gewesen, dessen Frau durch fast ein Jahr … Und dieser Mann liebte diese Frau und ehrte ihr Andenken, als sie starb, wie das einer Heiligen … O des Mitleids, das er mit dem Menschen gehabt! des verfluchten Mitleids, das jetzt vielleicht *er* dem eingeflößt hatte, der dort drüben sanft schlummerte. Ein rachgieriger Haß ergriff ihn, ein wühlender Zorn. Mit der kaltblütigen Überlegung war's doch nichts. In toller Flucht jagten peinvolle und häßliche Gedanken durch sein Hirn. Er gab den Kampf gegen sie auf, er überließ sich ihnen wie ein Wagenlenker dem scheu gewordenen Gespann, das er nicht mehr zu meistern vermag.

Bei grauendem Morgen fuhr man in die Station ein. Equipagen aus Waldhoven warteten auf dem Bahnhof. Sie wurden rasch bestiegen, und der Zug der Wagen setzte sich in Bewegung. In den letzten, der vorfuhr, stieg Lothar ein und hinter ihm Albrecht, der dagestanden und auf ihn gewartet hatte: »So, du? Nun ja.« Mit grimmigem Humor murmelte er unverständlich vor sich hin: »Die zwei Hauptleidtragenden schließen die Karawane.«

Eine Weile fuhren sie schweigend, dann sprach Albrecht: »Ich habe Urlaub bekommen und bleibe acht Tage bei dir, wenn es dir recht ist.«

Wieder blitzte ein feindseliger Blick ihn an, wieder hatte die Stimme einen bösartig aggressiven Ton: »Freilich ist es mir recht. Ich muß dich dahaben. Muß, muß! …« Er hielt inne. Er hatte in ein Paar ruhige, klare Augen gesehen, die ihn ernst und besorgt betrachteten. Nein, in der ganzen Welt konnte es nichts Ehrlicheres geben als diese Augen und nichts, das unbefangener gewesen wäre als der Ausdruck dieser jünglinghaft männlichen Züge. Was die widerspiegeln, mußte ein Kind verstehen, einem Dummkopf mußte es einleuchten. Es war nicht zu mißdeuten, es war grenzenlose Offenheit, Unbefangenheit, es war der Frieden einer rechtschaffenen Seele.

Lothar schlug sich an die Stirn. Er atmete auf, wie von einer entsetzlichen Last befreit. Was für frevelhafte Vorstellungen hatten ihn genarrt heute nacht? Wache, wüste Träume eines halbverrückten Neurasthenikers. Was er am meisten verabscheute: die entnervende, weibisch machende Krankheit des sterbenden Jahrhunderts, sollte sie auch ihn befallen?

Er kam sich auf einmal lächerlich vor und sagte ganz unmotiviert: »Ja, ja, die Zeit ist krank. Die Sensitiven und die schon Angefressenen und die Mimosenartigen machen, als hilf- und willenlose Naturprodukte, in ihrem Mikrokosmus den ganzen Krankheitsprozeß mit. Aber sich dem Übel völlig zu entziehen vermag keiner, nicht der Stärkste, nicht der Gesundeste. Auch ich, begreifst du? auch ich hab eine Anwandlung von Nervosität gehabt.«

»Es wäre sehr zu entschuldigen«, erwiderte Albrecht.

Die Beisetzung der jungen Gräfin in der Familiengruft fand statt unter großer geistlicher Assistenz. Der Veteranenverein und die Feuerwehr rückten aus, und die Bevölkerung drängte sich heran und machte dreifach und vierfach Spalier. Zuletzt wurden die Armen beteilt, und die Schloßgäste begaben sich zum Frühstück, das, von einer Landköchin zubereitet und von ungeübten Dienern serviert, viel zu lang dauerte. Man war noch nicht beim Nachtisch, als die Wagen zur Rückfahrt nach dem Bahnhof angemeldet wurden. Höchste Zeit für alle, die noch am selben Tag in Wien eintreffen wollten, und eiligst machten sie sich bereit. Nicht viel Worte, um so sprechender jedoch der Händedruck, den jeder scheidende Gast mit dem Hausherrn tauschte. Kein einziger, der nicht bedeuten sollte: Wir verstehen einander. Du weißt schon. *Meine* Teilnahme ist von ganz besonderer Art.

Am Nachmittag ritten Lothar und Albrecht in den Wald. Je tiefer sie hineingelangten, je ärger die Wildnis. Uralte Nadelholzbestände, die, hier aus Geröll und felsigem Grund, dort aus gutem Lehmboden herausgewachsen, sich höchst ungleich entwickelt hatten. Nichts war geschehen, um üppigem Wuchern zu steuern, um den Schaffenstrieb anzuspornen, wo er sich träge zeigte, ihn zu wecken, wo er fehlte.

Lothar blieb gleichgültig beim Anblick der Vernachlässigung und Verwüstung seines Eigentums. Sie waren eine natürliche Folge davon, daß die Herren von Waldhoven zu bleibendem Aufenthalt erst als Tote hierherkamen. Entschlösse sich einmal einer, früher zu erscheinen, einer wie er, der jeden Übelstand sah und zugleich auch das Mittel wußte, ihm abzuhelfen, es würde bald anders. Dieser Mann, der sein Leben in der Stadt zubrachte, sich nur manchmal einige Wochen der Erholung auf dem Lande gönnte, war da wie zu Hause und seiner Sache sicher wie auf seinem eigentlichen Gebiet. Freilich, was war sein eigentliches Gebiet? Ein jedes, dem er seine Tätigkeit widmete, sein Talent. Albrecht bewunderte ihn.

»Du verstehst alles«, sagte er. »Wohin du blickst, dort wird es klar, wohin du weisest, dort ist das Ziel. Ich weiß das jetzt, es imponiert mir immer noch, überrascht mich aber nicht mehr. Anfangs war es anders.«

Und nun sprachen sie von der Zeit, in der sie einander kennenlernten und so bald, trotz des Unterschieds der Jahre, Freunde wurden. Sie sprachen auch von Lothars Verlobung, von Stellas Sympathie für den Freund ihres Mannes.

»Einmal, denk dir, war ich eifersüchtig auf dich«, sagte Lothar leichthin, und Albrecht erwiderte: »Dergleichen Schwachheiten sind dir nur zu bald vergangen.«

»Zu bald? Hätt ich vielleicht einen Grund gehabt?«

»Keinen.«

»Nun denn – –«

»Ich meinte nur. Wer gar nicht eifersüchtig ist, liebt nicht.«

»Ja so. Die Liebe ist mir zu bald vergangen, meinst du.«

»Verzeih. Ich hab wohl unrecht.«

Er wußte, daß er nicht unrecht hatte; sehr grausam und roh erschien er sich mit seiner Mahnung an untilgbar gewordene Schuld: »Verzeih«, wiederholte er noch einmal.

Es dunkelte schon, als sie ins Schloß zurückkehrten. Lothar war die ganze Zeit über in guter Stimmung geblieben. Wenn er der Liebhaber meiner Frau gewesen wäre, sagte er sich, würde er mir schwerlich Vorwürfe darüber machen, daß ich nicht eifersüchtig war.

Nach dem Souper kam Mattle, sich zu empfehlen. Sie beabsichtigte, bei einer Verwandten die Ankunft Alicens abzuwarten. Lothar erhob keine Einsprache; ihr Scheiden aus seinem Hause war ihm eine Erleichterung. Aber großmütig abfertigen wollte er sie und ging in sein Zimmer, um seine Weisungen in einem Briefe zu erteilen, den Mattle dem Sekretär zu überbringen hatte.

Als er den Speisesaal wieder betrat, standen Albrecht und die Alte am Kamin. Sie schwamm in Tränen, hatte eben noch, wie es schien, geredet, denn Albrecht war tief ergriffen und hielt etwas Weißes in der Hand, das er bei Lothars Erscheinen in die Brusttasche steckte. Es sah aus wie ein Brief. Mattle schwieg plötzlich, nahm offenbar verlegen mit einigen Dankesworten das Schreiben, das Lothar ihr reichte, in Empfang und verabschiedete sich.

Albrecht verweilte noch auf seinem Platze. Ein paarmal war's, als ob er anfangen wollte zu sprechen, doch schien er den Entschluß dazu nicht fassen zu können.

Der andere hatte sich ihm gegenüber auf einen Sessel am Speisetisch gesetzt, kreuzte die Arme, sah ihm unverwandt ins Gesicht. Der Freund begegnete seinem Blicke, der allmählich immer härter, immer höhnischer wurde, mit einer Gelassenheit, die nicht ohne einen Anflug von Mitleid war. Endlich versuchte er nicht mehr ein Gespräch anzubahnen. »Gute Nacht. Auf morgen«, sagte er und verließ das Zimmer.

Lothar war schon aufgesprungen, hatte schon die Hand nach der Glocke ausgestreckt, um Befehl zu geben, Frau Mattle hereinzurufen. Aber er besann sich. Nein. Eine Dienerin ausholen, einen Verrat an ihrer verstorbenen Herrin von ihr erzwingen, widerstrebte ihm. Morgen, sagte er sich, oder übermorgen, oder wann immer. Aber sein Geheimnis entreiß ich ihm.

Am folgenden Tage vor dem Frühstück fuhr Lothar in Begleitung des Wirtschaftsbeamten nach den Meierhöfen und fand, wie er es erwartet hatte, Grund zur Unzufriedenheit mit allem, was er entdeckte, und mit allem, was er vermißte. Recht absichtlich vertiefte er sich in seinen Unmut, der ihn momentan ablenkte von ganz anders bitteren Gefühlen und selbstquälerischen Grübeleien. Sie verfolgten ihn, sie hatten ihn im Schlafe gestört. Niemals sonst war ihm die Erinnerung an einen Traum haftengeblieben – die Gebilde des abscheulichen Traumes von heute nacht, die wollten nicht weichen.

Im Schloß wieder angelangt, befahl er das Frühstück in die Bibliothek und fand dort Albrecht, in einem Lehnstuhl vergraben, lesend. Der junge Mann blickte nur flüchtig auf, grüßte und fuhr in seiner Lektüre fort.

Lothars Mahlzeiten dauerten nicht lang; er machte sie ab wie eine unumgängliche Pflicht. Der rastlos Tätige, der nie verdrossene Arbeiter schlief wenig und nährte sich von Einsiedlerkost. Jetzt, nach fünfstündiger Inspizierung der Wirtschaftshöfe, stürzte er ein paar Gläser Milch hinunter, zündete seine türkische Pfeife an und begann in seinem mit Notizen angefüllten Taschenbuch zu blättern. Manchmal unterbrach er sich, um zu Albrecht hinüberzublicken. Der las und las. Er und sein Buch, sonst gab es nichts auf der Welt.

Es ist etwas Schönes um den Ausdruck eines Menschen, der alle Spannkraft seines Geistes auf einen einzigen Punkt gerichtet hat. Das Angesicht eines spielenden Kindes und das des einfachsten Arbeiters kann ihn annehmen. Er leiht ihm eine stille Verklärung, den Zauber der Weltentrücktheit. Lothar beobachtete seinen Freund. Wie überlegen der aussah! Was für prächtige Hügel sich über den feinen, dichten Brauen wölbten; wie kräftig gezeichnet die Denkerfalten waren, die sich von der Nasenwurzel hinauf in scharfem Bug gegen die Schläfen zogen … So hatte er ausgesehen, wenn er Stella ein Buch vorlas, das ihn fesselte, und da mußte sie ihn schön gefunden haben …

»Was liest du?« fragte er.

»Lache mich aus, einen französischen Roman. Eben erschienen. Der Titel: ›Le Passé‹; der Autor ungenannt.«

Lothar lachte nicht, er verzog nur verächtlich den Mund. Die neue Literatur – auf dem Gebiete war er nicht zu Hause. Er rühmte sich seiner Übereinstimmung mit den Japanern, die unsere Romane mit ihren ewigen Liebesgeschichten sterbenslangweilig finden. In unserem Leben, sagen sie, spielt die Liebe keine so große Rolle. Wenn einer unserer Jünglinge eine Frau, die er nicht mag, heiraten soll, tötet er sich, um nicht gehorchen zu müssen. Wenn die Frau, die er geheiratet hat, ihm keine Kinder bringt oder ihm nicht mehr gefällt, entläßt er sie. Für ernste und tatenfrohe Menschen ist damit die Sache abgetan, Worte machen sie darüber nicht.

»Sehr gut«, meinte Albrecht. »Diese naive Auffassung hat etwas für sich. Unsere pfadfinderische Seelenmalerei hat aber auch etwas für sich.«

»Etwas Psychologie, etwas Physiologie.«

»Ja. Die Kunst ist berechtigt zu verwerten, was sie von der Wissenschaft gelernt hat. Ich rate dir: Lies dieses Buch.«

»Erzähle mir den Stoff; das genügt.«

»Der Stoff gibt dir vom Eindruck, den es macht, soviel Begriff wie das Fischgerippe vom Geschmack des Fisches.«

»Gleichviel, erzähle.«

»Ein paar Leute haben eine gute Ehe geführt, bis der Mann, des Glückes satt, dem Vergnügen nachjagen geht. Die Frau ist trostlos. Mit der Treue ihres Mannes hat sie alles verloren, ist beleidigt in ihrem Stolze, um ihr höchstes Gut betrogen. Der Mann predigt ihr Vernunft, sagt ihr, was man in solchen Fällen sagt: Durch Vorwürfe wirst du mich nicht zu dir zurückführen – und so weiter! Er war von jeher ihr Orakel, sie beugte sich auch jetzt seiner Weisheit, litt schweigend, duldete ohne Duldermiene, fragte den Heimkommenden nie: ›Wo warst du?‹ Die Ausübung dieses stillen Heldentums, im Anfang ein Martyrium, verlor nach und nach ihre Bitternis. Der Mann hatte einen jungen Freund ins Haus gebracht …«

»Einen jungen Freund?«

»Eine feine, zärtliche Natur. Auf einem einsamen Schlosse von strengen Eltern erzogen, ganz unverdorben.«

»Jetzt überspringe ein paar Kapitel! Die Gräfin von Savern und Fridolin verlieben sich ineinander.«

»Das ist die Gräte, aber der Fisch – wie der schmeckt, wie der zubereitet ist … Wie der Franzose das Entstehen einer großen, tiefen Leidenschaft geschildert hat – wunderbar!

Für Robi ist die liebenswürdige Heilige das Unantastbare, Erhabene, für sie ist er der kleine Robi, und sie würde eher glauben, daß eine Lilie sich in einen Skorpion, als daß er sich in einen Verführer verwandeln könnte. Und so gleitet dieses Menschenpaar dem Sündenfall entgegen ohne einen sündigen Gedanken.«

»Das hältst du für möglich? Das will dein Franzose uns weismachen?«

»Er tut mehr. Der Wundermann löst das Problem der unschuldig Schuldigen. Blindheit über Recht und Unrecht ist Unschuld. Sein Liebespaar ist blind. Es hat nicht mehr Bewußtsein von dem, was kommen wird, als zwei schief gepflanzte Bäume, die sich wachsend immer mehr zueinander neigen. Wir aber sehen: wenn nicht einer von ihnen verkümmert, wenn nicht einer von ihnen gefällt wird, müssen ihre Zweige sich endlich umschlingen.«

Was soll das? dachte Lothar. Ein Plädoyer in eigener Sache? »Du brauchst nicht so ausführlich zu sein«, sprach er.

Albrecht hob den Kopf, erstaunt über den rauhen Ton: »Was hast du?«

»Nichts. Die Liebenden gehen den Weg aller Liebenden.« Er tat, als ob er ein Gähnen unterdrückte. »Und dann?«

»Dann überlassen sie sich ihrem Glücke ohne Selbstvorwürfe, schämen sich seiner nicht, geben sich kaum die Mühe, es zu verbergen. Verkehren unbefangen wie je mit dem betrogenen Gatten … Und diese Ehebrecher, du zitterst um sie, deine Sympathie ist bei ihnen.«

»Ein niederträchtiges Buch also.«

»Hab ich seine Moral gerühmt?«

»Und das Ende?«

»Kenn ich noch nicht. Der Ehemann hat nichts zu entdecken, er hat nur die Augen aufzumachen. Vorläufig sieht er mit verhaltenem Grimme dem Traumwandeln der beiden zu … war schon öfters nahe daran, sie anzurufen, sie zu wecken zum Todessturz … Hat immer gezögert. – Es ist nicht ausgesprochen und doch so klar: Sein Gewissen mahnt ihn an eigene Schuld und hält ihn ab, sein Richteramt auszuüben. Sein Gewissen wird gleichsam zum Hüter des Wonnerausches der seligen Sünder ...«

Lothar lachte grell auf, und Albrecht ereiferte sich und sagte wie jemand, der einer zwecklosen Erörterung zuvorkommen will: »Ich weiß! ich kenne deine Unterschätzung des Gewissens, weil du meinst, daß es uns anerzogen und kein Naturprodukt sei. Lieber! alles was ist, ist Naturprodukt, ob es uns aus erster oder aus zehnter Hand zukommt ... Sind unsere edlen Obstgattungen«, setzte er rasch und ungeduldig hinzu, »etwa nicht Naturprodukte, weil man sie aus Pfropfreisern gezogen hat?«

»Was für Schlüsse!« sagte Lothar ohne seine frühere Schärfe. Wieder hatte die Überlegung ihre beschwichtigende Macht ausgeübt. Wenn Albrecht schuldig wäre, von diesem Buche hätte er nicht gesprochen. Der Vergleich lag zu nahe.

Eine Weile noch machte er sich mit seinen Notizen zu tun, während Albrecht weiter las. Dann wurde der Förster gemeldet. Lothar stand auf. »Wir sehen uns erst bei Tische«, sagte er, »ich habe zu schreiben.«

Der nächste Morgen war trüb und regnerisch. Nach dem Frühstück beschäftigten die Freunde sich damit, einen Wust von Zeitungen und Briefen durchzusehen, die die Post gebracht hatte. Für Lothar befand sich darunter eine Kreuzbandsendung, ein Buch. Die Schrift auf dem Umschlag war ihm bekannt. Es gab eine Zeit, und sie lag nicht gar fern, in der der Anblick dieser Schrift ihn freudig erregt hatte. Das war vorbei und wäre vergessen gewesen ohne die hartnäckige Mahnerin, die schöne, geistvolle Frau, die er im Sturm erobert und spielend leicht verlassen hatte, als sie sich vermaß, in seinem Leben zuviel Platz einnehmen zu wollen. Nun war sie seine Feindin geworden und ließ ihre Drohung: »Verlassen kannst du mich, vergessen wirst du mich nicht«, in Erfüllung gehen.

Das Buch, das sie heute schickte, war: »Le Passé«, und sie hatte auf die erste Blattseite geschrieben: »Nachahmungswürdig.«

O schlecht, schlecht! Sie suchte einen Verdacht gegen seinen Freund und gegen eine Tote in ihm zu erwecken. Sie ahnte nicht, daß der Verdacht mit seinem ganzen Gefolge an Qualen schon erwacht war.

Lothar hob das Buch in die Höhe: »Sieh doch, was mir da geschickt wird«, sagte er. »Es ist nur gut, daß ich die Geschichte weiß, für den Fall, daß ich aus ihr examiniert werden sollte. Nur noch der Schluß fehlt mir. Wie ist der Schluß, der gewöhnlich alles verdirbt?«

»Dieser verdirbt nichts«, erwiderte Albrecht, »es ist der einzig rechte. Der Autor hat uns die Sehnsucht nach ihm suggeriert. Unsere moralische Empfindung schweigt, wir wünschen den Sündern den Sieg. Er wird ihnen zuteil – der Mann verzeiht.«

»Nach dem Tod der Frau«, fiel Lothar ein.

»Wieso nach ihrem Tode? Bis jetzt scheint sie keine Anlage zum Sterben zu haben.«

»Richtig! Sie lebt, der Mann verzeiht und segnet das Paar.«

»Er flucht ihm wenigstens nicht.«

»Und damit endet die Geschichte?«

»Sie schließt, sie endet nicht; sie wirkt noch lang in uns nach.«

»Mag sein«, erwiderte Lothar. Er hielt das Buch in der Hand, schlug es da und dort auf und überflog ein paar Seiten mit der Voreingenommenheit, die er gegen Romane hatte. Allmählich jedoch wurde er gefesselt. Nicht angenehm. Unheimlich belebten sich die erdichteten Gestalten, ein wohlgetroffenes Bild trat ihm entgegen – das seine. Er las: »Eine ihn und andere erniedrigende Überzeugung hatte ihn gepackt und hielt ihn fest. Er rang in ihrer Umschlingung verzweiflungsvoll und fruchtlos. Immer von neuem tauchte die Vergangenheit herauf und wehte ihm ihren Pesthauch zu: ‚Sieh dich in der Schönheit deiner fünfundzwanzig Jahre stundenlang einer anmutigen Frau gegenüber. Sie ist leidend, und ihr Mann vernachlässigt sie. Geschämt vor dir selbst hättest du dich, wenn es dir nicht geglückt wäre, sie ihre Leiden vergessen machen und ihr ihre Einsamkeit zu versüßen …«

Bei Anbruch der Dämmerung gingen die Herren auf die Schnepfenjagd. Sie brachte eine reiche Beute. Der Regen hatte schon vor mehreren Stunden aufgehört, und es wurde ein Abend von unvergleichlicher Schönheit. Nach Sonnenuntergang zerrann die letzte Wolke am Himmel, er schimmerte sanft und doch noch ein wenig blendend in einem hellen, unbestimmten Farbentone. Die Jäger traten den Heimweg an. Ringsum alles neu, alles jung, das zarte, keusche Grün der Gräser und des kaum entfalteten Laubes und der sprossenden Feldfrucht. Und dieses lautlose Werden hatte etwas ergreifend Schüchternes, eine jungfräuliche Unbewußtheit der Verheißungen, die es zur Erfüllung zu bringen bestimmt war.

Ein leiser Windhauch erhob sich, glitt durch das Gezweige wie einwiegend in Schlaf und schien die Natur zur Ruh einzuladen, die sie sich verdient hatte mit ihrem eifrigen Keimen und Treiben. Nun war sie müde, müde klang der Laut in den Kehlen des Sängervölkchens auf den Bäumen, lässiger schien der Tanz der kleinen Flieger in den Lüften und die Bewegungen der kleinen Läufer und Kriecher auf dem Boden zögernder. Der leuchtende Widerschein am Himmel war erloschen und hatte sich in ein mattes Blaugrau verwandelt. Als die einsilbig nebeneinander herschreitenden Männer den breiten Feldweg betraten, der zum Tor des Schloßgartens führte, glimmten am Firmament, erkennbar nur für scharfe Augen, weißliche Pünktchen auf. Sterne, Welten von ungeahnter Größe vielleicht und bewohnt von Millionen vielleicht höher organisierter, tiefer erkennender Wesen, und doch nur eine momentan beleuchtete Welle im Meere des Alls … Eine

Weile noch, und die Zahl der weißlichen Pünktchen wuchs und wuchs und wurde Unzahl und ihr schwächlicher Schein ein Gefunkel von überirdischem Glanz. Lothar war immer stiller geworden. Nie hatte das Bewußtsein menschlicher Kleinheit ihn mit so erschütternder Gewalt ergriffen wie in dieser Stunde, in dieser Einsamkeit, nach Tagen und Nächten schwerer Seelenkämpfe. Mensch – Atom im Unermeßlichen, Menschenleben – Augenblick in der Unendlichkeit, dachte er, all deiner Weisheit Anfang und Ende fassen drei Worte: Was liegt daran? Du bist ein Nichts. Lösche die Vergangenheit, sorge nicht um die Zukunft, frage nicht, zweifle nicht. Atme, weil dir Atem gegeben. Atme – genug getan für ein Nichts, das eine Spanne Zeit hindurch ein mit Bewußtsein begabtes Nichts ist. »Was liegt daran, nicht wahr? Was liegt an uns?« sprach er zu seinem Freunde, und ihm schien, als ob dieser einen Blick voll Besorgnis auf ihn richtete.

Kein Grund zur Besorgnis mehr. Ein heilender, ein erquickender Frieden erfüllte ihn.

Noch ein Tag verging. Die Seelenruhe, in die Lothar sich hineingedacht und hineingerungen hatte, hielt an. Wohltuender, als er es sich selbst gestand, wirkte auf ihn die Regelmäßigkeit des Landlebens und die Nähe des Freundes. Alle Zweifel schwanden, wenn er in das schöne, ehrliche Gesicht Albrechts blickte. Er genoß seinen Umgang, es gab keinen, der ihm lieber und sympathischer gewesen wäre. So groß auch die Verschiedenheit zwischen beiden Männern war, der ältere leidenschaftlich, heißblütig, und dabei oft gequält von dem Hang zur Grübelei, der in seinem energischen und kraftvollen Wesen einen Mißton bildete, der jüngere gelassen, ausgeglichen und sorglos – in ihren letzten und tiefsten Überzeugungen stimmten sie überein. Sie wußten, ob der eine auch von rechts und der andere von links ausginge, am Ziel würden sie zusammentreffen.

Wenn er dabliebe, wenn ihn Lothar immer bei sich hätte,

er brauchte ein Wiedererwachen seines Verdachtes nicht zu fürchten. Schlimm genug, daß dieser Verdacht überhaupt entstehen konnte und aus einem kindischen Anlaß ... »Uneröffnet zu verbrennen ...« Hätte er die Weisung doch lieber nicht befolgt. Das Geheimnis, das seine arme Frau bewahren wollte, war gewiß ganz harmlos; er würde es selbst dann belächelt haben, wenn es sich um ein kleines Unrecht gegen ihn gehandelt hätte – um eine Gedankensünde. Am Liebenden begangen, so schwer beinahe wie die brutale Schuld; in den Augen des Mannes, der gleichgültig geworden ist, eine sehr läßliche Sünde.

Sie waren wieder auf der Jagd gewesen und hatten nun zu Nacht gegessen im großen Speisesaal. Ein ungemütliches, weitläufiges Gelaß, in dem die Winterkälte noch lagerte. An seinen kahlen, weißgetünchten Wänden hingen völlig nachgedunkelte, aus den anderen Schlössern hierherverbannte Familienbilder in morschen Holzrahmen. Zwei altmodische Öllampen, die auf dem Tische standen, beleuchteten ihn spärlich und ließen seine Umgebung und den gedrückten Bogen, den das Kappengewölbe bildete, in tiefem Schatten. Das einzig Freundliche in dem ganzen Raume war das Holzfeuer, das im Kamin brannte.

Nachdem die Diener die letzte Schüssel abgetragen und die Zigarren gebracht hatten, verließen sie das Zimmer. Die Uhr auf dem Dache, die vermutlich bloß der Anwesenheit des Schloßherrn zu Ehren aufgezogen worden war, hob mit mißtönendem Gerassel ihre verrosteten Hämmer zum Schlagen aus.

Albrecht zählte: »Zehn. Morgen um die Zeit habe ich schon ein paar Bürostunden im Leibe. Mein Urlaub ist aus, ich muß fort.«

»Schade«, sagte Lothar, »sehr schade.«

»Ja, ja! aber – was sein muß ...« Er hielt inne, er überlegte und fragte dann: »Darf ich mich ausnahmsweise einmal in Dinge mischen, die mich nichts angehen?«

»Ohne weiteres.«

»Dann bitte ich dich … ich war in der Gruft … tu etwas für die Gruft, sie ist in schlechtem Zustande.«

»Ich habe es gesehen. Verlaß dich drauf, was nötig ist, geschieht. An dergleichen braucht man mich nicht zu erinnern, obwohl ich keinen Totenkult betreibe wie du.«

»Wie ich?«

»Mit Kranzspenden und Gräberbesuchen. Ist mir auch an dir neu, die Sentimentalität. Man erlebt doch immer Überraschungen an seinen – Freunden, glaubt sie zu kennen und irrt.«

Er hielt den Blick unverwandt bohrend und forschend auf Albrecht gerichtet. Im Grunde kannte er ihn wirklich nicht. Bei all seiner herzgewinnenden Liebenswürdigkeit war er doch sehr verschlossen. Das hatte bis jetzt dem Freunde an ihm gefallen, es gab ihm etwas Starkes, Festes. Heute fand Lothar empörend, was ihm sonst an dem fast zu Nachgiebigen als Zeichen stiller Tüchtigkeit gegolten hatte. Der sich nicht gibt, was gibt der am Ende? – Nichts, das nicht auch ein andrer geben könnte.

Die Hartnäckigkeit, mit der Lothar ihn ansah, begann Albrecht unerträglich zu werden. Er stand auf und trat an den Kamin.

»Sag einmal, was würdest du denken, wenn du im Schreibtisch einer dir nahestehenden Person ein Kuvert fändest mit der Aufschrift: ›Nach meinem Tode uneröffnet zu verbrennen‹«, sprach Lothar plötzlich.

»Ich weiß nicht, wie man dazu kommt, im Schreibtisch auch der nächststehenden Person zu kramen. Außer« – und jetzt schien ihm eine Ahnung der Bedeutung von Lothars Frage aufzugehen – »außer – sie wäre tot.«

»Nimm an, daß sie tot wäre. Was würdest du denken?«

»Das hängt von der Meinung ab, die ich von dieser Person gehabt habe; war sie gut, würde sie gut bleiben.«

»Du verstehst, du sprichst pro domo«, rief Lothar.

»Was heißt das?«

»Verstell dich nicht, du weißt es.«

»Ich weiß es nicht. Mein Wort darauf.«

»Dein Ehrenwort?«

»Wort oder Ehrenwort ist gleichbedeutend.«

»Wie du meinst. Du gibst also dein Ehrenwort. Ja, ja, man ist manchmal gezwungen, sein Ehrenwort einzusetzen für eine Unwahrheit.«

»Den Zwang kenn ich nicht.«

»Du wirst ihn kennenlernen. Gleich. Wenn ich dich zum Beispiel frage« – und jetzt war es, als ob er jede Silbe zwischen die Zähne genommen hätte, bevor er sie aussprach: »War das ein Andenken, ein teures Vermächtnis, das Mattle dir gebracht hat, neulich, hier im Zimmer, als du mit ihr am Kamin standest, da, wo du jetzt stehst, und ich eintrat, früher als ihr erwartet hattet?«

Albrecht schüttelte den Kopf, seine Miene verriet noch mehr Trauer als Entrüstung. Langsam, mit großem Ernst, zog er seine Brieftasche hervor, entnahm ihr ein kleines, unverschlossenes Kuvert und reichte es Lothar hin: »Das hat sie mir gebracht.«

Das Kuvert enthielt ein am dickeren Ende mit einem Faden umwickeltes, zu einer Locke zusammengelegtes Strähnchen aus hellblonden, wie Seide schimmernden Haaren.

Lothar zog es mit beiden Händen seiner ganzen Länge nach auseinander: »Dir!« … Der Wahnsinn des Zornes ergriff ihn. Alle Überlegung, alle Vernunft verschwanden. Nur die blöde, sinnlose Wut blieb Herrin und Herrscherin. Er sprang auf und schlug mit der geballten Faust Albrecht ins Gesicht.

Der bäumte sich empor: »Unglücklicher! … für dich … wenn es dir einfallen sollte – –« Fahl wie eine Leiche, Schaum auf den Lippen, rang er nach Atem, in seiner Brust rasselte es, »daß du von der lieben Frau kein Andenken … nicht einmal ein Haar …«

Lothar stierte ihn an: »Feigling! Lügner! find eine bessere Entschuldigung.«

»Entschuldigung?« Seine Züge hatten sich furchtbar verzerrt, aus seinen Augen sprühte Haß. »Ich verabscheue dich, ich verachte dich! Weil du dich kennst, glaubst du andere zu kennen. Oh … deine Vergangenheit! O die Erinnerung an sie! … Ihr Gift frißt an dir, besudelt das Andenken einer Heiligen!«

»Preise sie, dir steht's zu …«

»Still! … schweige! … Auf morgen. – Schwerste Bedingungen. Ein Hund, der an Entschuldigung nur denkt.«

In der gedeckten Reitschule der Kavalleriestation unfern von Waldhoven fand der Zweikampf statt. Die Sekundanten sahen sogleich voraus, daß jeder Versöhnungsversuch scheitern würde. Wenn zwei Menschen, die ehemals Freunde waren, mit dieser Entschlossenheit und Erbitterung einherkommen – da gibt's keinen Ausgleich, und ein solches Duell hat gewöhnlich einen schlimmen Ausgang. Das Befürchtete geschah entsetzlich rasch. Der erste Schuß des Geforderten streckte seinen Gegner nieder. Er stürzte, in die Stirn getroffen, ohne einen Laut. Die Sekundanten eilten herbei, Lothar näherte sich langsam. Kein Muskel in seinem Gesichte zuckte, als der Regimentsarzt den Tod des Gefallenen konstatierte. Niemand konnte ahnen, was in ihm vorging, wie herb sein Bedauern war und wie brennend seine Qual, daß er zu gut getroffen habe, daß ein Toter dalag und nicht ein Sterbender, dem er das Geständnis hätte erpressen können: Ich habe dich betrogen.

Er fuhr nach Wien, um dort die Einleitung zur gerichtlichen Untersuchung seines Duells zu erwarten. Bei der Ankunft fand er einen Brief von seiner Schwägerin, die ihre Rückkehr für einen der nächsten Tage ankündigte. Schon am folgenden war sie da, trat ein, das liebliche Ebenbild ihrer Zwillingsschwester, und warf sich Lothar an die Brust.

»Du Armer! Du Armer!« schluchzte sie und konnte sich nicht satt fragen, nicht satt weinen. Sie durchschritt die Zimmer, die Stella bewohnt hatte, kniete am Bette nieder, in dem sie gestorben war, und betete heiß und lange. Im Zimmer nebenan blieb sie vor dem kleinen Schreibtisch stehen und sprach zwischen neuen Tränenausbrüchen: »Da drin ist etwas gelegen, das mir gehört hat.«

»Dann liegt es noch darin. Nimm's, der Schlüssel steckt.«

»Nein, nein, gib du es mir heraus. Es ist ein Brief. Es sind mehrere Briefe«, sie errötete über und über, »die mein Mann, mein jetziger, lieber, mir geschrieben hat vor meiner Scheidung, als ich so unglücklich war und so leidend und zu sterben meinte … Da hab ich sie meiner Stella in Verwahrung gegeben … Und sie hat gesagt: ›Auch ich könnte sterben‹, und hat die Briefe in ein großes Kuvert getan und darauf geschrieben – –«

»Nach meinem Tode uneröffnet zu verbrennen?« schrie Lothar, faßte ihre Hände und schüttelte sie. »Nein! sag nein! Unmöglich! unmöglich!« Seine Züge bekamen etwas Steinernes, die Augen quollen hervor und starrten mit einer furchtbaren Verzweiflung ins Leere. Voll Entsetzen wich Alice vor ihm zurück, als er, beide Arme nach etwas Unsichtbarem ausstreckend, hervorstieß: »Albrecht! Albrecht! – und ich lebe! …«

Das tägliche Leben

Am Vorabend der silbernen Hochzeit eines allverehrten Ehepaares, die von einem großen Familien- und Freundeskreise festlich begangen werden sollte, erschoß sich die Frau.

Es war ein ganz unerklärliches Ereignis. Die Selbstmörderin hatte in den glücklichsten Verhältnissen gelebt und war von allen, die in Beziehung zu ihr standen, innigst geliebt und hochgeschätzt worden. Ohne Abschied stahl sie sich hinweg, hinterließ für keinen ihrer Angehörigen eine Zeile, ein aufklärendes Wort, nichts, was auch nur als Andeutung eines Abschiedsgrußes hätte gelten können. Sie mußte in den Tod gegangen sein, wie man von einem Zimmer ins andere geht. Auf ihrem Schreibtisch lagen die Rechenbücher, in die sie noch die Ausgaben des letzten Tages eingetragen, das Küchengeld für den nächsten Tag eingelegt hatte. Daneben eine vor wenigen Augenblicken eingetroffene Huldigung des Vereins, dessen Präsidentin sie gewesen war, fünfundzwanzig La-France-Rosen in schöner silberner Schale, und ein Paket zum Teil schon eröffneter Telegramme, lauter warme Lobpreisungen und herzlich dargebrachte Glückwünsche.

Und die Frau, der sie galten, war tot in ihrem Sessel am Schreibtisch gefunden worden und neben ihr auf dem Boden der Revolver, mit dem sie sich ins Herz geschossen hatte. Mitten ins Herz. Ein gut berechneter Schuß, den eine ruhige Hand geführt haben mußte.

Der Revolver war ihr Eigentum, ein Geschenk, das ihr militärischer Schwiegersohn ihr im vorigen Jahr darbrachte. Der gute Papa hatte damals ein einsam stehendes Haus in ziemlich unwirtlicher Gebirgsgegend für sich und seine Frau zum Aufenthalt gewählt. Vermutlich hoffte der gelehrte und leidenschaftliche Ornithologe dort einer besonderen

Vogelart auf die Spur zu kommen. Wir lachten alle, als der Rittmeister seiner Schwiegermutter vor ihrer Abreise in die Sommerfrische einen Revolver übergab und sagte: »Nimm du ihn mit, du gebrauchst ihn im Fall der Not. Der Papa vergißt loszudrücken, wenn gerade im gefährlichsten Augenblick eine aparte Nachtschwalbe vorüberfliegt.«

Der Rittmeister war der einzige in der ganzen Familie, der sich manchmal ein Scherzwort über den »guten Papa« oder die »heilige Großmutter« erlaubte und sogar seiner kochenden Ungeduld über die beiden ein wenig Luft machte.

Die anderen bewahrten in praesentia ein ironisches Schweigen; in absentia werden sie sich wohl dafür entschädigt haben. Die jungen Leutchen schienen mir danach angetan, so wenig ich sie kannte. Zwischen uns war kein Verkehr; wir tauschten eben nur ein paar Höflichkeitsphrasen, wenn wir einander zufällig da oder dort begegneten.

Ich betrat das Haus, kurz nachdem Frau Gertrud ihre entsetzliche Tat begangen hatte. Es war verabredet, daß ich sie zu einer Sitzung unseres Vereines abholen sollte. Und nun traf ich die Ihren in Schmerz und Grauen versunken über ihren Tod. Der Salon, in den ihre Eltern und ihre Töchter sich begeben hatten, stieß an das Schlafzimmer, wo die Leiche auf das Bett gelegt worden war. Durch die offene Tür drang lautes Schluchzen, Stöhnen und Jammern und manchmal plötzlich ein haarsträubendes, grelles Auflachen. Der unglückliche Gatte überließ sich willenlos seiner Verzweiflung. Er stürzte vor dem Bett in die Knie, sprang auf, rannte händeringend auf und ab, blieb stehen und rief die Tote an: »Trudel! Trudel! … Nicht dein Ernst … Ein Scherz – aber ein häßlicher … Nicht so scherzen … Aufwachen … Aufstehen!« … Und wieder das schreckliche Gelächter und wieder ein Ausbruch der Verzweiflung. Dazwischen das beschwichtigende Zureden des Arztes und der beiden Schwiegersöhne, denen es endlich gelang, den armen Mann von der Leiche fort in seine Gemächer zu führen.

Die ganze Zeit über hatte ich mir Vorwürfe gemacht. Warum verursachte der namenlose Schmerz dieses Unglücklichen mir eine fast unerträgliche Pein, aber kein echtes, warmes Mitgefühl? Woran lag das nur? War ich auf einmal hartherzig geworden oder so egoistisch, daß fremdes Leid mich ungerührt ließ, weil ich selbst tiefes Leid empfand? – Die Hingegangene war mir viel gewesen; sehr eng hatte unsere gemeinsame Tätigkeit, die nach langen Kämpfen bedeutende Erfolge aufweisen konnte, uns verbunden. Ich verlor mehr an ihr, als ich unter dem Eindruck des ersten Schrekkens sogleich zu ermessen vermochte. Das jedoch begriff ich schon: Es kommt immer schlimmer, jeden Tag mehr, bei jeder neuen Gelegenheit werde ich ihren Einfluß vermissen, ihre liebevolle, ruhige, immer sichere Führung. Und doch, daß nicht mein Gram, daß nur der der Ihren jetzt zu Worte kommen durfte, verstand sich von selbst. Woher dann meine Unempfindlichkeit für die Verzweiflungsausbrüche ihres bedauernswürdigen Gatten?

Die stumme Trostlosigkeit der Eltern, die freilich ging mir nahe und auch der Schmerz der jüngeren Tochter. Sie kniete ganz gebrochen neben dem Lehnsessel, in den ihr Großvater sich hatte sinken lassen. Der alte Mann drückte den Kopf der Enkelin an seine Brust und streichelte leise ihr tränenfeuchtes Gesicht. Wenn einmal eine Träne aus seinen eigenen Augen darauf niederfiel, wischte er sie sorgsam mit seinem Taschentuche ab, als sollte dieser einzelne schwere Tropfen sich nicht vermischen mit den Kindestränen, die leicht und stromweise flossen. Kein Wort kam über seine Lippen, keine Bitte: Weine nicht. O nein! Er wußte wohl, ausweinen muß sie sich. *Aus*weinen – die Kunst übt die Jugend allein, mit ihren Tränen versiegt ihr Leid, sie hat es ausgeweint ... Dann kehrt die Heiterkeit wieder, dann wird man die liebliche blonde Frau wieder lachen hören, sie wird ihrem von der Parade heimkehrenden Mann entgegenjubeln wie Klärchen ihrem Egmont, sie wird mit Entzücken die Fingerspitzen ihres Kindleins in der Wiege küssen und ihm Possen vormachen, die es freilich noch nicht zu würdigen versteht. Sie wird singen und sich ihres unbedeutenden Lebens freuen, als hätte nie ein Schatten den Glanz seiner spiegelklaren und spiegelseichten Einförmigkeit getrübt.

Anders Eleonore, die ältere Schwester. Die verwindet nicht so bald den schweren Schicksalsschlag, den sie heute erfuhr. Was sich in diesen Zügen ausspricht, ist aber nicht kindliche Trauer um die Mutter, sondern eine herbe Anklage, ein bitterer Groll. Ich las ihr die Frage von der Stirn: Wie hast du mir das antun können? Mir, der Frau des zukunftsreichen Staatsmannes, der auf dem Wege zu einer hohen Lebensstellung mich zu ihr emportragen soll! Nun hängt sich bleischwer ein Makel mir an: Du hast mich zur Tochter einer Selbstmörderin gemacht. – Gewiß, das waren die Gedanken der schönen Frau mit dem stahlharten Herzen. Sie hatte nur Vorwürfe für ihre Mutter, sie fragte nicht: Was hat dich fortgetrieben von uns? Was hat dir, du Arme, dein Leben unerträglich gemacht? Einer Regung des Mitleids war sie, in diesem Augenblick wenigstens, nicht zugänglich.

Ihr Mann kam und brachte die Versicherung, daß der arme Papa etwas ruhiger sei. Er nahm Platz an ihrer Seite und sprach leise, zärtlich beschwichtigende Worte zu ihr, die sie hinnahm wie ein verschämter Bettler eine viel zu geringe Gnadengabe.

Das Widerspiel zu dieser Enkelin bildete die Großmutter. Die alte Dame saß in einer Ecke des Kanapees, der Schlafzimmertür, die nun geschlossen worden war, gegenüber, und blickte von Zeit zu Zeit schaudernd auf sie hin. Die Greisin war wie in sich selbst versunken, wie zusammengebrochen unter der Last eines unerbittlichen Gerichtes. Ihr wachsbleiches Gesicht drückte einen Schmerz über alle Schmerzen aus. Die Mater dolorosa weinte am Kreuze des Welterlösers, durfte ihn aber im Geiste schauen, auferstanden in Herrlichkeit, zu ewiger Glorie … Diese arme Mutter weinte um eine, für die der Heiland umsonst gestorben ist. Sie hielt einen Rosenkranz in der Hand, den sie wohl mechanisch aus ihrer Tasche gezogen hatte, doch betete sie nicht. Ihre Tochter war eine Selbstmörderin und ewig verdammt. Für Verdammte betet man nicht.

Eine Weile stand ich dieser stummen Qual gegenüber – hielt aber den Anblick zuletzt nicht mehr aus; ich näherte mich der alten Frau, setzte mich neben sie, beugte mich und küßte ihre eiskalten Hände. Sie fuhr zusammen, erschrocken über die Berührung meiner heißen Lippen, und wollte mir ihre Hände entziehen. Ich hielt sie fest ... Ich begann – anfangs wohl nur stammelnd, dann mit immer größerer Sicherheit und recht wie eine gelernte Lügnerin – von einem unglückseligen Zufall zu sprechen ... Zufall! – eine andere Möglichkeit nahm ich gar nicht an. Er konnte grausamer, als es geschehen war, nicht spielen, an einem Tag, an dem er schwerer traf, nicht eintreten ... Ich – ja, ich hatte immer gefürchtet, immer gewarnt ... Der Revolver in der Lade bei unseren Vereinsschriften war mir von jeher unheimlich gewesen. Sie pflegte gar so sorglos mit ihm umzugehen ... Erst neulich hatte ich ihn selbst hinweggetan, weil er dalag auf dem Schreibtisch, mit der Mündung gegen ihre Brust ... Gott im Himmel, wie war ich erschrocken! – hatte ganz entsetzt ausgerufen: »Frau Gertrud, wenn man zufällig anstieße an das Ding, und es ginge los ... Frau Gertrud, das Ding ist doch nicht geladen?« und sie hatte geantwortet: »Nein, ich glaube nicht.«

Die arme Mutter horchte gespannt; ihre aufeinandergepreßten Lippen lösten sich: »Nein, ich glaube nicht«, wiederholte sie leise. »Sie hat es nicht gewußt? ... Sie hat gesagt: ›Nein, ich glaube nicht?‹«

Ich fuhr fort und log und log, erfand allerlei ziemlich wahrscheinliche Details ... Und es gelang – ich überzeugte – ich erlöste sie ... Ihre trockenen, peinlich starren Augen wurden feucht, ein Schluchzen hob ihre Brust, sie weinte – sie betete.

Der Doktor war, als ich noch an meinem Lügennetze wob, ins Zimmer getreten und hatte mir zugehört. Beim Fortgehen begleitete er mich. Wir schritten eine Weile stumm nebeneinander, dann sagte er in seiner verwünschten Manier, bei den unpassendsten Gelegenheiten einen Scherz anzubringen: »Sie haben heute viel blauen Dunst ausgehen lassen, meine gnädige Frau.«

Worauf ich erwiderte: »Gepriesen sei die Barmherzigkeitslüge!«

Er schüttelte den Kopf und zitierte: »Die Wahrheit, die Wahrheit – und wenn sie uns Verderben wäre!«

»Uns! – und auch den andern? Nein, nein, ich liebe nichts, was denen Verderben bringt. Die Wahrheit im Scharlachmantel und mit dem Richtschwert des Henkers oder die sanfte, wundenheilende Barmherzigkeitslüge – welche von beiden wählen Sie, Herr Doktor?«

– »In *meinem* Amte freilich …« Er war ernst geworden, eine lange Pause trat ein, bevor er wieder begann: »Seit zwanzig Jahren verkehre ich mit dieser Familie und hätte alles eher für möglich gehalten, als daß in ihr ein Selbstmord vorkommen könne. Frau Gertrud hat ihn – darüber besteht für mich kein Zweifel –, vielleicht nach einem plötzlichen Entschluß, aber in voller Geistesgegenwart verübt … Warum verübt? – diese ruhige, pflichttreue, scheinbar glückliche Frau! … Da steckt irgendwo, es kann nicht anders sein, ein furchtbares Geheimnis.«

Ich erwiderte, daß ich an ein furchtbares Geheimnis nicht glaube; er blieb bei seiner Meinung, und ich widersprach nicht mehr. Wenn die Phantasie eines Verstandesmenschen einmal die Schwingen regt, wer hemmt ihren Flug? Übrigens – meine Lügen hatten Glauben gefunden, die Wahrheit, die ich zu wissen behaupte, wird ihn kaum finden.

Ich konnte nicht schlafen in dieser Nacht, ich mußte immer mit großem Leid an Gertrud denken. Bisher hatte die Verleumdung sich nicht an sie herangewagt, nun hat sie Gelegenheit bekommen, ihr Gift auszuspritzen, und wird es tun und wird das Andenken der Frau verunglimpfen, das mir in leuchtender Erinnerung steht. Tausenden zum Heil hat sie gewirkt, ein großartiges Herrschertalent mit liebenswürdiger Weisheit ausgeübt; sie war das Haupt und die Seele unseres Vereins, und wir waren stolz darauf gewesen, mitarbeiten zu dürfen an dem groß angelegten Werke der genialen und starkmütigen Frau. Besonders als solche und als unerreichbares Beispiel für mich schwache und nachgiebige Person hatte ich Gertrud bewundert. Aber als ich sie in ihrem eigenen Hause sah, verschob sich mir das Bild. Unsere klare und kräftige Führerin erschien zerstreut, unsicher, beinahe schüchtern. Man sieht soviel auf den ersten Blick mit noch unbefangenem Auge! Der meine ließ mich sogleich und deutlich erkennen: Sie ist einsam mitten unter den Ihren, erdrückt zwischen zwei Generationen. Die Mutter lastete schwer auf ihr, der Vater bot ihr wohl keine Stütze. Ich kannte ihn vom Sehen, den berühmten Juristen, den Kämpfer und Sieger. Als Professor hatte er die Altersgrenze überschritten, als Schriftsteller wirkte er kühn und rücksichtslos weiter.

Ein hochstehender Mann, für seine Familie zu hoch, um sich an ihn lehnen zu können. Dir ist das Ferne nah und das Nahe fern, sagte ich mir, als ich ihn eine Weile beobachtete und den Blick seiner großen wasserblauen Augen über die Tafelrunde hingleiten und sich plötzlich, wie von einem inneren Licht entzündet, auf einen Gegenstand ihm gegenüber heften sah. Ein Gegenstand, heißt das, für uns, und zwar eine Kaffeemaschine auf der Kredenz; für ihn ein Unsichtbares, ein mathematischer Punkt, und der seherhafte Glanz in seinen Augen die Reflexerscheinung eines aufsprühenden großen Gedankens.

Die beiden Töchter … Wie kam diese Mutter zu diesen Töchtern? Sie waren so nahe mit ihr verwandt wie ein paar Paradiesvögel mit einer Löwin. Thesi, die jüngere, das richtige Offiziersfrauchen, das aufgeht in Bewunderung des schmucken Gemahls und alles nebensächlich findet, was sich nicht auf ihn und »sein Regiment« bezieht. Die ältere eine imponierende Schönheit wie Frau Gertrud; eine ebenso ebenmäßige hohe Gestalt mit edlem Kopfe und den Zügen voll kraftvoller Feinheit, die uns an griechischen Götterbildern entzücken. Während des Mittagessens, das mir in so peinlicher Erinnerung geblieben ist, saß ich ihr gegenüber und weidete mich an ihrem Anblick und meinte, jetzt und jetzt müsse aus diesem herrlichen Gebilde die Offenbarung einer Seele kommen, die ihm entspräche. Aber es kam nichts als in jeder Miene, in jeder kleinsten Äußerung ein kalter, verletzender Hochmut, der dem schönen Gesicht etwas Ordinäres gab.

Arme Gertrud – zwischen ihr und diesen zwei jungen Frauen konnte es keinen Zusammenhang und kein Verständnis geben. Ungeordnet und gleichsam tropfenweise kam mir, in der bangen Nacht nach ihrem Tode, die Erinnerung an den Einblick, den ich in ihr Familienleben getan hatte. Das Benehmen ihrer Töchter gegen sie, schon in Gegenwart einer Fremden lieb- und rücksichtslos, war es wohl noch mehr in der Intimität …

Sie nahmen sich vor mir zusammen, es war leicht zu bemerken, konnten aber ihre Ungeduld über das Warten auf den Papa nicht verbergen. Der Staatsbeamte schürte die Glut durch spitzige Bemerkungen. Sie bekamen einen kleinen giftigen Beigeschmack, als die Großmutter Gertruds Frage, ob sie nicht servieren lassen solle, mit einem Schrecken zurückwies, als ob ihre Tochter vorgeschlagen hätte, das Haus in Brand zu setzen. Der Großvater sah und hörte nicht, er wandelte weltentrückt in seinem Gedankenreiche. Der Rittmeister und seine Frau waren in eine Fenstervertiefung getreten und verhandelten leise und eifrig miteinander. Sie schien ihn um etwas zu bitten, er schien ihr Vorstellungen zu machen. Endlich wandte er sich, eilte auf Gertrud zu, schlug die Hacken zusammen, sagte: »Verzeih, Mama, aber – des Dienstes immer gleichgestellte Uhr …« grüßte kurz und verließ das Zimmer.

Thesi brach in Tränen aus, die Großmutter brummte vor sich hin, die Mienen des Ministerialrates und seiner Frau wurden immer geringschätziger. Sehr gequält entschuldigte Gertrud sich bei mir, und ich wünschte über allen Bergen zu sein und dachte: Eine Einladung zum Familiendiner in diesem Hause nehme ich nie wieder an!

Die Stimmung war unrettbar verdorben, als der Urheber all dieses Unheils ins Zimmer trat oder vielmehr hereinschlüpfte. Wie die meisten Leute, die regelmäßig zu spät kommen, hatte er immer Eile. Auf der Straße sah man den großen, hagern Gelehrten in steter Hast dahinschreiten, mit vorgeneigtem Kopfe, zerstreut suchenden Augen und mit, auch bei völliger Windstille, fliegenden Rockschößen.

Er wurde von seiner Frau und von ihren Eltern ohne ein Wort des Vorwurfs empfangen, grüßte warm und freundlich, tippte einer seiner Töchter nach der anderen auf den Kopf, beschädigte die Frisur Eleonorens, blieb mit dem Manschettenknopf in Thesis Haaren hängen, bemerkte nicht, daß er ihr einige davon ausriß, bemerkte auch nicht, daß ein Schwiegersohn am Tische fehlte und daß seine Jüngste schmollte. Aber als sie ihrem Grame Worte gab, war er voll Reue. – Fortgegangen der Kari, hungrig, ungespeist? Ei! Ei! O wirklich, das tat ihm leid! … Nein – so etwas! Ei! Ei! es sollte nicht wieder vorkommen … kam auch sonst nicht vor, nur heute einmal zufällig, weil sich auf der Bibliothek ein Buch vorgefunden … längst gesucht – ein merkwürdiges Buch … in dieses hatte er sich vertieft …

Und nun sprach er mit dem Professor über das merkwürdige Buch, und ums Leben gern hätte ich den beiden Männern, die Weisheit redeten, zugehört. Das Gebaren der übrigen Gesellschaft jedoch verdarb mir die Freude daran.

Die alte Frau hatte ein Stoßseufzer- und Räusperkonzert eröffnet. Sie witterte Irreligiöses in dem Gegenstand, den die

Herren behandelten, und warf mit bittend wehmütigem Lächeln kleine Wetterberichte, die eine Unterbrechung bilden sollten, über den Tisch. Arme, liebe, gütige alte Frau! Man hätte ihr himmlische Ehren erweisen und – sie aus dem Zimmer führen mögen. Dasselbe hätte ich gern mit den jungen Leuten vornehmen lassen, aber – ohne Ehren.

Thesi schmollte, jetzt wieder stumm, weiter, die Eheleute übten sich in der optischen Telegraphie, die zwischen ihnen gang und gäbe war. Eleonore markierte ein verhaltenes Gähnen, ihr Gatte schlug die Augen empor und zog sein hübsches Gesicht – es machte den Eindruck eines Ziergärtleins für verschiedenste Bärte – in die Länge.

Gertrud mischte sich manchmal in die Verhandlungen der Herren mit einer Frage oder mit einem klugen und richtigen Einwand. Der Vater erwog ihn, nickte ihr freundlich zu, sagte mit sichtlicher Befriedigung: »Kann nicht leugnen, sie hat ganz recht!« Der Gatte winkte ungeduldig ab und wiederholte mehrmals in fast weinerlichem Tone: »Trudel – nicht! Nicht – Trudel!«

Er gehörte offenbar zu den Gelehrten, die ihr Gebiet selbst von der geliebtesten Frau nicht betreten lassen wollen. Gertrud fuhr fort, aufmerksam zuzuhören, behielt aber fortan ihre Gedanken für sich. Vereinzelte schüchterne Versuche, die sie unternahm, das Gespräch auf Gegenstände von allgemeinem Interesse zu lenken, mißlangen. Sie geriet in Verlegenheit, errötete und schwieg ganz beschämt.

Verlegen, beschämt – diese Frau! Vor wem? Vor ein paar Puppen, die zufällig ihre Töchter waren, vor einem geckenhaften Schwiegersohn.

Nach dem Speisen, als wir uns zum Kaffee in das Rauchzimmer begeben hatten, kam der Ministerialrat auf mich zu und sagte mir Verbindliches über meine »schriftstellerische Tätigkeit«. Dabei neigte er sich leicht und ließ seine Hände so behaglich übereinandergleiten, als ob er sie mit wohlriechender Seife in lauem Wasser wüsche. »Besonders hoch schätze ich Ihre neuesten Werke …« Nun kamen die Titel einiger Bücher, die sehr hübsch, nur leider nicht von mir sind. Ich wollte ihn eben schonend darauf aufmerksam machen, als ein Laut sich hören ließ, ähnlich dem Schnalzen mit einer kleinen Peitsche. Wir sahen uns um. Was war geschehen? Der Hausherr hatte der Hausfrau einen Kuß gegeben.

Merkwürdig – nicht der Kuß, aber die Schallwirkung; und sehr zu bedauern ihre Folgeerscheinungen. Der Ministerialrat, Eleonore und ihre Schwester kicherten fast unverhohlen, und wieder errötete Gertrud vor ihren Kindern, und wieder bemerkte der gute Gelehrte nichts. Er setzte sich zu seiner Frau, löffelte mit seiner Rechten eine Tasse Kaffee aus und hörte nicht auf, mit der Linken – ungepflegt waren beide – ihre Hand zu streicheln. Sie kam mir vor wie von leisen Schauern durchrieselt, hatte den Blick gesenkt, drückte die Lippen zusammen; die Farbe auf ihren Wangen wechselte, aber sie zog ihre Hand nicht hinweg.

Ich halte das für ein Heldenstück.

Indessen gab es noch manches Größere, das sie wohl täglich ausführte. Von dem vielleicht Schwersten erhielt ich auch eine Probe an jenem unglücklichen Familiendinertage.

Wir waren fast zugleich gekommen, ihre Eltern und ich, und bald nach den gegenseitigen Vorstellungen hatte der Professor gewünscht, einige ornithologische Kuriositäten zu sehen, die eben in einem Nebenraume aufgestellt wurden. Gertrud begleitete ihn; die alte Dame und ich blieben allein.

Sie war unsicher und beklommen, sie hatte offenbar etwas auf dem Herzen, das sie gern ausgesprochen hätte und nicht recht einzuleiten verstand. Endlich half sie sich mit der Versicherung, daß sie wisse, wieviel Gertrud von mir hielte. Ich deprezierte gar nicht, nahm's dankbar, aber als eine ausgemachte Sache hin. Nun war das Eis gebrochen. O, wenn ich meinen Einfluß in dem einzig wahren und guten Sinne ausüben wollte! Sie konnte nicht glauben, daß ich den Weg, den ihre Tochter ging, für den rechten hielte. Ich verstand nicht sogleich – sie sprach undeutlich und leise –, daß in ihren Augen nur *ein* Weg »der rechte« war – der Weg der Kirche ... Warum stellte sich ihre Tochter an die Spitze eines antikirchlichen Vereins? ... Meine Beteuerungen, daß unser Verein mit kirchlichen und religiösen Dingen gar nichts zu tun habe, daß er weder für noch wider eine Konfession Partei nehme, hatten die schlimmste Wirkung ... Das war es ja, das Traurige, das Furchtbare! ... Nicht für – also wider! Sie wiederholte den unerbittlichen Ausspruch, der so viele reine und edle Bestrebungen verdammt. Doch geschah's nicht mit Fanatismus, vielmehr sanft entschuldigend. In ihr war keine Härte, sie sprach im Ton rührender Bitte, mit Tränen in den Augen. Jedes Wort kam aus der Tiefe einer angsterfüllten Seele, und wenn die Ursache ihrer Qual mir auch kindisch erschien, die Qual war da und raubte den Nächten der Greisin den Schlaf und ihren Tagen den Frieden.

Mir, der Fremden, tat es weh, sie von ihrer Pein nicht befreien zu können; als ihre Tochter hätte ich vielleicht nachgegeben, meiner Überzeugung zum Trotze. Gertrud widerstand. Sie hatte die Kraft! Sie hielt fest an der Tätigkeit, die ihrem Leben einen reichen Inhalt gab und einen edlen Zweck. Aber was mußte der Sieg, den sie täglich so tapfer errang, sie kosten!

Täglich – darin besteht's. Das ihr vom Schicksal täglich gereichte Leidensbrot wurde ihr endlich ungenießbar, ihre jahrelang geübte Seelenstärke versagte plötzlich, und sie erlag.

Vielleicht wäre es zum Äußersten nicht gekommen, wenn sie weniger Selbstbeherrschung geübt hätte; vielleicht würde ein zeitweises Versagen ihrer Standhaftigkeit sie gerettet haben. – Aber ihr Schweigen, ihr heroisches Schweigen, ihr Stolz, den sie hätte brechen müssen, um mir oder einem andern treuen Menschen zu sagen: »Sieh her, es sind nur Nadelstiche, doch treffen sie immer dieselben Wunden. Ich halte es nicht mehr aus!« Wenn man die Hände ringt und schluchzt und schreit: »Ich halte es nicht mehr aus!« – dann hält man's aus.

Aber stumm bleiben, der Ungeduld, dem Zorn, dem Schmerz nicht ein Ventil öffnen, heißt sündigen auf seine Kraft. Es ist, wie wenn einer den Staub, der während des Tages gefallen, still fortschöbe, Abend für Abend, gegen eine Wand – so weit sein Arm reichen kann … Und an der Mauer häuft sich die Masse und steigt und steigt und wird zum Walle, der einzusinken droht, wenn neue, immer neue Anstöße ihn erschüttern, lange nur droht, am Ende jedoch das Gleichgewicht verliert und über seinem Erbauer zusammenstürzt.

Der Doktor hatte gewiß recht, als er sagte: »Es war ein plötzlicher Entschluß.« Ich bin überzeugt, daß sie früher nie an Selbstmord gedacht hat. Aber es kam der Tag, an dem ihr häusliches Glück gefeiert werden sollte und an dem sie es preisen und Gott und den Ihren dafür danken sollte … und davor schrak sie zurück. Selbstüberwindung bis an die äußerste Grenze des Möglichen … Heuchelei – nein!

So erkläre ich mir die Tat. Mir! Wenige werden diese Erklärung gelten lassen. Ich höre alle Einwendungen, die man dagegen erhebt, so deutlich, als ob sie mit lauten Stimmen an mein Ohr schlügen.

»Lächerlich!« sagen die Töchter, »wenn wir uns erschießen sollten, weil die Mamas unsere Tätigkeit bejammern und anfeinden, wären wir längst tot!«

»Gott im Himmel«, sagen viele Ehefrauen, »wenn wir unseren Männern nichts vorzuwerfen hätten, als daß sie zu spät zu Tisch kommen und zur Unzeit zärtlich sind, für bevorzugt vor Tausenden würden wir uns halten.«

Und die tapfer resignierten Mütter sagen: »Zusammenhang? O meine Gute, lassen wir doch die Jugend ihre eigenen Wege gehen und ihre eigenen Interessen verfolgen! Es ist ihr Recht und war auch das unsere unseren Eltern gegenüber. Daß wir es nicht geltend machten, nennen Sie's weder

Tugend noch Schuld, nennen Sie's: Geist der Zeit. Und – ›Verständnis‹? Wenn wir dieses hohe Geschenk verlangen, müssen wir es auch erwidern können, und wenn uns die Fähigkeit dazu fehlt, dann heißt es sich ins Unabänderliche fügen – mit je besserem Humor, je besser!«

Und die mildesten unter den Frommen werden den Kopf schütteln und traurig sagen: »Was Sie da vorgebracht haben zur Verteidigung eines Selbstmordes, denn gestehen Sie, darum handelt sich's, entschuldigt ihn nicht!«

Verurteilt sie denn! Ich werde ihrer immer gedenken wie einer lieben Führerin, die mir eine Weile voranschritt auf breitem, sonnigem Wege. Freudig und vertrauensvoll folgte ich ihr, hoffte, ihr immer folgen zu können nach immer helleren, höheren Zielen.

Und einmal, als ich wieder, ihre sichere Leitung suchend, nach ihr ausblickte, war sie verschwunden, und der Weg, auf dem sie eben noch ruhig und stolz hingewandelt, war leer.

Kommentar

Der Buchstabensprühregen

S. 32 **Kurrent:** von lat. currere, laufen; die bis Anfang des 20. Jahrhunderts allgemein gültige Schreibschrift im deutschsprachigen Raum.

S. 32 **Kyriliza:** Bezeichnung für die kyrillische Schrift, eine Buchstabenschrift, die vor allem in slawischen Sprachen verwendet wird, benannt nach Kyrill von Saloniki (826–869).

S. 33 **in corpore:** lat., gemeinsam, alle zusammen

S. 35 **Etageren:** von frz. etagère, regalähnliches Gestell

S. 35 **Kanapee:** von frz. canapé, Sofa

S. 35 **grande armée:** frz., wörtl.: große Armee, napoleonisches Heer

S. 35 **Erzherzog Karl:** Erzherzog Carl Ludwig Johann Joseph Laurentius von Österreich, Herzog von Teschen (1771–1847) fügte in der Schlacht bei Aspern am 21./22. Mai 1809 Napoleon die erste militärische Niederlage zu.

S. 37 **Pikett:** Kartenspiel mit 32 Karten; auch Kavallerie-Stoßtrupp

Ein Spätgeborner

S. 39 **quieszierte:** quieszieren: von lat. quiescere, (aus)ruhen; sich zur Ruhe setzen

S. 39 **Cornelius Nepos:** röm. Geschichtsschreiber (um 100–25 v. Chr.), Hauptwerk: »Über berühmte Männer«

S. 39 **Herodot:** griech. Geschichtsschreiber (490/480–um 424 v. Chr.), seine neun Bücher umfassenden »Historien« schildern den Aufstieg des Perserreichs und die Perserkriege im frühen 5. Jh. v. Chr.

S. 39 **Campes Robinson:** Joachim Heinrich Campe (1746–1818), dt. Schriftsteller und Pädagoge, sein »Robinson der Jüngere. Ein Lesebuch für Kinder« erschien 1779.

S. 39 **Braut von Messina:** »Die Braut von Messina oder die feindlichen Brüder«, Drama von Friedrich Schiller, uraufgeführt 1803 in Weimar

S. 39 **Äschylus:** der älteste der drei attischen Tragödiendichter vor Sophokles und Euripides, 5. Jh. v. Chr., schrieb »Die Perser« und die »Orestie«-Trilogie.

S. 39 **de carmine bucolico … Hofrat Heyne:** »De carmine bucolico. Prooemium georgicon« von Christian Gottlob Heyne (1729–1812) erschienen 1819

S. 40 **Kleiderstock:** veralt., Kleiderständer

S. 41 **Bauer:** m. oder n., Käfig, Vogelbauer

S. 41 **Hänfling:** zu den Finken gehörender Singvogel, bräunlich oder grau, bei den Männchen färbt sich während der Brutzeit das Gefieder an Stirn und Brust rot.

S. 42 **Musselinvorhänge:** frz., Musselin, ein lockerer, fließender Stoff aus Wolle

S. 47 **Repositorien:** von lat. repositorium, Lager, Aufbewahrungsorte für Dokumente

S. 55 **Britsche:** auch Pritsche, hier: hölzerner Schlagstock, Narrenattribut

S. 57 **Sanssouci:** frz. ohne Sorgen, Lustschloss Friedrich des Großen bei Potsdam, erbaut 1745/47

S. 57 **Postillon:** frz., Gespannführer einer Postkutsche, blies das Posthorn als Warnsignal.

S. 62 **Developpieren:** enthüllen

S. 67 **Kastor:** von frz. castor, Biber, Mantel aus Biberpelz.

S. 68 **Ottone:** das sächsische Adelsgeschlecht der Liudolfinger nannte sich nach der Kaiserkrönung Ottonen nach den drei liudolfingischen Kaisern Otto I., Otto II. und Otto III. (936–1024).

S. 71 **Velleität:** von lat. velle, wünschen; unwirksame Regung des Willens, kraftloses Wünschen, Schwäche

S. 77 **Libell:** lat. libellus, Büchlein, kurzes Schriftstück; Prozessakte, Streit- oder Schmähschrift

S. 77 **Divinationsgabe:** Fähigkeit des Hellsehens

S. 79 **spanisches Rohr:** Bezeichnung für die elastischen Stämme der Rotangpalme (Calamus), einer lianenartig an Urwaldbäumen kletternden Palme; verwendet zu Stöcken, Korbmöbeln und Stuhlgeflechten

S. 79 **eskamotiert:** eskamotieren: von frz. escamoter: wegzaubern, verschwinden lassen; durch viel Gerede und große Worte verdecken, in Vergessenheit geraten lassen

S. 96 **Kugelmühle:** Gerät zur Zerkleinerung von Mahlgut mit Hilfe von Kugeln in einem rotierenden Mahlraum

Die Visite

S. 98 **Dragonerkorporal:** Unteroffizier der Kavallerie

S. 98 **drapfarbigen:** von frz. drap: angegrauter Wollstoff; beige, sandfarben

S. 98 **Bonjourl:** von frz. bonjour, guten Tag; kurzer Hausrock für Herren

S. 98 **jockeimäßigen:** jockeimäßig: sportlich und leger wie ein Jockei

S. 98 **Imperi – al:** Imperial: nobles Hotel am Kärntner Ring im ersten Wiener Gemeindebezirk

S. 100 **pater peccavi:** lat., Vater, ich habe gesündigt! (Lukas 15,18)

S. 100 **Olymp:** höchstes Gebirge Griechenlands, Sitz der griech. Götter

S. 100 **Ambrosia:** Götterspeise

S. 101 **Walter Scott:** schott. Dichter der Romantik (1771–1832), gilt als Begründer des historischen Romans

S. 101 **Laird:** Landbesitzer in Schottland mit feudalen Rechten, Teil des niederen (untitulierten) Adels

S. 102 **Nibelungenhort:** Schatz der Nibelungen

S. 103 **Diana:** röm. Göttin der Jagd

S. 104 **Salomo:** hebr.: Friedensreicher, im Alten Testament Sohn Davids und der Bethsabe, seit ca. 872 v. Chr. König von Israel, erbaute den Tempel von Jerusalem. Ihm werden das biblische »Buch der Sprüche«, das »Hohe Lied« und das »Buch der Weisheit« zugeschrieben.

S. 104 **Ophir:** Land, aus dem Salomos Flotte Gold und andere Kostbarkeiten holte, vermutlich an der Küste Somaliens gelegen

S. 104 **Abalandfamilie:** eigentl. Abalandj oder Abalang: Dinka-Stamm im Gebiet des Weißen Nil, heute Südsudan; hier: die davon abgeleitete alte Bezeichnung für die Grüne Meerkatze (Cercopithecus griseoviridis)

S. 104 **Lenôtres:** André Le Nôtre (1613–1700), entwickelte den geometrischen Gartenstil des Barock und gestaltete die Gartenanlage von Schloss Versailles

S. 104 **Cercopithecus:** die wirklichen Meerkatzen, als Teil der Meerkatzenverwandten (Cercopithecidae), mittelgroße, vorwiegend baumbewohnende Primaten in Afrika südlich der Sahara

S. 105 **apostrophierte:** apostrophieren, jemanden gezielt ansprechen

S. 105 **Corniche:** von lat. coronis: kleiner Kranz; Karnise, ugs. »Karnische«, Gardinenleiste

S. 106 **deprezierte:** deprezieren, von lat. deprecari: etwas durch Bitten abwenden; hier: den Dank zurückweisen

S. 106 **Fatum:** lat., Schicksal

Die Freiherren von Gemperlein

S. 116 **Militärakademie zu Wiener-Neustadt:** 1751 unter Kaiserin Maria Theresia gegründet, der Offiziersausbildung gewidmet

S. 116 **Universität in Göttingen:** 1737 von Georg II., König von Großbritannien und als Georg August zugleich Kurfürst von Hannover gegründet und dem Geist der Aufklärung verpflichtet. Der Protest von sieben Professoren (»Göttinger Sieben«), darunter Friedrich Christoph Dahlmann sowie Jacob und Wilhelm Grimm, 1837 gegen die Aufhebung des hannoverschen Staatsgrundgesetzes führte zu deren Entlassung. Die Geschehnisse trugen entscheidend zur Revolution von 1848 bei.

S. 116 **Schmarre:** f., (vernarbte) Wunde, Schmiss

S. 117 **Katastralmappe:** Teil das Grenzkatasters; beinhaltet die graphische Darstellung aller Grundstücke einer Katastralgemeinde und Hinweise auf die Nutzung

S. 118 **»K. K. ausschl. priv. Wiener Zeitung«:** gegründet 1703 unter dem Titel »Wiennerisches Diarium«, ab 1812 öffentliche Regierungszeitung unter dem Titel »Oesterreichisch-Kaiserliche privilegirte Wiener Zeitung« (1807–1848), ab 1857 nur mehr »Wiener Zeitung«

S. 118 **»Augsburger Allgemeine«:** Die »Allgemeine Zeitung«, 1798 von Johann Friedrich Cotta in Tübingen gegründet, erschien von 1807 bis 1882 in Augsburg, wo sie zu einer der bedeutendsten deutschsprachigen Tageszeitungen wurde. Ab 1832 arbeitete etwa Heinrich Heine als Paris-Korrespondent für die Zeitung.

S. 119 **o Seneka! Wenn leben kriegführen heißt:** eigentlich »Zu leben heißt zu kämpfen.« (lat. »Vivere militare est.«), vgl. Lucius Annaeus Seneca: Epistulae morales ad Lucilium (XVI, XCVI, 5)

S. 120 **Elite der Negretti-Herde:** Negretti-Schaf, Art des Merino-Schafs, mit weniger feiner Wolle und kräftigem Körper

S. 120 **Spaniol:** m., spanischer Schnupftabak

S. 124 **Gräfin Josephe von Einzelnau-Kwalnow:** vermutlich fiktiver Name

S. 124 **Freiin von Czernahlava:** vermutlich fiktiver Name, zusammengesetzt aus tschech. černá, schwarz, und hlava, Kopf

S. 124 **Sternkreuzordensdame:** österreichischer Damenorden, 1668 von Kaiserin Eleonore in Erinnerung an ein verlorenes und wiedergefundenes Reliquienkreuz gestiftet. Die Aufnahme in den Sternkreuzorden war Damen aus altem katholischen Adel vorbehalten und entsprach dem Ehrentitel eines Kämmerers.

S. 124 **Anciennität:** f., von frz. ancienneté, Altersstufe, aufgrund des Dienstalters

S. 124 **Zölibat:** m., von lat. caelebs, ehelos

S. 126 **Phrenesie:** Besessensein von Wahnvorstellungen; Wahnsinn

S. 126 **Judas, der Erzschelm:** vierbändiges Werk Abraham a Sancta Claras (1686–1695)

S. 133 **Gothaischen Almanach:** kurz Gotha, Hofkalender, genealogisches Handbuch des Adels

S. 128 **Staatsanwalt Séguier:** Pierre Séguier (1588–1672), Herzog von Villemor, frz. Politiker, Beamter, Kanzler von Frankreich und Mitglied der Académie française. Er instruierte berühmte Prozesse wie den gegen Cinq-Mars oder gegen Nicolas Fouquet.

S. 128 **Bollandisten:** frz. Société des Bollandistes, eine Arbeitsgruppe, die die Lebensgeschichten der Heiligen der römisch-katholischen Kirche in kritischen Ausgaben auf handschriftlicher Grundlage zusammenstellte und mit historisch-kritischem Kommentar veröffentlichte. Die Bezeichnung geht auf den niederländischen Theologen Johannes Bolland (1596–1665) zurück.

S. 128 ***Acta Sanctorum*:** dt. Taten der Heiligen. Bezeichnung für verschiedene Legendensammlungen über die Märtyrer und andere Heilige der griechischen und katholischen Kirche. Im engeren Sinne ist damit das großangelegte hagiographische Projekt der Bollandisten zur Erstellung einer wissenschaftlich fundierten Heiligenübersicht gemeint.

S. 138 **divinatorischen:** vorahnend, seherisch

S. 138 **Extremitäten:** hier: auffällige Eigenschaften

S. 141 **Kanzlerin von Siebert, Herrin von Perkowitz:** vermutlich fiktiver Name

S. 141 **Remise:** Wirtschaftsgebäude für Fahrzeuge oder Geräte, meist an der rückwärtigen Grundstücksgrenze gelegen

S. 141 **Madame de Tencin:** Claudine Alexandrine Guérin, Marquise de Tencin (1682–1749), bekannte Salonière in Paris

S. 143 **Salle à terrain:** ebenerdiger Raum

S. 143 **Kanapees:** s. »Der Buchstabensprühregen«

S. 143 **Erisfackel:** Eris, in der griech. Mythologie Göttin der Zwietracht und des Streits

S. 145 **schwedischen Handschuhe:** schwedische Handschuhe: Anfang des 19. Jahrhunderts eingeführte weiche (Damen-)Handschuhe aus Veloursleder (Fleischseite nach außen), häufig Lamm oder Ziege

S. 145 **polarisieren:** hier: an Zucker zulegen; Polarisation: chemische Messmethode für Zuckergehalt

S. 146 **deutsche Lustspiel-Naive:** Rollenfach der jugendlichen Naiven

S. 146 **Amadis auf dem Armutsfelsen:** Amadis de Gaula (von Gallien), Held eines Ritterromans von Heinrich von Kastilien, der auf dem Artusstoffkreis beruht

S. 146 **ein Hühnchen zu pflücken:** auch zu rupfen, noch etwas auszutragen haben, jemanden in einer Sache noch zur Rede stellen wollen

S. 147 **vaziert:** vazieren: von lat. vacare, dienstfrei sein, Ferien haben; eigentl. ohne Anstellung sein, österr. umherziehen

S. 149 **daß er neben den tiefsten Schatten das hellste Licht gestellt hat:** vielleicht Anspielung auf: »Wo viel Licht, ist starker Schatten.« (Goethe, »Götz von Berlichingen«)

S. 151 **Enfilade:** von frz. enfiler, aneinanderreihen, Zimmerflucht

S. 156 **rekriminiert:** rekriminieren, Gegenklage erheben

S. 157 **Goûter:** m., Imbiss

S. 157 **Equipage:** herrschaftliche Kutsche; auch gesamte Ausstattung und Aufmachung eines Gespannes

S. 157 **Phaeton:** nach dem Sohn des griechischen Sonnengottes Helios: Herrenkutsche; kleine, zweiachsige Kutsche, die nicht vom Bediensteten, der am Rücksitz saß, sondern vom Herrn oder der Dame selbst gefahren wurde

S. 157 **Hannaken:** mährische Volksgruppe, hier: die von dieser gezüchteten, in der Monarchie geschätzten Pferde

S. 158 **Parade machen:** Eindruck machen, von Parade: prunkvoller militärischer Aufmarsch

S. 158 **Krampen:** von mhd. Krump, krumm, süddt.-österr. Spitzhacke, Haue zur Bearbeitung von Ackerboden; hier: Ackergäule, Mähren

S. 158 **longiert:** longieren: Laufenlassen eines Pferdes auf kreisförmiger Bahn, wobei es an einer Leine (Longe) geführt wird

S. 161 **die Wage:** (Hebel-)Stange

S. 162 **Tobel:** m. oder n., trichterförmiges Tal mit engem Ausgang

S. 164 **Araucaria:** Pflanzengattung der Koniferen, immergrüne Bäume, die vor allem in Südamerika, Australien und Neuguinea beheimatet sind

S. 164 **Zürgelbaum:** Nesselbaum, gehört zur Familie der Hanfgewächse, mittelgroßer Baum mit derben Blättern und essbaren Steinfrüchten; hartes, aber elastisches Holz

S. 167 **Vestibül:** von lat. vestibulum, repräsentative Eingangshalle

Er laßt die Hand küssen

S. 169 **Heger:** Wildheger

S. 170 **Rabulist:** Haarspalter, Wortklauber

S. 171 ***jus gladii:*** Schwertrecht, Blutgerichtsbarkeit, juristische Vollmacht, Todesurteile auszusprechen und diese vollstrecken zu lassen

S. 172 **Häuslersohn:** Sohn eines Kleinstbauern mit eigenem Haus, aber wenig Grundbesitz

S. 172 **devote:** devot: unterwürfig

S. 173 **Mores:** von lat. mos, moris, m., Sitte, Pl. Benehmen; ugs. jemanden gehörig die Meinung sagen, ihn energisch zurechtweisen

S. 175 **Ganges:** zweitgrößter Fluss Indiens, heiligster Fluss der Hindus

S. 175 **Garbenschober:** Haufen aus Getreidehalmen

S. 175 **Souper:** n., festliches Abendessen

S. 177 **Dejeuners:** Dejeuner: Mittagessen, auch Frühstück

S. 177 **Pirutschaden:** von Barutsche (wienerisch Pirutsch), zweirädriger, leichter, offener Pferdewagen. In der österr. Hofsprache wurden damit die Spazierfahrten der kaiserlichen Familie und ihrer Gäste in den Parks von Schönbrunn oder Laxenburg bezeichnet.

S. 183 **Heiducken:** ursprünglich Bezeichnung für ungarische Hirten, später Söldner zur Grenzabsicherung gegenüber dem Osmanischen Reich; in Südosteuropa Sammelbezeichnung für Räuberbanden

S. 184 **Exekution:** Durchführung, Ausführung, hier: Urteilsvollstreckung

S. 184 **Dignitären:** Dignitäre: hohe Würdenträger

S. 185 ***Les adieux de Chloë:*** der Abschied der Chloë. Der Name Chloë (dt. die Grünende), Beiname der griechischen Fruchtbarkeitsgöttin Demeter, findet sich häufig in der Schäferdichtung des Barock.

S. 185 **Tragant:** Pflanze, meist mit gefiederten Blättern, deren Spitzen häufig zu Dornen umgebildet sind, und Blüten verschiedener Farbe in Trauben-, Ähren- oder Köpfchenform

S. 185 **Rocken:** Spinnrocken, ein meist stabförmiges Gerät, an dem beim Spinnen die noch unversponnenen Fasern befestigt werden

S. 185 **Myrtill:** frz. myrtille, Waldbeere, Heidelbeere; beliebter Name für Schäfer in Rokoko-Schäferspielen

S. 185 **Alexandrinern:** Versmaß. Die Stücke der französischen Klassiker des 17. Jahrhunderts wurden in paarweise gereimten Alexandrinern verfasst.

S. 186 **Racine:** Jean Baptiste Racine (1639-1699), einer der bedeutendsten Tragödiendichter der französischen Klassik

S. 186 **Equipagen:** s. »Freiherren von Gemperlein«

S. 187 **embrassieren:** von frz. embrasser, umarmen, küssen

S. 187 **Subsistenzmittel:** materielle Lebensgrundlage, Lebensunterhalt

S. 187 ***une fausse sortie*:** frz., vorgetäuschter Abgang

S. 188 **Sugillation:** flächenhafte subkutane Hautblutung

S. 188 **Fatalitäten:** Verhängnis, Missgeschick

Krambambuli

S. 191 **vazierenden:** vazieren: s. »Die Freiherren von Gemperlein«

S. 192 **Piedestal:** n., Unterbau

S. 192 **heiligen Hubertus:** Hubertus von Lüttich (um 655–727), Bischof von Maastricht und Lüttich, Schutzpatron der Jagd

S. 192 **deutschen Ordensritters:** Der Deutsche Orden wurde 1190 in Akkon gegründet, zunächst als Spitalbruderschaft und später als ritterliche Kampfgemeinschaft zum Schutz der Pilger im Heiligen Land.

S. 193 **Kulturen:** im Sinne von Baumkulturen

S. 196 **»Schneid«:** m. oder f. (österr.), ugs. Mut, der mit einer gewissen Forschheit verbunden ist

S. 196 **Rudimente:** von lat. rudimentum, Bruchstück, Relikt, ugs. Überbleibsel

S. 196 **Exekution:** s. »Er laßt die Hand küssen«

S. 196 **Lindenrondell:** Rondell, n., österr. kreisförmig angelegter Gartenweg

S. 197 **Bandelier:** von frz. bandoulière od. span. bandolera, ein über die Schulter gelegter, schräg über den Oberkörper getragener breiter Lederriemen

S. 198 **Spintisieren:** eigenartigen, wunderlichen Gedanken nachgehen

S. 198 **recte:** von lat. rectus, gerade; hier: geradewegs, direkt

S. 199f. **Juchtenriemen:** Riemen aus sehr festem, geschmeidigem Kalbs- oder Rindsleder

S. 200 **Racker:** m. Strolch, Spitzbub

S. 200 **Vermaledeiter:** Verfluchter

S. 201 **Kalfakter:** m., Aushorcher, Schmeichler, Zwischenträger

S. 201 **Kanaille:** f., Schurke, Scheusal, Schuft

Ohne Liebe

S. 204 **Zopfstil:** in Deutschland Stil der Aufklärungszeit am Übergang vom Rokoko zum Klassizismus, von ca. 1760–1780/90. Anfang des 19. Jhs. Synonym für unmodern, altmodisch

S. 204 **Brokat:** schwerer, fester, gemusterter Stoff aus Seide oder Rayon, in den Gold- oder Silberfäden eingewoben sind

S. 204 **Kanapee:** s. »Der Buchstabensprühregen«

S. 204 **Etablissement:** hier Sitzgruppe

S. 206 **Basen:** Base, süddt., Cousine

S. 207 **Backfischjahren:** Pubertät, Jugend, Mädchenjahre

S. 210 **Claque:** Gesamtheit der Claqueure in einem Theater, d.h. der Personen, die bezahlten Applaus liefern

S. 210 **Philippika:** leidenschaftliche Rede, Brand- oder Kampfrede

S. 212 **inkommodieren:** bemühen

S. 214 **Bauern-Banderiums:** von lat. banderium, Fahne. Banderien waren berittene Truppen, die vom ungarischen Adel gestellt wurden.

S. 215 **en famille:** frz., in engem, vertrautem Kreis

S. 218 **Pas avoir peur, ma chérie, Elise est là, Elise est là:** frz., Hab' keine Angst, mein Liebling, Elise ist da, Elise ist da.

S. 219 **Bonne:** frz., Dienstmädchen

S. 219 **meiner Treu:** veraltet, Ausruf der Bewunderung

S. 219 **Gesellschaft der heiligen Affen von Benares:** In der heiligen indischen Stadt Benares, dem religiösen Zentrum des Hinduismus, war die Sterberate über Jahrhunderte hinweg so hoch, dass die heiligen Affen der menschlichen Bevölkerung zahlenmäßig überlegen waren und einen Großteil der Stadt einnahmen. Sprichwörtlich gelten die Affen von Benares als Tiere, die sich jeden Unfug erlauben dürfen, ohne dass man sich zur Wehr setzen kann.

S. 219 **Sacré-coeur:** Gesellschaft vom Heiligen Herzen Jesu, gegr. von Madeleine Sophie Barat (1779–1865; Heiligsprechung 1925). Ihr Ziel ist die Erziehung von Mädchen. Vier Ordenshäuser wurden im 19. Jahrhundert in Österreich gegründet: Graz (1848), Bregenz-Riedenburg (1854), Wien-Rennweg (1868) und Pressbaum (1891).

S. 223 **qu'est-ce que cela veut dire?:** frz., Was bedeutet das?

S. 223 **Viens ma chérie, viens mon petit ange:** frz., Komm, mein Liebling, komm, mein kleiner Engel.

S. 223 **Avec toi, avec toi!:** frz., Mit dir, mit dir!

S. 224 **Semper idem:** lat., immer derselbe

S. 224 **Monsieur, la petite dort, le moindre bruit l'eveille:** frz., Herr, die Kleine schläft, der geringste Lärm wird sie wecken.

S. 224 **Elle dort? C'est bien, c'est très bien!:** frz., Sie schläft? Das ist gut, das ist sehr gut!

S. 227 **Orpheus:** Sänger und Dichter der griechischen Mythologie, der mit seiner Lyra Götter, Menschen, Tiere und sogar Pflanzen und Steine betören konnte

S. 231 **Monsieur, la petite vient de s'eveiller:** frz., Herr, die Kleine ist gerade aufgewacht.

S. 231 **De s'éveiller:** frz., aufgewacht

S. 231 **Ma cousine, ma cousine!:** frz., Meine Cousine, meine Cousine!

S. 232 **Et moi, je fais mes paquets!:** frz., Und ich, ich packe meine Sachen!

Die Spitzin

S. 239 **Plachen:** grobe Leinentücher, (Wagen-)Planen

S. 240 **Abhub:** hier: Essensreste, Abfall

S. 244 **»Radel laufet« worden:** ein Rädchen hat sich gelockert, im Sinn von verrückt werden

S. 245 **Sticht dich der Hafer:** wirst du übermütig (wie ein zu gut gefüttertes Pferd)

S. 245 **Krot:** ugs. für Kröte

S. 246 **Teixel überananander:** Fluch, sinngemäß: Teufel noch einmal

S. 249 **Streifwagen:** offener Pferdewagen für Transportzwecke

S. 258 **Cato:** Marcus Porcius Cato Censorius, genannt Cato der Ältere (234–149 v. Chr.), röm. Feldherr, Geschichtsschreiber, Schriftsteller und Staatsmann. Sammlungen von ihm zugeschriebenen Sprüchen kursierten als Musterbeispiel eines Konservativen von sprichwörtlich strenger Moral.

S. 258 **Wiener Graben:** Straßenzug im ersten Wiener Gemeindebezirk, der zum Stephansdom hinführt, an der Stelle des ehemaligen Stadtgrabens des röm. Lagers Vindobona.

S. 260 **Urschlerei:** pejorativ für weibliche Geschwätzigkeit, von »Urschel« (Ursula): tollpatschige Frau.

S. 261 **Patience:** von frz. Geduld; Kartenspiel, das meist von einer Person gespielt wird. Ziel ist, alle Karten den Regeln entsprechend so lange um- oder abzulegen, bis sie in vorgegebener Reihenfolge aufeinander liegen; die Patience »aufgegangen« ist.

S. 261 **Bosnickel:** auch Bosnigl, boshafter Mensch

S. 262 **Qu'est-ce que veut-elle donc?:** frz., Was will sie denn?

S. 263 **Voyez-vous?:** frz., Sehen Sie?

S. 264 **Elisabeth von Thüringen:** 1207–1231; Sinnbild tätiger Nächstenliebe, beschränkte sich als Landgräfin nicht auf das Geben von Almosen, sondern arbeitete im Dienst der Kranken und Armen.

S. 265 **Voyez dans l'antichambre:** frz.: Sehen Sie ins Vorzimmer.

S. 265 **Grenadiermützen:** Grenadiere: Soldaten mit hohen Mützen, häufig aus Bärenfell

S. 266 **Konfrottierung:** Verballhornung von »Konfrontation«, verschmolzen mit dem Verb »frottieren«, abreiben: Gegenüberstellung

Eine dumme Geschichte

S. 268 **reisigen Herrn:** gewappneter Reiter, Ritter, von »Reise« für Kriegsfahrt

S. 269 **ging zur Rüste:** zur Rüste gehen: zu Ende, zur Ruhe gehen

Die Kapitalistinnen

S. 274 **Singerstraße:** im ersten Wiener Gemeindebezirk

S. 276 **Kupons abschneiden:** von frz. couper, schneiden; Abschnitte von Wertpapieren, die zur Einlösung von Gewinnanteilen oder Zinsen berechtigen

S. 276 **Hohenbrücke:** im ersten Wiener Gemeindebezirk, führte einst über das Bett des Ottakringer Baches im sog. »Tiefen Graben«, 1858 durch eine neugotische Brücke ersetzt, 1903 durch den bis heute existierenden Bau

S. 277 **Wertheimische Kasse:** 1852 begann die bis heute existierende Firma Franz Wertheim in Wien feuerfeste, gegen Einbruch sichere Geld-, Bücher- und Dokumentenkassen zu produzieren.

S. 277 **Rinaldo Rinaldini:** Figur aus Christian August Vulpius' Roman »Rinaldo Rinaldini, der Räuberhauptmann«, der 1798 in Leipzig in drei Bänden erschien und im 17. Jahrhundert im Königreich Neapel spielt

S. 277 **Zyklopen:** in der griech. Sagenwelt wehrhafte Riesen mit einem Auge

S. 278 **Tabernakel:** in kath. Kirchen verschließbares Schränkchen für die geweihten Hostien, metaphorisch für einen weihevollen Aufbewahrungsort

S. 279 **Kanapee:** s. »Der Buchstabensprühregen«

S. 281 **Amortisation:** Deckung der Anschaffungskosten durch den erzielten Ertrag; hier: Lukrierung des Verkaufserlöses im Bedarfsfall.

S. 284 **Kridakatastrophe:** Krida, österr., Bankrott

S. 285 **Zeugerl:** auch Zeugel, österr. für Kutsche, Gespann

S. 287 **Fra Angelico de Fiesole:** ital. Maler und Dominikanerpater (1387–1455), berühmt für seine Fresken im Kloster San Marco in Florenz

S. 287 **Konnexionen:** von lat. connexio: Zusammenhang; Verbindung; Beziehung

S. 290 **Schellendrücker:** Klingelknopf

Aphorismen

S. 291 **Chadidscha:** erste Frau Mohammeds, gestorben um 619 in Mekka; ihr Reichtum als Geschäftsfrau bescherte dem Propheten finanzielle Unabhängigkeit.

Mašlans Frau

S. 297 **Kotschinchina-Hühner:** große, kräftige Haushühner; nach der früheren Bezeichnung des südlichsten Teils von Vietnam, Kotschinchina

S. 298 **Kanonikus:** Chorherr; Mitglied eines Domkapitels oder Stiftskapitels einer Kathedrale bzw. Ordenskirche

S. 298 **Schlacht bei Aspern:** in Aspern bei Wien bereiteten die österreichischen Truppen unter Erzherzog Karl den französischen unter Napoleon I. am 21. und 22. Mai 1809 ihre erste Niederlage.

S. 299 **Lampe zu hoch hinaufschraubt:** ist der mit einer Schraube regulierbare Docht einer Petroleumlampe zu lang, entwickelt sich eine zu große, rußende Flamme.

S. 300 **Komment:** n., von frz. comment: wie; Benimmregeln

S. 300 **Amabilitäten:** von lat. amabilis; Liebenswürdigkeiten

S. 300 **Kappzäume:** Zäumung ohne Gebissteil, vor allem zur Ausbildung junger Pferde

S. 301 **Büchsenspanner:** Amt an Fürstenhöfen, Jagdgehilfe, Leibjäger

S. 301 **Equipage:** s. »Die Freiherren von Gemperlein«

S. 301 **Toisonisten:** von frz. toison: Vlies, Fell; Ritter des Ordens vom Goldenen Vlies

S. 301 **Bandelier:** s. »Krambambuli«

S. 301 **Epauletten:** Achselstücke der Uniform

S. 301 **Welschtirol:** Trentino mit der Hauptstadt Trient

S. 302 **Stützkopf:** süddt./österr., Trotzkopf

S. 302 **Wie Hermelin gewesen:** wegen des weißen Winterfells ein Symbol für Reinheit und Unschuld

S. 303 **Im Feld geblieben:** am 24. Juni 1866 fand im Dritten Italienischen Unabhängigkeitskrieg die zweite Schlacht bei Custozza zwischen Italien und – dem siegreichen – Österreich statt; am 3. Juli unterlagen die österreichischen Truppen der preußischen Armee in der Schlacht bei Königgrätz (Böhmen).

S. 303 **renommiert:** angegeben, geprahlt

S. 306 **avisieren:** hier: benachrichtigen

S. 308 **traktiert:** traktieren auch: jemandem reichlich Vorhandenes anbieten

S. 309 **magnifique:** frz., großartige

S. 313 **durchwichsen:** verprügeln

S. 314 **assekuriert:** assekurieren: aus ital. assicurare, versichern

S. 315 **ausspannt:** hier intransitiv; nachlässt

S. 317 **Fronte:** lat./frz.; Stirnseite, Vorderseite eines Gebäudes

S. 317 **Pferch:** eingezäunte Viehweidefläche

S. 321 **Vöslauer:** s. »Die Visite«

S. 322 **»Erst gehe hin [...] Feind«:** eigentlich »erst gehe hin und versöhne dich mit deinem Bruder« (Matthäus 5,24).

S. 324 **stützig:** süddt./österr., trotzig, bockig (Pferd)

S. 334 **Zügenglöckleins:** Zügenglöcklein: Sterbeglocke, die geläutet wird, wenn jemand in den letzten Zügen liegt

S. 335 **Schragen:** s. »Mašlans Frau«

Die Poesie des Unbewußten

S. 345 **Elaboraten:** Elaborat: von lat. elaborare, ausarbeiten; schriftliche Arbeit

S. 347 **Kokette:** von frz. coquette: leichtfertiges Frauenzimmer, Gefallsüchtige

S. 348 **»Spinnerin am Kreuz«:** gotische Säule an der ehemaligen Wiener Stadtgrenze (heute Favoriten), früher weithin sichtbares Wahrzeichen; die Sage aus der Zeit der Kreuzzüge erzählt von einer Frau, die dort jahrelang an ihrem Spinnrad auf die Heimkehr ihres Mannes wartete.

S. 349 **Zentifolien:** lat., die Hundertblättrigen; weiß, rosa und rot blühende Rosengruppe mit gefüllten Blüten

S. 351 **Inster:** Fluss in Ostpreußen

S. 351 **Katharina von Medici die Frau Peters des Großen:** die zweite Frau Peters des Großen war Katharina I. von Russland (1684–1727); Katharina von Medici (1519–1589) war die Frau Heinrich II. und ab 1547 Königin von Frankreich.

Die Totenwacht

S. 352 **Marchfeld:** fruchtbare Ebene in Niederösterreich, östlich von Wien
S. 352 **Schragen:** s. Mašlans Frau
S. 353 **Pfühl:** m., Polster, Kissen
S. 356 **Ehnder:** ostösterr./dialekt., eher, früher
S. 356 **Frotzeln:** österr., foppen, necken
S. 360 **Jausen:** f., Dialekt für Jause, Imbiss
S. 361 **Kotzen:** m., grobe Wolldecke
S. 362 **Schrocken:** Schrecken
S. 365 **fuchtig:** österr./ugs., ungehalten, zornig
S. 367 **stat:** österr./dialekt., still
S. 368 **stehst ein:** einstehen: den Dienst als Dienstbote antreten
S. 368 **Guldenzettel [...] Kreuzer:** Schuldschein über eine größere oder kleinere Summe in österreichischer, ab 1867 österreichisch-ungarischer Währung; bis 1857 bildeten 60 Kreuzer – Kupfermünzen – einen Gulden, danach wurde der »Silbergulden« eingeführt, der nach dem Dezimalsystem aus 100 Kreuzern (»Neukreuzern«) bestand.
S. 369 **Verschwör's nit:** verschwören, hier: falsch schwören

Uneröffnet zu verbrennen

S. 373 **Schlag des Coupés:** Kutschentür
S. 382 **Katafalks:** Katafalk: mit schwarzem Tuch drapiertes Gerüst für den Sarg bei Trauerfeiern
S. 382 **ostensiblen:** ostensibel: ostentativ, zur Schau getragen
S. 382 **Atlasschuhe:** Atlas, von arab. atlasa, glatt: Satin; Stoff mit glatter, glänzender Oberseite

S. 382 **Silberbrokat:** Brokat s. »Ohne Liebe«

S. 383 **Herrenmoral:** Begriff von Friedrich Nietzsche, als Moralbegriff für die Herrschenden der »Sklavenmoral« gegenübergestellt

S. 384 **hohe Partie:** Spiel um hohe Einsätze

S. 385 **Equipagen:** s. »Die Freiherren von Gemperlein«

S. 389 **Meierhöfen:** Meierhof: Bauerngut, (ehem.) Wohnsitz des Meiers (von lat. maior), des Verwalters eines herrschaftlichen Gutes

S. 390 **»Le Passé«:** frz., das Vergangene; fiktiver Romantitel

S. 391 **Gräfin von Savern und Fridolin:** Anspielung auf Friedrich Schillers Ballade »Der Gang nach dem Eisenhammer« (1798), in der ein Graf seine Frau zu unrecht eines Verhältnisses mit deren Knecht verdächtigt

S. 393 **Kreuzbandsendung:** Drucksache gegen ermäßigtes Porto, verpackt mittels zweier kreuzförmig angelegter schmaler Papier- oder Kartonstreifen

S. 397 **Kappengewölbe:** im Querschnitt aus Segmentbögen bestehendes, im Vergleich zum Tonnengewölbe flacheres Gewölbe

Das tägliche Leben

S. 402 **La-France-Rosen:** berühmte, 1867 von Jean-Baptiste Guillot gefundene rosa blühende Rose, gilt als erste »moderne« Rosensorte (Teehybride)

S. 403 **Nachtschwalbe:** dämmerungs- und nachtaktive Vogelfamilie aus der Ordnung der Schwalmartigen

S. 403 **in praesentia […] in absentia:** lat., in (ihrer) Anwesenheit … Abwesenheit

S. 404 **wie Klärchen ihrem Egmont:** Hauptfiguren in Johann Wolfgang von Goethes Trauerspiel

»Egmont« (1788), das einen flämischen Freiheitshelden des 16. Jahrhunderts zum historischen Vorbild hat

S. 405 **Mater dolorosa:** lat., schmerzensreiche Mutter, Maria Muttergottes

S. 407 **»Die Wahrheit, die Wahrheit [...] wäre«:** vielleicht gemeint ist »Die Wahrheit! Die Wahrheit! Und ich muß die Wahrheit sprechen und wenn es mein Tod wäre!«; aus Karl Gutzkows Erzählung »Die Wahrheit« (1862).

S. 407 **Scharlachmantel:** Scharlachrot, die Farbe des Blutes, war lange Zeit die Farbe der »Berufskleidung« des Henkers.

S. 408 **Kredenz:** österr., Anrichte mit Laden und Kästchen

S. 410 **Des Dienstes immer gleichgestellte Uhr:** Zitat aus Friedrich Schillers Drama »Wallenstein« (»Die Piccolomini«, 1799)

S. 412 **deprezierte:** s. »Die Visite«

Editorische Notiz

Als Druckvorlage dienten folgende Bände der Hafis-Ausgabe, erschienen Leipzig: H. Fikentscher Verlag / H. Schmidt & C. Günther [1928]:

Bd. 1: Das Gemeindekind. Miterlebtes
Darin: Der Muff, S. 353–364
Die Kapitalistinnen, S. 365–382

Bd. 4: Dorf- und Schloßgeschichten. Neue Dorf- und Schloßgeschichten. Zwei Komtessen.
Darin: Krambambuli, S. 117–129
Die Poesie des Unbewußten. Novellchen in Korrespondenzkarten, S. 148–162
Er laßt die Hand küssen, S. 256–277

Bd. 5: Das Schädliche. Die Totenwacht. Aus Spätherbsttagen
Darin: Die Totenwacht, S. 79–100
Mašlans Frau, S. 149–188
Uneröffnet zu verbrennen, S. 207–236
Die Spitzin, S. 265–276
Die Visite, S. 308–318

Bd. 9: Genrebilder. Ein kleiner Roman
Darin: Das tägliche Leben, S. 213–226

Bd. 10: Alte Schule. Drei Novellen. Bertram Vogelweid. Ohne Liebe
Darin: Ohne Liebe, S. 359–390

Bd. 11: Parabeln und Märchen. Gedichte. Aphorismen. Prinzessin Leiladin. Hirzepinzchen. Erzählungen.
Darin: Eine dumme Geschichte, S. 23–28
Ein Spätgeborner, S. 197–259
Die Großmutter, S. 354–358
Aphorismen, S. 87–136

Bd. 12: Altweibersommer. Aus einem zeitlosen Tagebuch. Die Prinzessin von Banalien. Meine Kinderjahre. Meine Erinnerungen an Grillparzer. Am Ende
Darin: Der Buchstabensprühregen aus »Meine Kinderjahre«, S. 193–200
Aphorismen: Aus einem zeitlosen Tagebuch, S. 90–134

Der Text wurde mit früheren Ausgaben abgeglichen und in Rechtschreibung und Zeichensetzung leicht modernisiert. Eigenheiten, wie die Kleinschreibung nach Ruf- und Fragezeichen, wurden beibehalten.